DANCOURT

THÉATRE CHOISI

IL A ÉTÉ TIRÉ

Cinquante exemplaires numérotés sur papier de Hollande.

FLORENT CARTON DANCOURT

DANCOURT

THÉATRE CHOISI

NOUVELLE ÉDITION

PRÉCÉDÉE D'UNE NOTICE

Par M. Francisque SARCEY

ET ILLUSTRÉE DE QUATRE GRAVURES COLORIÉES

DESSINÉES

Par M. Henri ALLOUARD

PARIS

LAPLACE, SANCHEZ ET Cie, ÉDITEURS

3, RUE SÉGUIER, 3

1884

DANCOURT

Florent Carton, sieur Dancourt, naquit en 1661. Les éditeurs et les biographes ont défiguré à l'envie l'orthographe de son nom, en l'écrivant d'Ancourt. *Ancourt*, qui est un gros bourg de la Seine-Inférieure, arrondissement de Dieppe, n'est point du tout le lieu d'où les Carton avaient pris leur surnom.

M. Jal, dans le *Dictionnaire de biographie et d'histoire*, où il a confondu tant d'erreurs grandes et petites, a établi la vérité sur ce point particulier.

Six signatures de « Florent Carton Dancourt », écrit-il, m'autorisent à dire que « Ancourt » n'était pas le lieu d'où les Carton avaient pris leur surnom.

Je lis dans l'*Armorial de Paris* :

« Florent Carton DE Dancourt, comédien du roi, porte : parti au premier d'azur à un rocher d'argent mouvant de la pointe, surmonté d'un soleil naissant d'or ; au deuxième de gueules à un lion d'argent, et au chef cousu d'azur, chargé de trois étoiles d'argent. »

Ces armes étaient celles de Florent Carton sieur Dancourt, père de notre comédien, petit gentilhomme de Fontainebleau, qui avait épousé dame Louise de Londy.

Ces Florent Carton étaient d'origine anglaise. Le père de notre comédien avait le titre d'écuyer, et sa mère, Louise de Londy, ou, si vous prononcez à l'anglaise, Louise de Loundé, comptait parmi ses ascendants un chevalier de Londy qui avait été, en son temps, honoré de l'ordre royal de la Jarretière.

Dancourt naquit à Fontainebleau, le 1ᵉʳ novembre 1661, juste le même jour que le Dauphin, ainsi qu'il le dit dans l'épître dédicatoire de sa comédie *des Fées* à ce prince :

Pour m'attacher à toi le ciel m'a destiné,
Dès le moment qu'au jour il ouvrit ma paupière !
    Quel présage heureux d'être né
    Ce même jour si fortuné
    Où tu vis aussi la lumière !

J'emprunte les détails qui suivent à une excellente étude que M. Charles Barthélemy a publiée l'an dernier sur Dancourt : *Étude historique et anecdotique*, comme il l'appelle lui-même, et qui est la plus complète que nous possédions sur ce sujet.

Le père et la mère de Dancourt étaient calvinistes, mais ils embrassèrent le catholicisme, et leur fils fit ses classes à Paris, au collège des Jésuites. Le goût de ces religieux pour le théâtre passait en général à leurs élèves. Ce fut de leurs collèges que sortirent successivement la plupart des hommes qui ont porté au plus haut degré la gloire de notre scène : Corneille et Molière, d'abord ; plus tard, Dancourt, Voltaire et Gresset.

Le célèbre Père de la Rue, charmé des heureuses dispositions qu'il reconnut bientôt chez le jeune Dancourt, n'épargna rien pour gagner la confiance et l'amitié de son élève. Il conçut le projet de l'attacher à son ordre. Dancourt profita d'un maître si habile et se distingua dans ses études ; mais des passions très ardentes, qui se développèrent d'une manière prématurée, l'avertirent qu'il n'était pas né pour la vie religieuse. Il avait d'ailleurs trop de probité et de franchise pour embrasser un état auquel il ne se croyait pas appelé. Il quitta donc les Jésuites qui le regrettèrent, s'appliqua à l'étude du droit et se fit recevoir avocat.

Il avait, dès lors, une facilité remarquable d'élocution, qui lui présageait dans la carrière du barreau un brillant avenir. Mais la passion qu'il conçut pour Thérèse Lenoir de La Thorillière, fille du célèbre comédien de la troupe royale, lui fit abandonner tous les projets que sa famille avait formés à son égard ; l'amant enleva sa maîtresse, et par ce coup d'éclat contraignit ses parents et ceux de Mlle de La Thorillière à consentir à son mariage. Dancourt avait alors dix-huit ans et demi et sa jeune femme dix-sept ans et trois mois.

Je ferai remarquer, comme une curiosité de l'histoire dramatique, que M. de La Thorillière n'était pas moins noble que Dancourt. Le père de cet acteur n'était rien moins qu'un gentilhomme écuyer, capitaine d'infanterie et maré-

'chal de camp. Ses armes étaient d'azur à une hure de sanglier de sable (noire), accompagnée de trois glands de sinople (verts). Il eut trois enfants, un fils et une fille, qui tous les trois suivirent la carrière théâtrale.

Le fils, c'était le La Thorillière dont la fille avait inspiré une si vive passion à Dancourt. Le mariage se fit à l'église de Saint-Merri, à Paris, en l'an 1680. Ce fut lui qui décida de la vocation du jeune Dancourt.

« Dégoûté de toute profession sérieuse, dit M. Barthélemy, doué d'une physionomie mobile et d'une grande vivacité de débit, il prit le parti d'entrer au théâtre. Il débuta à la Comédie-Française, lors de la rentrée de Pâques (en 1685), dans les rôles de haut comique, avec un succès qui lui valut une réception presque immédiate. Son succès fut partagé par sa femme qui débuta la même année que lui. Elle possédait d'ailleurs toutes les qualités nécessaires pour briller dans l'état qu'elle embrassait. Sa taille était avantageuse, sa figure ravissante, sa voix sonore et suave en même temps. Elle avait l'intuition de toutes les finesses et des nuances les plus délicates des rôles qu'elle interprétait. »

A partir du jour où Dancourt fut engagé à la Comédie-Française, nous n'avons plus sur sa vie particulière qu'un petit nombre de documents précis. Il n'y avait pas en ce temps là, comme de nos jours, des reporters pour s'abattre sur le théâtre, cueillir les moindres faits et gestes du plus humble cabotin et les transmettre à la postérité la plus reculée.

La biographie de Dancourt se confond avec l'histoire du théâtre même.

Nous savons qu'il eut beaucoup de succès dans les rôles comiques et notamment dans le *Misanthrope* qu'il joua avec beaucoup de feu : qu'il composa un très grand nombre de pièces dont plusieurs obtinrent un immense succès. Nous savons de plus qu'il possédait une singulière facilité de parole, et que l'éloquence naturelle qui animait ses discours lui avait fait déférer par ses camarades l'honneur de porter la parole dans toutes les occasions, où la troupe avait à s'entretenir avec le public. Et le public, dit un biographe du temps, l'écoutait toujours avec une grande satisfaction.

Dancourt était donc tout à la fois auteur, acteur et *orateur* de la troupe, comme on appelait alors le régisseur parlant à la *chambrée*, soit pour faire les annonces ou pour implorer l'indulgence, ou enfin, ce qui arrivait souvent, pour calmer les susceptibilités d'un parterre d'autant plus impatient, qu'à cette époque il était debout pendant tout le cours de la soirée, et qu'il devait ainsi supporter difficilement la longueur des entr'actes.

Le Père Niceron, dans son livre qui a pour titre : *Mémoires pour servir à l'histoire des hommes illustres dans la république des lettres, avec le catalogue raisonné de leurs ouvrages,* nous donne sur Dancourt, au temps où il fut comédien, les détails qui suivent :

> Son mérite lui avait procuré à la cour un accès favorable. Le roi Louis XIV l'honorait d'une bienveillance particulière. Dancourt avait coutume, lorsque ce prince assistait à la comédie, de lui aller lire ses ouvrages dans son cabinet, où n'entrait que Mme de Montespan ; et l'on rapporte qu'un jour s'y étant trouvé mal, à cause du grand feu qu'il y avait, le roi prit lui même la peine d'aller ouvrir une fenêtre pour lui faire prendre l'air.
>
> Une autre fois, Dancourt, ayant l'honneur de lui parler, comme il sortait de la messe, pour quelques affaires qui regardaient la troupe des comédiens français, et marchant toujours à reculons jusqu'au bord d'un escalier qu'il ne voyait pas, le roi le retint par le bras, en lui disant :
>
> — Prenez garde, Dancourt, vous allez tomber.
>
> Et se retournant ensuite vers les seigneurs qui l'entouraient, il leur dit :
>
> — Il faut convenir que cet homme parle bien.
>
> Et il lui accorda ce qu'il lui demandait. Les agréments de sa conversation et sa politesse le faisaient aussi rechercher par tout ce qu'il y avait de plus grand à la cour et à la ville, et les personnes les plus considérables se faisaient un plaisir de l'avoir chez elles et de le voir chez lui.

J'ai tenu à donner ce passage tout entier. S'il ne nous apprend pas grand'chose sur le comédien dont nous nous occupons, il nous est un assez curieux spécimen des sentiments d'adoration que l'on professait alors pour le grand roi. Un homme marche à reculons, devant lui, comme c'était l'étiquette ; il arrive au bord d'un escalier ; un pas de plus et il va tomber sur la tête en arrière ; il se brisera infailliblement la colonne vertébrale. Le roi daigne le retenir de sa propre main : quel grand monarque ! et il condescend à lui dire : prenez garde ! vous allez tomber ! C'est un trait de bonté inouï qu'il faut recueillir soigneusement pour en orner les *Morales en action* de l'avenir. Ce fétichisme nous fait sourire aujourd'hui. Nous n'avons plus la foi !

Ce ne fut pas le seul Louis XIV qui voulut bien combler Dancourt de ses faveurs. Niceron conte encore qu'ayant fait un voyage à Dunkerque pour y voir sa fille aînée, Mme Fontaine, qui y demeurait alors, il en prit occasion pour aller faire sa cour à l'Électeur de Bavière, qui se trouvait alors à Bruxelles ; que ce prince le reçut fort bien ; et qu'après l'avoir retenu au delà même de son temps de congé, il lui fit présent d'un diamant de mille pistoles. La pistole valait, en ce temps là douze livres, le louis étant de vingt-quatre francs.

Dancourt fut aussi un des protégés du Dauphin. C'est le Dauphin qui fit recevoir dans la troupe des comédiens du roi les deux filles de l'acteur-auteur, en 1699 ; la première de ces jeunes actrices avait quatorze ans et demi, et la seconde treize. Il faisait bon être jeune à cette époque. L'heureux père en dédiant sa comédie *des Fées* au Dauphin, disait à ce sujet à ce prince en la même année :

Tes faveurs ne me sont pas nouvelles,
Et ma jeune famille en ressent les effets.

A ce doux souvenir leurs mémoires fidèles
  Le conserveront à jamais.
Tu les favorisas dès l'âge le plus tendre ;
  Permets-moi de le publier.
    Etc.

M. Barthélemy nous apprend, sans nous dire où il a puisé ce détail, que Dancourt, à l'imitation de Molière qui consultait sa servante Laforêt, demandait quelquefois sur ses pièces le sentiment de sa fille cadette, Marie, célèbre par sa beauté, ses grâces et son esprit. Elle avait du goût et de l'acquis. Un jour..., mais pour saisir le sel de cette répartie, il faut savoir que Dancourt, lorsqu'une de ses pièces ne réussissait pas, s'en allait avec ses amis chez un fameux marchand de vin, Chéret, à l'enseigne de la *Cornemuse,* noyer son chagrin dans les pots. Un jour donc que l'on répétait une de ses pièces dont il espérait beaucoup :

— Eh bien! Marie, dit-il à sa fille, que penses-tu de ceci ?

— Ah! mon papa, répondit-elle, vous irez ce soir souper à la *Cornemuse.*

A l'âge de cinquante-sept ans, après une brillante carrière au Théâtre, qu'il avait alimenté de ses œuvres durant trente-trois ans consécutifs, Dancourt quitta la scène et tourna vers les idées religieuses. En 1718, il se retira avec sa femme dans sa terre de Courcelles-le-Roi, en Berri, où il ne s'occupa plus que du soin de son salut. C'est là qu'il écrivit une traduction en vers des psaumes de David, et une tragédie sacrée : deux œuvres heureusement restées inédites et que vous ne trouverez pas naturellement en ce recueil.

Lorsqu'il se sentit malade et proche de sa fin, dit Niceron, il fit construire son tombeau dans la chapelle de son château et l'alla voir lui-même avec toute la tranquillité et toute la fermeté d'une âme absolument détachée des choses d'ici-bas, et qui n'aspire plus qu'aux biens célestes et éternels.

Il mourut le 7 décembre 1725, quelques mois après le trépas de sa femme, à l'âge de soixante-cinq ans, laissant deux filles ; l'ainée qui ne fit que passer au théâtre, et la cadette qui brilla longtemps sur la scène, sous le nom de Marie Dancourt, et qui épousa M. Deshayes, gentilhomme, fils d'un lieutenant général d'artillerie.

Le *Mercure de France* en annonçant la mort de Dancourt s'exprimait en ces termes :

« Le sieur Florent Carton Dancourt qui avait quitté le théâtre depuis dix ans, est mort à sa terre de Courcelles-le-Roi, en Berri, âgé d'environ 65 ans. Il fut longtemps l'orateur de la troupe et s'en acquittait très bien. C'était un homme d'esprit et de lettres, qui parlait avec beaucoup de justesse et très aisément. Il représentait avec succès les rôles de jaloux, de financier et d'hypocrite, et entre autres celui du *Misanthrope*. Il laisse au théâtre une très grande quantité de pièces que le public voit encore tous les jours avec plaisir. Son style est léger, vif, agréable, et si tous ses ouvrages ne sont pas aussi châtiés qu'on le désirerait, on peut dire que le dialogue en est toujours admirable. »

« M. Dancourt, disent les frères Parfait qui l'avaient connu au théâtre, était d'une moyenne grandeur, la taille bien prise avant que l'âge lui eût donné de l'embonpoint ; il avait les cheveux bruns, de beaux yeux, le visage agréable et la phys'onomie noble et spirituelle. Son principal talent pour le théâtre était les rôles de haut comique, à manteau et raisonnés. A l'égard du tragique, il y était froid et monotone ; aussi jouait-il le moins qu'il lui était possible dans ce dernier genre. Au reste, il possédait l'art de lire au mieux non seulement ses ouvrages, mais aussi ceux des auteurs qui lui confiaient leurs productions, et cependant sans s'y préparer par aucune lecture lorsqu'il apportait l'ouvrage à l'assemblée. »

Voilà tout ce que nous savons à peu près de la biographie de Dancourt. C'est peu de chose, et beaucoup de nos lecteurs trouveront sans doute que c'est encore trop. Les moindres particularités d'un écrivain de génie comme Molière intéressent encore, parce qu'elles peuvent jeter quelques lumières sur l'origine de son talent ou la genèse de ses écrits. Mais les mêmes faits de l'existence d'un homme, qui n'a jamais été que de second ordre, sont-ils de nature à piquer bien vivement la curiosité du public ?

Ses écrits le racontent suffisamment. Dieu me garde de dédaigner les chercheurs érudits qui, même en ces minces sujets, se donnent la peine de découvrir une date exacte, ou de rétablir les circonstances précises d'un petit événement ! Je suis enchanté que tout ce travail préliminaire ait été fait par des biogra-

phes et résumé avec beaucoup de goût par
M. Barthélemy; mais, pour nous, Dancourt
est tout entier dans ses comédies. Nous venons
d'en lire le recueil; parlons-en donc tout à
notre aise.

Tout à notre aise, n'est pas le mot. Non,
sans doute, je ne suis pas à mon aise. Et
pourquoi? C'est que je n'ai fait que lire le répertoire de Dancourt, et les pièces de théâtre
sont écrites pour être vues à l'optique du
théâtre. Combien de fois n'ai-je pas été surpris
de la naïveté singulière des jugements portés
sur une œuvre dramatique par des hommes
d'infiniment de goût, d'ailleurs, critiques
habiles, écrivains distingués, mais qui ne fré-
quentaient point les spectacles et qui n'avaient
pas vu, comme disaient nos pères, la pièce
aux chandelles? Je crains, moi aussi, en vous
parlant de Dancourt, de tomber sans le savoir
dans quelqu'une de ces erreurs d'appréciation
que j'ai souvent raillées chez les critiques qui
prétendent juger d'un drame par la seule lecture. Une réflexion me rassure pourtant : c'est
que si je me trompe, personne ne sera en état
de montrer par où et comment ; car nous
sommes tous logés à la même enseigne. Voilà
bien trente ans que l'on n'a représenté à Paris,
et j'imagine aussi en province, une seule
œuvre de Dancourt. M. Ballande nous a, il est
vrai, rendu, il y a quelques années, le *Chevalier à la mode*, dans une de ses matinées litté-
raires du dimanche. Mais l'interprétation était

si médiocre qu'elle eût plutôt masqué l'original.

Force nous est donc de nous en tenir à ce que nous suggère le livre. Si nous nous reportons aux jugements de ceux qui ont pu voir jouer le théâtre de Dancourt, il faut bien reconnaître qu'ils en ont presque tous parlé de façon assez cavalière, pour ne pas dire dédaigneuse.

Écoutez d'abord Voltaire, dans sa liste des écrivains français du siècle de Louis XIV :

« Ce que Regnard était à l'égard de Molière dans la haute comédie, le comédien Dancourt l'était dans la farce. Beaucoup de ses pièces attirent encore un assez grand concours ; elles sont gaies ; le dialogue en est naïf. »

La Harpe n'est guère plus favorable :

« Dancourt marche bien loin après Dufresny, et pourtant il doit avoir un rang parmi les comiques de troisième ordre ; ce qui est bien encore quelque chose. Cet auteur courait après l'historiette ou l'objet du moment, pour en faire un vaudeville, qu'on oubliait aussi vite que le fait qui l'avait fait naître. Mais il n'en est pas moins vrai que le *Galant jardinier*, le *Mari retrouvé*, les *Trois Cousines*, les *Bourgeois à la mode* seront toujours au nombre des petites pièces que l'on revoit avec plaisir. Il y a dans son dialogue de l'esprit qui n'exclut pas le naturel. Il rend ses paysans agréables, sans leur ôter la physionomie qui leur convient, et il saisit assez bien quelques-uns des ridicules de la bourgeoisie. »

Palissot écrivait à son tour :

« Le dialogue de Dancourt est très vif et très enjoué, mais l'auteur s'écarte souvent de l'objet de sa scène pour montrer de l'esprit et courir après un bon mot.....

« Malheureusement, toutes les pièces de l'auteur se ressemblent un peu trop. Il n'a guère peint que des femmes d'intrigue et des chevaliers d'industrie ; mais ce n'est pas un médiocre mérite de les avoir peints d'une manière vraie et naturelle, tels enfin qu'on les voyait dans la société. Dancourt, par le caractère de vérité qu'il a su donner à ses personnages, peut être regardé, en quelque sorte, comme le Téniers de la comédie. »

Et Voisenon :

« Presque toutes les comédies de Dancourt étaient des paysanneries gaies, légèrement écrites, dialoguées vivement. On les méprisait de son temps ; on en désirerait de semblables aujourd'hui. »

Terminons par ce mot qu'on trouve dans la correspondance de Grimm et Diderot, année 1753 :

« Nous avons revu avec plaisir les *Trois Cousines* et le *Moulin de Javelle*, petites pièces qui ont cette gaieté si singulière qu'on ne trouve plus dans les pièces de théâtre d'aujourd'hui, et qui s'est perdue avec Dancourt, de même que ces saillies et cette vivacité qui caractérisaient son dialogue, et qui le rendait si original et si supérieur aux autres. »

De toutes ces citations, dont on pourrait allonger le nombre, de tous ces *testimonia*, comme disaient les éditeurs du temps jadis, on pourrait inférer que tout en rendant justice à la verve, à l'esprit et à la gaieté de Dancourt, on le tenait en assez piètre estime. Il n'avait, pour reprendre le mot de Voltaire, écrit que des farces. Nous dirions aujourd'hui des vaudevilles.

C'est qu'autrefois le vaudeville n'était pas un genre à part ; il n'avait pas des théâtres à lui. Il n'y avait qu'une scène où il fût possible de porter les pièces : c'était la Comédie-Française. Les Italiens qui, après avoir longtemps joué leur répertoire d'improvisations italiennes, s'étaient mis, vers 1680, à représenter en français des petites pièces, dans le genre de nos vaudevilles, avaient été supprimés par arrêté du roi en 1697, juste à l'époque où Dancourt était dans toute la force de son talent ; les théâtres de la foire Saint-Germain et de la foire Saint-Laurent, n'avaient pas pris encore, grâce aux interdictions de la police, le développement qu'ils atteignirent plus tard. Toute la littérature dramatique se trouvait donc concentrée dans la maison de Molière, où les comédiens de l'hôtel de Bourgogne étaient venus se fondre. Là, on faisait profession de n'estimer que la tragédie, telle que l'avaient connue Corneille et Racine, ou la grande comédie, la comédie de caractère, et si l'on y admettait la farce, encore fallait-il qu'il y eût cinq actes et qu'elle fût en vers, comme le *Légataire universel*. On souffrait les autres pièces ; on y riait même ; car elles étaient souvent plus amusantes; mais on n'en prisait pas les auteurs.

C'est ce qui explique que tous ceux qui ont, au siècle dernier, parlé de Dancourt, tout en rendant justice à son talent, ont porté dans l'appréciation qu'ils en ont faite, une nuance de mésestime. Songez que de notre temps il a fallu que Labiche entrât à l'Académie, pour que le public consentît à reconnaître, comme un des maîtres de la scène contemporaine, un simple faiseur de vaudevilles. Dancourt n'a écrit que des vaudevilles.

Qu'est-ce qu'un vaudeville ?

Le vaudeville, au lieu de s'attaquer aux caractères et aux passions, de les étudier et d'en tirer, avec les effets de rire ou de larmes que le théâtre comporte, un sujet de réflexions profondes et un enseignement, s'attache plutôt soit aux menus faits de la vie courante qu'il embrouille en forme de quiproquo, et démêle ensuite comme il peut sans trop se soucier de la vraisemblance; soit aux légers travers de la vie contemporaine qu'il tourne en ridicule d'une main légère, sans enfoncer trop avant le trait de la raillerie.

Molière — on trouve tout dans Molière — a donné les premiers modèles du vaudeville ; mais telle était la force de ce génie singulier, que le vaudeville, traité par lui, s'échappait tout de suite dans la haute comédie. Qu'est-ce que les *Précieuses ridicules* ? Un simple vaudeville. Car elles ne visent qu'un travers, sans importance, qu'une des modes les plus passagères de l'esprit français. Mais derrière le jargon de Cathos et de Madelon badinant avec le faux marquis de Mascarille, Molière a su faire entrevoir un défaut qui est de tous les temps, si bien que le *Monde où l'on s'ennuie* nous a semblé être une nouvelle édition des *Précieuses ridicules*.

Sganarelle ou le *Cocu imaginaire* et le *Médecin malgré lui*, ne sont que des vaudevilles burlesques, du genre de ceux que joue chez nous le Palais-Royal; il n'y a là que la mise en œuvre, au point de vue de la scène, d'un fait de la vie ordinaire. Mais dans l'un, Molière a d'un trait ineffaçable marqué l'opinion que peuvent se faire, de l'infidélité de leur femme, les maris trompés de tous les âges; et dans l'autre, il a stigmatisé, d'un rire immortel, les prétentions et le verbiage des faux savants.

Dancourt n'a pas de ces envolées. C'est un vaudevilliste qui écrit de purs vaudevilles, et s'il n'a pas créé le genre, on peut dire au moins qu'il l'a le premier exploité en tous les sens. Les Scribe, les Bayard, les Labiche, les Lambert Thiboust, peuvent reconnaître en lui un aïeul, qui leur a ouvert une voie où ils ont poussé bien plus avant que lui.

Dancourt ne savait pas faire une pièce, et il est vrai que c'était un art ignoré de son temps, et que son public n'exigeait pas de lui. Rien de plus simple et de plus nu que ses scénarios habituels. Il ne se donna guère la peine de nouer fortement une intrigue, et pourtant, dans ses scénarios, bâtis à la diable, que de trouvailles scéniques qui révèlent l'homme de théâtre.

Un bon bourgeois a acheté une campagne près Paris; il s'y est établi; il y plantera des choux et vivra tranquille. Il a compté sans sa femme qui, au rebours de Mme Jourdain, est hantée des idées de noblesse et de luxe. Il est à remarquer que chez Dancourt, ce sont toujours les femmes qui poussent la vanité jusqu'à la folie, tandis que Molière leur attribue généralement plus de bon sens et de raison. Tous les nobliaux du pays viennent lui demander l'hospitalité; on leur fait grand'chère et grand feu; il enrage. Il y a là une demi douzaine de scènes excellentes où ce brave homme se débat en vain contre ces hôtes qui viennent le gruger et que sa femme lui impose.

Comment se débarrasser de tous ces moineaux pillards?

Admirez ici l'invention du vaudevilliste. Le bonhomme court à la porte de sa villa, y suspend un bouchon et y met une enseigne d'hôtellerie. Voilà la pièce retournée : Les gentillâtres arrivent, gens bien endentés, qui parlent de mettre la cuisine à sac. Et tout aussitôt le propriétaire, déguisé en aubergiste, donne les prix de ses chambres, les menus de ses repas de table d'hôte, tandis que sa femme enrage de l'humiliation.

Mais ce n'est pas tout.

A la première scène de l'ouvrage ce bourgeois a flanqué à la porte un neveu qui, en sa qualité de cousin, faisait la cour à sa fille. Le jeune homme s'est en allé fort contrit, mais jurant tout bas de revenir.

Il revient en effet. Son oncle veut le chasser de nouveau.

— Moi, dit le neveu, je viens louer une chambre. C'est ici une auberge. Vous n'avez pas le droit de me refuser le gîte.

N'est-ce pas là une trouvaille? Savez-vous bien qu'avec ces deux *revirements*, n'importe quel vaudevilliste d'aujourd'hui se chargerait d'écrire la pièce; il n'y aurait que les détails de mœurs qu'il faudrait changer, le cadre resterait le même.

Dans une autre pièce, il s'agit de faire évader un amant, sans que le père ou le futur s'en aperçoive. On propose de jouer au Colin-Maillard. L'imbécile qu'on veut tromper se laisse mettre un bandeau sur les yeux, et tandis qu'il jette les bras autour de lui, son rival s'évade. C'est la même donnée dont Clément Caraguel a fait le *Bougeoir*.

Dans la *Parisienne*, l'ingénue — c'est la Parisienne — est obligée, par une sorte de malencontreux hasard, de donner rendez-vous à quatre amants, au même endroit et à la même heure. De ces amants, il y en a un qu'elle aime; c'est Eraste. Il arrive le premier; elle trouve moyen de le faire cacher dans un cabinet et fait place ainsi aux trois autres.

Le premier est un robin, galant empressé et novice ; on lui fait accroire que la soubrette est une surveillante devant qui l'on ne peut s'expliquer. On le congédie brusquement, et dans la crainte qu'il ne rencontre son rival, qui est près d'entrer, on le fait monter au grenier de la maison. Le second amoureux prend la place ; c'est un gascon plus rusé ; à l'accueil qu'on lui fait, aux craintes que la Parisienne affecte d'être surprise par sa mère, il devine qu'on veut se défaire de lui ; il se fâche, il menace, il sort furieux au moment où le quatrième arrive.

C'est un vieillard. Il s'agit de l'écarter, et de faire évader le robin caché dans la maison. La Parisienne conte un roman au vieil imbécile ; elle lui persuade qu'elle vient de sauver la vie à un jeune homme qu'un spadassin voulait tuer, et le conjure d'achever sa bonne œuvre en escortant jusque chez lui le malheureux, qui ne peut sans risque sortir seul.

Cette idée de la Parisienne de faire escorter l'un de ses deux amants par l'autre, afin de s'en débarrasser au profit d'un troisième, est encore une trouvaille dramatique.

Dancourt abonde en ces sortes d'inventions qu'il rencontre, plutôt qu'il ne les cherche, au courant de sa plume. Il n'en fait rien la plupart du temps ; chez les vaudevillistes de l'école de Scribe, un imbroglio de ce genre serait préparé, aménagé, filé avec un soin et un art merveilleux ; l'école moderne y joindrait le ragoût d'un dialogue à l'emporte-pièce. Dancourt indique les situations et passe.

Le malheur, c'est qu'une situation, une fois trouvée, se peut transporter aisément dans d'autres œuvres. Je disais tout à l'heure que je me chargerais de faire, avec la *Maison de campagne de Dancourt*, une satyre des mœurs contemporaines, en gardant le cadre imaginé par lui : c'est qu'un cadre appartient à tout le monde.

Parmi ceux que l'on trouve chez Dancourt, la plupart qu'il a recueillis, transformés ou imaginés, sont démodés aujourd'hui et l'on ne pourrait plus en faire usage. Les autres, qui pourraient encore servir, auraient besoin d'être rafraîchis. Mais si grande que soit la part d'invention de notre auteur en ce genre, il faut être du métier pour lui en savoir gré, et ce n'est pas là un mérite qui puisse garder de l'oubli un écrivain dramatique. Bien au contraire ; car si l'on reprend une pièce des siècles passés, c'est précisément au cadre que se marqueront le mieux les moisissures du temps.

Cette part d'originalité qui a dû séduire les contemporains de Dancourt est donc absolument perdue pour nous. Le seul et véritable agrément que nous puissions trouver à lire son théâtre, puisqu'on ne le joue plus, c'est d'apprendre à connaître par ses pochades les mœurs, les mauvaises mœurs du temps, comme on suit le progrès des modes d'une époque en feuilletant un vieil album de caricatures.

Dancourt, en effet, a toujours été habile à saisir ce que nous appelons aujourd'hui l'actualité. C'était parfois un événement qui avait fait du bruit, qu'il tournait en vaudeville; d'autres fois une mode qu'il frondait avec agrément; le plus souvent quelques légers ridicules, quelques petits travers qu'il marquait d'un trait caricatural spirituellement et gaiement enlevé. On peut donc, en lisant cette cinquantaine de pièces improvisées au jour le jour, en voyant y revenir sans cesse certains types qui prêtaient mieux à la raillerie, se former une idée de la société bourgeoise, telle qu'elle existait à la fin du xvii° siècle. Il faudrait, certes, faire de grandes réserves; on se tromperait tout autant, si l'on croyait le monde de ce temps-là ressemblait aux peintures de Dancourt, que si l'on jugeait de nos mœurs par les peintures qu'en ont faites en ces temps-ci les Barrière et les Meilhac. Ce sont pourtant des indications précieuses, des documents humains, comme on dit dans la langue d'aujourd'hui.

Ce serait une étude curieuse à entreprendre que celle des personnages que Dancourt a jetés sur la scène. Mais elle a été faite et très bien faite dans un petit volume qui a pour titre : *La Comédie après Molière* et *Le Théâtre de Dancourt*, par M. Jules Lemaître. C'est, je crois, une thèse de doctorat, dont l'auteur a tiré un livre très intéressant, très complet, j'oserais presque dire, trop complet. Car M. Jules Lemaître pénètre jusqu'aux infiniment petits de son sujet.

C'est ainsi que tour à tour on peut examiner chez Dancourt : les bourgeois et les gens de cour, les hommes de loi, les hommes d'argent : financiers, joueurs ; les paysans, les valets et quelques types curieux, les uns réels, les autres de fantaisie ; officiers, aventuriers, cochers... Je ne puis entrer dans tout ce détail. Et cependant, il y a dans tout le théâtre de Dancourt deux cochers que je voudrais bien vous montrer, parce qu'ils sont de notre temps aussi bien que du xviie siècle.

M. Jules Lemaître fait remarquer qu'à force de voiturer les gens qui s'amusent, et de voir de près une foule de choses, ils se sont formé une philosophie libre de préjugés, une philosophie de cochers de petites dames, faite d'expérience et de mépris pour notre espèce, et qui s'exhale surtout quand ils sont pris de vin.

Familiers avec leur monde, qu'ils connaissent bien, leurs propos font parfois songer à des légendes de Gavarni, à des mots de Thomas Vireloque.

Le Marquis (*au cocher*). — Où as-tu ramené ces dames ?

Le Cocher. — Ces dames, Monsieur, j'ai mis l'une

au bout d'une rue dans le Marais, et l'autre à la porte des Grands-Augustins. Il y a comme ça des dames qu'on ne ramène jamais jusque chez elles, et je menons plus de celles-là que des autres.

Le Marquis. — Cela ne fait pas honneur à vos voitures.

Le Cocher. — Bon! de l'honneur! qu'en ons-je à faire, pourvu que je trouvions notre compte! On a, morbleu! beau dire, tant que j'aurons des glaces de bois, et qu'on ne verra le jour que par une lucarne, je ne manquerons pas d'être employés.

Le Marquis. — Ah! que tu sens le vin.

Le Cocher. — C'est que j'en ai bu!

C'est que j'en ai bu! Cela n'est-il pas d'une naïveté charmante. Je ne puis citer en entier l'autre dialogue, qui est plus long ; mais c'est là que se trouve le mot célèbre qui a traversé le xviiie siècle, et qui, recueilli par Chamfort, est arrivé jusqu'à nous ; c'est celui du cocher disant à une petite dame qu'il a conduite et qui le malmène :

— Vous autres et nous autres nous ne saurions nous passer les uns des autres.

Lorsqu'un homme a reçu du ciel le don d'observer et de peindre d'un trait juste, quoique grossi, lorsqu'il a d'ailleurs de l'esprit et de la gaieté et qu'il travaille beaucoup, il est bien rare qu'un jour rencontrant un sujet plus à sa convenance, se trouvant plus en verve, et d'autre part le hasard aidant, il ne produise pas une œuvre où ses qualités se déploient plus à l'aise et avec plus d'éclat. Il écrit son chef-d'œuvre qui est presque un chef-d'œuvre.

Cette bonne fortune est échue à Dancourt, qui, une fois en sa vie, écrivant du vaudeville, a touché la haute comédie. Il a composé le *Chevalier à la mode*.

Le *Chevalier à la mode* est tout à la fois une pièce de caractère et une pièce d'intrigue.

La contexture en est infiniment plus soignée et plus forte que celle des autres pièces où s'est jouée la verve de Dancourt. L'exposition est d'une vivacité étonnante.

La toile se lève, on voit arriver une femme effarée qui se jette dans un fauteuil, où rien ne l'empêche de s'évanouir, que la rage dont elle est suffoquée. Elle raconte son aventure, et cette aventure est des plus singulières et des plus comiques. Mme Patin y peint son caractère avec autant de vérité que d'énergie. Le laquais effaré et déchiré qui survient, achève agréablement cette ridicule histoire; et la conversation qui se renoue entre Mme Patin et Lisette, instruit le spectateur de tout ce qu'il a besoin de savoir, en même temps qu'elle l'amuse par des traits de mœurs piquants et des saillies originales.

La suite ne dément pas le début. L'intrigue du *Chevalier à la mode*, dit Geoffroy, est assurément une des plus ingénieuses et des plus vives qui existent au théâtre; et il n'y en a point de plus claire et de plus nette; les événements naissent les uns des autres sans aucun effort. Ce n'est pas le hasard qui les amène; ils sont une suite nécessaire des passions et des caractères des personnages.

L'éloge est vrai. Mais ce n'est pas le premier mérite de cette excellente comédie. Si nous la lisons encore avec plaisir, si elle a surnagé presque seule de tout le théâtre de Dancourt, c'est que l'auteur n'y a pas seulement raillé des travers particuliers à son époque : il a vu plus loin ; il a touché des vices et des ridicules, qui sont de tous les temps. Nous n'avons pas absolument besoin, pour comprendre les personnages, qu'il met en scène de nous reporter aux premiers jours du xviiie siècle : nous connaissons tous les types qu'il a essayé de peindre.

Qu'a-t-il voulu nous représenter dans le *Chevalier à la mode*? D'un côté, la veuve d'un financier qui prétend acheter avec son argent un joli homme et un rang à la cour ; de l'autre, un libertin (nous dirions aujourd'hui : *un alphonse*), qui déshonore sa noblesse par ses vices, et qui veut tirer parti de ses grâces pour attraper et ruiner une vieille folle. Une bonne moitié de ce tableau est dans les mœurs générales de tous les pays et de tous les siècles ; partout il arrive qu'un jeune débauché fasse tourner la tête à de vieilles folles.

Qu'est-ce qu'il y a, se demande Geoffroy, de très particulier au siècle de Louis XIV ? C'est l'empire de la noblesse même, pauvre, sur la richesse roturière ; c'est ce préjugé qui attachait alors le bonheur à un vain titre, au droit d'aller s'ennuyer et ramper à la cour ; c'est l'ascendant extraordinaire des gens de qualité sur toute la classe bourgeoise ; c'est cette espèce d'enchantement, cette vertu magique dans leur ton et leurs manières, qui donnait de la grâce à leur impertinence et changeait leurs insultes en politesses.

Dans son carrosse tout doré, traîné par des chevaux superbes, chargé de laquais galonnés, Mme Patin envie le sort d'une comtesse ruinée, dont l'équipage poudreux et délabré est traîné par des rosses, et dont les laquais sont en guenilles. C'est avec ces livrées de l'indigence, si propres à exciter le mépris et qui seraient aujourd'hui l'objet des huées de la populace, que cette misérable comtesse fait reculer la magnifique financière. Pareille avanie n'arriverait pas aujourd'hui à la femme d'un fournisseur. Si le fournisseur reculait, ce serait devant un plus grand train, devant un attelage plus magnifique: ce serait aux signes d'une opulence et d'une puissance supérieures, mais non pas à la noblesse déguenillée qu'elle rendrait cet hommage.

J'en suis persuadé, moi aussi. Mais si la fureur de Mme Patin s'exerçait aujourd'hui sur d'autres objets, elle éclaterait pour des causes analogues et s'expliquerait avec la même violence.

M. Serrefort ne donnerait pas à une Mme Patin de ce temps d'autres conseils.

Ce M. Serrefort est un admirable portrait des riches bourgeois de cette époque, qui savaient se tenir dans leur sphère, jouir aisément et avec prudence de leur fortune, éviter un luxe qui éveillait l'envie et avertissait le gouvernement qu'il y avait là quelque chose à prendre. Rien de plus plaisant que les avis que donne ce M. Serrefort à Mme Patin :

« Je voudrais bien savoir si vous ne feriez pas mieux d'avoir un bon carrosse, mais doublé de drap couleur d'olive, avec un chiffre entouré d'une cordelière ; un cocher maigre vêtu de brun ; un petit laquais, seulement, pour ouvrir la portière, et des chevaux modestes ; que de promener par la ville le somptueux équipage, qui fait demander qui vous êtes, ces chevaux fringants qui éclaboussent les gens à pied, et tout cet attirail enfin qui vous fait mépriser des gens de qualité, envier de vos égaux et maudire par la canaille ? »

Toute la scène est charmante, et Geoffroy ne s'est pas trop avancé en disant qu'elle est vraiment digne de Molière.

A côté, vous en trouverez qui sont de bouffonnerie pure ; où Dancourt tombe de la haute comédie dans le vaudeville et même dans la grosse farce. Ainsi celle où Mme Patin dispute l'épée à la main, à une autre vieille folle, le cœur de son chevalier.

C'est le malheur des écrivains qui sacrifient tout à l'actualité. En ce temps là, l'aventure de deux dames qui étaient allées sur le terrain et s'étaient battues pour un joli monsieur, avait fait grand bruit ; Dancourt crut faire merveille de les porter sur la scène et de donner par là plus de piquant à sa comédie. Il l'a gâtée, aux yeux des connaisseurs.

Le *Chevalier à la mode* n'en reste pas moins le chef-d'œuvre de Dancourt, et même, si l'on veut, un chef-d'œuvre. Un chef-d'œuvre de second ordre, si ces mots ne hurlent pas de se voir accouplés.

Vous aurez, sans doute, plaisir à le lire ; vous y trouverez comme en raccourci tout le talent et tout l'esprit de Dancourt. Puis vous pourrez ouvrir le volume au hasard ; il n'y a pas une de ces petites pièces où vous ne rencontriez quelque trait de mœurs spirituellement croqué ; quelques saillies de bonne et franche gaieté.

Mais tout cela est éventé, et c'est à peine s'il s'en exhale un léger parfum, comme des fleurs séchées dans un livre. C'est qu'il en est du vaudeville comme de l'article du journal : Il amuse un jour les contemporains, tout le monde en parle sur le boulevard ; c'est un petit chef-d'œuvre, c'est un bijou exquis. Deux jours après il n'est pas plus question du bijou et du chef-d'œuvre, que s'ils n'avaient jamais existé. Combien des légers croquis, des aimables pochades de Meilhac, de Sardou et de Labiche tombent déjà dans l'oubli. C'étaient les Dancourt de leur temps, des Dancourt affinés par deux siècles d'expérience, et visant plus haut parce qu'ils avaient affaire à un public plus blasé.

Dancourt avait cet avantage de parler aisément une langue qui était excellente. Le style ne s'élève guère chez lui : il n'est pas de qualité supérieure ; c'est du bon style courant de conversation, dans un temps où tout le monde parlait naturellement bien. Il n'a pas, comme nos auteurs contemporains, le mot brillant et la phrase à facettes ; mais il est gai ; on pourrait pour la bonne humeur le comparer à Labiche, si Labiche n'avait pas par dessus, en outre d'une gaieté plus large et plus abondante, une originalité de fantaisie, où n'atteignit jamais Dancourt.

Dancourt méritait, certes, d'entrer dans cette bibliothèque qui est comme un monument que l'éditeur Laplace dresse à l'art dramatique. Mais il n'y brillera qu'au second rang, après Regnard. Il est bien entendu que Molière reste toujours hors de pair et non placé.

Peut-être trouvera-t-on l'éloge médiocre. Mais quoi ! je viens de le lire d'un bout à l'autre, et ceux qui me trouveraient trop sévère ne le connaissent peut-être que par tradition et ouï-dire.

Il faut toujours en revenir au mot de M. Villemain :

« Il n'y a rien qui aide à parler d'un livre comme de l'avoir lu.

Francisque Sarcey.

LES FONDS PERDUS

COMÉDIE EN TROIS ACTES

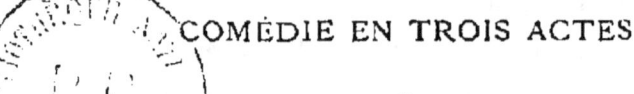

ACTE PREMIER

SCÈNE PREMIÈRE

VALÈRE, MERLIN.

MERLIN.

Enfin donc, quoi qu'il en puisse arriver, vous voulez voir Angélique?

VALÈRE.

Oui, mon pauvre Merlin, je veux savoir d'elle sa destinée et la mienne, et je ne saurais plus vivre dans la contrainte où nous sommes depuis si longtemps l'un et l'autre.

MERLIN.

Vous allez rompre toutes les mesures que nous avons prises, si l'on vous voit avec Angélique.

VALÈRE.

Que je suis malheureux! J'aime, je suis aimé de la plus aimable personne du monde, mon père s'avise d'en devenir amoureux; et pour comble de disgrâce, je donne malheureusement de l'amour à la mère de celle que j'aime.

MERLIN.

Tout cela est vrai; mais, raisonnons un peu là-dessus.

VALÈRE.

Et suis-je en état de raisonner, dans le chagrin où je me trouve, lorsque mon amour ?...

MERLIN.

Ma foi, Monsieur, votre amour n'est qu'une bête, puisqu'il vous empêche de raisonner. Je voudrais bien savoir d'où diantre il peut venir ce chagrin où vous êtes si mal à propos. Une veuve, un peu sur le retour à la vérité, est amoureuse de vous ; le grand malheur ! Elle est assez folle pour se persuader que vous l'aimez aussi ; quel accident ! Dans cette pensée, elle vous donne la meilleure partie de son bien ; cela est fort chagrinant ! Grâce aux petits soins que je prends, vous n'avez pas seulement la peine de souhaiter ; cela est bien rude ! Sans faire la moindre démarche qui paraisse intéressée, vous voyez pleuvoir chez vous les donations ; quelle affliction ! L'argent comptant ; le moyen de résister à ces chagrins-là ! Les pierreries ; voilà de quoi s'aller pendre ! Hé morbleu, que vous ne savez guère bien user de votre fortune ! Combien y a-t-il de jeunes gens à Paris, des mieux bâtis et des plus huppés, qui sous de pareilles conditions voudraient toute leur vie être obligés de faire assidûment leur cour à Mélusine et à Urgande même, si elles vivaient encore.

VALÈRE.

Ah ! mon pauvre Merlin, qu'ils en seraient bientôt dégoûtés, s'ils étaient dans le même état où je suis aujourd'hui.

MERLIN.

Donnez-vous un peu de patience, nous allons examiner le reste. Premièrement, je tombe d'accord avec vous qu'une vieille amoureuse est un très fâcheux animal. Mais enfin, Madame Gérante n'est pas si fort avancée dans la carrière ; elle n'a que quarante-cinq, ou quarante-huit ans tout au plus, et ce n'est à proprement parler, qu'une demi-vieille. Il est vrai qu'elle est un peu pressante, elle veut que vous l'épousiez aujourd'hui ; cela est violent, et je ne vous conseille pas de le faire.

VALÈRE.

Ah! je n'ai pas attendu tes conseils pour prendre ma résolution.

MERLIN.

Je n'en suis point surpris. Venons à Mademoiselle sa fille, que vous aimez; vous avez raison, la fille est plus jeune que la mère; mais enfin, vous êtes bien persuadé que cette fille vous aime, et ce n'est pas là ce qui vous chagrine apparemment? Il est vrai que Monsieur votre père l'aime aussi, qu'il se ruine pour l'enrichir. Il y aurait quelque chose à dire à cela, si Madame Gérante ne vous donnait pas merveilleusement bien votre revanche, et qu'elle ne fît pas les mêmes choses pour vous. Mais, Dieu merci...

VALÈRE.

Ah! morbleu! tu m'as engagé là dans une affaire qui ne va point aussi vite que je l'avais espéré; nous restons longtemps dans un certain milieu, dont mon impatience ne me permet pas d'attendre la fin; et outre la répugnance naturelle que j'ai pour les moyens dont tu te sers, je ne vois pas bien encore comment tu prétends parvenir au but que tu t'es proposé.

MERLIN.

Non?

VALÈRE.

Non.

MERLIN.

Oh bien! j'ai donc plus d'esprit que vous; car je vois clairement, moi, que pourvu que vous me laissiez faire, et que vous ne traversiez point mes desseins par vos impertinents scrupules, je vois, vous dis-je, Monsieur votre père et Madame Gérante dans la nécessité de faire tout ce que nous voudrons.

VALÈRE.

Mais, elle me presse de l'épouser.

MERLIN.

Promettez tout; ce sera moi qui ferai dresser les articles.

VALÈRE.

Oh bien ! fais donc ce que tu voudras ; mais, je veux voir Angélique, et tout à l'heure.

MERLIN.

Oh ! voilà justement à quoi je ne consens point.

VALÈRE.

Quoi ! je n'aurai pas un moment?... Quoi ! cette vieille folle ?...

MERLIN.

Doucement, Monsieur, doucement, nous sommes ici chez elle ; et quoiqu'elle soit sortie, elle a un certain maraud de valet bègue, qui a beaucoup de peine à parler ; mais qui entend merveilleusement bien tout ce qu'on dit, et qui est toujours au guet pour écouter.

VALÈRE.

Hé bien, Merlin, je me tairai, pourvu que tu me fasses parler à Angélique.

MERLIN.

Vous dites toujours la même chose. Remettons la partie à une autre fois ; j'ai pour vos affaires quelque dessein dans la tête, que vous m'allez gâter, si Madame Gérante vous trouve ici.

VALÈRE.

Et quel est ce dessein, dis-moi ?

MERLIN.

C'est une petite entreprise utile et nécessaire pour tirer de la bonne dame certains deux mille écus qu'elle a reçus depuis peu, et qui seront beaucoup mieux dans nos coffres que dans les siens.

VALÈRE.

Mon pauvre Merlin, je vois Angélique.

MERLIN.

Ah ! j'enrage.

SCÈNE II

ANGÉLIQUE, VALÈRE, LISETTE, MERLIN.

VALÈRE.

Ah! Madame, que je vous suis redevable de me donner vous-même les occasions de vous entretenir! que ce bonheur me récompense bien de tous les moments que j'ai passés sans oser vous parler! J'ai maintenant mille choses à vous dire, Madame.

MERLIN.

Monsieur, parlez en abrégé, s'il vous plaît, le temps nous presse un peu.

ANGÉLIQUE.

Et moi, Valère, j'ai de bien fâcheuses nouvelles à vous apprendre. Votre père me persécute pour me faire consentir à l'épouser; il demanda hier l'aveu de ma mère, et vous jugez bien qu'il l'a obtenu. Elle ne m'a donné que cette seule journée pour me préparer.

VALÈRE.

Que je suis malheureux! Hélas, Madame votre mère me fit hier aussi la même proposition.

MERLIN.

C'est apparemment la même lune qui gouverne la cervelle de ces deux bonnes gens-là.

VALÈRE.

Merlin, mon pauvre Merlin, tu vois l'embarras où nous sommes.

MERLIN.

Bon, bon, vous voilà bien malades : d'épouser Madame Gérante, vous; et vous, Monsieur Oronte, c'est le pis qu'il en puisse arriver.

VALÈRE.

Que tu me fais passer de fâcheux moments!

MERLIN.

Ne serez-vous pas bien aise de devenir le beau-père de Monsieur votre père? Je ne trouve rien de plus drôle que cela, moi.

ANGÉLIQUE.

Quelle extravagance !

MERLIN.

Hé ! Madame, votre mère deviendra votre fille, à vous ; cela sera tout à fait plaisant, oui.

VALÈRE.

Et de grâce, Merlin, point de plaisanteries à contre-temps : achève, s'il se peut, de nous rendre service, et sois assuré d'une parfaite reconnaissance, si tu viens à bout de cette affaire.

MERLIN.

Oh ! pour cela oui, j'en viendrai à bout, pourvu que vous soyez raisonnables, et que vous continuiez toujours d'avoir beaucoup de complaisance, vous pour Monsieur Oronte, et vous pour Madame Gérante ; que vous n'alliez point effaroucher leurs esprits par des refus ; mais que vous vous serviez au contraire du faible qu'ils ont, pour obtenir un délai, et pour vous approprier leurs dépouilles. Par exemple, vous, qui vous empêche de vous faire faire par le bonhomme une bonne donation dans les formes d'un certain contrat de trente mille écus qui lui restent ? Lisette conduira fort bien cette affaire, et elle est venue à bout de choses bien plus difficiles : c'est une illustre, Madame.

LISETTE.

Oh ! Monsieur Merlin, cela vous plait à dire.

MERLIN.

Pour moi, je vous promets, foi d'honnête homme, de ruiner absolument Madame votre mère ; c'est tout ce que je puis pour votre service ; et quand vous serez une fois les maîtres de tout, vous pourrez cesser de vous contraindre, et vous leur déclarerez alors vos véritables sentiments.

ANGÉLIQUE.

Cela me parait un peu rude, Valère.

MERLIN.

Oh ! ventrebleu ! Madame, point de scrupules.

VALÈRE.

Si la tendresse la plus vive peut mériter...

MERLIN.

Et vous, Monsieur, point de compliments : remettez, s'il vous plaît, toutes vos tendresses pour une autre saison. Il y a déjà longtemps que nous jasons ici, il est temps de nous séparer.

VALÈRE.

Quel supplice de nous quitter si tôt !

ANGÉLIQUE.

J'en ressens autant de peine que vous.

LISETTE.

On le voit assez, sans que vous preniez la peine de le dire.

MERLIN.

Je suis dans des appréhensions mortelles.

VALÈRE.

Quand vous reverrai-je, Madame ?

ANGÉLIQUE.

Le plus tôt qu'il me sera possible, si vous aimez à me faire plaisir.

SCÈNE III

LISETTE, MERLIN.

LISETTE.

Nous en voilà débarrassés.

MERLIN.

Ma foi, j'avais terriblement peur que la mère ne survînt : nous étions gâtés franchement.

LISETTE.

Oh çà, de quoi s'agit-il ? Car, après ce que j'ai déjà fait, quand il est question d'achever, je ne prétends point demeurer ici les bras croisés.

MERLIN.

Ah ! ah ! tu prends donc cette affaire avec beaucoup de chaleur ?

LISETTE.

Assurément ; et depuis que je m'en mêle, j'ai tiré pour Angélique en diverses fois plus de dix mille écus de Monsieur Oronte.

MERLIN.

Et moi, de Madame Gérante, près de quarante mille francs pour mon maître.

LISETTE.

Voilà de l'argent bien placé ! Il y a des gens bien fous dans le monde.

MERLIN.

Il n'y a point d'extravagance que de vieilles gens amoureux ne soient capables de faire.

LISETTE.

Et si, il faut voir avec quelle indifférence Angélique a reçu tous ces présents-là.

MERLIN.

La pauvre enfant! Et mon maître, lui, n'a jamais pris qu'avec chagrin tout ce que Madame Gérante lui a donné.

LISETTE.

Le pauvre garçon ! Cela est bien dur aussi d'être obligé comme cela de ruiner son père et sa mère, pour leur faire entendre raison.

MERLIN.

Ils ont bien de la peine à s'y résoudre.

LISETTE.

Oui; mais les choses sont déjà bien avancées, et il est un peu tard de s'aviser de reculer, quand on n'a plus qu'un pas à faire.

MERLIN.

Au bout du compte, il n'y a pas grand mal à tout cela, et le bien ne sort point de la maison.

LISETTE.

Non vraiment, et c'est proprement comme l'argent du jeu, qui passe seulement d'une main dans une autre.

MERLIN.

Fort bien, et nous avons le profit des cartes, nous.

LISETTE.

Cela est vrai. Mais voici Madame qui revient, il faut changer de style.

SCÈNE IV

MADAME GÉRANTE, LISETTE, MERLIN.

MADAME GÉRANTE.

Bonjour, Merlin.

MERLIN.

Madame, je vous souhaite le bonjour.

MADAME GÉRANTE.

Que fait ton maître ? comment se porte-t-il ?

MERLIN.

Ma foi, Madame, je ne sais : pas trop bien, je crois ; le pauvre garçon n'a pas fermé l'œil de toute la nuit, il n'a fait que se tourmenter dans son lit.

MADAME GÉRANTE.

Ah ! voilà pour le faire malade : et sur le matin encore, ne s'est-il point endormi ?

MERLIN.

Je croyais qu'il reposerait toute la matinée. Il commençait même de s'assoupir ; mais comme vous savez, Madame, le matin... c'est le temps des songes ordinairement. J'étais dans sa chambre à préparer ses habits, quand je l'ai entendu grommeler quelque chose entre ses dents ; je me suis bien douté de ce que c'était ; car il rêve tout haut le plus souvent. Il pensait à vous dans ce moment-là.

MADAME GÉRANTE.

A moi, Merlin ?

MERLIN.

Oui vraiment, il me l'a dit quand il a été éveillé.

MADAME GÉRANTE.

Est-il possible ?

MERLIN.

Belle demande ! Est-ce que je voudrais mentir.

LISETTE.

Bon, Merlin vous le dirait-il, s'il n'était vrai ?

MERLIN.

Oh non ! demandez à Lisette, elle sait fort bien que je ne mens jamais.

MADAME GÉRANTE.

As-tu entendu quelque chose de ce qu'il disait ?

MERLIN.

Ah ! il disait les choses du monde les plus tendres.

MADAME GÉRANTE.

Et quoi encore ?

MERLIN.

Des choses dont vous allez être charmée.

LISETTE.

Dépêche-toi donc de les dire.

MERLIN.

Il vous appelait son cœur.

MADAME GÉRANTE.

Sérieusement ?

MERLIN.

Sa belle enfant.

MADAME GÉRANTE.

Tout de bon ?

MERLIN.

Son aimable mignonne.

MADAME GÉRANTE.

Lisette !

MERLIN.

Son adorable petite femme.

LISETTE.

Madame !

MERLIN.

Je voudrais que vous eussiez été là pour l'entendre.

MADAME GÉRANTE.

Cela m'aurait bien fait du plaisir, Merlin.

MERLIN.

Oh ! s'il ne s'était pas éveillé, la suite vous en aurait fait bien davantage.

MADAME GÉRANTE.

Ce pauvre garçon ! Cela est bien obligeant au moins, Lisette, de faire des songes de moi dans ces termes-là.

LISETTE.

Assurément, Madame, ce jeune homme-là vous aime terriblement.

MADAME GÉRANTE.

Et ne s'est-il point rendormi pour rêver encore.

MERLIN.

Non, Madame : il s'est habilllé le plus vite qu'il a pu, et il est venu ici pour vous voir ; mais ne vous trouvant point, il est tombé dans une mélancolie épouvantable, et il s'en est allé sans nous rien dire. Pour moi, Madame, j'ai cru qu'il était de mon petit devoir de vous attendre ici pour vous faire part des agréables rêveries de mon maitre.

MADAME GÉRANTE.

Je te tiendrai compte du plaisir que tu m'as fait.

MERLIN.

Je vais le chercher, et lui dire que vous êtes ici.

MADAME GÉRANTE.

Fais-le venir le plus tôt qu'il pourra.

MERLIN.

Je vous l'amènerai moi-même, si je le trouve.

SCÈNE V

MADAME GÉRANTE, LISETTE.

MADAME GÉRANTE.
Angélique est-elle habillée ?

LISETTE.

Bon, elle n'est peut-être pas encore coiffée seulement. Ne faut-il pas qu'elle soit toujours trois heures devant un miroir, et qu'elle passe toute la matinée à ajuster des choux, des souris, des palissades, des nonpareilles ?... Je ne sais pas de qui elle tient ; car vous êtes la diligence même, vous ; et depuis que les maux de tête vous ont obligée de faire couper vos cheveux, vos coiffures sont toujours montées pour plus de quinze jours, et vous n'êtes pas plus de temps à les mettre que si c'était une perruque : cela est fort commode au moins.

MADAME GÉRANTE.

Oui vraiment, outre que c'est un remède souverain contre les maux de tête, cela vous met en droit de choisir la couleur des cheveux qui vous plaît le plus, et qui vient le mieux à l'air de votre visage.

LISETTE.

Le châtain clair vous sied admirablement bien, Madame.

MADAME GÉRANTE.

Et le blond, Lisette ?

LISETTE.

Ah ! quand vous mettez du blond, vous êtes comme ces petits anges de cire.

MADAME GÉRANTE.

Le noir ne me va pas trop mal aussi.

LISETTE.

Comment ? vous êtes charmante en toutes manières ; mais les cheveux noirs, surtout, ne servent pas peu à faire paraître la blancheur de votre teint.

MADAME GÉRANTE.

Comment l'ai-je aujourd'hui, Lisette ?

LISETTE.

Ah ! bons Dieux ! tout de lys et de roses.

MADAME GÉRANTE.

Plus de quatre personnes me l'ont déjà dit.

LISETTE.

Vous seriez bien folle de l'avoir autrement ; et en teint comme en cheveux, il faut toujours prendre les plus belles couleurs.

MADAME GÉRANTE.

Parlons d'autres choses, Lisette.

LISETTE.

Ah, Madame ! voyez Monsieur Oronte. Quelle propreté ! Il ne paraît pas quarante ans avec cet habit-là, et le voilà rajeuni de plus de la moitié.

SCÈNE VI

MADAME GÉRANTE, MONSIEUR ORONTE, LISETTE.

MONSIEUR ORONTE.

Très humble serviteur à mon aimable bru.

MADAME GÉRANTE.

Comment, mon gendre, vous avez l'air tout à fait conquérant aujourd'hui.

LISETTE, *à part*.

Son gendre ! sa bru ! comme ils s'accommodent ? Hum, qui compte sans son hôte, compte deux fois.

MONSIEUR ORONTE.

Vous trouvez donc, Madame, que j'ai quelque mine avec cet habit-là ?

MADAME GÉRANTE.

La meilleure du monde ! et je vous assure que si ma liberté n'était engagée, vous lui donneriez un terrible assaut.

MONSIEUR ORONTE.

A Dieu ne plaise, Madame, que je fisse un pareil chagrin à mon fils.

LISETTE.

Il serait beau vraiment que vous lui coupassiez l'herbe sous le pied.

MONSIEUR ORONTE.

Ce n'est point mon dessein, Lisette. Mais vous, Madame, vous voilà plus belle que jamais.

MADAME GÉRANTE.

Je ne sais comment cela se fait ; car je ne prends aucun soin pour cela.

LISETTE.
Oh ! non, assurément.

MONSIEUR ORONTE.
Que je serais heureux, Madame, d'être aussi digne des affections d'Angélique, que vous l'êtes de la tendresse de Valère !

LISETTE.
Oh ! par ma foi, les choses sont bien égales, je vous en réponds.

MADAME GÉRANTE.
Angélique a de trop bons yeux, Monsieur, pour ne pas rendre justice à tout ce que vous valez.

LISETTE.
Mais en effet, vous me paraissez charmants l'un et l'autre. Tenez-vous un peu, regardez-moi, là : prenez-vous par la main, que je vous voie marcher. Le joli couple que voilà ! Par ma foi, il n'y a point de jeunes gens qui vous valent, et sans y chercher tant de façons, vous devriez vous marier ensemble.

MONSIEUR ORONTE.
Valère n'y consentirait jamais.

MADAME GÉRANTE.
Angélique serait au désespoir.

LISETTE.
Qu'elle va être aise, Madame, de le voir comme cela !

MADAME GÉRANTE.
Va l'avertir, Lisette, que Monsieur est ici : allons l'attendre dans ma chambre.

SCÈNE VII

LISETTE, *seule*.

LISETTE.
Tout est merveilleusement bien disposé pour ce que nous souhaitons. Ces bonnes gens-là sont plus fous et plus amoureux que jamais. Allons avertir Angélique.

ACTE DEUXIÈME

SCÈNE PREMIÈRE

ANGÉLIQUE, LISETTE.

LISETTE.

Mais vous n'y songez pas de vous dérober ainsi pendant que Monsieur Oronte est dans le cabinet de Madame votre mère. Que deviendra-t-il, quand il ne vous trouvera plus ? Vous l'allez mettre au désespoir.

ANGÉLIQUE.

En vérité, Lisette, je ne pouvais plus y tenir, je mourais de chagrin ; et ma mère m'a bien fait plaisir d'avoir quelque chose de particulier à lui dire.

LISETTE.

Je ne sais ce que ce peut être ; mais je me doute que Valère et vous, vous avez bonne part à leur entretien.

ANGÉLIQUE.

Ah ! que je crains qu'ils ne prennent des mesures trop justes, et que nous n'espérions en vain de les rompre.

LISETTE.

Bon, bon, quelles mesures de vieux fous comme cela peuvent-ils prendre, que le bonheur des jeunes gens, et l'adresse de ceux qui les servent, ne rendent facilement inutiles ? Soyez-en repos là-dessus. Mais à propos, comment le trouvez-vous aujourd'hui, Monsieur Oronte ?

ANGÉLIQUE.

Ah ! ne me fais pas souvenir de lui, je te prie, il ne m'a jamais paru si fatigant et si ennuyeux.

LISETTE.

Vous lui faisiez une triste mine, franchement, et ce n'est guère là le moyen de faciliter notre entreprise : je vous l'avais tant dit.

ANGÉLIQUE.

Et quelle mine veux-tu que je fasse à un homme qui me dit cent extravagances plus impertinentes les unes que les autres, cent fades puérilités?

LISETTE.

Il fait tout ce qu'il peut pour paraître jeune. Mais voici Monsieur Oronte : montez vite dans votre chambre, et me laissez seule avec lui.

SCÈNE II

MONSIEUR ORONTE, LISETTE.

LISETTE.

Vous avez beau dire, et beau me prier, j'aimerais mieux mourir que d'en avoir rien fait.

MONSIEUR ORONTE.

C'est Lisette.

LISETTE.

Je lui conseillerai plutôt le contraire.

MONSIEUR ORONTE.

Que dit-elle là?

LISETTE.

Cela est horrible.

MONSIEUR ORONTE.

Hem !

LISETTE.

En agir ainsi avec Monsieur Oronte !

MONSIEUR ORONTE.

C'est moi qu'elle nomme.

LISETTE.

Le meilleur et le plus honnête homme du monde? j'enrage.

MONSIEUR ORONTE.

Holà ! Lisette, qu'est-ce qu'il y a ?

LISETTE.

L'amener à cet excès d'amour !

MONSIEUR ORONTE.
A qui en as-tu ?
LISETTE.
Pour lui mettre le pied sur la gorge !
MONSIEUR ORONTE.
Mais, réponds-moi donc ?
LISETTE.
Et lui faire faire les choses malgré qu'il en ait !
MONSIEUR ORONTE.
Est-ce que l'emportement te rend aveugle ?
LISETTE.
Ah ! ah ! ah ! Monsieur, je vous demande pardon. Je suis si fort irritée...
MONSIEUR ORONTE.
Qu'est-il donc arrivé ?
LISETTE.
C'est une petite folle.
MONSIEUR ORONTE.
Comment ?
LISETTE.
Une petite ridicule.
MONSIEUR ORONTE.
Qui donc ?
LISETTE.
Mademoiselle Angélique, Monsieur, qui prend des résolutions extravagantes, qui se met déjà en tête de faire des lois aux gens ; je lui conseille vraiment.
MONSIEUR ORONTE.
Eh bien ! qu'est-ce ? de quoi s'agit-il ?
LISETTE.
Vous avez vu la mine qu'elle vous a faite, elle vous a quitté brusquement pour venir me dire qu'elle ne voulait point entendre parler de mariage, si vous ne lui faites...
MONSIEUR ORONTE.
Eh bien ! si je ne lui fais... quoi ?

LISETTE.

De grands avantages, dit-elle; elle parle de contrats, de donations, que sais-je, moi ?

MONSIEUR ORONTE.

De donations?

LISETTE.

Oui.

MONSIEUR ORONTE.

Il faut que je lui parle un peu.

LISETTE.

Prenez garde à ne rien gâter.

MONSIEUR ORONTE.

Est-elle seule?

LISETTE.

Oui, Monsieur, vous pouvez monter dans sa chambre ; mais, songez à ne la point aigrir.

MONSIEUR ORONTE.

Non, non.

LISETTE.

Tout serait perdu.

MONSIEUR ORONTE.

Ne crains rien. Ah! que c'est une terrible chose que d'aimer. Je vais la voir un peu.

LISETTE.

Allez, Monsieur, allez. Cela prend un assez bon train, à ce qu'il me semble. Voici Madame.

SCÈNE III

MADAME GÉRANTE, LISETTE.

MADAME GÉRANTE.

Où donc est Angélique ?

LISETTE.

Elle est là-haut avec Monsieur Oronte.

MADAME GÉRANTE.

Avec Monsieur Oronte! Il m'avait dit qu'il allait chez son notaire..... La Verdure.

SCÈNE IV

MADAME GÉRANTE, LISETTE, LE BÈGUE.

LE BÈGUE.
Que vous plaît-il, Madame ?

MADAME GÉRANTE.
Allez dire à Monsieur Oronte....

LISETTE.
Il n'en est pas besoin, Madame, il ne fera pas long séjour avec Mademoiselle votre fille ; car, elle se plaint d'un mal de tête épouvantable.

MADAME GÉRANTE.
Elle prend bien son temps pour être malade.

LISETTE.
Comme s'il dépendait d'elle de se bien porter : Monsieur Oronte l'étourdit trop aussi, et ses discours éternels d'ardeurs, de feux, de flamme, tout cela échauffe terriblement au moins.

MADAME GÉRANTE.
Angélique est-elle fort contente de ce mariage ?

LISETTE.
Bon, quelle raison pourrait-elle avoir pour ne le pas être ? Quoi, cette grande inégalité d'âge qui est entre elle et M. Oronte, qu'est-ce que cela ? Elle a un si bel exemple devant les yeux ; car enfin, cette inégalité n'est guère moindre entre vous et Valère, et cependant vous ne laissez pas d'en être contente.

MADAME GÉRANTE.
Il m'inquiète, Valère ; et je suis surprise qu'il ne soit point encore ici.

LISETTE.
On ne l'aura pas trouvé pour lui dire que vous êtes revenue.

MADAME GÉRANTE.
Mais, penses-tu, Lisette, qu'il m'aime autant qu'on me le dit ?

LISETTE.

Le beau doute ! Vous êtes si aimable, et vous lui donnez tant de sujets pour vous aimer.

MADAME GÉRANTE.

La plupart des hommes sont ordinairement si volages et si peu reconnaissants.

LISETTE.

Oh ! Valère n'est pas fait comme les autres ; et tenez, voilà Monsieur Merlin, qui vous en peut répondre encore mieux que moi.

SCÈNE V

MADAME GÉRANTE, LISETTE, MERLIN.

MERLIN.

Ah ! je n'en puis plus. Je me suis mis tout hors d'haleine à force de courir.

MADAME GÉRANTE.

As-tu trouvé ton maître ?

MERLIN.

Monsieur Oronte est-il ici, Lisette ?

LISETTE.

Il ne fait que de sortir.

MERLIN.

Bon... que je suis misérable ! où pourrais-je le rencontrer ?

MADAME GÉRANTE.

Qu'as-tu donc ? Qu'est-il arrivé ? te voilà tout ému.

MERLIN.

Ah ! Madame, on le serait à moins ; mais, dites-moi de grâce, où pourrais-je trouver Monsieur Oronte ?

MADAME GÉRANTE.

Eh ! qu'as-tu donc de si pressant à lui dire ?

MERLIN.

Ne vous informez point de cela, Madame, on m'a défendu de vous en parler.

ACTE II, SCÈNE V.

MADAME GÉRANTE.

Serait-il arrivé quelque chose à ton maître ?

MERLIN.

Vous ne saurez rien de tout cela, vous dis-je, que les affaires ne soient accommodées.

MADAME GÉRANTE.

Ah ! Lisette, je suis perdue ! Il est arrivé quelque malheur à ce pauvre garçon. Soutiens-moi.

MERLIN.

Monsieur Oronte, Lisette, n'a-t-il point dit où il allait ?

LISETTE.

Chez son notaire, je crois.

MERLIN.

Eh ! dis vite, sais-tu où il demeure ?

LISETTE.

Non vraiment, je n'en sais rien.

MERLIN.

Il n'importe, je m'en vais le chercher de notaire en notaire : je serai bien malheureux si je ne le rencontre.

MADAME GÉRANTE.

Attends un peu, Merlin, je t'en conjure, écoute un mot avant de t'en aller.

MERLIN.

Oh ! que je n'ai pas le temps de m'arrêter. Ces affaires-ci pressent diablement ; et ce sont des jeux d'enfants, au moins.

MADAME GÉRANTE.

Tire-moi de l'inquiétude où tu m'as mise : je suis toute hors de moi-même ; et tes discours m'ont si fort alarmée, qu'à l'heure qu'il est, il ne tient qu'à moi de m'évanouir.

LISETTE.

Que cette envie-là ne vous prenne point, Madame : vous nous donneriez ici de l'occupation.

MADAME GÉRANTE.

Qu'il me dise donc ce qu'il y a.

MERLIN.

Vous prendriez l'affaire trop à cœur ; et je sais bien moi-même que si je vous le disais, je vous mettrais dans un si terrible état, qu'il ne tiendrait plus qu'à vous de mourir.

LISETTE.

C'est bien pis que l'évanouissement.

MADAME GÉRANTE.

Je te promets, Merlin, de ne me point trop affliger.

MERLIN.

Vous n'en serez pas la maîtresse, Madame, je vous connais, vous avez le cœur tendre.

LISETTE.

Eh ! va, va, elle l'a dur quand elle veut ; dis vite.

MERLIN.

Mais promettez-moi donc, Madame, que mon maître ne saura rien de tout ceci.

LISETTE.

Et sommes-nous gens à lui aller dire ?

MERLIN.

Il me mettrait dehors avec cent coups.

MADAME GÉRANTE.

Que cela ne t'inquiète point, parle.

LISETTE.

C'est que mon maître...

MADAME GÉRANTE.

Ah ! Ah !

MERLIN.

N'avais-je pas bien dit que je lui donnerais trop de chagrin ?

LISETTE.

Eh ! dis tout aussi sans barguigner !

MADAME GÉRANTE.

Achève, je te prie. Ton maître ?...

MERLIN.

Il est aimé d'une fille qui veut l'épouser malgré qu'il en ait.

ACTE II, SCÈNE V.

MADAME GÉRANTE.

L'épouser malgré qu'il en ait !

MERLIN.

Oui, madame.

MADAME GÉRANTE.

Comment donc, est-ce qu'on prend les gens à force ?

MERLIN.

C'est ce que j'ai dit d'abord ; mais il lui a fait autrefois une promesse de mariage.

MADAME GÉRANTE.

Une promesse de mariage !

MERLIN.

Oui vraiment, et c'est là le diable.

MADAME GÉRANTE.

Une promesse de mariage ! Il était donc amoureux d'elle.

MERLIN.

Point du tout, Madame, ce n'était que par manière de conversation ; et cependant, voyez la malice, on s'en sert aujourd'hui pour l'inquiéter, et pour traverser la passion qu'il a pour vous.

MADAME GÉRANTE.

Le malheureux garçon ! pourquoi ne m'a-t-il pas avertie de cette affaire !

MERLIN.

Il pensait bien à cela, vraiment ; il ne prévoyait rien moins que l'affront qu'on vient de lui faire.

MADAME GÉRANTE.

Comment ? Que dis-tu ? Quel affront ?

MERLIN.

Est-ce que vous ne voyez pas où tout cela conduit ? Une fille amoureuse d'un jeune homme qui se va marier, de qui elle a une promesse de mariage, cela va tout droit au Châtelet.

MADAME GÉRANTE.

Au Châtelet !

MERLIN.

Oui vraiment au Châtelet; et une preuve convaincante de ce que je vous dis-là, c'est qu'on vient d'y conduire mon maître.

LISETTE.

Ton maître est prisonnier ?

MERLIN.

Oui, Lisette.

MADAME GÉRANTE.

Valère en prison !

MERLIN.

Oui, Madame, et je viens de le voir y faire son entrée.

MADAME GÉRANTE.

Le pauvre garçon ! Et comment l'a-t-on mené-là ?

MERLIN.

Je vous tirerais des larmes si je vous en faisais le récit.

MADAME GÉRANTE.

Il n'importe, je veux tout savoir.

MERLIN.

Vous me commandez de renouveler mes douleurs; mais en revanche, je vais terriblement aigrir les vôtres.

LISETTE.

Ah ! ah !

MADAME GÉRANTE.

Ah ! ah !

MERLIN.

Oh ! Madame, ne vous avisez point de pleurer comme cela quand j'aurai une fois commencé; car, je n'aime pas qu'on m'interrompe. J'avais rejoint mon maître, et je vous l'amenais comme vous me l'aviez dit, lorsqu'un certain gros maroufle a passé tout proche de lui, et lui a arraché son épée. J'ai voulu courir tout aussitôt, dans la pensée que c'était un filou, quand vingt coquins comme le premier nous ont entourés. Il y avait une chaise à porteurs qui suivait : ils ont prié mon maître d'y entrer; mais civilement, Madame, et avec des manières si pressantes, qu'il n'a jamais pu s'en défendre.

MADAME GÉRANTE.

Ils l'ont mené en chaise ?

MERLIN.

Oui, Madame.

LISETTE.

Cela est bien honnête, vraiment.

MERLIN.

Les porteurs qui avaient le mot, ont enfilé la vallée de misère, et je me suis mis à suivre comme les autres, pour voir un peu tout ce que cela deviendrait : nous sommes arrivés à la petite porte d'un grand hôtel, on a ouvert une barrière pour nous faire plus d'honneur. Mon maître est sorti de la chaise, deux de ces honnêtes personnes qui l'avaient amené, l'ont pris par la main, et lui ont servi d'écuyers. Il ne s'était jamais vu un si beau train.

MADAME GÉRANTE.

Eh bien ?

MERLIN.

Eh bien ! Madame, il est entré, je l'ai voulu suivre ; mais on m'a fait attendre dans une petite antichambre, un peu obscure à la vérité. Quelques amis de mon maître, qui ont appris cette nouvelle-là, sont venus pour le voir, et nous avons tous de compagnie attendu qu'il fût visible. Enfin, un des officiers de la maison nous a fait entrer, et nous l'avons trouvé qui se désespérait.

MADAME GÉRANTE.

Ah ! ah !

MERLIN.

Il m'a conté toute son affaire, et m'a dit d'aller, au plus vite, chercher Monsieur son père, afin qu'il y mît ordre ; mais, ce qu'il m'a le plus recommandé, c'est de ne vous parler de rien, tant il a peur de vous chagriner.

MADAME GÉRANTE.

Le pauvre garçon ! eh ! que fait-il là-dedans encore ?

MERLIN.

Je l'ai laissé dans le plus triste état du monde : ses amis ont envoyé à la Galère.

MADAME GÉRANTE.

Comment ? que dis-tu à la Galère ?

MERLIN.

Oui, Madame, chez Rousseau.

MADAME GÉRANTE.

Qu'est-ce que c'est que Rousseau ?

MERLIN.

C'est un fort honnête homme, chez lequel on boit de fort bon vin.

MADAME GÉRANTE.

De fort bon vin ?

MERLIN.

Oui, Madame, ils en ont fait apporter une douzaine de bouteilles.

MADAME GÉRANTE.

Une douzaine de bouteilles !

MERLIN.

Oui, Madame, avec un grand plat de rôt.

LISETTE.

Avec un grand plat de rôt ?

MERLIN.

Oui, Lisette.

LISETTE.

Le pauvre garçon !

MERLIN.

Mon maître s'est mis à table avec eux.

MADAME GÉRANTE.

Il s'est mis à table ?

MERLIN.

Oui, Madame. Il y avait une moitié d'agneau qui avait une mine admirable, à quoi il n'a pas touché.

MADAME GÉRANTE.

Il n'a point voulu manger ?

MERLIN.

Pardonnez-moi, Madame; mais, fort peu de chose, un poulet de grain seulement, un dindon et un lapereau.

MADAME GÉRANTE.

Le pauvre garçon!

MERLIN.

Enfin, ils ont tous résolu de boire toute l'après-dîner.

MADAME GÉRANTE.

De boire toute l'après-dîner?

MERLIN.

Oui, Madame, pour se désennuyer.

MADAME GÉRANTE.

Et demeurera-t-il là longtemps, Merlin?

MERLIN.

C'est selon la manière dont on s'y prendra pour l'en tirer.

MADAME GÉRANTE.

Et comment faudrait-il s'y prendre? Dis.

MERLIN.

Vous l'allez savoir tout à l'heure. En sortant de chez lui...

LISETTE.

Comment, en sortant de chez lui?

MERLIN.

Oui, de son nouveau domicile, j'ai rencontré notre partie; un honnête pousse-cul m'a fait la grâce de me la montrer; car, je ne la connaissais point. D'abord, je lui ai dit que cela était fort vilain d'en agir comme elle faisait : elle m'a répondu qu'elle avait raison de le faire. Je lui ai dit que non, elle m'a dit que si; et nous avons eu comme cela une petite conversation de démentis, qui s'est pourtant terminée fort amiablement.

MADAME GÉRANTE.

Mais enfin, qu'avez-vous conclu?

MERLIN.

J'ai conclu, moi, que mon maître ne l'épouserait jamais; et elle a conclu, elle, qu'il l'épouserait, qu'il était à elle ; mais, j'ai bien vu pourtant qu'elle ne serait pas fâchée de le revendre. Son procureur était là, qui est un des plus honnêtes procureurs de tout le Châtelet, je l'ai tiré à part, je l'ai prié de chercher un biais pour accommoder cette affaire. Il a été lui proposer ; il est venu me reparler ; il est retourné à elle ; il est revenu à moi : enfin, après bien des allées et des venues, on est tombé d'accord que moyennant deux mille écus, elle rendrait la promesse de mariage, et qu'on ne parlerait plus de rien.

MADAME GÉRANTE.

Deux mille écus, Merlin ?

MERLIN.

Oui, Madame.

MADAME GÉRANTE.

Et Valère sortira-t-il tout aussitôt ?

MERLIN.

Oui, Madame, pourvu qu'ils aient achevé de dîner ; mais, c'est un petit vilain qui ne les vaut pas, les deux mille écus, et je ne sais pas qui les voudrait donner ; car, pour lui, je suis sûr qu'il aimerait mieux demeurer là six mois, et dépenser vingt mille francs à plaider, que de donner un sol à cette fille-là, après le tour qu'elle vient de lui jouer. Pour Monsieur son père, je crois qu'il aura bien de la peine à se résoudre de payer les folies de son fils. Je m'en vais pourtant le trouver pour lui en faire la proposition. Ah ! mon pauvre maître ! est-il possible qu'on aurait la dureté de te laisser coucher en prison ? Adieu, Madame.

MADAME GÉRANTE.

Merlin.

MERLIN.

Plaît-il, Madame ?

MADAME GÉRANTE.

Viens çà.

MERLIN.

Qu'y a-t-il pour votre service ?

ACTE II, SCÈNE V

MADAME GÉRANTE.

Je crois que j'ai deux mille écus là-haut dans mon cabinet.

MERLIN, *bas.*

Je le savais bien.

MADAME GÉRANTE.

Que dis-tu ?

MERLIN.

Eh bien ! Madame, vous avez deux mille écus ?

MADAME GÉRANTE.

Oui, il faut les porter à cette fille.

MERLIN.

Oh ! Madame, mon maître serait trop en colère, si je faisais un coup comme celui-là ; il verrait bien que je vous aurais conté l'histoire, outre qu'il ne vous a déjà que trop d'obligations.

MADAME GÉRANTE.

Je serai bien aise, Merlin, qu'il m'ait encore celle-ci.

MERLIN.

Cela vous empêcherait peut-être de faire pour lui quelque chose qui lui serait plus avantageux.

MADAME GÉRANTE.

Point, point, va.

MERLIN.

Mais, comment ferions-nous, Madame ? car, de porter cet argent-là vous-même, cela n'aurait point bonne grâce, à ce qu'il me semble.

MADAME GÉRANTE.

Je m'en fierai bien à toi.

MERLIN.

Je vous rends grâces, Madame ; mais encore un petit mot, s'il vous plaît. Comme nous n'avons pas besoin de Monsieur Oronte dans cette affaire, il ne sera que mieux, je crois, de ne lui en point parler du tout.

MADAME GÉRANTE.

Tu as raison : entendez-vous, Lisette ?

LISETTE.

Oui, Madame.

MADAME GÉRANTE.

Viens prendre cet argent, je vais te le compter.

MERLIN.

Au moins, Madame, c'est sans préjudice du reste.

MADAME GÉRANTE.

Ne te mets en peine de rien.

LISETTE.

Par ma foi, voilà une bonne femme à qui l'argent sied bien ; car, elle en fait un bon usage.

ACTE TROISIÈME

SCÈNE PREMIÈRE

LISETTE, MERLIN.

LISETTE.

Ah ! ah ! c'est toi ; où est ton maître ?

MERLIN.

Il n'a pas encore achevé les douze bouteilles.

LISETTE.

Tu railles. Mais, je te trouve bien hardi de revenir ici sans lui.

MERLIN.

Pourquoi donc ?

LISETTE.

Pourquoi ? Et il me semble que pour ses deux mille écus, Madame Gérante est en droit de te le demander.

ACTE III, SCÈNE I.

MERLIN.

Il est vrai; mais, je suis en droit, moi, de lui répondre, et en possession, Dieu merci, de lui faire croire ce que je veux.

LISETTE.

Je crains que cela ne dure pas, et tu la fourbes un peu trop souvent.

MERLIN.

Je ne me soucie pas aussi que cela dure, pourvu que cela aille vite.

LISETTE.

Et les deux mille écus, les as-tu mis en lieu de sûreté ?

MERLIN.

Je viens de les serrer avec la plus grande dévotion du monde.

LISETTE.

Que dit Valère de tout ceci ?

MERLIN.

Ne sais-tu pas bien ce qu'il a coutume de dire ? Rien n'est capable de lui faire plaisir que la présence d'Angélique; il ne saurait penser qu'à elle, et il faut qu'il parle d'elle, ou qu'il ne dise rien.

LISETTE.

Mais sérieusement, que fait-il maintenant ?

MERLIN.

Il est ici avec un jeune notaire de nos amis, que nous ménageons en cas de besoin, et qui a nos affaires toutes prêtes.

LISETTE.

A propos de notaire, Monsieur Oronte a tantôt passé chez le sien, et je crois qu'il doit venir ici aujourd'hui.

MERLIN.

Fi, cela ne vaudrait pas le diable. Il ne faut point que des visages inconnus se mêlent de nos affaires.

LISETTE.

C'est à quoi j'ai songé d'abord.

MERLIN.

Il est donc revenu, Monsieur Oronte?

LISETTE.

Oui.

MERLIN.

Eh bien?

LISETTE.

J'ai fait quelque petite tentative.

MERLIN.

A-t-elle produit son effet?

LISETTE.

Oui, ma foi.

MERLIN.

J'en suis vraiment bien aise.

LISETTE.

J'ai diantrement embarrassé le bonhomme ; et quand je l'ai vu suffisamment ébranlé, je l'ai envoyé à Angélique, qui a achevé de le battre en ruine : un seul regard a terminé son irrésolution, et il a promis de signer aveuglément tout ce qu'on voudrait.

MERLIN.

Voilà un fort honnête homme ; et si Madame Gérante est aussi raisonnable, les affaires seront bien faites.

LISETTE.

Cependant Angélique est diablement embarrassée de n'avoir plus de prétexte pour différer.

MERLIN.

Il ne faut point que cela l'embarrasse, nous mettrons bientôt ordre à tout.

LISETTE.

Ma foi, si j'étais à sa place, les seuls transports de Monsieur Oronte seraient capables de me désespérer.

MERLIN.

Comment donc?

LISETTE.

Comment? Il fait là-haut cent extravagances, il lui a déchiré ses gants pour lui baiser la main.

MERLIN.
La peste!
LISETTE.
Il a rompu son éventail, parce qu'elle s'en cachait le visage.
MERLIN.
Tudieu!
LISETTE.
Il lui a mordu le bout des doigts.
MERLIN.
Oh! pour cela, tu te moques? est-ce qu'on a de quoi mordre à son âge?
LISETTE.
Enfin, il semble qu'elle soit déjà sa femme.
MERLIN.
Oui? Oh! je vois bien qu'il n'y a point de temps à perdre, il faut se dépêcher. Monsieur Oronte signera tout ce qu'on voudra : Madame Gérante est une bonne femme aussi, elle fera de même ; j'ai pris mes mesures pour cela. Allons, mettons les fers au feu. N'est-elle pas là-haut?
LISETTE.
Oui, dans de grandes impatiences de revoir Valère.
MERLIN.
Voici de quoi l'amuser, en attendant qu'il vienne.
LISETTE.
Va donc; pour moi, je vais donner les ordres qu'il faut pour éloigner le notaire de Monsieur Oronte. Voici le Bègue tout à propos. Hé, la Verdure?

SCÈNE II

LISETTE, LE BÈGUE.

LE BÈGUE.
Que voulez-vous?

LISETTE.
Écoute. Il doit venir ici un notaire, qui demandera Monsieur Oronte ; m'entends-tu ?

LE BÈGUE.
Oui.

LISETTE.
Dis-lui qu'il revienne une autre fois.

LE BÈGUE.
Et comment est-il fait un notaire ?

LISETTE.
Il est fait, il est fait comme un honnête homme.

LE BÈGUE.
Et comment est fait un honnête homme ?

LISETTE.
Oh ! ma foi, je ne sais, je ne t'en saurais faire le portrait. Qui diantre s'imaginerait qu'un maroufle comme cela ferait une question aussi embarrassante ? Mais pour plus de sûreté, dis à tout le monde qu'il n'y a personne.

SCÈNE III

LE BÈGUE, *seul.*

LE BÈGUE.
Cela vaut fait. Voilà la plus jolie fille du monde, j'en suis fou ; mais quand je lui veux dire que je l'aime, elle a le temps de s'enfuir avant que j'achève. Il faut pourtant que j'apprenne à parler plus vite. Allons, essayons un peu pour voir : Madame Lisette, je vous aime de tout mon cœur. Hé bien, ne voilà-t-il pas ? Elle serait déjà à une lieue d'ici ; j'enrage. Ah ! ah ! voilà quelqu'un qui est fait comme un honnête homme, ce pourrait bien être le notaire.

SCÈNE IV

LE NOTAIRE, *bègue,* LE BÈGUE.

LE NOTAIRE, *bègue.*
N'est-ce pas ici le logis de Madame Gérante ?

ACTE III, SCÈNE V.

LE BÈGUE.

Oui, Monsieur.

LE NOTAIRE, *bègue*.

Je crois que ce maraud-là me contrefait : voyons un peu s'il continuera. Monsieur Oronte est-il ici.

LE BÈGUE.

Non, Monsieur, il n'y a personne.

LE NOTAIRE, *bègue*.

Comment, coquin ? Tu te moques de moi, je crois ?

LE BÈGUE.

Monsieur, je ne me moque point de vous, il n'y a personne assurément.

LE NOTAIRE, *bègue*.

Si tu me fais prendre un bâton, je t'étrillerai comme il faut.

LE BÈGUE.

Si vous m'étrillez, ma foi, je me revancherai.

LE NOTAIRE, *bègue*.

Coquin !

LE BÈGUE.

Au secours.

SCÈNE V

LE NOTAIRE, LE BÈGUE, LISETTE.

LISETTE.

Holà, donc ! holà ! qu'est-ce que c'est que ce bruit-là ?

LE BÈGUE.

C'est cet homme-là qui vient me battre, parce que je lui dis qu'il n'y a personne.

LISETTE.

Pourquoi le maltraitez-vous, Monsieur ? Il vous dit vrai, il n'y a personne ici.

LE NOTAIRE.

C'est un insolent qui me contrefait.

LISETTE, *riant.*

Ah ! ah ! ah ! ah ! ah !

LE NOTAIRE.

Monsieur Oronte m'a-t-il fait venir ici pour se moquer de moi ?

LISETTE.

Personne ne se moque de vous, et ce garçon-là ne peut pas parler autrement.

LE NOTAIRE.

Cela n'est pas vrai, il parle bien quand il veut.

LE BÈGUE.

Mordi ! cela n'est pas vrai, vous-même ; c'est vous qui parlez bien quand vous voulez, et vous vous êtes moqué le premier.

LE NOTAIRE.

Pendard !

LE BÈGUE.

Et je devais aussi vous battre le premier.

LE NOTAIRE.

Coquin !

LISETTE.

Monsieur, il ne faut point faire ici tant de bruit. Vous demandez Madame, ou Monsieur Oronte, n'est-ce pas ? ils n'y sont ni l'un ni l'autre.

LE NOTAIRE.

N'importe, je saurai bien où les trouver, pour me plaindre de votre insolence : vous verrez, vous verrez.

SCÈNE VI

LISETTE, LE BÈGUE.

LISETTE.

L'aventure est tout à fait drôle.

LE BÈGUE.

Vraiment, il m'a roué de coups.

LISETTE.

Tais-toi, et va voir là-haut si j'y suis : voici Merlin avec Madame, il ne faut point les troubler.

SCÈNE VII

MADAME GÉRANTE, MERLIN.

MERLIN.

Oui, Madame, on m'a apporté près d'une douzaine de billets comme celui-là, que je n'ai jamais voulu rendre à mon maître ; mais enfin, comme on m'a dit que celui-ci était de conséquence, j'ai été bien aise de vous le faire voir, pour vous demander si je le lui dois donner.

MADAME GÉRANTE.

Je te suis obligée, Merlin.

MERLIN.

Madame, si j'osais vous prier de lire haut ; car enfin, je suis bien aise de savoir un peu les affaires de mon maître.

MADAME GÉRANTE.

Fort volontiers.

MERLIN.

Voyons ce que cela dira.

MADAME GÉRANTE, *lit*.

« Je vous ai écrit, et vous m'avez assez dédai-
« gnée, pour ne me point faire de réponse. »

MERLIN.

Vous voyez bien, Madame, que ce n'est pas la première fois.

MADAME GÉRANTE.

Oui.

(Elle lit).

« Un juste ressentiment me dit que je devrais
« vous oublier ; mais, mon cœur ne saurait l'en
« croire, et l'excès de ma passion m'oblige à vous
« écrire encore. »

MERLIN.

Voilà une personne qui écrit bien tendrement !

MADAME GÉRANTE, *poursuit*.

« On dit que vous devez épouser aujourd'hui
« Madame Gérante ; elle a moins de jeunesse et

« moins de beauté que moi, et ne peut avoir tant
« d'amour. »
Hum !

MERLIN.

Voilà qui est fort impertinent. N'en lisez pas davantage, Madame.

MADAME GÉRANTE.

Je veux voir ce qui reste.

(Elle continue).

« Si vous voulez rompre l'engagement que vous
« avez avec elle, j'ai deux cent mille francs de
« bien, dont je vous ferai absolument le maître.
« La Marquise des Fontaines. »

MERLIN.

Une marquise, deux cent mille francs ! oh ! oh ! cela me fait ouvrir les oreilles.

MADAME GÉRANTE.

Connais-tu cette personne-là, Merlin ?

MERLIN.

Non, mais elle écrit fort bien ; et ce dernier article-là n'est point tant sot. Rendez-moi mon billet, s'il vous plaît, Madame.

MADAME GÉRANTE.

Qu'en veux-tu faire ?

MERLIN.

Le porter à mon maître, avec votre permission, afin que nous examinions cette proposition-là.

MADAME GÉRANTE.

Quoi ! tu me trahirais ainsi ?

MERLIN.

Oui, Madame, assurément ; il faut prendre ses avantages où on les trouve. Deux cent mille francs ; ma foi, quelque tendresse que nous ayons pour vous, si les deux cent mille francs sont en belles et bonnes espèces, nous pourrons bien devenir marquis des Fontaines.

MADAME GÉRANTE.

Écoute, Merlin, si tu me faisais un tour comme celui-là...

MERLIN.

Et comment voulez-vous que je fasse, Madame? Je vois mon maître à la veille de n'avoir rien. Monsieur son père donne tout son bien à Mademoiselle votre fille, je ne sais pas si vous le savez; mais on vient de me le dire tout à l'heure.

MADAME GÉRANTE.

Il donne tout son bien à Angélique?

MERLIN.

On le dit comme cela, du moins. Si vous faisiez de même encore pour mon maître, passe, nous nous verrions quelque chose d'assuré; mais, sans cela, vous voyez bien que deux cent mille francs sont bons à gagner, franchement. Rendez-moi mon billet, je vous prie.

MADAME GÉRANTE.

Je ne te le rendrai point.

MERLIN.

Eh bien, je le dirai par cœur, j'ai la mémoire bonne : Madame la marquise des Fontaines, n'est-ce pas ?

MADAME GÉRANTE.

Arrête, Merlin, j'aime mieux donner à ton maître tout ce que je possède, que de m'exposer au chagrin de le voir à une autre.

MERLIN.

C'est quelque chose encore : j'aime à entendre parler comme cela.

MADAME GÉRANTE.

Je signerai tout ce qu'il voudra.

MERLIN.

Eh bien! je ne dirai donc rien des deux cent mille francs : voilà cependant près de vingt mille écus que nous perdons à ce marché-là.

MADAME GÉRANTE.

J'ai dit à Monsieur Oronte de faire venir ici son notaire.

MERLIN.

Fi, Madame. Il vous faut un jeune notaire pour dresser votre contrat, les jeunes portent bonheur;

ne vous mettez en peine de rien, j'aurai soin de vos affaires et de celles de Monsieur Oronte. Je vais de ce pas chercher ce qu'il vous faut, et voilà mon maître tout à propos, qui vous tiendra compagnie en mon absence. *A Valère* : Tout va bien, Angélique sera bientôt notre femme.

SCÈNE VIII

MADAME GÉRANTE, VALÈRE.

MADAME GÉRANTE.

Ah! Valère, que vous m'avez donné de chagrin et d'inquiétude!

VALÈRE.

J'ai bien querellé ce maraud-là, Madame, et je lui avais bien recommandé de vous l'épargner.

MADAME GÉRANTE.

Je ne m'en souviens déjà plus depuis que je vous vois.

VALÈRE, *à part*.

Que je suis heureux! je vois Angélique!

SCÈNE IX

ANGÉLIQUE, MADAME GÉRANTE, MONSIEUR ORONTE, VALÈRE, LISETTE.

ANGÉLIQUE.

Ah! Lisette, c'est mon bon destin qui m'amène; je vois Valère.

LISETTE.

Ne faites semblant de rien.

MONSIEUR ORONTE.

J'ai passé chez mon notaire, Madame, et nous l'aurons bientôt ici.

MADAME GÉRANTE.

Il n'en sera pas besoin, je crois; et Merlin en est allé chercher un qui nous portera bonheur, dit-il, parce qu'il est jeune.

LISETTE.
Oh ! il n'y a point de doute à cela.
VALÈRE.
Vous allez donc être ma belle-mère, Mademoiselle ?
ANGÉLIQUE.
Et vous mon beau-père, Monsieur ?

SCÈNE X

MADAME GÉRANTE, ANGÉLIQUE, LISETTE, MONSIEUR ORONTE, VALÈRE, UN NOTAIRE, MERLIN.

MERLIN.
Allons, allons, de la joie, voici de quoi est le triomphe ; allons, Monsieur, donnez-moi, que je signe, s'il vous plaît.
VALÈRE.
Quoi ? que veux-tu signer ?
MERLIN.
Un contrat pour Lisette et pour moi, afin de vous montrer comme il faut faire. Signe, toi : allons, morbleu, vive l'amour, il ne faut point tant de façons ! A vous, maintenant.
LE NOTAIRE.
Par devant les notaires garde notes, etc.
MONSIEUR ORONTE.
Il n'est pas besoin de cela, Monsieur.
MERLIN.
Monsieur n'y entend pas plus de finesse que moi.
MONSIEUR ORONTE.
Oui, Monsieur, je signe tout aveuglément.
MADAME GÉRANTE.
Et j'en veux faire autant.
MERLIN.
Dépêchez-vous : voilà deux plumes, signez-en chacun un.

MADAME GÉRANTE.

Signez donc maintenant, vous.

MERLIN.

Oh ! c'est de tout leur cœur, n'est-ce pas ? Il y a longtemps qu'ils attendaient ce moment-là : que les voilà aises ! Je vous l'avais bien promis que cela arriverait, moi. Allons, à vous, Monsieur. Eh bien ! que dites-vous de ces deux jeunes gens-là ?

LE NOTAIRE.

Monsieur aurait eu peine à faire un meilleur choix.

MONSIEUR ORONTE.

Comment? qu'est-ce que cela veut dire ? c'est ma femme à moi.

LE NOTAIRE.

Pardonnez-moi, Monsieur.

MONSIEUR ORONTE.

Comment, pardonnez-moi ? je vous dis que c'est ma femme !

LE NOTAIRE.

Vous vous moquez, Monsieur, cela ne se peut pas.

MONSIEUR ORONTE.

Je vous dis que cela est.

LE NOTAIRE.

Cela ne se peut pas, vous dis-je.

MONSIEUR ORONTE.

Ouais !

MERLIN.

Que diantre voulez-vous disputer contre Monsieur ? Il le sait mieux que vous, c'est lui qui a fait le contrat, une fois.

MADAME GÉRANTE.

Qu'est-ce que c'est donc ?

VALÈRE.

Monsieur veut que ce soit Mademoiselle votre fille que j'épouse.

ACTE III, SCÈNE X.

LE NOTAIRE.

Assurément; je viens de marier Monsieur avec Madame, et vous avec Mademoiselle.

MONSIEUR ORONTE.

Ce n'est pas cela. Oh! il y a du malentendu.

MADAME GÉRANTE.

Vous vous êtes mépris, Monsieur.

LE NOTAIRE.

Pardonnez-moi, Madame, je ne me suis point mépris, cela ne peut pas être autrement. Quoi! vous, épouser un jeune homme, et Monsieur une jeune fille?

MERLIN.

Vous avez raison, l'on ferait charivari à leurs noces.

LE NOTAIRE.

Je n'ai garde de faire des mariages comme ceux-là, tous mes confères se moqueraient de moi.

MADAME GÉRANTE.

Valère !

VALÈRE.

Puisque Monsieur le veut, Madame, j'en suis content pour moi.

MONSIEUR ORONTE.

Mademoiselle !

ANGÉLIQUE.

Je trouve, Monsieur, que Valère a raison.

LISETTE.

Est-ce que vous voulez que Monsieur ait la peine de récrire tout cela?

MERLIN.

Oui, allez, Monsieur, vous n'avez plus que faire ici.

MONSIEUR ORONTE.

Oui! vous nous jouez ainsi? oh! vous n'aurez pas un sol de moi.

MADAME GÉRANTE.

Ni de moi, je vous assure.

MERLIN.

Oh ! vous venez de signer le contraire.

MONSIEUR ORONTE.

Comment ?

MERLIN.

En bonne forme, demandez à Monsieur.

MADAME GÉRANTE.

Fourbe !

MONSIEUR ORONTE.

Coquin !

MERLIN.

La, la, la, la, ne vous fâchez point, la colère fait mal ; vous avez mis votre bien à fonds perdu pour vous ; mais, il ne l'est point pour la famille : vos enfants sont honnêtes gens, ils auront soin de vous et des enfants qui vous viendront.

MONSIEUR ORONTE.

J'enrage !

MADAME GÉRANTE.

Je suis au désespoir !

MERLIN.

Eh bien, ne vous ai-je pas tenu parole ? Voilà Monsieur votre père et Madame votre mère mariés ensemble, lorsqu'ils s'y attendaient le moins ; qu'ils consomment le mariage, si bon leur semble. Songeons à ce qu'il faut faire pour le vôtre, et rendez grâce au ciel, que les extravagances de vos parents ne soient point sorties de leurs familles.

Fin des Fonds perdus.

LA DÉSOLATION DES JOUEUSES

COMÉDIE EN UN ACTE

REPRÉSENTÉE POUR LA PREMIÈRE FOIS EN L'ANNÉE 1687.

PERSONNAGES :

DORIMÈNE, mère d'Angélique.
ANGÉLIQUE, fille de Dorimène.
LA COMTESSE.
L'INTENDANTE.
ÉRASTE.
CLITANDRE.
LE CAISSIER.
M. TOPASE.
DORANTE, amant d'Angélique.
MERLIN, valet de Dorante.
LE CHEVALIER DE BELLEMONTE.
LISETTE, fille de chambre de Dorimène.
UN MARQUIS.
Un Laquais de Dorimène.

La scène est à Paris, chez Dorimène.

SCÈNE PREMIÈRE

ANGÉLIQUE, LISETTE.

LISETTE.

Quand Madame votre mère en devrait enrager cent fois davantage, je ne saurais m'empêcher d'en être ravie, et je gage que vous en êtes pour le moins aussi contente que moi.

ANGÉLIQUE.

Je t'avoue, Lisette, que je voudrais de tout mon cœur que ce ne fût point une fausse nouvelle, et que ce qu'on nous en disait hier au soir se confirmât aujourd'hui.

LISETTE.

Cela est tout confirmé, il n'est encore venu ni joueur ni joueuse d'aujourd'hui. Voilà déjà la cohue écartée, Dieu merci ! et je sais bien pour moi, que si j'avais gouverné la police, il y a longtemps que l'affaire serait faite, et qu'on ne parlerait plus de ces maudits jeux, qui causent tant de désordre, et qui m'ont fait passer tant de nuits sans me coucher.

ANGÉLIQUE.

Ce ne sont point les veilles qui me fatiguent, et le jeu même ne me déplairait peut-être point si fort, si l'on jouait ailleurs que chez ma mère : mais, que cette maison soit une Académie ouverte à toutes sortes de gens ; que tout ce qu'il y a de fainéants, de ridicules et d'extravagants, pour ne rien dire de plus fâcheux, soient les bienvenus dans ce logis ; que dans mon cabinet, à ma toilette même, je sois éternellement obsédée de quelque visage désagréable, à qui je n'ose dire : *vous me fatiguez*, parce qu'il perd quelquefois son argent avec ma mère : en vérité, c'est un supplice dont je serai bien aise d'être débarrassée.

LISETTE.

A propos de cet argent qu'on perd quelquefois contre Madame votre mère ; je n'y faisais pas réflexion d'abord, et je ne sais si vous avez tout à fait raison d'être bien aise de ce nouveau règlement. Le lansquenet défendu va rogner ses rentes et son équipage, et vous n'en serez peut-être pas mieux. Je commence à n'être plus si réjouie.

ANGÉLIQUE.

Ah ! plût au ciel, Lisette, être la plus malheureuse demoiselle du royaume, et que ma mère ne fût jamais entrée dans ce commerce.

LISETTE.

Voilà des sentiments fort nobles, assurément, et je ne doute point que Dorante n'ait beaucoup contribué à vous les inspirer. Franchement, Madame, c'est un fort honnête homme, et il faut qu'il vous aime bien tendrement, pour ne s'être point rebuté des manières de Madame votre mère et du refus qu'elle fit à la personne qui vous demanda pour lui il y a quelques mois.

ANGÉLIQUE.

Je ne sais; il me semble que dans l'état où sont les choses, si la nouvelle est vraie, il devrait être ici.

LISETTE.

Vous avez raison, Dorante devrait être ici. Je l'ai fait avertir dès le matin, comme vous me l'avez commandé, et il viendra bientôt, assurément.

ANGÉLIQUE.

Le voici, Lisette.

LISETTE.

Ne vous disais-je pas bien qu'il ne tarderait guère?

SCÈNE II

DORANTE, ANGÉLIQUE, LISETTE.

DORANTE.

Hé bien! Madame, puis-je espérer que le changement dont on parle aujourd'hui dans tout Paris, fera changer les sentiments de Madame votre mère, et croyez-vous qu'elle me pardonne maintenant de n'être pas joueur de profession?

LISETTE.

Je le crois, pour moi, et il me semble qu'il n'y a pas lieu d'en douter, puisque voilà vos sentiments justifiés par arrêt.

ANGÉLIQUE.

Je vous réponds de mon cœur, Dorante; mais je ne puis vous répondre de ma mère. Je vous ai déjà dit les raisons, qui jusqu'ici, je crois, l'ont rendue contraire à votre amour. Elle m'a parlé tant de fois, et en des termes si avantageux, du chevalier de Bellemonte, que je la soupçonne de m'avoir destinée pour lui, dans l'espérance de quelque fortune considérable, qu'il lui avait promis de faire au lansquenet.

LISETTE.

Oh! bien, bien! si votre mère n'a eu que cette visée, vos affaires vont le mieux du monde, et voilà les espérances et la fortune du chevalier bien aventurées.

DORANTE.

Le chevalier est un aventurier tombé des nues, qu'on ne connaît que par le jeu, et qui ne subsistait que par là, comme mille autres de son caractère.

LISETTE.

Voilà bien des chevaliers à l'hôpital. Que de banqueroutes!

DORANTE.

Le chevalier de Bellemonte! Si cela est, je suis bien vengé de Madame votre mère, par l'indignité du rival qu'elle me préférait.

LISETTE.

Oh! ça, ça, laissons là la bagatelle, s'il vous plaît, et venons au fait. Comment nous y prendrons-nous? Qui ferons-nous parler à Madame?

DORANTE.

Tu sais de quel air mon oncle fut refusé?

LISETTE.

D'accord; mais Monsieur votre oncle se portait à merveille quand on le refusa, et il est fort mal à présent.

DORANTE.

Il ne peut pas vivre longtemps encore. Je viens d'envoyer chez lui, et l'on m'en viendra dire ici des nouvelles.

LISETTE.

Voilà des conjectures merveilleuses, au moins. Le lansquenet défendu, et un oncle presque à l'agonie! Vos affaires ne sont point désespérées, vous dis-je.

DORANTE.

Eh bien! crois-tu que je puisse hasarder une seconde demande?

LISETTE.

Oui; mais par qui la ferons-nous faire, cette demande ?

DORANTE.

Je ne sais.

LISETTE.

Si vous aviez quelque riche grand'mère sur le bord de sa fosse, cela serait d'un fort grand poids.

DORANTE.

Je n'en ai point.

LISETTE.

Faites parler par le médecin de votre oncle, et qu'il lui promette de le dépêcher incessamment.

ANGÉLIQUE.

Cela ne servirait de rien, tant que l'entêtement de ma mère durerait pour le chevalier.

LISETTE.

Eh! comment faudrait-il faire pour la désentêter?

DORANTE.

J'ai depuis quelques jours un maître fripon avec moi, que je crois reconnaître, et qui ne s'est point fait mon valet sans quelque dessein. Il pourrait bien nous être utile dans cette affaire.

LISETTE.

Le voici tout à propos, comme si vous l'aviez mandé.

SCÈNE III

DORANTE, ANGÉLIQUE, LISETTE, MERLIN.

MERLIN.

Je viens de chez Monsieur votre oncle, Monsieur, comme vous me l'aviez ordonné.

DORANTE.

Eh bien! en quel état est-il? Comment va sa maladie?

MERLIN.

Le mieux du monde, il ne passera pas la journée. Il vous demande pour une affaire de conséquence, et on est venu trois ou quatre fois vous chercher.

ANGÉLIQUE.

Sachez ce qu'il vous veut, Dorante, et ne négligez point cette affaire.

DORANTE.

Voyons donc auparavant, de grâce...

MERLIN.

Madame a raison, Monsieur. Les oncles ne sont point des gens à négliger, et surtout dans les occasions comme celle-ci.

DORANTE.

Mais, belle Angélique, nous n'avons point examiné de quelle manière nous pourrions détromper Madame votre mère du chevalier de Bellemonte.

LISETTE.

Dépêchez-vous donc de l'examiner et de conclure.

DORANTE.

Oh, ça ! Merlin, il faut me rendre un service, mon ami.

MERLIN.

Vous savez, Monsieur, que depuis le peu de temps que j'ai l'honneur d'être à vous, je me suis toujours volontiers acquitté des commissions que vous m'avez données. Je vous ai pris en affection, et je suis content de vous, je vous assure. Expliquez-moi votre affaire, que je voie si elle n'est point trop difficile, et si je me ferai prier, ou non.

ANGÉLIQUE, *à Merlin.*

Ah ! mon pauvre enfant ! tâche à faire ce qu'on te dira, et sois assuré d'une parfaite récompense. Je te donnerai....

DORANTE.

Bon, Madame, c'est bien l'argent qui le gouverne. Vous ne le connaissez pas, Madame, il ne

SCÈNE III.

tient qu'à lui d'en avoir autant qu'homme de France.

MERLIN, *à part*.

Comment diantre! m'aurait-il reconnu?

DORANTE.

Demandez-lui si je me trompe.

MERLIN.

Monsieur.

DORANTE.

Eh! allons, allons, parlons franchement, mon ami. Je suis bon prince, comme tu vois, je me connais en gens, et toute ta science ne se borne point à bien faire un message, et à peigner une perruque. Plaît-il?

MERLIN.

Monsieur.

DORANTE.

Qu'en penses-tu, Lisette? Regarde-le un peu. Hem! Qu'en dis-tu?

LISETTE.

Je lui trouve quelque chose de grand, quelque chose d'illustre dans la physionomie.

MERLIN.

Ma physionomie est assez heureuse. (*A part*) J'enrage, me voilà découvert.

DORANTE.

Nous nous sommes vus quelque part, et tu ne te nommais pas Merlin en ce temps-là. Tu es un adroit, mon ami.

MERLIN.

(*A part*) Tout est perdu. (*Haut*) Monsieur, je ne me remets pas...

DORANTE

Là, ne te trouble point. Mon dessein n'est pas de te nuire, au contraire; mais puisque tu m'as fait l'honneur de me choisir pour ton maître, il est juste que je profite de tes petits talents.

MERLIN.

Monsieur....

LISETTE.

Eh! mort de ma vie! tu fais bien des façons pour avouer la chose. Est-ce un si grand crime, et n'y a-t-il pas aujourd'hui mille honnêtes gens qui s'en mêlent?

MERLIN.

Eh bien! Monsieur, puisqu'il faut dire comme vont les choses, il est vrai que je me suis autrefois mêlé de quelques petites bagatelles, mais je vous assure que j'ai tout oublié. Je ne vous conseille pas de jouer de moitié avec moi, je vous ferais perdre infailliblement.

DORANTE.

Non, non, garde les trente pistoles, je ne te les ai pas données pour jouer de moitié. C'est déjà quelque chose que de s'être mêlé autrefois de la bagatelle, et il n'est pas que tu n'en saches assez pour ce qu'il nous faut.

MERLIN.

Mais au moins, Monsieur, je vous prie de ne me point engager dans quelque mauvaise affaire. Je ne suis pas encore trop bien raccommodé avec la justice, et nous boudons ensemble depuis quelque temps.

DORANTE.

Ce sont les petits différends que tu as eus avec elle qui t'ont fait mettre en condition, n'est-ce pas?

MERLIN.

Mais, Monsieur, puisque vous devinez si bien les choses, je ne vous nierai point que quelques-unes de ces petites bagatelles, quelques décrets mal purgés, m'ont fait résoudre à me mettre auprès de quelque honnête personne qui eût soin de moi, et qui m'honorât de sa protection en cas de besoin.

DORANTE.

Tu peux t'assurer de tout cela avec moi, si tu me sers sans me trahir. Ne connaîtrais-tu point un certain chevalier de Bellemonte, par hasard? Les habiles gens se connaissent ordinairement.

SCÈNE III.

MERLIN.
Le chevalier de Bellemonte?

LISETTE.
Rêve un peu, tâche de rappeler ta mémoire.

DORANTE.
Il est peut-être de tes amis.

ANGÉLIQUE.
Vous rêvez, Dorante, de croire que le chevalier soit ami de votre valet.

DORANTE.
Non, non, Madame, cette pensée n'est pas sans fondement, et je vous réponds qu'il n'y a pas quatre ans que Merlin était chevalier d'aussi grande conséquence que celui à qui nous avons affaire.

MERLIN.
Ah! c'est à Lyon que vous m'avez vu, sans doute? Je n'ai jamais été chevalier que dans cette ville-là!

DORANTE.
Que vous disais-je, Madame? Eh bien, crois-tu connaître celui que je t'ai nommé?

MERLIN.
Ce nom de Bellemonte a assez l'air de quelques-unes de nos seigneuries, mais il me semble que je n'en ai pas encore ouï parler.

LISETTE.
Il faut lui faire voir le chevalier, il le connaîtra peut-être.

MERLIN.
Je pourrais bien le voir sans le connaître, car on change de personnages dans le monde. Tantôt on est marquis, tantôt chevalier, puis marchand, quelquefois abbé, financier souvent. Que sais-je, moi. Dans la dernière affaire qui m'est arrivée, je faisais le commissaire.

ANGÉLIQUE.
Il nous dit là des choses assez particulières.

DORANTE.
Il en fait beaucoup, Madame, je vous assure.

LISETTE.

Le joli garçon !

DORANTE.

Comment ferons-nous ?

MERLIN.

Si vous pouvez me faire jouer avec votre homme, pour peu que nous travaillions ensemble tête à tête, je vous dirai bientôt ce qu'il fait, de quelle école il est sorti, et quelque chose de plus peut-être.

DORANTE.

Me réponds-tu de cela ?

MERLIN.

Oui, Monsieur, je vous en réponds. Nous nous connaissons en joueurs, nous autres, comme les peintres se connaissent en tableaux.

LISETTE.

Cela est admirable.

DORANTE.

Viens, suis-moi ; et pendant que j'irai chez mon oncle, va prendre un de mes habits. Je te mettrai aux prises avec notre homme.

ANGÉLIQUE.

Où croyez-vous le pouvoir joindre, Dorante ?

DORANTE.

Que Lisette se trouve dans votre chambre, je veux que la scène se passe dans votre cabinet. Adieu, voilà Madame votre mère. Je suis ici dans quelques moments.

LISETTE.

Oh ! parbleu ! Monsieur le chevalier, nous saurons ce que vous savez faire.

SCÈNE IV

DORIMÈNE, ANGÉLIQUE, LISETTE, TOPASE.

DORIMÈNE.

Oui, Monsieur, la résolution en est prise, et c'est à vous de voir si vous me pouvez faire toucher cet argent aussitôt que je serai arrivée.

SCÈNE IV.

LISETTE, *à part à Angélique.*

Quel pèlerinage va-t-elle faire?

ANGÉLIQUE.

Je ne sais.

DORIMÈNE.

A quoi rêvez-vous?

TOPASE.

Ce n'est point la somme qui m'embarrasse ; et, Dieu merci, nous sommes en état, mes correspondants et moi, de faire tous les jours de plus grosses affaires ; mais les bijoux que vous avez envoyés ce matin chez moi, ne valent point, à beaucoup près, l'argent que vous en voulez avoir ; et vous savez, Madame, que dans le temps où nous sommes, on ne se charge guère de bijoux qu'on ne les ait à grand marché.

DORIMÈNE.

Bons dieux! Monsieur Topase, que vous faites le difficile, comme si nous ne savions pas de quel profit vous sont les bijoux, et combien vous faites votre compte à les vendre trois fois plus qu'ils ne valent aux jeunes gens de famille, qu'on vous adresse quand ils ont affaire d'argent.

TOPASE.

Cela va bien changer, Madame ; le lansquenet défendu nous coupe la gorge, et voilà le commerce ruiné en France.

DORIMÈNE.

Cela est vrai, Paris va devenir désert assurément, si l'on ne réforme cette défense.

TOPASE.

Paris? Paris verra ce qu'il perd, en nous perdant surtout.

ANGÉLIQUE, *bas à Lisette.*

Ah! bons dieux! Lisette, aurait-elle fait dessein d'aller demeurer à la campagne?

LISETTE.

J'en meurs de peur, aussi bien que vous.

DORIMÈNE.

Mon pauvre Monsieur Topase, mon départ ne peut être trop prompt à ma fantaisie. Finissons notre affaire le plus tôt que nous pourrons.

TOPASE.

Relâchez-vous de quelque chose, Madame, et nous n'aurons pas de peine à conclure. Je vous fournirai les quinze mille livres, en belles et bonnes lettres de change, payables à vue.

DORIMÈNE.

Je passerai chez vous cette après dînée, et nous terminerons toutes choses.

TOPASE.

Je vous attendrai, Madame.

SCÈNE V

DORIMÈNE, ANGÉLIQUE, LISETTE.

DORIMÈNE.

Eh bien, ma fille, voilà un terrible coup à quoi je ne m'attendais guère. Tout est ruiné, ma fille, voilà ta fortune perdue, ma pauvre enfant.

ANGÉLIQUE.

Comment donc, Madame?

DORIMÈNE.

Comment? Le chevalier de Bellemonte allait gagner tout l'argent de Paris, et j'avais parole qu'il t'épouserait.

ANGÉLIQUE.

Je vous suis bien redevable, Madame, des vues que vous aviez pour ma fortune; mais le chevalier.....

DORIMÈNE.

Ce ne sont point des chimères. Il a des secrets admirables pour gagner à coup sûr au lansquenet.

SCÈNE V.

LISETTE.

Et cela, sans qu'il y ait la moindre petite ombre de friponnerie. Il est adroit comme un singe, au moins.

DORIMÈNE.

Oh! pour cela, il joue le plus honnêtement du monde. N'est-il pas vrai, Lisette?

LISETTE.

Oui, Madame.

ANGÉLIQUE.

Je le veux croire, Madame, pour lui faire honneur, et pour vous faire plaisir; mais en vérité.....

DORIMÈNE.

Il ne nous reste qu'une petite ressource dans notre affliction, et je suis bien aise de vous informer du dessein où nous sommes, le chevalier et moi.

ANGÉLIQUE, *bas à Lisette.*

Ah, Lisette! voilà une ressource qui me fait trembler.

DORIMÈNE.

Qu'avez-vous?

ANGÉLIQUE.

Rien, Madame.

DORIMÈNE.

Je crois, ma fille, que vous serez ravie de ma résolution; les jeunes personnes sont ordinairement bien aises de voyager.

LISETTE, *à part.*

En voici bien une autre.

ANGÉLIQUE.

Comment donc, Madame, où voulez-vous aller?

DORIMÈNE.

En Angleterre, ma fille.

ANGÉLIQUE.

En Angleterre, Madame!

LISETTE.

Passer la mer comme des hirondelles!

ANGÉLIQUE.

Avez-vous bien songé, Madame....

DORIMÈNE.

J'ai fait toutes les réflexions qu'il a fallu faire. C'est un Pérou que l'Angleterre pour un habile joueur comme le chevalier, et la plupart de ces gros milords ne savent que faire de leur argent.

ANGÉLIQUE, *à part*.

Ah! juste ciel, que je suis malheureuse.

DORIMÈNE.

Quand nous aurons épuisé l'Angleterre, nous passerons en Hollande. Il y a de bonnes bourses en ce pays-là.

LISETTE.

Assurément; et si vous ruinez la Hollande, je vous conseille de ne pas aller plus loin, Madame, et de regagner Paris au plus vite.

DORIMÈNE.

Moi, je n'y remettrai les pieds de ma vie, que le lansquenet n'y soit rétabli.

SCÈNE VI

DORIMÈNE, LA COMTESSE, ANGÉLIQUE, LISETTE.

LISETTE.

Voilà Madame la comtesse qui fera le voyage avec vous, si vous voulez.

LA COMTESSE.

Bonjour, ma chère. Qu'est-ce que c'est donc que ceci? Où est tout notre monde aujourd'hui? Quels paresseux! Le chevalier n'est point encore venu? Où est Monsieur l'abbé, ma mignonne? Et le petit caissier, je ne le vois point. Il faut que la marquise soit malade, puisqu'elle n'est point arrivée la première.

LISETTE, *à part*.

Diantre soit de l'extravagante !

SCÈNE VI

LA COMTESSE.

Allons donc, des tables, des cartes. Quel abandonnement! Il n'y a encore rien de préparé.

DORIMÈNE.

Eh ! Madame, quel contretemps de plaisanterie !

LA COMTESSE.

Je ne vins point hier, mais vous n'avez point de reproche à me faire, je ne sortis pas de la journée; je m'étais purgée par précaution, et je ne voulais voir personne.

LISETTE.

Ah! ah! vous ne savez donc pas encore les nouvelles ?

LA COMTESSE.

Pardonnez-moi, j'en sais quelqu'une. Notre jeune Allemand m'a conté ce matin à ma toilette quelque chose de particulier. La petite procureuse, j'en suis fâchée vraiment, c'est une bonne petite femme. Elle emprunta, il y a quelques jours, sur un collier de mille écus, six vingt pistoles, qu'elle perdit ici le lendemain.

DORIMÈNE.

Eh bien, Madame, le collier faux qu'elle avait acheté pour remplacer le sien, n'était point tout à fait semblable. Monsieur le procureur s'en est aperçu, et il l'a querellée d'une manière épouvantable.

LISETTE.

Le ridicule!

LA COMTESSE.

N'a-t-elle pas fait un grand crime, de perdre six vingt pistoles? Mais ces bourgeois sont bien brutaux, ma mignonne.

DORIMÈNE.

Oh! pour cela, leurs manières sont bien différentes de celles des gens de qualité.

ANGÉLIQUE, *à part*.

Je suis dans un étrange accablement, Lisette.

LISETTE, *bas*.

Allez vous reposer dans votre cabinet. Je vous avertirai quand Dorante sera venu.

SCÈNE VII

DORIMÈNE, LA COMTESSE, CLITANDRE, LISETTE.

LA COMTESSE.

Ah! ah! le troupeau se rassemble à la fin. Voilà Clitandre le bel esprit.

CLITANDRE.

Madame, je vous donne le bonjour.

LA COMTESSE.

Qu'il est triste, ma bonne! Bonjour, Clitandre. Allons! gai! gai! Il perdit hier son argent, je gage.

CLITANDRE.

Eh! Madame, plût au ciel que j'eusse perdu mille pistoles, et que ce malheur-là ne fût point arrivé.

DORIMÈNE.

Ah! Clitandre, que je vous sais bon gré d'être sensible à cet accident.

LA COMTESSE.

Comment donc? que voulez-vous dire? Vous êtes, je crois, de concert pour me plaisanter l'un et l'autre. Plus je vous regarde, et moins je vous comprends tous deux. Quel malheur? quel accident? De quoi parlez-vous? Il semble que vous prévoyiez la fin du monde, et qu'elle soit prête d'arriver.

CLITANDRE.

Madame la comtesse ignore apparemment que le lansquenet est défendu.

LA COMTESSE.

On a défendu le lansquenet?

CLITANDRE.

Eh, oui, Madame, on a défendu le lansquenet!

LA COMTESSE.

Vous vous moquez, Clitandre, cela ne se peut pas, et c'est comme si l'on défendait de dormir.

SCÈNE VII.

CLITANDRE.

Pour moi, j'aimerais autant qu'on m'eût défendu le boire et le manger.

DORIMÈNE.

Il est vrai qu'il vaut autant mourir.

LA COMTESSE.

Mais cela ne se peut pas, vous dis-je encore une fois.

CLITANDRE.

Eh! Madame la comtesse, je vous dis ce que tout Paris sait, ce que tout Paris dit, et ce que j'ai entendu publier ce matin sous mes fenêtres.

LA COMTESSE.

Ah! publier? Publier, c'est autre chose. Ces publications sont pour le peuple, pour les laquais, pour la canaille, à qui l'on fait bien de défendre certains jeux qui ne sont faits que pour les gens de qualité.

CLITANDRE.

Oui, Madame, vous avez raison : ce sont les laquais et la canaille à qui l'on défend de jouer le lansquenet, sous peine de mille écus d'amende.

LA COMTESSE.

Mille écus! mille écus! Mais vraiment vous n'y songez pas, vous avez mal entendu, Clitandre ; et il me semble que si la défense était pour les personnes de condition, ils valent assez la peine qu'on leur signifie la chose chez eux, sans le leur publier au coin des rues.

CLITANDRE.

Que voulez-vous que je vous dise, Madame? Ce sont des affaires qui se font ordinairement ainsi.

UN LAQUAIS.

Voilà Madame l'intendante dans votre antichambre, qui se trouve mal, je crois.

DORIMÈNE.

Voyez ce que c'est, Lisette.

LA COMTESSE.

Est-ce cette intendante qui perdit tant d'argent il y a huit jours?

4

DORIMÈNE.

Elle-même.

CLITANDRE.

Oh parbleu ! elle a de quoi perdre. Son mari a ruiné le maître dont il gouverne les affaires, mais je crois qu'il sera bientôt ruiné lui-même par les dépenses de sa femme.

SCÈNE VIII

DORIMÈNE, LA COMTESSE, L'INTENDANTE, CLITANDRE, LISETTE.

L'INTENDANTE.

Un fauteuil, ma pauvre Lisette, un fauteuil. Ah ! je n'en puis plus.

DORIMÈNE.

Qu'est-ce que ceci ? Madame l'intendante qui se meurt !

L'INTENDANTE.

Ah ! le moyen de vivre, après un coup comme celui-là. On ne jouera plus au lansquenet !

LISETTE.

Allons, allons, Madame, contre fortune bon cœur ; vous jouerez à quelqu'autre jeu, où vous gagnerez davantage.

CLITANDRE, *à la comtesse.*

Vous le voyez, Madame, la publication est pour tout le monde, et vous ne pouvez pas dire qu'une intendante ne soit une personne de fort grosse qualité.

L'INTENDANTE.

Eh ! mon pauvre Clitandre, que me sert-il d'en avoir la qualité ? Ai-je plus de privilège que les autres ? Et le lansquenet... Ah ! Lisette, je me meurs !

LISETTE.

Madame a raison ; quoiqu'elle soit femme de qualité, le lansquenet n'est-il pas aussi bien défendu pour elle que pour sa belle-sœur, qui n'est que la femme d'un apothicaire ?

SCÈNE VIII.

CLITANDRE.

Elle me ferait rire, malgré mon chagrin.

LISETTE, *à l'intendante*.

Eh! allons, allons, Madame? Revenez à vous, s'il vous plaît.

LA COMTESSE.

Mais vraiment, c'est tout de bon qu'elle est évanouie.

DORIMÈNE.

Evanouie !

CLITANDRE.

Parbleu ! il n'y a point à rire de cela, Mesdames.

LA COMTESSE.

Eh! tôt, tôt, de l'eau de la reine de Hongrie, du papier brûlé, du vinaigre : il faut commencer par la délacer.

LISETTE.

Bon, bon, laissez-moi faire seulement, j'ai dans ma poche un remède bien meilleur que tous ceux-là.

DORIMÈNE.

Un jeu de cartes! Qu'en veux-tu faire?

LISETTE.

C'est un jeu de lansquenet, et il n'y a point de joueuse que cela ne ressuscite en moins de rien. Vous allez voir.

CLITANDRE.

Elle est folle, Madame. Il faut songer sérieusement à cet évanouissement-là.

L'INTENDANTE.

Ah ! juste ciel !

LISETTE.

Eh bien ! que vous ai-je dit ?

LA COMTESSE.

Voilà qui est tout à fait extraordinaire.

LISETTE.

C'est une belle chose que la sympathie. N'est-il pas vrai ?

DORIMÈNE.

Allons ! Madame. Quel accablement est-ce là !

L'INTENDANTE.

Je n'en reviendrai point, Madame, que vous ne ne m'ayez promis de m'accorder une grâce.

DORIMÈNE.

Vous êtes en droit de me commander, Madame, je fais gloire de vous obéir.

L'INTENDANTE.

Je suis bienheureuse que Madame la comtesse et Clitandre se rencontrent ici.

CLITANDRE.

Puis-je vous être utile à quelque chose, Madame ?

LA COMTESSE.

Je suis tout à votre service ; ordonnez, me voilà prête.

L'INTENDANTE.

Il viendra quelques personnes encore, que je prierai de la même chose, et je ne crois pas qu'elles me refusent.

DORIMÈNE.

Parlez, Madame, que souhaitez-vous ?

L'INTENDANTE.

Je voudrais bien, Madame, que malgré la défense, nous jouissions encore de quelques reprises de lansquenet.

LA COMTESSE.

Madame l'intendante a raison, Madame. Allons, allons, des cartes seulement, vite, dépêchons. Nous ne manquerons pas de joueuses, sur ma parole.

DORIMÈNE.

Mais vous n'y songez pas, Madame, et les mille écus que l'on court risque de payer ? Les affronts à quoi l'on s'expose.....

LA COMTESSE.

Bon, bon, bon, voilà de belles bagatelles ! Qui est-ce qui saura que nous jouons ? Nous serons tous intéressés à ne le point dire ; et quand nous serions surpris une fois le mois, ce n'est pas une affaire. Il faudra payer les mille écus, comme l'on paie les cartes, il n'y a rien de plus facile.

L'INTENDANTE.

Oui, Madame la comtesse le prend bien. Allons, Madame, de grâce, commençons à jouer, je vous en conjure.

DORIMÈNE.

Mais, Madame, j'ai peut-être plus de passion pour le jeu que vous n'en témoignez vous-même; mais vous savez de quelle conséquence...

L'INTENDANTE.

Eh! Madame, nous ne jouerons que jusqu'à ce que j'aie regagné les mille pistoles que je perdis la semaine dernière. Après cela, je vous promets de renoncer au jeu pour toute ma vie.

DORIMÈNE.

Mais, Madame, si vous continuez à perdre?

L'INTENDANTE.

Mais, Madame, je gagnerai indubitablement. Je n'ai engagé mes pierreries que sur ce pied-là, et il faut que je les retire dans six semaines au plus tard, car M. l'Intendant arrive.

LA COMTESSE.

Ah! voilà notre petit caissier qui sait la nouvelle, car il paraît bien en colère.

SCÈNE IX

DORIMÈNE, LA COMTESSE, L'INTENDANTE, LE CAISSIER, CLITANDRE.

LE CAISSIER.

Comment donc, Madame! Est-ce que l'on ne joue pas aujourd'hui? Je ne vois point de carosses à votre porte, personne dans le logis. Qu'est-ce que cela veut dire?

LA COMTESSE.

Monsieur, faites-nous justice de cette défense-là.

L'INTENDANTE.

Faites-moi raison, Monsieur, du procédé de Madame, qui ne veut plus que l'on joue chez elle au lansquenet, de peur qu'il ne lui en coûte mille écus. Cela se doit-il faire, Monsieur, et n'est-ce pas une chose qui crie vengeance?

LE CAISSIER.

Il n'y aurait plus ici de lansquenet! Oh! parbleu! je prétends bien qu'on y joue, moi, et nous verrons si j'en aurai le démenti.

CLITANDRE.

Ah! ah! voici un homme d'un assez plaisant caractère.

DORIMÈNE.

Monsieur! Monsieur Surat! vous vous oubliez; et vous devriez un peu songer qu'on ne parle point de la sorte dans une maison comme la mienne.

LE CAISSIER.

Oh! ventrebleu! Madame, on y jouera comme de coutume, ou je ferai beau bruit pour mon argent, je vous en réponds.

DORIMÈNE.

Que voulez-vous donc dire, pour votre argent?

LE CAISSIER.

Oui, Madame, pour mon argent; morbleu! je suis ruiné si l'on ne joue; mais, ventrebleu! vous jouerez les uns et les autres jusqu'à ce que je sois payé de ce qui m'est dû. Je suis au désespoir, voyez-vous, et j'ai déjà voulu me pendre trois fois depuis ce matin.

CLITANDRE.

Le pauvre diable! il me fait pitié.

LE CAISSIER.

Monsieur, Monsieur Clitandre, vous, Madame la comtesse, et vous, Madame, je vous en fais les juges, s'il vous plaît. Vous êtes des personnes raisonnables, et vous savez avec quelle bonne foi j'ai prêté mon argent au tiers et au quart depuis près de deux ans.

CLITANDRE.

Assurément, c'est un bon garçon qui ne cherchait qu'à faire plaisir.

LE CAISSIER.

A l'un cinquante pistoles, à l'autre deux cents; mille écus à celui-ci, quatre cents écus à celui-là. Il m'est dû plus de vingt-cinq mille francs à l'heure qu'il est, Monsieur; et je n'ai point d'autres sûretés que de vieilles cartes à poste.

LA COMTESSE.

Voilà l'argent perdu, si l'on ne joue plus.

LE CAISSIER.

Oh! Madame, on jouera, s'il vous plaît; têtebleu! je n'en serai pas la dupe. Où diantre pourrais-je rattraper tous ceux qui me doivent? Pour deux ou trois personnes qui voudront bien payer, il y en aurait cinquante dont je ne tirerais jamais un sou. Voilà Monsieur Clitandre qui me doit cent cinquante pistoles, par exemple, je sais bien pour lui qu'il ne se fera pas tirer l'oreille; mais....

CLITANDRE.

Moi, parbleu, je ne vous dois payer qu'à carte laissée. Faites-moi jouer si vous voulez que je m'acquitte.

LE CAISSIER.

Eh bien! Madame, que me feront les fripons, si les honnêtes gens agissent de cette manière? Oh! têtebleu! je vous ferai jouer, je vous en réponds. Allons, Madame, des cartes, je vous en prie, ou je vais tout tuer.

DORIMÈNE.

Monsieur! Monsieur le caissier! si je fais monter quelques laquais....

LE CAISSIER.

Ventrebleu! Madame, qu'on donne des cartes, ou je tuerai quelqu'un, vous dis-je encore une fois.

DORIMÈNE.

Vous êtes un fou, mon ami, et c'est en fou que je vais vous faire traiter. Holà! quelqu'un.

L'INTENDANTE.

Eh ! Madame.

LE CAISSIER.

Oui, Madame, je suis fou, et je suis en droit de l'être pour les vingt-cinq mille francs qu'il m'en coûte.

LA COMTESSE.

Le pauvre petit bonhomme ! Il a raison dans le fond, cet argent-là n'est peut-être pas à lui, et je le trouve fort embarrassé.

LE CAISSIER.

C'est justement cela, Madame. Il faut que je rende mes comptes au premier jour, et il y aura plus de vingt-cinq mille francs à dire.

L'INTENDANTE.

Il me fait songer à mes pierreries ; il faut que nous jouions, Madame, absolument, vous avez beau faire.

LE CAISSIER.

Eh, morbleu ! Madame, je vous en conjure.

LA COMTESSE.

Allons, ma mignonne ; un peu de pitié pour ce pauvre petit bonhomme.

DORIMÈNE.

Mais, Madame, je ne veux point qu'il m'en coûte mille écus.

LA COMTESSE.

Par charité, ma bonne.

DORIMÈNE.

Je ne suis point en état de faire des charités si considérables.

LE CAISSIER.

Têtebleu ! Madame, cela n'est pas bien. Vous me mettez au désespoir, je me pendrai absolument ; mais je tuerai quelqu'un avant que de me pendre.

DORIMÈNE.

Vous êtes un extravagant. Faites-vous payer comme il vous plaira, et prenez-vous de vos chagrins à ceux qui vous doivent.

LE CAISSIER.

Non, morbleu ! c'est à vous : c'est vous qui avez profité de mon argent. Vous ne m'engagiez à le prêter aux joueurs, qu'afin de le leur gagner dans la suite ; mais, par la morbleu ! je passerai cet article-là dans mes comptes, et vous aurez affaire à forte partie.

CLITANDRE.

Cette affaire-ci est plus fâcheuse pour lui que pour un autre, et je vous assure qu'il perd beaucoup.

SCÈNE X

DORIMÈNE, LA COMTESSE, L'INTENDANTE, ÉRASTE, CLITANDRE, LISETTE.

ÉRASTE.

Eh ! bons dieux ! Mesdames, qu'avez-vous fait à ce pauvre petit caissier ? Je viens de le rencontrer, il sort d'ici dans une rage épouvantable.

LA COMTESSE.

Il prend les choses à cœur, le petit homme.

L'INTENDANTE.

N'a-t-il pas raison de se désespérer ? Je ne sais qui me tient que je n'en fasse autant ; et si trois ou quatre personnes de résolution voulaient se désespérer avec moi, cela ferait peut-être ouvrir les yeux sur les désordres que cette défense va causer.

ÉRASTE.

Oh ! pour cela, Madame, il est sûr qu'on n'a point fait assez de réflexion sur les inconvénients qui en peuvent arriver.

DORIMÈNE.

Vous pensez vous moquer, Eraste ; mais, je vous assure qu'il y a bien des choses à dire là-dessus.

ÉRASTE.

Moi, Madame, je ne raille point ; et il faut savoir à combien de choses et à combien de gens le lansquenet était utile.

CLITANDRE.

Cela passe l'imagination.

ÉRASTE.

Une dame recevait-elle un bijou considérable de quelque amant, le mari n'avait rien à dire, sa femme l'avait gagné au lansquenet.

LA COMTESSE.

Il a raison, cela était fort commode.

ÉRASTE.

Un fils de famille empruntait à grosses usures, faisait une dépense enragée, le père ne s'embarrassait pas de cela. Il admirait le bonheur de son fils et l'utilité du lansquenet.

L'INTENDANTE.

Cela est vrai, Madame, il y a mille gens intéressés dans cette affaire, et il faut représenter toutes ces choses-là.

ÉRASTE.

Moi, qui vous parle, moi, je suis à présent l'homme du monde le plus embarrassé.

CLITANDRE.

Comment donc? Que vous importe à vous que le lansquenet soit défendu? Vous ne jouiez quasi point, non plus que Dorante.

ÉRASTE.

Cela est vrai; mais, on croyait que je jouais du moins, et le lansquenet me servait à ménager la réputation de vingt femmes que je considère et quelque dépense que je fisse, j'en faisais honneur au lansquenet.

LA COMTESSE.

Eh bien, voilà vingt femmes perdues de réputation. Madame, on n'a point pensé à tout cela assurément.

DORIMÈNE.

Bon, Madame, ce n'est rien encore que ce qu'il dit là; mais tous les jeunes gens de Paris, que voilà désœuvrés à l'heure qu'il est, qui ne savent où donner de la tête.

LISETTE.

Pour moi, je tremble des occupations qu'ils se vont faire.

SCÈNE XI

DORIMÈNE, LA COMTESSE, L'INTENDANTE, ANGÉLIQUE, CLITANDRE, ÉRASTE, LISETTE.

DORIMÈNE.

Ah ! vous voilà ! D'où venez-vous, Angélique ?

ANGÉLIQUE.

Je viens de votre chambre, où j'ai laissé Monsieur le chevalier, qui joue au piquet avec un jeune homme que je ne connais point. Dorante les regarde jouer.

LISETTE.

Ma foi, je ne les ai regardés qu'un moment, et la tête m'en fait mal. Il n'y a rien de plus triste que ce piquet ; et c'est ce jeu là qu'il fallait défendre, et non pas le lansquenet, qui est le plus beau jeu du monde, le plus universel, et celui où l'on peut faire le moins de friponneries.

CLITANDRE.

Mais, cela me passe en effet. Attaquer directement ce pauvre lansquenet, et souffrir tous les autres jeux.

LISETTE.

Oui, pourquoi ne pas défendre ces vilains jeux d'exercice, où l'on gagne le plus souvent de bonnes pleurésies, et où l'on court risque à tous moments d'être assommé de quelques coups de balle ?

LA COMTESSE.

Oh ! pour moi, je vous réponds que si on ne rétablit le lansquenet, j'apprendrai à jouer à la paume, assurément. Car enfin, il faut bien qu'une femme de qualité joue, et je ne comprends pas qu'il y ait d'autres jeux pour les gens de qualité, que la paume et le lansquenet. N'est-il pas vrai, ma mignonne ?

ANGÉLIQUE.

Vous avez raison, Madame.

SCÈNE XII

DORIMÈNE, LA COMTESSE, L'INTENDANTE, LE MARQUIS, ÉRASTE, CLITANDRE, ANGÉLIQUE, LISETTE.

LE MARQUIS.

Allégresse ! Madame, allégresse ! tout va le mieux du monde, nous jouerons malgré les jaloux, je cours pour vous en avertir.

L'INTENDANTE.

Mon pauvre marquis, que je vous embrasse pour une si bonne nouvelle !

LA COMTESSE.

Le ciel en soit loué ! Je savais bien, moi, que cette défense ne pouvait pas durer. Allons, recouvrons le temps perdu, s'il vous plaît, Messieurs.

CLITANDRE.

Serait-il possible, marquis, que ce n'eût été qu'une fausse alarme ?

DORIMÈNE.

Tout Paris l'aurait prise mal à propos ?

LE MARQUIS.

Non, vraiment, ce n'est point une fausse alarme, et la défense est très expresse.

ÉRASTE.

Que venez-vous donc nous dire ?

LA COMTESSE.

Il ne fallait point tant accourir.

L'INTENDANTE.

Vous moquez-vous, Monsieur le marquis ?

LE MARQUIS.

Non, Madame, et malgré la rigueur de la défense, il ne tiendra qu'à vous de jouer tant qu'il vous plaira, et sans craindre les commissaires.

SCÈNE XII.

LA COMTESSE.

Si je joue tant qu'il me plaira, je jouerai le jour et la nuit, assurément.

DORIMÈNE.

Proposez-nous donc votre expédient.

ÉRASTE

Il va vous proposer de jouer sur les tuiles, entre deux gouttières.

LA COMTESSE.

J'y avais déjà songé, et je me souviens que j'y ai joué, plus de de vingt fois en ma vie, à la bassette.

L'INTENDANTE.

Eh bien ! Madame, puisque vous y avez joué à la bassette, nous pouvons bien y jouer au lansquenet, sans difficulté. Il fait fort beau cette après-dînée, allons.

CLITANDRE.

Si quelqu'un vient pour nous surprendre, il sera fort aisé de le faire sauter dans la rue.

LA COMTESSE.

Assurément, et sans le jeter par les fenêtres ; même, on dira qu'allait-il faire là?

LISETTE.

Par ma foi, l'expédient des tuiles est bel et bon ; mais vous seriez plus fraîchement dans la cave, à ce qu'il me semble, et on ne s'aviserait jamais d'aller vous chercher parmi des tonneaux.

L'INTENDANTE.

Eh bien soit! le grenier ou la cave, il ne m'importe, pourvu que je joue.

LE MARQUIS.

Ce que j'ai à vous dire vaut mieux que tout ce que vous pouvez vous imaginer ; et, à l'heure que je vous parle, il y a déjà plus de huit personnes qui ont commencé à jouer.

LA COMTESSE.

Eh! dites-nous donc promptement où c'est.

LE MARQUIS.

Au faubourg Saint-Antoine. Que ceci soit secret au moins.

DORIMÈNE.

Au faubourg Saint-Antoine?

LE MARQUIS.

Oui, Madame, dans une de ces vieilles masures qui paraissent abandonnées; on se trouvera à une certaine heure, les carrosses demeureront à cent pas, l'un d'un côté, l'autre de l'autre; et l'on jouera aussi beau jeu que dans l'hôtel le mieux meublé, je vous en réponds.

CLITANDRE.

On découvrira ce manége, à la fin.

LE MARQUIS.

Point du tout; l'assemblée ne se tiendra pas toujours au même endroit, et l'on se promènera de faubourg en faubourg, et de masure en masure.

ÉRASTE.

Voilà bien de la peine et bien de l'embarras.

LISETTE.

Cette assemblée aura assez l'air d'un petit Sabbat, à ce qu'il me semble?

L'INTENDANTE.

Eh! Sabbat tant qu'il vous plaira; il n'y a rien que je ne fasse pour regagner mes pierreries.

LISETTE.

Cela est bien louable; mais, si je vous proposais un expédient cent fois meilleur que tous les vôtres?

LA COMTESSE.

Oh! la masure est admirable, le marquis nous conduira.

LISETTE.

Un bateau serait bien meilleur.

L'INTENDANTE.

Un bateau?

LISETTE.

Oui, Madame, un bateau. On prend un bateau au Pont-Rouge, et l'on va, jouant, jusqu'à Saint-Cloud, et si vous n'avez pas regagné votre argent, et que le cœur vous en dise, vous pourrez descendre jusqu'à Rouen, et Madame sera, par ce moyen, à demi-chemin de l'Angleterre.

LA COMTESSE.

Quelqu'un y veut-il venir? Pour moi, je suis toute prête.

SCÈNE XIII

DORIMÈNE, LA COMTESSE, L'INTENDANTE, LE CHEVALIER, ANGÉLIQUE, CLITANDRE, DORANTE, ÉRASTE, LISETTE, MERLIN.

LE CHEVALIER.

Oh! cadedis! vous êtes un fripon vous-même!

DORIMÈNE.

Quel bruit entends-je?

LA COMTESSE.

C'est la voix du chevalier.

ANGÉLIQUE.

Qu'est-ce donc, Monsieur, quel désordre est ceci?

MERLIN.

Un coquin, qui file la carte.

LE CHEVALIER.

Un maraud, qui porte à l'écart.

ÉRASTE.

Qu'est-ce que ceci veut dire?

MERLIN.

Cela n'est pas bien, Madame, de souffrir des fripons dans votre maison!

LE CHEVALIER.

Tais-toi, misérable! Vous avez grand tort, Dorante, de produire ici des gens de ce caractère.

DORANTE.

Je vous demande pardon, Monsieur le chevalier; mais je vous crois aussi honnêtes gens l'un que l'autre.

MERLIN.

Moi, Monsieur, je ne voudrais pas changer ma conscience contre la sienne.

LE CHEVALIER.

Un gueux, qui a vingt fois mérité les galères ; car je te remets à présent, je t'ai reconnu à ta manière. C'était toi qui faisais le marchand de vin dans le carrosse de Dijon.

MERLIN.

Et toi, le marchand de bœufs ; je m'en souviens.

LE CHEVALIER.

Va, souviens-toi plutôt de la manière dont tu sortis de Rouen, où l'intendant te voulait faire pendre.

MERLIN.

Et toi, des coups de bâton qu'on te donna à Auxerre, pour avoir filouté mille écus au fils de ce marchand de marée.

ÉRASTE.

Voilà des circonstances fâcheuses.

LE CHEVALIER.

Eh ! Messieurs, chassez cet insolent, je vous prie.

MERLIN.

Je ne me le suis pas remis d'abord, mais je le reconnais à sa ringrave. Voyez-vous cette grande culotte ? Vous ne lui en avez jamais vu d'autre, je gage ?

L'INTENDANTE

Je ne l'avais pas encore remarqué.

LE CHEVALIER.

Nous sommes tous intéressés à ne pas souffrir ce maraud davantage dans une si honnête compagnie.

DORIMÈNE.

A quoi se terminera tout ceci ?

MERLIN.

Voyez, voyez, sous sa ringrave, Madame !

SCENE XIII.

LA COMTESSE.

Vraiment, vous vous moquez, je n'y veux point regarder!

LE CHEVALIER.

Ce malheureux m'impatiente. Faites-le sortir, Messieurs, je vous en conjure.

MERLIN.

Regardez, regardez, Messieurs. Tout son bonheur est là-dessous, dans un esquipot.

LE MARQUIS.

Dans un esquipot!

LE CHEVALIER.

Mais, Messieurs, cela ne se pratique point.

DORANTE.

Ne vous fâchez pas, Monsieur le chevalier!

MERLIN.

Voyez, voyez, il s'en servait tout à l'heure avec moi, et il n'a pas eu le temps de l'ôter.

LE CHEVALIER.

Cela ne se fait point, cadedis! Madame, empêchez chez vous le désordre, c'est une pièce qu'on me fait.

ÉRASTE.

Oh! parbleu! l'esquipot n'est point un mensonge.

LE CHEVALIER.

Monsieur, je me prends à vous de cette insulte.

ÉRASTE.

Va, misérable, je t'en ferai raison à coups de canne!

LE CHEVALIER.

Madame, Madame, vous souffrez qu'on me traite de cette sorte dans votre logis?

LA COMTESSE.

Un esquipot à Monsieur le chevalier de Bellemonte! Je le croyais le plus honnête homme de toute la Gascogne!

MERLIN.

Lui, Madame? Il est bas Normand, je vous en réponds!

LE CHEVALIER.

Par la sandis, je te mettrai les oreilles à l'écart!

MERLIN.

Parce qu'il parle gascon, vous le croyez de Gascogne? Mais c'est le fils d'un barbier de Falaise, ou le diable m'emporte!

LE CHEVALIER.

Oh! bien, bien, continue. Puisque l'on veut plaisanter, je plaisante mieux qu'homme du monde.

DORIMÈNE.

Ote-toi d'ici, misérable, et ne parais jamais où je serai!

LE CHEVALIER.

Ouais, ceci passe la raillerie! Dorante, ne me poussez pas davantage.

DORIMÈNE.

Sors donc, maroufle, ou je te donnerai mille soufflets!

LE CHEVALIER, *à Dorimène*.

Par la sandis, Madame, vous n'en usez pas bien! Je sors.

DORIMÈNE.

Je te reconduirai jusqu'à la porte.

CLITANDRE.

Oui, oui, reconduisez celui-là, nous aurons soin de celui-ci.

SCÈNE XIV

DORIMÈNE, LA COMTESSE, L'INTENDANTE, LE MARQUIS, ANGÉLIQUE, CLITANDRE, ÉRASTE, LISETTE, MERLIN.

MERLIN.

Eh, Messieurs!

SCÈNE XIV.

ÉRASTE.

Iras-tu?

DORIMÈNE.

Eh! de grâce, épargnez-le un peu, je vous prie.

MERLIN.

Messieurs, ne nous mettez point dehors en même temps, il m'assommerait dans la rue.

DORANTE.

Faites grâce à mon valet, je vous en conjure. Il est plus honnête homme que l'autre; c'est moi qui lui ai fait jouer ce personnage pour détromper Madame, et lui faire voir quel homme c'était que le chevalier.

DORIMÈNE.

Je suis ravie d'être désabusée, Dorante, et je vous donne ma fille, pourvu que vous appreniez à jouer, et que vous veniez avec moi en Angleterre.

DORANTE.

Je vous suivrai partout, Madame.

L'INTENDANTE.

Nous jouerons donc quelque reprise de lansquenet en faveur du mariage?

DORANTE.

Nous ferons tout ce qu'il vous plaira, Madame.

MERLIN.

Et si l'on veut, je fournirai les cartes.

Fin de la Désolation des joueuses.

LE CHEVALIER A LA MODE

COMÉDIE EN CINQ ACTES

REPRÉSENTÉE POUR LA PREMIÈRE FOIS EN OCTOBRE 1687.

PERSONNAGES :

LE CHEVALIER DE VILLEFONTAINE.
Madame PATIN, veuve, amoureuse du Chevalier.
M. SERREFORT, beau-frère de Madame Patin.
LUCILE, fille de M. Serrefort.
LA BARONNE, vieille plaideuse.
M. MIGAUD, rapporteur de la Baronne.
LISETTE, fille de chambre de Madame Patin.
CRISPIN, valet du Chevalier.
UN NOTAIRE.
LABRIE, laquais de Madame Patin.
JASMIN, laquais de la Baronne.
Le Cocher de Madame Patin.
Plusieurs domestiques de Madame Patin.

La scène est à Paris, chez Madame Patin.

ACTE PREMIER

SCÈNE PREMIÈRE

MADAME PATIN, LISETTE.

(Madame Patin entre avec beaucoup de précipitation et de désordre, suivie de Lisette.)

LISETTE.

Qu'est-ce donc, Madame? Qu'avez-vous? Que vous est-il arrivé? Que vous a-t-on fait?

LE CHEVALIER À LA MODE

LE CHEVALIER A LA MODE

COMÉDIE EN CINQ ACTES

REPRÉSENTÉE POUR LA PREMIÈRE FOIS EN OCTOBRE 1687.

PERSONNAGES :

LE CHEVALIER DE VILLEFONTAINE.
MADAME PATIN, veuve, amoureuse du Chevalier.
M. SERREFORT, beau-frère de Madame Patin.
LUCILE, fille de M. Serrefort.
LA BARONNE, vieille plaideuse.
M. MIGAUD, rapporteur de la Baronne.
LISETTE, fille de chambre de Madame Patin.
CRISPIN, valet du Chevalier.
UN NOTAIRE.
LABRIE, laquais de Madame Patin.
JASMIN, laquais de la Baronne.
Le Cocher de Madame Patin.
Plusieurs domestiques de Madame Patin.

La scène est à Paris, chez Madame Patin.

ACTE PREMIER

SCÈNE PREMIÈRE

MADAME PATIN, LISETTE.

(Madame Patin entre avec beaucoup de précipitation et de désordre, suivie de Lisette.)

LISETTE.

Qu'est-ce donc, Madame? Qu'avez-vous? Que vous est-il arrivé? Que vous a-t-on fait?

MADAME PATIN.

Une avanie... Ah! j'étouffe. Une avanie... je ne saurais parler... un siège...

LISETTE, *lui donnant un siège.*

Une avanie! A vous, Madame, une avanie! Cela est-il possible?

MADAME PATIN.

Cela n'est que trop vrai, ma pauvre Lisette. J'en mourrai. Quelle violence! En pleine rue, on vient de me manquer de respect.

LISETTE.

Comment donc, Madame, manquer de respect à une dame comme vous! Madame Patin, la veuve d'un honnête partisan, qui a gagné deux millions de bien au service du roi! Et qui sont ces insolents-là, s'il vous plaît?

MADAME PATIN.

Une marquise de je ne sais comment, qui a eu l'audace de faire prendre le haut du pavé à son carrosse, et qui a fait reculer le mien de plus de vingt pas.

LISETTE.

Voilà une marquise bien impertinente. Quoi! votre personne qui est toute de clinquant, votre grand carrosse doré qui roule pour la première fois, deux gros chevaux gris-pommelés à longues queues, un cocher à barbe retroussée, six grands laquais plus chamarrés de galons que les estafiers d'un carrousel, tout cela n'a point imprimé de respect à votre marquise?

MADAME PATIN.

Point du tout, c'est du fond d'un vieux carrosse, traîné par deux chevaux étiques, que cette gueuse de marquise m'a fait insulter par des laquais tout deguenillés.

LISETTE.

Ah! mort de ma vie, où était Lisette? Que je lui aurais bien dit son fait!

MADAME PATIN.

Je l'ai pris sur un ton proportionné à mon équipage; mais elle, avec un « *taisez-vous, bourgeoise,* » m'a pensé faire tomber de mon haut.

LISETTE.

Bourgeoise ! bourgeoise ! Dans un carrosse de velours cramoisi à six poils, entouré d'une crépine d'or !

MADAME PATIN.

Je t'avoue qu'à cette injure assommante, je n'ai pas eu la force de répondre; j'ai dit à mon cocher de tourner, et de m'amener ici à toute bride.

SCÈNE II

MADAME PATIN, LISETTE, LABRIE.

LISETTE.

Ah ! vraiment, voilà un de vos laquais en bel équipage ! Vous moquez-vous, Labrie ? Comment paraissez-vous devant Madame ? Quel désordre est-ce là ? Dirait-on que vous avez mis aujourd'hui un habit neuf ?

LABRIE.

Les autres sont plus chiffonnés que moi, et je venais dire à Madame que Lafleur et Jasmin ont la tête cassée par les gens de cette marquise, et qu'il n'a tenu qu'à moi de l'avoir aussi.

LISETTE.

Et que ne disiez-vous à qui vous étiez ?

LABRIE.

Nous l'avons dit aussi.

MADAME PATIN.

Eh bien ?

LABRIE

Eh bien ! Madame, je crois que c'est à cause de cela qu'ils nous ont battus.

LISETTE.

Les lourdauds !

MADAME PATIN.

Va-t'en dehors, mon enfant.

LABRIE.

Mais Lafleur et Jasmin sont chez le chirurgien.

ACTE I, SCENE III.

MADAME PATIN.

Eh bien! qu'ils se fassent panser, et qu'on ne m'en rompe pas la tête davantage.

SCÈNE III

MADAME PATIN, LISETTE.

LISETTE.

Au moins, Madame, il faut prendre cette affaire-ci du bon côté. Ce n'est pas à votre personne qu'ils ont fait insulte, c'est à votre nom. Que ne vous dépêchez-vous d'en changer?

MADAME PATIN.

J'y suis bien résolue, et j'enrage contre ma destinée, de ne m'avoir pas fait tout d'abord une femme de qualité.

LISETTE.

Eh! vous n'avez pas tout à fait sujet de vous plaindre; et si vous n'êtes pas encore femme de qualité, vous êtes riche au moins; et comme vous savez, on achète facilement de la qualité avec de l'argent; mais la naissance ne donne pas toujours du bien.

MADAME PATIN.

Il n'importe; c'est toujours quelque chose de bien charmant qu'un grand nom.

LISETTE.

Bon! bon! Madame, vous seriez, ma foi, bien embarrassée si vous vous trouviez comme certaines grandes dames de par le monde, à qui tout manque, et qui, malgré leur grand nom, ne sont connues que par un grand nombre de créanciers, qui crient à leurs portes depuis le matin jusqu'au soir.

MADAME PATIN.

C'est là le bon air. C'est ce qui distingue les gens de qualité.

LISETTE

Ma foi, Madame, avanie pour avanie, il vaut mieux, à ce qu'il me semble, en recevoir d'une marquise que d'un marchand ; et, croyez-moi, c'est un grand plaisir de pouvoir sortir de chez soi par la grande porte sans craindre qu'une troupe de sergents vienne saisir le carrosse et les chevaux. Que diriez-vous si vous vous trouviez réduite à gagner à pied votre logis, comme quelques-unes à qui cela est arrivé depuis peu ?

MADAME PATIN.

Plût au ciel que cela me fût arrivé, et que je fusse marquise !

LISETTE.

Mais, Madame, vous n'y songez pas.

MADAME PATIN.

Oui, oui, j'aimerais mieux être la marquise la plus endettée de toute la cour, que de demeurer veuve du plus riche financier de France. La résolution en est prise, il faut que je devienne marquise, quoi qu'il en coûte ; et, pour cet effet, je vais absolument rompre avec ces petites gens, dont je me suis encanaillée. Commençons par Monsieur Serrefort.

LISETTE.

M. Serrefort, Madame ! votre beau-frère !

MADAME PATIN.

Mon beau-frère ! mon beau-frère ! Parlez mieux, s'il vous plaît.

LISETTE.

Pardonnez-moi, Madame, j'ai cru qu'il était votre beau-frère, parce qu'il était frère de feu monsieur votre mari.

MADAME PATIN.

Frère de feu mon mari, soit ; mais, mon mari étant mort, Dieu merci, Monsieur Serrefort ne m'est plus rien. Cependant, il semble à ce crasseux-là qu'il me soit de quelque chose ; il se mêle de censurer ma conduite, de contrôler toutes mes actions. Son audace va jusqu'à vouloir me faire prendre de petites manières comme celles de sa femme, et faire des comparaisons d'elle à moi. Mais est-il possible qu'il y ait des gens qui se puissent méconnaître jusqu'à ce point-là ?

ACTE I, SCÈNE III.

LISETTE.

Oui, oui, je commence à comprendre qu'il a tort, et que vous avez raison, vous. C'est bien à lui et à sa femme à faire des comparaisons avec vous! Il n'est que votre beau-frère, et elle n'est que votre belle-sœur, une fois.

MADAME PATIN.

Il n'y a pas jusqu'à sa fille qui ne se donne aussi des airs. Allons-nous en carrosse ensemble, elle se place dans le fond à mes côtés. Sommes-nous à pied, elle marche toujours sur la même ligne, sans observer aucune distance entre elle et moi.

LISETTE.

La petite ridicule! Une nièce vouloir aller de pair avec sa tante!

MADAME PATIN.

Ce qui m'en déplaît encore, c'est qu'avec ses minauderies, elle attire les yeux de tout le monde, et ne laisse pas aller sur moi le moindre petit regard.

LISETTE.

Que le monde est fou! Parce qu'elle est jeune et jolie, on la regarde plus volontiers que vous.

MADAME PATIN.

Cela changera, ou je ne la verrai plus.

LISETTE.

Vous la corrigerez aisément; et en devenant sa belle-mère, Madame, vous aurez des droits sur elle, que la qualité de tante ne vous donne pas.

MADAME PATIN.

Comment donc sa belle-mère? Tu crois qu'après ce qui vient de m'arriver je me piquerai de tenir parole à Monsieur Migaud, que je l'épouserai?

LISETTE.

Oui, Madame. Et qu'a de commun ce qui vient de vous arriver avec les deux mariages que l'on a conclus, de vous avec Monsieur Migaud, et du fils de Monsieur Migaud avec Lucile, votre nièce?

MADAME PATIN.

Vraiment, je serais bien avancée. C'est un beau nom que celui de Madame Migaud ! J'aimerais autant demeurer Madame Patin.

LISETTE.

Oh ! il y a bien de la différence. Le nom de Migaud est un nom de robe, et celui de Patin n'est qu'un nom de financier.

MADAME PATIN.

Robe ou finance, tout m'est égal ; et depuis huit jours, je me suis résolue d'avoir un nom de cour, et de ceux qui emplissent le plus la bouche.

LISETTE, *à part*.

Ah ! ah ! ceci ne vaut pas le diantre pour Monsieur Migaud.

MADAME PATIN.

Que dis-tu ?

LISETTE.

Je dis, Madame, qu'un nom de cour vous siéra à merveille ; mais, que ce n'est pas assez d'un nom, à ce qu'il me semble, que je crois qu'il vous faut un mari, et que vous devez bien prendre garde au choix que vous en ferez.

MADAME PATIN.

Je me connais en gens, et j'ai en main le plus joli homme du monde.

LISETTE.

Comment ! ce choix est déjà fait, et je n'en savais rien !

MADAME PATIN.

Le chevalier n'a pas voulu que je te le dise.

LISETTE.

Quel chevalier ? Le chevalier de Villefontaine ?

MADAME PATIN.

Lui-même.

LISETTE.

Quoi ! c'est le chevalier de Villefontaine que vous voulez épouser ?

MADAME PATIN.

Justement.

LISETTE.

Vous n'y songez pas, Madame. Ce chevalier n'a pas un sou de bien.

MADAME PATIN.

J'en ai suffisamment pour tous deux, et il y a même quelque justice à ce que je fais. Monsieur Patin n'a pas gagné trop légitimement son bien en Normandie ; et c'est une espèce de restitution que de relever avec ce qu'il m'a laissé une des meilleures maisons de la province.

LISETTE.

Ah ! puisque c'est un mariage de conscience, je n'ai plus rien à vous dire. Que Monsieur Migaud sera surpris quand vous lui apprendrez votre dessein !

MADAME PATIN.

Je n'ai garde de l'en informer, il ne manquerait pas d'en aller faire ses plaintes à Monsieur Serrefort. Monsieur Serrefort viendrait à son ordinaire m'étourdir de ses sots raisonnements. Pour m'épargner l'embarras d'y répondre, je ne veux point que l'un ni l'autre sache cette affaire, qu'elle ne soit tout à fait conclue.

LISETTE.

Mais, Madame, il me semble qu'avant d'épouser le chevalier de Villefontaine, il faudrait vous défaire honnêtement de Monsieur Migaud ?

MADAME PATIN.

C'est mon dessein, vraiment, et je veux lui faire une querelle d'Allemand dès que je le verrai. Pour peu qu'il ait d'intelligence, il entendra bien ce que cela veut dire.

LISETTE.

Une querelle d'Allemand ? Vous avez raison ; voilà une manière tout à fait honnête pour vous en défaire. Mais, le voici.

SCÈNE IV

MONSIEUR MIGAUD, MADAME PATIN, LISETTE.

MONSIEUR MIGAUD.

Madame, j'entre peut-être indiscrètement ; mais, je viens moi-même vous apporter la réponse du billet que vous m'écrivîtes hier au soir.

MADAME PATIN.

Moi ! je vous ai écrit, Monsieur ?

MONSIEUR MIGAUD.

Oui, Madame ; une vieille baronne, qui a un procès dont je suis rapporteur, m'apporta hier une recommandation de votre part.

MADAME PATIN.

Ah ! je m'en souviens; oui, oui, c'est une vieille importune qui me fatigue depuis huit jours pour vous parler en sa faveur, et je vous écrivis hier pour m'en débarrasser.

MONSIEUR MIGAUD.

Je suis bien aise, Madame, que vous ne preniez pas grande part à son affaire ; il y a dans sa cause plus de chimère que de raison ; et en vérité, il y a peu d'honneur à se mêler...

MADAME PATIN.

Comment, Monsieur, vous ne lui ferez pas gagner son procès ?

MONSIEUR MIGAUD.

Moi ! Madame ; cela ne dépend pas de moi seulement, et la justice...

MADAME PATIN.

La justice ! la justice ! Vraiment, si la justice était pour elle, on aurait bien à faire de vous solliciter. Quelle obligation prétendriez-vous que je vous eusse ?

MONSIEUR MIGAUD.

Mais, Madame...

MADAME PATIN.

Mais, Monsieur ! je ne prétends pas qu'on dise dans le monde qu'une recommandation comme la mienne n'a servi de rien ; et je ne suis pas assez laide, ce me semble, pour avoir la réputation de n'avoir pu mettre un juge dans les intérêts des personnes que je protège.

MONSIEUR MIGAUD.

En vérité, Madame, je ne vois pas la raison qui vous oblige à vouloir que je m'intéresse dans une cause où il n'y a que de la honte à recevoir.

MADAME PATIN.

En vérité, Monsieur, je ne vois pas la raison qui vous oblige, lorsque je vous en prie, de vouloir refuser de donner un bon tour à une méchante affaire. Eh fi ! Monsieur, il semble que vous ayez encore la pudeur d'un jeune conseiller.

MONSIEUR MIGAUD.

Sérieusement, Madame...

MADAME PATIN.

Ah ! Monsieur, point de réplique, je vous prie. Je me fais entendre, si je ne me trompe : c'est à vous de prendre vos mesures là-dessus. Lisette, si la personne dont je vous ai parlé vient ici, qu'on me fasse avertir chez Araminte, où je vais jouer au reversis. Monsieur je vous donne le bonjour.

SCÈNE V

MONSIEUR MIGAUD, LISETTE.

MONSIEUR MIGAUD.

Lisette ?

LISETTE.

Monsieur ?

MONSIEUR MIGAUD.

Que veut dire cette manière ? Quel accueil me fait ta maîtresse !

LISETTE.

Vous n'en êtes pas fort content, à ce que je vois ?

MONSIEUR MIGAUD.

Trouves-tu que j'aie sujet de l'être ?

LISETTE.

Il me semble que non, franchement.

MONSIEUR MIGAUD.

Comment faut-il que j'explique tout ceci ?

LISETTE.

Pour peu que vous ayez d'intelligence, vous entendez bien ce que cela signifie.

MONSIEUR MIGAUD.

Je m'y perds, plus je l'examine.

LISETTE.

Il me semble pourtant que cela n'est pas bien difficile à comprendre.

MONSIEUR MIGAUD.

Aide-moi, je te prie, à le pénétrer.

LISETTE.

Vous aimez Madame Patin ma maîtresse, et vous avez cru jusqu'ici que Madame Patin vous aimait ?

MONSIEUR MIGAUD.

Nos affaires sont assez avancées pour me le faire présumer ; et ce qui me surprend, c'est qu'aux termes où nous en sommes, elle prenne des airs si brusques.

LISETTE.

Cela serait aussi un peu surprenant, si vous ne la connaissiez pas ; mais, vous savez ce qu'il en faut croire.

MONSIEUR MIGAUD.

Sans le respect que j'ai pour elle, je croirais...

LISETTE.

Eh ! laissez là le respect, Monsieur, et dites librement que vous la croyez un peu folle ; je me connais trop bien en gens pour vous en dédire

MONSIEUR MIGAUD.

Écoute, Lisette, puisque tu me parles franchement, je t'avouerai de bonne foi que le caractère de Madame Patin m'a toujours fait peur, et que, sans certains intérêts de mon fils, je n'aurais jamais songé à l'épouser. Monsieur Serrefort, comme tu sais, appréhende que sa belle-sœur ne dissipe les grands biens que son mari lui a laissés en mourant; et c'est pour s'assurer cette succession, qu'en donnant Lucile à mon fils, il ne consent à ce mariage qu'à condition que j'épouserai Madame Patin.

LISETTE.

Et vous aurez la complaisance de vouloir bien souscrire à cette condition?

MONSIEUR MIGAUD.

J'assure par-là plus de quarante mille livres de rente à ma famille.

LISETTE.

Cela vaut bien que vous vous exposiez à enrager le reste de vos jours.

MONSIEUR MIGAUD.

J'aurai moins à souffrir que tu ne penses, et je suis, grâce au ciel, d'une profession et d'un caractère à mettre aisément une femme à la raison.

LISETTE.

Commencez donc dès à présent à y mettre Madame Patin; car je vous avertis que si vous attendez pour la rendre sage que vous soyez son mari, vous courez risque de la voir mourir folle.

MONSIEUR MIGAUD.

Que me dis-tu là?

LISETTE.

Je me suis senti de l'inclination à vous rendre service; et il me semble que Monsieur votre fils, qui est un garçon si sage et si honnête, fera bien un meilleur usage des quarante mille livres de rente à qui vous en voulez, que le petit fat à qui Madame Patin les destine.

MONSIEUR MIGAUD.

Explique-moi cette énigme-là : ta maîtresse aurait-elle changé de pensée?

LISETTE.

Elle s'est mis la cour en tête; et, pour y paraître avec éclat, elle prétend épouser le chevalier de Villefontaine.

MONSIEUR MIGAUD.

Cela ne se peut pas!

LISETTE.

Je ne sais pas si cela se peut, mais je sais bien que cela est.

MONSIEUR MIGAUD.

Le chevalier de Villefontaine! Tu te moques, mon enfant, cet homme-là n'est point fait pour épouser. C'est un aventurier qui n'en a pas le temps, un jeune extravagant qui n'a pas cent pistoles de revenu, qu'on ne connaît à la cour que par le ridicule qu'il s'y donne, et qui n'a, pour tout mérite, que celui de boire et de prendre du tabac.

LISETTE.

Eh bien! Monsieur, boire et prendre du tabac, c'est ce qui fait aujourd'hui le mérite de la plupart des jeunes gens!

MONSIEUR MIGAUD.

Je ne saurais croire ce que tu me dis.

LISETTE.

Non, ne croyez pas; mais, avertissez-en toujours Monsieur Serrefort par précaution, et prenez vos mesures comme si vous en étiez persuadé; la suite vous convaincra du reste. Voici notre chevalier, adieu! Ne perdez point de temps, et comptez que ce n'est pas peu que je me mêle de vos affaires.

MONSIEUR MIGAUD.

L'étrange chose que la tête d'une femme!

SCÈNE VI

LE CHEVALIER, LISETTE.

LE CHEVALIER.

Bonjour, ma pauvre Lisette. Ah! ah! tu as du dessein aujourd'hui. Te voilà plus parée que de coutume, et toujours plus belle que tout ce que j'ai vu de plus beau. Quel charmant embonpoint!

LISETTE.

Est-ce à moi que vous parlez, Monsieur?

LE CHEVALIER.

Et à qui donc ?

LISETTE.

J'ai cru que c'était un compliment pour quelque dame, que vous répétiez comme une leçon. Madame vous a attendu longtemps, Monsieur.

LE CHEVALIER.

En vérité ? Tu es une des plus aimables filles que je connaisse. Mais, qui te fait tes manteaux ? Je veux mettre ton ouvrière en crédit. Par ma foi, voilà le plus galant négligé qu'on ait jamais vu ! Comme elle se coiffe, la friponne !

LISETTE.

Vous voulez bien, Monsieur, que j'aille dire à Madame que vous êtes ici ? Elle n'est qu'à dix pas, chez une de ses amies.

LE CHEVALIER.

Attends, attends, Lisette : un moment plus ou moins ne fera rien à la chose.

LISETTE.

Pardonnez-moi, Monsieur, je serai bien aise qu'on l'avertisse de votre impatience ; aussi bien, voilà Crispin qui a quelque chose à vous dire.

SCÈNE VII

LE CHEVALIER, CRISPIN.

CRISPIN.

Ah ! vous voilà, Monsieur ! je vous cherchais partout pour vous dire que la baronne...

LE CHEVALIER.

Paix ! paix ! tais-toi ! Ne vois-tu pas où nous sommes ?

CRISPIN.

Oui, Monsieur, mais la baronne...

LE CHEVALIER.

Eh ! ventrebleu ! maraud, ne t'ai-je pas dit que quand je suis chez une femme, je ne veux point que tu me viennes parler d'aucune autre.

CRISPIN.

Cela est vrai. Mais, Monsieur, cette baronne...

LE CHEVALIER.

Mais, monsieur le fat, taisez-vous, encore une fois; et ne venez point gâter une affaire qui est peut-être la meilleure qui me puisse arriver

CRISPIN.

Oh! oh! Quoi, Monsieur, la maîtresse du logis parle-t-elle de mariage, et songez-vous à l'épouser? L'aimez-vous?

LE CHEVALIER.

Moi, l'aimer? Pauvre sot!

CRISPIN.

De quelle affaire parlez-vous donc?

LE CHEVALIER.

Je l'épouserai si je veux; mais je la hais comme la peste, et ce ne serait pas elle que j'épouserais.

CRISPIN.

Non? Le diable m'emporte si je vous entends!

LE CHEVALIER

Ce serait quarante mille livres de rente qu'elle possède, dont je pourrais être amoureux.

CRISPIN.

C'est-à-dire que ce sont les quarante mille livres de rente que vous épouseriez en l'épousant?

LE CHEVALIER

Et quoi donc? Si j'avais à aimer, ce ne serait pas Madame Patin, Dieu me damne!

CRISPIN.

Ce ne serait pas aussi la vieille baronne; car vous lui promettez tous les huit jours de l'épouser dans la semaine, et il y a près d'un an que vous l'amusez.

LE CHEVALIER

Si la baronne avait gagné ses procès, je la préférerai à Madame Patin; et quoiqu'elle ait quinze ou vingt années davantage, ses procès gagnés lui donneraient quinze ou vingt mille livres de rentes de plus que n'a Madame Patin.

ACTE I, SCÈNE VII.

CRISPIN.

C'est-à-dire que, s'il en venait encore quelqu'autre plus riche que ces deux-là, vous prendriez parti avec la dernière?

LE CHEVALIER

Je les ménagerai toutes, autant qu'il s'en présentera, le plus longtemps que je pourrai, et je me déterminerai pour celle qui accommodera le mieux mes affaires.

CRISPIN.

Et pour accommoder les miennes, j'ai envie d'en prendre quelqu'une de celles dont vous ne voudrez point; car, entre nous, Monsieur, je n'aime point les soubrettes, voyez-vous. A propos d'aimer, je crois que vous n'aimez rien, vous, que votre profit?

LE CHEVALIER

Je ne sais si je n'aimerais point une petite brune, qui est la plus charmante du monde; et si elle était aussi riche qu'elle voudrait me le faire croire, je n'hésiterais point à lui sacrifier toutes les autres.

CRISPIN.

Quelle petite brune? Comment l'appelez-vous?

LE CHEVALIER

Je n'ai pu encore savoir son nom.

CRISPIN.

Je m'étonnais aussi, car il n'y a point de petite brune sur mon mémoire.

LE CHEVALIER.

Ce n'est que depuis quatre jours que je la vois tous les soirs aux Tuileries. Je lui ai fait croire qu'on m'appelait le marquis des Guérets. Parbleu! c'est une conquête aussi difficile que j'en connaisse. Je ne suis pourtant pas mal auprès d'elle.

CRISPIN.

En quatre jours! Voilà une conquête bien difficile, vous avez raison.

LE CHEVALIER.

Elle a un père extrêmement bizarre, à ce qu'elle m'a dit; et ce n'est que sous le prétexte d'aller voir une certaine tante, qu'elle trouve moyen de venir les soirs à la promenade.

CRISPIN.

Toute jeune et toute petite personne qu'elle est, elle ment déjà à la perfection, n'est-ce pas?

LE CHEVALIER.

Elle a de l'esprit au delà de l'imagination. Une vivacité... La charmante petite créature!

CRISPIN.

Diable!

LE CHEVALIER.

Ne m'en parle plus, Crispin, ne m'en parle plus, je t'en prie. Vois-tu? j'ai des entêtements de fortune, et je craindrais de me faire avec cette petite personne une affaire de cœur qui me mènerait peut-être trop loin.

CRISPIN.

Vous avez raison.

LE CHEVALIER.

Songeons au solide, mon ami, nous donnerons ensuite dans la bagatelle.

CRISPIN.

C'est bien dit. Or ça, je vois bien que c'est la dame d'ici qui est la meilleure à ménager, et je m'en vais renvoyer Madame la baronne avec ses présents.

LE CHEVALIER.

Comment, que parles-tu de présents?

CRISPIN.

C'est ce que je vous ai voulu dire d'abord, que Madame la baronne vous attend chez vous avec des présents; mais je vais les renvoyer.

LE CHEVALIER.

Attends, attends un peu. Et qu'est-ce que c'est que ces présents?

CRISPIN.

Eh! Monsieur, c'est, par exemple, un fort beau carrosse qu'elle a fait mettre sous une de vos remises, deux gros chevaux dans votre écurie, un cocher et un gros barbet qui ont amené tout cela, et que je vais renvoyer, puisque vous le voulez.

LE CHEVALIER.

Non, non, demeure. Cette pauvre femme! Elle m'aime dans le fond, et je ne veux pas la fâcher.

CRISPIN.

Vous avez raison; mais vous ne songez pas que Madame Patin...

LE CHEVALIER.

Je songe que Madame Patin aime le grand air et le grand équipage. Le carrosse est beau?

CRISPIN.

Il est des plus beaux qui se portent.

LE CHEVALIER.

Cette pauvre baronne! Et les chevaux?

CRISPIN.

Les chevaux sont des chevaux qui ont l'air aisé. Vous n'en avez jamais encore eu comme ceux-là.

LE CHEVALIER.

La pauvre femme! Va, va-t'en lui dire que je la remercie, et que j'aurai l'honneur de la voir cette après-dînée.

CRISPIN.

Oh! sans vous, il n'y a rien à faire; et je m'en vais gager qu'elle emmènera les chevaux, le carrosse et le barbet, si vous ne venez les recevoir vous-même; et encore faut-il vous dépêcher, car elle a des affaires, et il me semble qu'elle m'a dit qu'un de ses procès se jugeait demain sans faute.

LE CHEVALIER.

Eh bien! dis-lui seulement que je la verrai aujourd'hui sans y manquer.

CRISPIN.

Vous lui avez manqué vingt fois de parole. Voulez-vous qu'elle se fie à la mienne?

LE CHEVALIER.

Voilà Madame Patin. Va vite faire ce que je dis.

6

CRISPIN.

Parbleu! vous viendrez, puisque vous voulez garder l'équigage.

LE CHEVALIER.

Tais-toi donc, maraud, et laisse-moi sortir honnêtement d'avec celle-ci.

SCÈNE VIII

MADAME PATIN, LE CHEVALIER, LISETTE, CRISPIN.

MADAME PATIN.

Je vous ai fait attendre, Monsieur le chevalier; mais vous me devez savoir gré de ne me pas trouver chez moi. Comme je n'y veux être que pour vous, je suis bien aise de me dérober aux importunités de quelques gens qui se croient en droit de me parler à toute heure, et à qui mes gens n'osent fermer la porte au nez, quoique je leur aie commandé plus de mille fois de le faire.

LE CHEVALIER.

On est trop payé, Madame, du chagrin d'avoir attendu, quand on a le bonheur de vous voir un moment, et j'attendrai toujours volontiers, quand je serai sûr de ne pas attendre inutilement.

MADAME PATIN

Qu'il est obligeant! et qu'il dit les choses de bonne grâce ! Au moins, Monsieur le chevalier, Lisette m'a rendu compte de votre honnêteté; vous ne vouliez pas qu'elle me vînt avertir, de peur de me détourner; mais, j'aurais été bien fâchée contre elle.

LE CHEVALIER.

Je craignais de donner du chagrin à la compagnie que vous venez de quitter.

MADAME PATIN

Il n'y avait que des femmes, au moins ; et vous n'avez point de rivaux à craindre.

ACTE I, SCÈNE VIII.

CRISPIN, *bas au chevalier.*

Le carrosse s'ennuiera sous la remise.

LE CHEVALIER.

Paix !

MADAME PATIN.

Que dit Crispin ?

CRISPIN.

Rien, Madame.

MADAME PATIN.

Passons dans mon cabinet, nous y serons mieux qu'ici.

CRISPIN, *bas au chevalier.*

Les chevaux s'impatienteront, vous dis-je.

LE CHEVALIER.

Te tairas-tu ?

MADAME PATIN.

Allons, Monsieur le chevalier.

CRISPIN.

Adieu l'équipage.

MADAME PATIN.

A qui en a-t-il ? Que parle-t-il d'équipage ?

LE CHEVALIER.

Je ne sais, Madame, ce qu'il marmotte entre ses dents : de carrosse, de chevaux, d'équipage. C'est mon sellier qui m'attend, n'est-ce pas ?

CRISPIN.

Oui, Monsieur.

LE CHEVALIER.

M'a-t-on amené ces deux chevaux neufs ?

CRISPIN.

Oui, Monsieur, et ils vous attendent, comme je vous ai dit.

LE CHEVALIER.

Je vous demande pardon, Madame, c'est un nouveau carrosse que je me donne. Je sais que je vous fais plaisir de me bien mettre en équipage, et je meurs d'impatience de voir si vous devez être contente de celui-ci.

MADAME PATIN.

Je vais le voir avec vous; et puisque c'est pour me plaire que vous faites cette dépense, je serai bien aise d'être la première à vous en dire mon sentiment. Allons.

LE CHEVALIER.

Ah! Madame, songez de grâce...

MADAME PATIN.

A quoi? Monsieur le chevalier.

LE CHEVALIER.

Eh! Madame...

MADAME PATIN.

Comment?

LE CHEVALIER.

Que dirait-on, Madame, dans le monde, des petits soins qu'on vous verrait prendre? Cela seul suffirait pour découvrir ce que nous avons intérêt de cacher; et je serais au désespoir que quelques soupçons nous attirassent de chagrinantes remontrances de votre famille et de la mienne.

CRISPIN.

Assurément, Madame, et il ne serait pas honnête que mon maître essayât son carrosse devant vous. La femme de son sellier est une causeuse...

LE CHEVALIER.

Oui, Madame, il y a des suites à craindre, que je prévois, et que je ne saurais vous dire. Adieu, Madame, je reviendrai dans un instant, si vous voulez me le permettre...

MADAME PATIN.

Adieu donc, chevalier. Ne tardez pas, je vous prie, et passez chez votre notaire pour ce que vous savez.

SCÈNE IX

MADAME PATIN, LISETTE.

LISETTE.

Ma foi, Madame, ce n'était pas la peine de quitter le jeu, pour être sacrifiée par Monsieur le chevalier à l'impatience de voir son carrosse.

MADAME PATIN.

Que tu es folle, Lisette! Je lui sais bon gré de cette impatience. C'est pour me faire plaisir qu'il a fait faire ce carrosse. Je gage qu'il y aura fait mettre des chiffres.

LISETTE.

Je ne sais, mais je crains bien que ce Monsieur le chevalier ne vous donne bien des chagrins. Les gens de la Cour, et les jeunes gens surtout, sont d'étranges personnages. Celui-ci, encore qu'il soit votre amant, vous voyez avec quelle brusquerie il vous quitte pour aller voir un carrosse neuf. S'il est jamais votre mari, il se lèvera d'auprès de vous, dès quatre heures du matin, pour voir panser ses chevaux. Le beau régal pour une femme!

MADAME PATIN.

Tu ne sais ce que tu dis.

LISETTE.

Vous m'en direz des nouvelles.

ACTE DEUXIÈME

SCÈNE PREMIÈRE

MONSIEUR SERREFORT, LISETTE.

LISETTE.

Au moins, Monsieur, dites-lui bien que vous êtes entré malgré moi; elle n'y veut pas être, comme je vous dis, et vous me feriez quereller infailliblement.

MONSIEUR SERREFORT.

Ne te mets pas en peine, je la chapitrerai de manière qu'elle n'aura pas la hardiesse de quereller de plus de huit jours. L'extravagante! Elle se fait de belles affaires! S'il faut malheureusement que celle-ci éclate à la cour, nous ne pourrons jamais nous parer de quelque grosse taxe.

LISETTE.

De quelle affaire parlez-vous là?

MONSIEUR SERREFORT.

Est-ce que tu n'étais pas avec elle ce matin, quand elle a eu bruit avec cette femme de qualité?

LISETTE.

Vous savez déjà cette aventure?

MONSIEUR SERREFORT.

Je l'ai sue un quart d'heure après qu'elle est arrivée; et comme on achevait de me la conter, M. Migaud est venu m'avertir du dessein où elle est d'épouser un certain chevalier de Villefontaine.

LISETTE.

Franchement, Monsieur, vous avez là une belle-sœur qui vous donnera de la peine à la réduire; je doute que vous en veniez à bout.

MONSIEUR SERREFORT.

J'y brûlerai mes livres.

LISETTE.

Surtout ne manquez pas de crier bien fort, et de prendre un ton d'autorité avec elle; car, voyez-vous, quoiqu'elle vous méprise quand vous n'y êtes pas, elle vous craint quand elle vous voit, et elle n'ose pas vous contredire en face.

MONSIEUR SERREFORT.

Laisse-moi faire.

LISETTE.

La voici.

SCÈNE II

MONSIEUR SERREFORT, MADAME PATIN, LISETTE.

LISETTE.

Monsieur a voulu demeurer malgré moi, Madame.

MADAME PATIN.

Ah! Monsieur Serrefort, quel dessein vous amène? Vous m'auriez fait plaisir de me souffrir seule aujourd'hui; mais, puisque vous voilà, finissons, je vous en prie. De quoi s'agit-il?

MONSIEUR SERREFORT.

Qu'est-ce donc, Madame ma belle-sœur, de quel ton le prenez-vous là, s'il vous plaît? Ecoutez, vous vous donnez des airs qui ne vous conviennent point; et sans parler de ce qui me regarde, vous prenez un ridicule dont vous vous repentirez quelque jour.

MADAME PATIN.

Un fauteuil, Lisette. Je prévois que Monsieur va m'endormir.

MONSIEUR SERREFORT.

Non, Madame; et si vous êtes sage, ce que j'ai à vous dire vous réveillera terriblement, au contraire.

MADAME PATIN.

Ne prêchez donc pas longtemps, je vous prie.

MONSIEUR SERREFORT.

Si vous pouviez profiter de mes sermons, il ne vous arriverait pas tous les jours de nouvelles affaires, qui vous perdront entièrement à la la fin.

MADAME PATIN.

Ah! ah! vous vous intéressez étrangement à ma conduite.

MONSIEUR SERREFORT.

Et qui s'y intéressera, si je ne le fais pas? Vous êtes la tante de ma fille, veuve de maître Paul Patin, mon frère, et je ne veux point que l'on dise dans le monde que la veuve de mon frère, la tante de ma fille, est une folle achevée.

MADAME PATIN.

Comment une folle? Vous perdez le respect, Monsieur Serrefort; et il faut que je trouve les moyens de me défaire de vous, pour ne plus entendre des sottises à quoi je ne sais point répondre.

MONSIEUR SERREFORT.

Eh! ventrebleu! Madame Patin, vous devriez vous défaire de toutes vos manières et de vos airs de grandeur, surtout pour ne plus recevoir d'avanie pareille à celle d'aujourd'hui.

MADAME PATIN.

Vous devriez, Monsieur Serrefort, ne me point reprocher des choses où je ne suis exposée que parce qu'on me croit votre belle sœur; mais voilà qui est fait, Monsieur Serrefort, je ferai afficher que je ne la suis plus depuis mon veuvage, je vous renonce pour mon beau-frère, Monsieur Serrefort; et, puisque jusqu'ici mes dépenses, la noblesse de mes manières, et tout ce que je fais tous les jours, n'ont pu me corriger du défaut d'avoir été la femme d'un partisan, je prétends...

MONSIEUR SERREFORT.

Eh! têtebleu! Madame Patin, c'est le plus bel endroit de votre vie que le nom de Patin! Et sans l'économie et la conduite du pauvre défunt, vous ne seriez guère en état de prendre des airs si ridicules. Je voudrais bien savoir...

MADAME PATIN.

Courage, courage, Monsieur Serrefort, vous faites bien de jouer de votre reste.

MONSIEUR SERREFORT.

Je voudrais bien savoir, vous dis-je, si vous ne feriez pas mieux d'avoir un bon carrosse, mais doublé de drap couleur d'olive, avec un chiffre entouré d'une cordelière, un cocher maigre, vêtu de brun, un petit laquais seulement pour ouvrir la portière, et des chevaux modestes, que de promener par la ville ce somptueux équipage qui fait demander qui vous êtes, ces chevaux fringants qui éclaboussent les gens de pied, et tout cet attirail, enfin, qui vous fait ordinairement mépriser des gens de qualité, envier de vos égaux, et maudire par la canaille. Vous devriez, Madame Patin, retrancher tout ce faste qui vous environne.

LISETTE.

Mais, Monsieur...
(à *Madame Patin, qui tousse, crache et se mouche.*)
Qu'avez-vous, Madame ?

MADAME PATIN.

Je prends haleine. Monsieur ne va-t-il pas passer au second point ?

MONSIEUR SERREFORT.

Non, Madame, et j'en reviens toujours à l'équipage.

MADAME PATIN.

Le fatigant homme !

MONSIEUR SERREFORT.

Que faites-vous, entre autres choses, de ce cocher à barbe retroussée ? Quand ce serait celui de la reine de Saba...

LISETTE.

Mais, est-ce que vous voudriez, Monsieur, que Madame allât faire la barbe à son cocher ?

MONSIEUR SERREFORT.

Non ; mais qu'elle en prenne un autre.

MADAME PATIN.

Oh bien! Monsieur, en un mot comme en mille, je prétends vivre à ma manière; je ne veux point de vos conseils, et me moque de vos remontrances. Je suis veuve, Dieu merci. Je ne dépends de personne que de moi-même. Vous venez ici me morigéner, comme si vous aviez quelque droit sur ma conduite ; c'est tout ce que je pourrais souffrir à un mari.

MONSIEUR SERREFORT.

Quand M. Migaud sera le vôtre, il fera comme il l'entendra, Madame ; car je crois que vous ne nous manquerez pas de parole ; et si vous aimez tant la dépense, ce mariage au moins vous donnera quelque titre qui rendra vos grands airs plus supportables.

MADAME PATIN.

Oui, Monsieur, quand Monsieur Migaud sera mon mari, je prendrai ses leçons, pourvu qu'il ne suive pas les vôtres. Il s'accommodera de mes manières, ou je me ferai aux siennes. Est-ce fait ? Avez-vous tout dit ? Sortez-vous, ou voulez-vous que je sorte ?

MONSIEUR SERREFORT.

Non, Madame, demeurez ; je ne me mêlerai plus de vos affaires, je vous assure ; mais qu'une tête bien sensée en ait au plus tôt la conduite, et que ce double mariage, que nous avons résolu, se termine avant la fin de la semaine, je vous prie.

MADAME PATIN.

Ne vous mettez pas en peine.

SCÈNE III

MADAME PATIN, LISETTE.

LISETTE.

Voilà un sot homme, de ne pas dire d'abord les choses. Il était bien besoin de tout ce préambule, pour en venir à l'affaire de M. Migaud. Que ne s'expliquait-il dès en entrant, vous lui auriez dit oui tout aussitôt, et il ne vous aurait pas tant ennuyée.

MADAME PATIN.

Eh ! ne faut-il pas bien qu'il me fatigue ? Il semble qu'il ne soit fait que pour cela.

LISETTE.

Franchement, Madame, il m'ennuie quelquefois, pour le moins autant que vous.

MADAME PATIN.

Que je le hais ! Je ne serai point satisfaite, qu'il ne lui soit arrivé quelque aventure désespérante.

LISETTE.

Il le mérite bien ; et quand vous serez une fois belle-mère de sa fille, vous aurez bien des occasions de le désespérer.

MADAME PATIN.

La belle-mère de sa fille ! Moi ? Tu n'y songes pas, Lisette. Ne t'ai-je pas tantôt fait confidence de l'affaire du chevalier ?

LISETTE.

Ah! par ma foi, Madame, je vous demande pardon : je ne m'en souvenais pas; et je croyais que vous l'aviez oublié, à cause de ce que vous venez de dire à Monsieur Serrefort.

MADAME PATIN.

Que tu es bête, ma pauvre Lisette! J'aurais promis à Monsieur Serrefort tout ce qu'il aurait voulu pour après-demain.

LISETTE.

Oui, Madame?

MADAME PATIN.

Oui, vraiment; car, dès demain, je me mettrai hors d'état de lui pouvoir tenir parole.

LISETTE.

Cela est bien adroit.

MADAME PATIN.

Nous avons pris, le chevalier et moi, toutes les mesures qu'il faut pour nous marier cette nuit, à cinq heures du matin.

LISETTE.

Vous avez des précautions admirables. Mais, voici votre petite nièce bien échauffée.

MADAME PATIN.

Quoi! je serai toujours obsédée, ou par le père ou par la fille? La mère ne viendra-t-elle point encore?

SCÈNE IV

MADAME PATIN, LUCILE, LISETTE.

LUCILE.

J'attendais avec impatience que mon père sortît, ma tante, pour vous dire une nouvelle qui vous fera voir que je suis autant dans vos intérêts que mon père vous est contraire.

MADAME PATIN.

Que vous soyez dans mes intérêts, ou qu'il n'y soit pas, c'est pour moi la même chose.

LUCILE.

Oh! ma tante, je crois que vous ne serez pourtant pas fâchée de savoir ce qu'on a dit à mon père.

MADAME PATIN.

Et qu'a-t-on pu dire à votre père ?

LUCILE.

Que vous vouliez épouser un homme de la cour; et il a résolu je ne sais combien de choses pour vous en empêcher.

MADAME PATIN.

Et qui peut avoir dit cette nouvelle, Lisette ?

LISETTE.

Je ne sais, Madame. Le chevalier a causé, peut-être. Les chevaliers sont de grands causeurs ordinairement.

LUCILE.

Le moyen de rompre ses mesures, c'est de faire vos affaires tout doucement, ma tante, et de vous marier en cachette.

MADAME PATIN.

Je sais ce qu'il faut que je fasse. Les gens qui ont dit cette nouvelle sont des bêtes, et votre père aussi.

LUCILE.

Je vous demande pardon, ma tante; mais, j'ai une démangeaison furieuse de vous voir femme de qualité.

MADAME PATIN.

Vous aurez bientôt ce plaisir-là ; et je vous conseille par avance de commencer de bonne heure à garder avec moi certain respect où vous devez être, et où vous auriez peut-être peine à vous accoutumer dans la suite.

LUCILE.

Comment donc, ma tante ?

MADAME PATIN.

Défaites-vous surtout de *ma tante*, et servez-vous du mot de *Madame*, je vous prie, ou demeurez chez votre père.

LUCILE.

Mais, ma tante, puisque vous êtes ma tante, pourquoi faut-il que je vous appelle autrement?

MADAME PATIN.

C'est qu'étant femme de qualité, et vous ne l'étant pas, je ne pourrais pas honnêtement être votre tante, sans déroger en quelque façon.

LUCILE.

Oh! que cela ne vous embarrasse pas, ma tante; je deviendrai bientôt aussi femme de qualité.

MADAME PATIN.

Que dites-vous?

LUCILE.

Il ne tiendra qu'à moi d'être pour le moins aussi grande dame que vous.

MADAME PATIN.

Plaît-il?

LUCILE.

Je connais un seigneur tout des plus jolis, que j'ai vu plusieurs fois aux Tuileries, qui m'épousera dès que je voudrai : ne vous mettez pas en peine.

MADAME PATIN.

Ah! ah! Et comment s'appelle-t-il, ce seigneur?

LUCILE.

On l'appelle Monsieur le marquis des Guérets. Il est fort riche et fort de qualité ; car, il me l'a dit.

MADAME PATIN.

Vraiment, je suis bien aise, ma nièce, que malgré la mauvaise éducation que votre père vous a donnée, vous preniez des sentiments dignes de l'honneur que je vous fais, de vouloir être votre parente. Voilà de quoi vous avez profité à me voir, et vous m'avez cette obligation.

LUCILE.

Il faut que je vous en aie encore une autre, ma tante.

MADAME PATIN.

Que faut-il faire?

7

LUCILE.

Vous marier au plus tôt, s'il vous plaît, avec ce Monsieur que vous aimez, afin que cela m'autorise à épouser celui que j'aime aussi, et que quand mon père voudra me quereller, je puisse lui répondre : *Je n'ai pas fait pis que ma tante.*

LISETTE.

Vous avez raison. C'est une terrible chose que l'exemple.

LUCILE.

Mais il faudrait que ma tante se dépêchât, car Monsieur le marquis des Guérets, qui m'aime, a furieusement d'impatience.

MADAME PATIN.

Oh bien ! ma nièce, puisque vous êtes dans de si bonnes dispositions, je veux bien vous faire une confidence que je n'ai encore faite à personne qu'à vous. Je me marie demain, à cinq heures du matin.

LUCILE.

A cinq heures du matin !

MADAME PATIN.

Oui, ma nièce, à cinq heures. Si l'exemple vous encourage, c'est à vous de voir à quoi vous vous déterminez.

LUCILE.

Je vais écrire à mon amant, et lui mander qu'il prenne toutes ses précautions, afin que nous nous dépêchions aussi. Adieu, ma tante.

MADAME PATIN.

Adieu, ma nièce.

SCÈNE V

MADAME PATIN, LISETTE.

MADAME PATIN.

Ah ! Lisette, que voilà bien de quoi me venger de Monsieur Serrefort ! sa fille est entêtée d'un homme de cour, un homme de cour la veut épouser, et elle meurt d'être épousée. Si le père et la mère en pouvaient mourir de chagrin, nous serions débarrassées de deux ennuyeux personnages!

LISETTE.

Mais, Madame, est-ce que vous donnerez les mains aux desseins de votre nièce?

MADAME PATIN.

Assurément, et je n'ai garde de manquer une si belle occasion de désespérer Monsieur Serrefort.

LISETTE.

Cela est bien charitable, vraiment. Mais voici Monsieur le chevalier.

SCÈNE VI

LE CHEVALIER, MADAME PATIN, LISETTE.

LE CHEVALIER.

Eh bien! Madame, n'ai-je pas fait diligence?

MADAME PATIN.

Quelque peu que vous ayez tardé, chevalier, je trouve les moments bien longs quand je ne vous vois point, et mon impatience.....

LE CHEVALIER.

Jugez de la mienne par la vôtre, Madame; faites-moi, je vous prie, la justice de croire que je ne vis qu'autant que je suis auprès de vous.

MADAME PATIN.

Cela est tout à fait obligeant.

LISETTE, *bas.*

Je crains la conversation qu'ils vont avoir ensemble, et je voudrais bien que quelqu'un vînt les interrompre.

MADAME PATIN.

Lisette, dites là-bas que je n'y veux être pour personne, et mettez-nous, je vous prie, cette après-dînée à couvert des importuns.

LISETTE.

Oui, Madame. *(Bas en s'en allant).* S'il n'en vient point, j'en irai chercher moi-même.

SCÈNE VII

MADAME PATIN, LE CHEVALIER.

MADAME PATIN.

Eh bien! chevalier, êtes-vous bien content de votre équipage?

LE CHEVALIER.

Il marchera ce soir; et s'il est de votre goût, Madame, il ne lui manquera aucune chose pour être parfaitement au mien.

MADAME PATIN.

Puisque cela est, je l'admire par avance, et je le trouve des mieux entendus. Vous y avez fait mettre vos armes?

LE CHEVALIER.

Non, Madame.

MADAME PATIN.

Des chiffres? Je l'ai deviné dès tantôt.

LE CHEVALIER.

En vérité, Madame, je ne sais ce que le peintre s'est avisé d'y mettre.

MADAME PATIN.

Allez! allez! je vous le pardonne.

LE CHEVALIER.

Quoi, Madame?

MADAME PATIN.

Le chiffre doit être fort beau, l'N et l'U font un assemblage fort agréable.

LE CHEVALIER.

Comment, donc Madame?

MADAME PATIN.

Comme je m'appelle Nanette, l'N y domine apparemment?

LE CHEVALIER.

Madame.

ACTE II, SCÈNE VIII.

MADAME PATIN.

Vous faites le discret, chevalier; mais, vous êtes un badin, et dans les termes où nous en sommes, toutes ces façons-là ne sont pas permises.

LE CHEVALIER, *bas*.

J'enrage; le chiffre du carrosse est apparemment celui de la baronne.

MADAME PATIN.

Avez-vous passé chez le notaire?

LE CHEVALIER.

Oui, Madame. Je ne l'ai point trouvé, et je lui ai laissé un billet.

SCÈNE VIII

LA BARONNE, LE CHEVALIER, MADAME PATIN, LISETTE.

LISETTE, *repoussant la baronne*.

Mais, Madame...

LA BARONNE.

Vous êtes une sotte, ma mie, votre maîtresse y est toujours pour moi.

LE CHEVALIER.

Vous êtes mal obéie, Madame, et voici quelqu'un qui vous demande.

MADAME PATIN.

Ah! juste ciel! C'est une importune plaideuse, dont nous ne serons débarrassés d'aujourd'hui.

LE CHEVALIER, *bas*.

Comment, morbleu! c'est ma baronne! Voici bien un autre embarras. Par où diantre me tirer d'intrigue?

LISETTE.

Il nous a été impossible de faire tête à Madame, et le portier ni moi n'avons pu lui persuader que vous n'y étiez pas.

MADAME PATIN.

Et pourquoi lui dire que je n'y suis pas? Est-ce pour des personnes comme elle qu'on n'y veut pas être? Je vous demande pardon, Madame.

LA BARONNE.

Je vous le disais bien, ma mie, vous êtes une bête, comme vous voyez. Ah! ah!... Monsieur le chevalier... que faites-vous ici?

LE CHEVALIER.

Mais vous, Madame, par quelle aventure...

MADAME PATIN, *à Lisette.*

Le chevalier connaît la baronne!

LA BARONNE.

Je venais ici, Madame, pour solliciter encore vos recommandations pour mon procès; mais je ne m'attendais pas d'y trouver Monsieur le chevalier. Qu'y vient-il faire, Madame?

MADAME PATIN, *bas à Lisette.*

Elle y prend un grand intérêt. *(Haut.)* Madame, je ne sais...

LE CHEVALIER, *à madame Patin.*

Ah! Madame, regardez, je vous prie, les affaires de Madame la baronne comme les miennes propres, vous ne me sauriez faire plus de plaisir. *(A la baronne.)* Vous voyez comme je m'intéresse pour vous, Madame.

MADAME PATIN, *bas.*

Voilà un embrouillamini où je ne comprends rien.

LA BARONNE, *bas.*

Qu'est-ce que tout cela veut dire?

MADAME PATIN.

En vérité, Madame, je ne comprends point d'où vient votre curiosité sur le chapitre de Monsieur le chevalier, ni par quel motif...

LA BARONNE.

Comment, Madame, par quel motif?

LE CHEVALIER, *à la baronne.*

Eh! Madame, de grâce. *(A Madame Patin.)* Que tout ceci ne vous étonne point. Madame est une personne de qualité (c'est ma cousine germaine), qui m'estime cent fois plus que je ne mérite (je suis son héritier); elle a pour moi quelque bonté. (Ne parlez pas de notre mariage.) J'en ai toute la reconnaissance imaginable. (Elle y mettrait obstacle.) Et comme elle a de certaines vues pour mon établissement et pour ma fortune, elle craint que je ne prenne des mesures contraires aux siennes.

LA BARONNE.

Oui, Madame, voilà par quel motif.

MADAME PATIN.

Je vous demande pardon, Madame.

LA BARONNE.

Vous vous moquez, Madame. Mais, dites-moi seulement, je vous prie, quel commerce Monsieur le chevalier...

MADAME PATIN.

Commerce, Madame! Qu'est-ce que cela veut dire, commerce?

LE CHEVALIER.

Comment, Madame la baronne? Ignorez-vous que la maison de Madame est le rendez-vous de tout ce qu'il y a d'illustre à Paris? (C'est une ridicule.) Que pour être en réputation dans le monde, il faut être connu d'elle? (Ne lui dites rien de notre dessein.) Que sa bienveillance pour moi est ce qui fait tout mon mérite? (C'est une babillarde qui le dirait.) Et qu'enfin je fais tout mon bonheur de lui plaire, et que c'est cela ce qui m'amène ici?

MADAME PATIN.

Oui, Madame, voilà tout le commerce que nous avons ensemble.

LA BARONNE.

Pardonnez-moi, Madame.

LE CHEVALIER.

Eh! de grâce! Mesdames, n'entrez point dans des éclaircissements qui ne sont bons à rien. Soyez amies pour l'amour de moi, je vous en conjure; et que celle de vous deux qui m'estime le plus embrasse l'autre la première.

(La baronne et Madame Patin courent s'embrasser avec empressement.)

LA BARONNE.

Madame, je suis votre servante.

MADAME PATIN.

C'est moi qui suis la vôtre, Madame.

LE CHEVALIER.

Parlons, parlons de votre procès, Madame, je vous prie.

MADAME PATIN.

Au moins, je n'ai pas attendu vos recommandations, Monsieur le chevalier, pour parler de l'affaire de Madame; mais on trouve sa cause fort mauvaise.

LA BARONNE.

Madame, on a menti; je la maintiens bonne. Demandez à M. le chevalier; il la sait sur le bout de son doigt. Contez, contez-là un peu à Madame.

LE CHEVALIER.

Vous avez tant d'affaires, Madame, que je ne sais pas de laquelle il est question. Je sais seulement qu'elles sont toutes aussi claires que le jour, et accompagnées de certaines circonstances dont je ne me souviens pas bien; mais qui sont les plus justes du monde, sans contredit.

LA BARONNE.

Je vous en fais juge vous-même, Madame; écoutez seulement. C'est un procès intenté avant la bataille de Pavie. Mon bisaïeul y commandait un régiment; il fut tué à cette bataille. Ah! s'il était encore au monde, je serais bien sûre de gagner ma cause. N'est-il pas vrai, Monsieur le chevalier?

LE CHEVALIER.

Je crois que oui, Madame.

LA BARONNE.

Vous voyez bien, Madame... *(Elle voit rire Lisette.)* Qu'avez-vous à rire, ma mie? Vous avez là une chambrière bien impertinente, Madame. Elle ne fait pas la révérence quand je parle de mes aïeux.

LISETTE.

Je vous demande pardon, Madame; mais je n'ai pas l'honneur de les connaître.

LA BARONNE.

N'était la considération de votre maîtresse...

MADAME PATIN.

Laissez-nous, Lisette. Revenons à votre procès, Madame, et finissons, je vous prie.

LA BARONNE.

Je ne sais où j'en suis, Madame. Remettez-moi un peu, Monsieur le chevalier.

SCÈNE IX

MADAME PATIN, LA BARONNE, LE CHEVALIER, LISETTE, CRISPIN.

CRISPIN.

Lisette, dis un peu à mon maître qu'il vienne me parler, j'ai quelque chose à lui dire.

LISETTE, *s'en allant.*

Va lui dire toi-même.

LA BARONNE.

Ah! m'y voilà; voici le fait : j'ai un moulin à vent, Madame; il est à moi ce moulin à vent; on m'empêche de le faire tourner! Je demande la paisible possession de mon moulin; cela n'est-il pas juste?

MADAME PATIN.

Hé! ne l'avez-vous pas, Madame?

LA BARONNE.

Eh! non, je ne l'ai pas. Il y a environ cent cinquante ans, oui, il y a environ cent cinquante ans que le grand-père de ma partie fit planter, proche de ma maison, un bois qui fait à présent tout l'ornement de la sienne.

LE CHEVALIER, *bas.*

Crispin me fait signe. *(Haut.)* Qu'est-ce que cela veut dire ?

LA BARONNE.

Cela veut dire qu'il fit planter ce bois par malice, pour me boucher la vue, et qu'il prévoyait bien qu'avec le temps, ce bois deviendrait haute futaie.

MADAME PATIN.

Vous croyez, Madame, qu'il a fait planter ce bois par malice ?

LA BARONNE.

Assurément, Madame ; et moi, pour lui faire pièce par représailles, j'ai fait relever un vieux moulin abandonné.

CRISPIN, *bas au chevalier.*

J'ai à vous parler.

LA BARONNE.

Et comme ce moulin est plus ancien que le bois de ma partie, et que ce bois... écoutez bien ceci, s'il vous plaît, et que ce bois...

MADAME PATIN.

En vérité, Madame, je ne comprends rien dans les affaires ; mais je parlerai encore de la vôtre à M. Migaud, je vous assure.

LA BARONNE.

Oh ! je vous prie, Madame, j'ai là-bas mon carrosse, allons ensemble chez lui tout à l'heure, s'il vous plaît.

MADAME PATIN.

Je ne puis sortir d'aujourd'hui, Madame.

LA BARONNE.

Mais mon procès se juge demain, Madame.

LE CHEVALIER, *bas.*

Prenons cette occasion aux cheveux. *(Haut.)* Eh ! Madame, je vous conjure de mener Madame la baronne chez Monsieur Migaud. *(Bas.)* Si vous ne l'emmenez d'ici, nous ne nous en déferons d'aujourd'hui.

MADAME PATIN.

Vous m'attendrez donc ici, chevalier ?

ACTE II, SCÈNE X.

LE CHEVALIER.

Oui, Madame.

MADAME PATIN.

Allons, Madame, puisque vous le voulez.

LE CHEVALIER.

Allez, Mesdames.

LA BARONNE.

Ne venez-vous pas avec nous, Monsieur le chevalier ?

LE CHEVALIER.

Dispensez-m'en, je vous prie, Madame, je ne sais point parler de procès.

LA BARONNE, *au chevalier*.

Que je vous retrouve donc chez moi ..

LE CHEVALIER.

Je n'y manquerai pas.

MADAME PATIN.

Venez-vous, Madame ?

LA BARONNE.

Oui, Madame, je vous suis.

SCÈNE X

LE CHEVALIER, CRISPIN, LISETTE.

LISETTE, *à part*.

Que veut Crispin à son maître? Observons d'ici ce que ce peut être.

LE CHEVALIER.

Les voilà parties, Dieu merci! Ah! mon pauvre garçon, qu'il faut d'esprit pour se retirer d'une méchante affaire! Mais que me veux-tu? Qu'as-tu à me dire? D'où vient ton empressement?

CRISPIN.

Je ne sais, Monsieur.

LE CHEVALIER.

Comment! tu ne sais, maraud?

CRISPIN.

Monsieur, Monsieur, ne vous fâchez pas! J'ai une lettre qui vous expliquera toutes choses. Le porteur m'a dit que ce n'était point de la bagatelle, et qu'il y allait de votre fortune.

LE CHEVALIER.

Voyons-donc? Donne-la moi. L'est-ce là?

CRISPIN.

Non, Monsieur.

LE CHEVALIER.

Qu'est-ce donc?

CRISPIN.

C'est la liste de vos maîtresses, que nous fîmes l'autre jour, Jeanneton et moi, à la porte des Tuileries.

LE CHEVALIER.

Le fat! Veux-tu déchirer ces sottises-là!

CRISPIN.

Dieu m'en garde, Monsieur. Quand vous reprendrez du goût pour la bagatelle, vous serez bien aise, peut-être, de relire ce petit mémoire.

LE CHEVALIER.

Donne donc la lettre.

CRISPIN.

La voici.

LE CHEVALIER.

Voyons.

CRISPIN.

Non, non, ce sont les vers que vous fîtes faire l'autre jour pour la baronne, par ce misérable poète, à qui vous donnâtes ce vieux justaucorps qui vous avait tant servi à la chasse.

LE CHEVALIER.

Je n'aurai donc la lettre d'aujourd'hui?

CRISPIN.

Pardonnez-moi, Monsieur, la voici. Elle vous est adressée sous le nom de Monsieur le marquis des Guérets. Comme vous m'avez fait confidence de ce nom, je n'ai pas manqué à la recevoir.

ACTE II, SCÈNE X.

LE CHEVALIER.

C'est ma petite brune des Tuileries. Lisons.

LETTRE.

Vous avez témoigné tant d'envie de me connaître, que je me suis résolue à satisfaire votre curiosité. Je vous attends dans les Tuileries, où j'ai mille choses à vous dire. Ne manquez pas de vous y rendre. Adieu.

CRISPIN.

Le porteur m'a menti, Monsieur; ce billet-là sent la bagatelle.

LE CHEVALIER.

Pas tant bagatelle, Crispin. Je cours trouver la petite brune.

CRISPIN.

Et Madame Patin, que vous avez promis d'attendre?

LE CHEVALIER.

Tu as raison, mais il n'importe. Je serai de retour avant elle. En tous cas, il faut lui écrire. N'as-tu pas là ces vers que j'envoyai à la baronne?

CRISPIN.

Oui, Monsieur, les voilà.

LE CHEVALIER.

Donne, ils serviront pour Madame Patin.

CRISPIN.

Mais, Monsieur, vous allez les rendre bien circulaires. Vous les avez déjà fait servir à plus de huit personnes différentes.

LE CHEVALIER.

Bon! Qu'est-ce que cela fait? S'il fallait de nouveaux vers pour toutes celles à qui l'on écrit...

CRISPIN

Diable, votre garde-robe serait bientôt dégarnie de justaucorps.

LE CHEVALIER.

Que dis-tu?

CRISPIN.

Rien, écrivez seulement. Si le poète a vendu ces vers autant de fois que vous les avez envoyés, il n'y a point de fille de bonne maison qui n'en doive avoir.

LE CHEVALIER.

Tiens, attends Madame Patin, et tu lui donneras mes tablettes.

CRISPIN.

Mais, Monsieur, vos tablettes sont-elles sages, au moins ?

LE CHEVALIER.

Que veux-tu dire ?

CRISPIN.

N'y a-t-il point dedans quelques chansons un peu libertines ?

LE CHEVALIER.

Comment ?

CRISPIN.

Quelques adresses scandaleuses ?

LE CHEVALIER.

Que tu es extravagant ! Je n'ai ces tablettes que d'hier ; ce fut la baronne qui me les donna.

CRISPIN.

C'est que les tablettes de vos pareils sont ordinairement de mauvais livres, et il y aurait conscience... mais voici Lisette qui nous écoute, je crois.

LE CHEVALIER.

Je la croyais avec Madame Patin. N'a-t-elle rien entendu ?

CRISPIN.

Ma foi, je ne sais. Mais, puisque la voici, je vais lui laisser ces tablettes ; elle les donnera à sa maîtresse.

LE CHEVALIER.

Non, demeure ici ; je veux que tu les donnes toi-même.

CRISPIN.

Ma foi, Monsieur, je serais bien aise d'aller voir un peu ce que c'est que votre petite brune. Je suis curieux, voyez-vous !

ACTE II, SCÈNE XI.

LE CHEVALIER.

Tais-toi donc, maroufle ! Ma pauvre Lisette, je viens de me souvenir que j'ai une affaire de conséquence, qui ne me permet pas d'attendre. Si ta maîtresse revient avant moi, donne-lui ces tablettes, je t'en prie.

LISETTE.

C'est assez, Monsieur, je n'y manquerai pas.

CRISPIN.

Tu n'as que faire de les ouvrir, il n'y a encore rien de drôle ; et mon maître ne les a que depuis peu.

LISETTE.

Eh ! va, va, je n'ai point de curiosité ; et j'en sais plus que toutes les tablettes du monde n'en pourraient apprendre.

SCÈNE XI

LISETTE, seule.

Tout ceci ne réjouira pas mal madame Patin, et j'ai entendu de certaines choses... Mais, qu'est-ce que ce papier ? Ah ! ah ! « *Liste des maîtresses de mon maître, avec leurs noms, demeures et qualités...* » Vraiment, voilà un surcroît de réjouissance pour madame ; et rien ne pouvait venir plus à propos pour confirmer ce que j'ai à lui dire, et pour la détromper de son chevalier. Profitons de cette occasion, et donnons-lui ce petit régal aussitôt qu'elle sera revenue.

ACTE TROISIÈME

SCÈNE PREMIÈRE

MONSIEUR MIGAUD, LISETTE.

LISETTE.

Non, Monsieur, Madame Patin n'est pas seule entêtée d'un homme de cour ; Lucile, sa nièce, et votre prétendue bru, suit l'exemple de sa tante. Elle donne dans les gens du bel air, et traite un mariage incognito avec un galant du caractère du chevalier ; elle en est éperdument amoureuse.

MONSIEUR MIGAUD.

Ouais ! Voilà une étrange famille ! Et il faut être bien ennemi de son repos, pour vouloir épouser et la tante et la nièce.

LISETTE.

Oui, mais quarante bonnes mille livres de rente sont quelque chose de bon, et cela fait passer sur bien des petites choses.

MONSIEUR MIGAUD.

Tu as raison, et cet entêtement où est Madame Patin pour ce chevalier m'embarrasse un peu, je te l'avoue, à cause des quarante mille livres de rente.

LISETTE.

Toute la question est de lui faire perdre cet entêtement ; car, après cela, vous ne vous ferez pas une affaire de la mettre à la raison.

MONSIEUR MIGAUD.

D'accord ; mais je crains que mon fils ne vienne pas si facilement à bout de Lucile.

LISETTE.

Oh ! pour Lucile, dès que Monsieur Serrefort saura la chose, il la mettra sur le bon pied, je vous en réponds. Il n'y a seulement qu'à rompre le cours d'une intrigue naissante; elle n'est encore guère avancée, Dieu merci; et pourvu qu'on fasse diligence, il n'y a rien, ce me semble, à risquer pour Monsieur votre fils.

MONSIEUR MIGAUD.

Oh! ma pauvre Lisette, ce sont les suites qui me paraissent à craindre. Une jeune femme, dont on force les volontés, tombe souvent dans de terribles irrégularités; surtout quand son mari a du faible pour elle, et qu'elle a du penchant pour un autre.

LISETTE.

Ce n'est pas à moi de disputer contre vous sur ces sortes de choses, et vous devez mieux savoir ce qui en est; mais, en tout cas, vous êtes un bon père de famille, et vous aurez l'œil à tout. Ne songeons présentement qu'à guérir Madame Patin de son entêtement, c'est le principal, comme je vous ai dit, et j'ai en main de quoi lui donner de furieux soupçons de son chevalier. Elle est prompte à prendre la chèvre, et elle y fera réflexion, je m'assure.

MONSIEUR MIGAUD.

Et, pour confirmer ces soupçons, je vais mêler adroitement le chevalier dans une affaire, dont je viens donner avis à ta maîtresse. Il est bon de lui brouiller la cervelle de plusieurs manières, et de plusieurs choses.

LISETTE.

La voici, je l'entends Retirez-vous un moment, je lui dirai que vous êtes là.

SCÈNE II

MADAME PATIN, MONSIEUR MIGAUD, LISETTE.

MADAME PATIN.

Où est le chevalier, Lisette? Qu'a-t-il dit en mon absence? Qu'a-t-il fait?

LISETTE.

Il a fait haut le pied, Madame, dès que vous avez eu le dos tourné.

MADAME PATIN.

Quoi! je ne sors que pour l'obliger, il me promet de m'attendre, et je ne le trouve pas?

LISETTE.

Bon! Madame, est-ce que les gens comme Monsieur le chevalier sont faits pour attendre; et peuvent-ils demeurer en place? Cela est bon pour des gens raisonnables, comme Monsieur, par exemple, qui veut vous parler, et qui n'a point voulu sortir que vous ne fussiez rentrée.

MADAME PATIN, *bas*.

J'aimerais bien mieux que celui-là se fût impatienté que l'autre. *(Haut.)* Je viens de chez vous, Monsieur; et cela est fort mal de ne vous y être pas trouvé.

MONSIEUR MIGAUD.

Je vous aurais attendue, Madame, si j'avais pu prévoir l'honneur que vous m'avez fait; mais j'ai passé chez une marquise...

MADAME PATIN.

Chez une marquise, Monsieur, chez une marquise! Quand on aura affaire à vous, il faudra vous aller chercher chez des marquises? Il me semble que des personnes comme vous, dévouées au public, ne doivent être que chez elles ou au Palais, occupées uniquement à leurs affaires, ou à celles de leurs parties.

MONSIEUR MIGAUD.

Nos affaires et celles de nos parties ne nous occupent pas toujours. Nous préférons souvent celles de nos amis, et je veux bien vous avouer que quelques avis qu'on m'a donnés sur quelque chose qui vous regarde, m'ont fait remettre à deux ou trois jours le jugement de ce procès dont vous m'avez écrit.

MADAME PATIN.

C'est pour la même affaire que j'allais chez vous; mais quels avis, Monsieur, vous a-t-on donnés, où vous preniez tant d'intérêt?

MONSIEUR MIGAUD.

Puisque l'affaire vous touche, il n'est pas extraordinaire que je m'y trouve intéressé. Vous avez eu quelque démêlé de carrosse à carrosse avec une marquise qu'on nomme Dorimène?

MADAME PATIN.

Ah! ah! qui vous a conté cette histoire? Vous connaissez cette marquise-là, Monsieur?

MONSIEUR MIGAUD.

Oui, Madame.

MADAME PATIN.

Et c'est de chez elle que vous venez?

MONSIEUR MIGAUD.

Oui, Madame.

MADAME PATIN.

Eh bien! Monsieur, vous n'avez qu'à y retourner, s'il vous plaît. C'est une bonne impertinente que votre marquise Dorimène, et je vous trouve bien plaisant d'aller chez elle, et de me le venir dire à mon nez, vous-même!

MONSIEUR MIGAUD.

Je ne lui ai rendu visite que pour vous obliger, Madame. Je la connais; elle est d'une humeur violente; elle se croit offensée, et elle est femme à vous barbouiller terriblement dans le monde.

MADAME PATIN.

Plaît-il, Monsieur? Que voulez-vous dire? Eh! sont-ce des femmes comme moi qu'on barbouille?

MONSIEUR MIGAUD.

Eh! Madame, il n'est rien de plus facile aujourd'hui que de donner des ridicules, et même aux gens qui en ont le moins. Mais quand vous seriez au-dessus de tout cela, vous voulez bien que je vous dise : qu'il y a de certaines choses que vous devez craindre plus encore que le ridicule?

MADAME PATIN.

Et qu'ai-je à craindre, s'il vous plaît?

MONSIEUR MIGAUD.

Tout, Madame. Vous avez l'âme parfaitement belle; vous êtes la personne du monde la plus magnifique, et cela vous fait des jaloux. Votr magnificence est soutenue d'un fort gros bien que mille gens enragent de vous voir posséde si tranquillement. On pourrait troubler cette pai sible jouissance par quelques recherches, et ce sortes de recherches sont ordinairement suivie d'une chute presque infaillible.

MADAME PATIN.

Oh! pour cela, Monsieur, je ne crains point qu votre marquise me fasse tomber aussi facilemen qu'elle a fait reculer mon carrosse.

MONSIEUR MIGAUD.

Je me suis déjà servi du petit pouvoir que j'a auprès d'elle pour l'obliger à se taire.

MADAME PATIN.

Qu'elle parle, qu'elle parle; je ne serai pa muette.

MONSIEUR MIGAUD.

Je le crois; mais elle est une de ces parleuse qui disent peu de paroles qui ne portent coup. J l'ai trouvée dans le dessein de faire un étrang éclat. Son courroux a un peu perdu de sa violenc à ma prière, mais je ne l'ai que suspendu; c'est vous, Madame, de l'étouffer tout à fait.

MADAME PATIN.

Mais encore! que faudrait-il que je fisse pou cela?

MONSIEUR MIGAUD.

Il faudrait lui rendre visite, lui faire quelque civilités.

MADAME PATIN.

Moi! lui rendre visite... lui faire des civilités moi! moi!

MONSIEUR MIGAUD.

Faites-lui donc au moins parler par quelqu personne qui puisse la persuader mieux que j n'ai fait. La chose est de conséquence, Madame

MADAME PATIN.

Mais je ne connais point les amis de cett femme-là, et je ne veux point me donner de pein pour les connaître!

ACTE III, SCÈNE II.

MONSIEUR MIGAUD.

Cela n'est point si difficile; et si l'on pouvait seulement trouver quelque habitude auprès d'un certain chevalier de Villefontaine...

MADAME PATIN.

Le chevalier de Villefontaine, dites-vous?

MONSIEUR MIGAUD.

Oui, Madame, c'est un homme qui la gouverne absolument.

MADAME PATIN.

Ce chevalier est amoureux de cette marquise?

MONSIEUR MIGAUD.

Non pas, Madame, c'est la marquise qui est amoureuse du chevalier; et le chevalier a la bonté de souffrir qu'elle l'aime, parce qu'il y trouve son compte.

MADAME PATIN.

Lisette, qu'est-ce ceci?

MONSIEUR MIGAUD.

Faites parler cet homme-là, Madame; il n'est pas que quelque femme de vos amis ne soit des siennes, et il a la réputation de connaître bien des dames.

MADAME PATIN.

J'aurai soin de m'en informer.

MONSIEUR MIGAUD.

Il en a cinq ou six entre autres avec qui il a quelque espèce d'engagement, pour quelque façon de mariage, a ce que j'ai ouï dire.

MADAME PATIN.

Ma pauvre Lisette!

MONSIEUR MIGAUD.

C'est un caractère d'homme fort particulier. Il a, comme je vous ai dit, ordinairement cinq ou six commerces avec autant de belles. Il leur promet tour à tour de les épouser, suivant qu'il a plus ou moins affaire d'argent. L'une a soin de son équipage, l'autre lui fournit de quoi jouer, celle-ci arrête les parties de son tailleur, celle-là paie ses meubles et son appartement; et toutes ses maîtresses sont comme autant de fermes qui lui font un gros revenu.

MADAME PATIN.

Voilà, comme vous dites, un étrange caractère, et je ne sais s'il n'y a point de risque à connaître un homme comme celui-là. Cela ne fait point d'honneur dans le monde.

MONSIEUR MIGAUD.

C'est pourtant le seul qui peut apaiser la marquise, et vous épargner les démarches qui vous font tant de répugnance. Adieu, Madame. Ne négligez point cette affaire, je vous en conjure; elle est plus importante que vous ne pouvez vous l'imaginer.

SCÈNE III

MADAME PATIN, LISETTE.

LISETTE.

Ce Monsieur Migaud regarde toujours vos affaires comme les siennes. Le pauvre homme! Il s'attend à devenir votre époux au premier jour.

MADAME PATIN.

Serait-il possible, Lisette, que le chevalier fût fourbe au point qu'il a voulu me le persuader?

LISETTE.

Bon! Madame, fourbe, cela ne s'appelle point fourberie : en termes de cour, à ce que j'ai ouï dire, c'est gentillesse, tout au plus.

MADAME PATIN.

Monsieur Migaud ne sait point que je le connais.

LISETTE.

Il n'y a pas d'apparence.

MADAME PATIN.

Et ce qu'il m'en a dit est assurément sans dessein.

LISETTE.

Vraiment, s'il vous avait crue de ses amies, il n'en aurait pas parlé si librement.

MADAME PATIN.

Ah! Lisette, le chevalier me trompe assurément; et je suis peut-être une de ces cinq ou six à qui il promet tour à tour!

LISETTE.

Voilà des tablettes qu'il m'a chargée de vous donner, et je n'ai pas voulu vous les rendre en présence de Monsieur Migaud.

MADAME PATIN.

Tu as bien fait. Que veut-il que je fasse de ces tablettes?

LISETTE.

Il a écrit quelque chose dessus, et ce sont peut-être les raisons qui l'ont empêché de vous attendre.

MADAME PATIN.

Voyons? Ah! ah! vraiment le chevalier n'est point si coupable. Il n'est sorti, apparemment, que pour avoir un prétexte de me faire cette galanterie.

LISETTE.

Comment donc, Madame?

MADAME PATIN.

Ce sont des vers les plus tendres du monde; et si son cœur les a dictés, j'ai bien lieu d'en être contente. Monsieur Migaud est un médisant, le chevalier est un honnête homme.

LISETTE.

Oui, Madame, assurément; et, pour moi, je jurerais quasi qu'il vous aime.

MADAME PATIN.

Il m'en a fait lui-même un million de serments.

LISETTE.

Ne vous dis-je pas...

MADAME PATIN.

Quel papier as-tu là?

LISETTE.

C'est un papier que j'ai trouvé ici. Il faut que ce soit ce fou de Crispin qui l'ait laissé tomber de sa poche. Il y a quelque chose de tout à fait drôle, Madame, et je l'ai gardé pour vous en donner le divertissement.

MADAME PATIN.

Voyons ce que c'est. « *Liste des maîtresses de mon maître, avec leurs noms, demeures et qualités.* » Et vous croyez, Lisette, que cela doit me divertir?

LISETTE.

Oui, Madame. Lisez, lisez seulement le reste; cela vous donnera du plaisir, je vous en réponds.

MADAME PATIN.

Ce commencement ne m'en fait point du tout. « *Dorimène la médisante, rue des Mauvaises-Paroles.* » Dorimène! Dorimène! Ah! voilà ma marquise justement; Monsieur Migaud avait raison, le chevalier est un scélérat! Un siège, je n'en puis plus!

LISETTE.

Madame, Madame. Oh! par ma foi, je ne croyais pas que vous vous fâcheriez de ces petites bagatelles! N'achevez pas, Madame, puisque vous êtes si sensible.

MADAME PATIN.

Non, non, je veux connaître toutes ses intrigues, pour le haïr mortellement.

LISETTE.

Si vous êtes dans ce dessein-là, vous n'avez qu'à continuer.

MADAME PATIN.

« *La Sotte Comtesse, rue Bétisy, à l'hôtel de Picardie.* » Le traître!

« *La Magnifique Marchande, rue des Cinq-Diamants, à la Folie des Bourgeoises.* » Que je me veux de mal de l'avoir aimé!

« *Lucinde, la Coquette, en cour, au Grand-Commun.* » Que je le hais!

« *Silvanire, la Précieuse, rue Montorgueil.* » Je le déteste!

« *Mademoiselle du Hasard, rue des Bons-Enfants, au Repentir.* » C'est un monstre!

« *La Grosse Marquise au teint luisant, rue du Plâtre, proche les Enfants-Rouges.* » C'en est fait, je ne le veux plus voir !

LISETTE.

Mais, Madame.....

MADAME PATIN.

Non, je ne le veux plus voir, résolûment.

LISETTE.

Je crois que je l'entends.

MADAME PATIN.

Où vas-tu ?

LISETTE.

Je cours au devant de lui, pour lui donner son congé de votre part.

MADAME PATIN.

Non, non, Lisette, laisse-le venir. Je veux le confondre, et voir avec quelle effronterie il soutiendra toute cette affaire.

LISETTE.

Le voici.

SCÈNE IV

LE CHEVALIER, MADAME PATIN, LISETTE, CRISPIN.

CRISPIN, *au chevalier*.

La baronne vous attend, vous dis-je !

LE CHEVALIER.

Nous avons du temps pour tout. Ah ! vous voilà, Madame. Que j'avais d'impatience de vous revoir !

MADAME PATIN.

De quel quartier venez-vous, Monsieur ? De la rue Montorgueil ? Des Enfants-Rouges ? Est-ce la Magnifique marchande que vous venez de quitter ?

LE CHEVALIER.

Que voulez-vous dire, Madame ?

MADAME PATIN.

Ce que je veux dire, perfide ?

CRISPIN.

Haie ! haie !

LE CHEVALIER.

Je ne vous comprends point du tout, je vous assure.

MADAME PATIN.

Crispin m'entendra mieux. Approchez, Monsieur Crispin, approchez.

CRISPIN.

Madame ?

MADAME PATIN.

Approchez, vous dis-je. Connaissez-vous cette écriture ?

CRISPIN.

Madame... Je vais faire une petite commission que mon maître m'a donnée, je reviens tout à l'heure.

MADAME PATIN.

Non, non, il faut m'expliquer tout ceci auparavant.

LE CHEVALIER.

Expliquez-vous vous-même, Madame. Qu'est-ce que ce papier, je vous prie ?

MADAME PATIN.

Il peut vous en dire des nouvelles mieux que moi.

CRISPIN.

Monsieur.

LE CHEVALIER.

Veux-tu parler, maraud !

CRISPIN.

Monsieur, c'est la liste de vos maîtresses, que Madame a achetée au palais.

LE CHEVALIER.

La liste de mes maîtresses !

MADAME PATIN.

Ah ! scélérat !

ACTE III, SCÈNE IV.

LA CHEVALIER.

Qui t'a fait écrire ces sottises-là, maroufle ?

CRISPIN.

Ne vous ai-je pas dit, Monsieur, que c'était l'autre jour en badinant avec Jeanneton.

MADAME PATIN.

Quelle est-elle, Jeanneton ?

LISETTE.

C'est une des maîtresses de Monsieur Crispin, apparemment.

CRISPIN.

Non, le diable m'emporte ! C'est cette marchande de bouquets, qui est à la porte des Tuileries.

MADAME PATIN.

Qui ? Cette malheureuse ?

CRISPIN.

Comment, Madame ! c'est une des plus jolies créatures que nous ayons. Il faut savoir aussi comme elle est employée, et combien de femmes des plus huppées sont ravies d'avoir cette Jeanneton-là dans leurs intérêts. Oh ! diable ! c'est une illustre, vous dis-je, et qui ménage, elle seule, plus d'intrigues que la Guerbois ne vend de lapins en toute une année.

MADAME PATIN.

Quel galimatias me fais-tu là, de la Guerbois et de Jeanneton ?

CRISPIN.

C'est pour vous dire, Madame, que cette Jeanneton est une des amies de mon maître, et que, comme je la trouve drôle, je suis de ses amis ; et que, l'autre jour, comme je vous ai dit, nous nous mîmes à griffonner ensemble cette liste, et nous forgeâmes des noms, des qualités et des demeures, qui ne sont que dans l'imagination de Jeanneton et dans la mienne.

MADAME PATIN.

Fort bien, voilà ton maître pleinement justifié. C'est un nom en l'air que celui de Dorimène, je ne la connais pas, et tout cela n'est qu'un jeu d'esprit de Monsieur Crispin? N'est-il pas vrai, chevalier?

LE CHEVALIER.

Non, Madame, je connais Dorimène, et peut-être toutes celles qui sont sur ce papier. Il y en a même, je crois, beaucoup d'oubliées ; mais, ce ne sont point mes maîtresses : et puisque Monsieur Crispin s'est diverti à mes dépens, et que cette liste vous irrite si fort contre moi, je prétends que ce soit lui qui me justifie...

CRISPIN.

Moi, Monsieur?

LE CHEVALIER.

Oui, coquin! Donnez-vous la peine de lire, Madame ; et vous, Monsieur le maroufle, à chaque article, expliquez à Madame les raisons qui me faisaient voir toutes ces femmes-là.

CRISPIN.

Voilà une bonne diable de commission. Monsieur, vous expliqueriez mieux que moi...

LE CHEVALIER.

Non, non, votre imagination a fait la sottise, il faut que ce soit votre bouche qui la répare. Parlez, faquin, ou je vous donnerai cent coups de bâton!

CRISPIN.

Mais, que diable voulez-vous que je dise, Monsieur?

LE CHEVALIER.

Lisez, lisez, seulement, Madame.

MADAME PATIN.

Ma pauvre Lisette, il le prend sur un ton qui me fait croire qu'il n'est point coupable.

LISETTE.

Et c'est ce ton-là qui me le ferait croire plus scélérat.

LE CHEVALIER.

Eh bien! Madame, que ne l'interrogez-vous? Qui vous retient?

MADAME PATIN.

La crainte de vous trouver doublement perfide.

LE CHEVALIER.

Ah! je m'expose à tout, Madame, et je n'ai rien à craindre.

MADAME PATIN.

Ah! chevalier, que n'êtes-vous innocent! Mais, je tâche en vain de vous trouver tel. Qu'allez-vous faire, dites-moi, chez cette comtesse qui demeure à l'hôtel de Picardie? Quel charme, quel mérite vous attire chez elle?

LE CHEVALIER, *à Crispin.*

Eclaircis Madame.

CRISPIN.

Vous voyez que ce n'est pas moi qu'elle interroge.

LE CHEVALIER.

Répondras-tu?

CRISPIN.

Que dirais-je?

LE CHEVALIER.

Si tu ne parles...

CRISPIN, *à Madame Patin.*

Cette comtesse-là est une folle, et c'est par une espèce de sympathie que mon maître... Que diable! vous me ferez dire quelque sottise, et puis vous vous fâcherez contre moi.

MADAME PATIN.

La sympathie est admirable, et cette Mademoiselle du Hasard, est-ce par sympathie qu'il lui rend visite, ou pour se faire honneur dans le monde?

CRISPIN.

Eh fi! Madame, il ne la va jamais voir, qu'en sortant de chez Rousseau. Quand il est un peu en train, sur les trois ou quatre heures du matin, il va faire du bruit chez elle pour se divertir.

LE CHEVALIER.

Es-tu fou?

CRISPIN.

Non, Monsieur, vous me dites de parler, et je parle, comme vous voyez.

8.

MADAME PATIN.

L'heure est fort bonne et fort commode. Et la marquise au teint luisant, quel engagement a-t-il avec elle ?

CRISPIN.

Ah ! Madame ! il ne voit cette marquise que par admiration.

MADAME PATIN.

Comment, par admiration ?

CRISPIN.

Oui, Madame. Il y a quarante ans qu'elle en avait trente, et elle n'en a présentement que trente-deux tout au plus. C'est une merveille au moins d'avoir trouvé le secret de vieillir si doucement.

MADAME PATIN.

Ah ! chevalier ! votre laquais est bien instruit.

CRISPIN.

Madame, je vous dis les choses en conscience.

MADAME PATIN.

Il n'importe, je veux bien vous croire innocent, puisque vous tâchez de le paraître ; et je vous aurais, je crois, pardonné, si je vous avais trouvé coupable.

LE CHEVALIER.

Non, non, Madame, non, je ne prétends point abuser de votre indulgence. Punissez-moi, si je suis criminel. Voyez, examinez toute ma conduite. Les apparences sont terriblement contre moi, je vous l'avoue. Depuis deux mois entiers, je me refuse à toutes les parties de plaisir qu'on me propose ; je n'en trouve qu'à vous voir, qu'à vous aimer, qu'à vous le dire ; je vous le jure à tous moments ; je surmonte, pour vous le persuader, l'aversion naturelle que les jeunes gens du siècle ont pour le mariage ; je renonce à toutes les compagnies ; je romps vingt commerces des plus agréables ; je désespère peut-être les plus aimables personnes de France. Tout cela, Madame, est bien scélérat ; je suis un perfide, il est vrai ; mais, en vérité, Madame, ce n'était point à vous à vous en plaindre.

MADAME PATIN.

Ah! chevalier, que vous êtes méchant! Je sens bien que vous me trompez, et je ne puis m'empêcher d'être trompée.

LISETTE.

Voilà le plus impudent petit scélérat que j'aie jamais vu!

SCÈNE V

MADAME PATIN, LE CHEVALIER, CRISPIN, LISETTE, LABRIE.

LABRIE.

Monsieur Guillemin, Madame, un notaire, demande à vous parler.

LE CHEVALIER.

Ah! il faut le renvoyer, Madame, s'il vous plaît; je lui avais dit de venir, comme nous en étions demeurés d'accord; mais nous n'avons pas maintenant l'esprit assez libre, l'un et l'autre, pour songer à des affaires si sérieuses. Dis-lui que je le verrai demain matin.

MADAME PATIN.

Non, qu'il entre au contraire. Je serai bien aise, chevalier, de vous confondre à force de tendresse. Je veux vous croire aveuglément, je m'abandonne à votre bonne foi. Si vous êtes assez perfide pour en abuser, vous en serez d'autant plus coupable.

SCÈNE VI

MADAME PATIN, LE CHEVALIER, MONSIEUR GUILLEMIN, LISETTE, CRISPIN.

MADAME PATIN.

Approchez, Monsieur, approchez.

LE CHEVALIER.

Non, Monsieur Guillemin, retournez chez vous, je vous prie. Je vous avais averti ce matin pour un contrat de mariage ; mais je ne prévois pas que la chose se fasse. Madame a changé de pensée, je suis devenu, en un moment, le plus scélérat de tous les hommes ; et parce que j'ai la réputation d'être trop aimé, je lui parais indigne de l'être.

GUILLEMIN.

Comment donc, Madame ? Vous avez des sentiments bien étranges.

MADAME PATIN.

Passez, passez dans mon cabinet, Monsieur Guillemin ; Monsieur deviendra raisonnable. Venez, Monsieur l'emporté, venez voir comme on vous croit indigne de la tendresse qu'on a pour vous.

LE CHEVALIER.

Non, Madame, je ne veux point entrer dans toutes ces petites discussions.

MADAME PATIN.

Mais il faut bien que nous convenions ensemble.

LE CHEVALIER.

Et c'est justement ce que j'appréhende, et ce que je veux éviter. Je ne trouve rien de plus fatigant pour moi que des conventions, des articles... Que voudriez-vous que j'allasse faire avec Monsieur dans votre cabinet ? Quoi vous dire ? Qu'un jeune homme de qualité n'épouse guère une veuve de financier sans quelque avantage considérable ; que tout l'amour que j'ai pour vous ne me mettrait point à couvert des reproches qu'on me pourrait faire dans le monde, et, qu'enfin, pour me justifier aux yeux de tous mes amis, il faudrait que vous parussiez m'avoir acheté de tout votre bien ? Non, Madame, je ne saurais dire ces choses-là, cela n'est point de mon caractère, et j'aimerais mieux être mort, que d'en avoir jamais parlé.

GUILLEMIN.

Oh ! Madame, Monsieur le chevalier sait trop bien son vivre. Mais aussi, Monsieur, Madame n'ignore pas comme on fait les choses ; elle vous aime, et ce sera l'amour qui dressera lui-même les articles.

MADAME PATIN.

Ah! Monsieur Guillemin, que je vous suis obligée de lui parler comme vous faites! Oui, Monsieur le chevalier, si une donation de tout mon bien peut servir à vous témoigner ma tendresse, je suis au désespoir de n'en avoir pas mille fois davantage, pour vous prouver mille fois plus d'amour.

GUILLEMIN.

Voilà ce qui s'appelle aimer, Monsieur.

LE CHEVALIER.

Eh bien! Monsieur Guillemin, puisque Madame le veut, passez dans son cabinet avec elle, dressez le contrat comme il lui plaira; elle me paraît si raisonnable, que je signerai tout aveuglément.

GUILLEMIN.

Peut-on voir un gentilhomme plus désintéressé?

MADAME PATIN.

Eh! venez, Monsieur le chevalier, venez vous-même, je vous en conjure.

LE CHEVALIER.

Dispensez-m'en, Madame, je vous prie, je ne veux point que ma présence vous engage à plus que vous ne voudrez.

GUILLEMIN.

Eh! Madame, donnez-lui cette satisfaction.

SCÈNE VII

MADAME PATIN, LE CHEVALIER, MONSIEUR GUILLEMIN, LABRIE, CRISPIN, LISETTE.

LABRIE.

Madame, voilà Mademoiselle votre nièce qui vous demande.

MADAME PATIN.

Eh bien! allez donc, chevalier : aussi bien il ne faut pas qu'elle vous voie. Mais, revenez au plus vite, au moins; j'en serai bientôt débarrassée.

LE CHEVALIER.

Je ne vous quitte que pour un moment.

MADAME PATIN.

Vous rencontreriez ma nièce par là, sortez par le petit escalier.

LE CHEVALIER, *à Crispin.*

Courons vite chez la baronne.

MADAME PATIN.

Faites entrer ma nièce.

LABRIE.

La voilà, Madame.

SCÈNE VIII

MADAME PATIN, LISETTE, LUCILE, MONSIEUR GUILLEMIN.

LUCILE.

Ma tante, je viens vous dire... Qui est ce Monsieur-là ?

MADAME PATIN.

C'est un honnête notaire, qui vient pour faire mon contrat de mariage.

LUCILE.

Ah ! ma tante, qu'il en fasse un aussi pour moi ; j'ai vu le Monsieur dont je vous ai parlé, et vous ne sauriez croire avec quelle joie il a reçu la proposition que je lui ai faite. Il était ravi ; rien ne lui a paru difficile ; ses souhaits vont au delà des miens ; il a encore plus d'impatience que moi, et je venais vous en avertir.

MADAME PATIN.

Eh bien ! ma nièce, je vais achever mon affaire avec Monsieur, et nous songerons ensuite à la vôtre.

LISETTE, *bas.*

Et moi, j'aurai soin de les empêcher toutes deux de réussir. Il est temps que la chose éclate, et il n'y a plus de moments à perdre.

SCÈNE IX

LUCILE, LISETTE.

LUCILE.

Ma pauvre Lisette, tu vois la fille du monde la plus contente; la joie où je suis ne peut s'égaler.

LISETTE.

Vous n'avez pas la mine de la garder longtemps, et si votre père vient à savoir...

LUCILE.

Mon père m'a toujours recommandé de plaire à ma tante, et il n'aura rien à me dire quand il me verra faire ce qu'elle fait. Il n'y a pas de meilleur moyen d'obéir à l'un, et de gagner les bonnes grâces de l'autre.

LISETTE.

Eh! oui, oui, voilà un fort joli raisonnement. Mais, quand on vous a tant prêché de plaire à votre tante, c'était afin qu'elle épousât M. Migaud, et qu'elle vous fît son héritière ; mais, en se mariant à un homme de cour, elle vous frustre de tout son bien.

LUCILE.

Oui, et moi, en me mariant aussi à un homme de cour, qui est un fort gros seigneur, je n'ai que faire du bien de ma tante.

LISETTE.

Et croyez-vous qu'un homme de cour puisse être riche au temps où nous sommes? Les courtisans mal aisés ne s'enrichissent point; et ceux qui sont le plus à leur aise ne sont pas difficiles à ruiner.

LUCILE.

Va, va, Lisette, le bien n'est pas ce qui me touche le plus ; et pourvu qu'on m'aime, c'est assez.

LISETTE.

Eh! qui vous répondra qu'on vous aime? Ces jeunes seigneurs d'aujourd'hui sont de grands fripons en matière d'amour.

LUCILE.

Ah! celui-ci n'est pas comme les autres. Il jure si amoureusement, et il a tant d'esprit, qu'il est impossible qu'il ne soit pas un fort honnête homme. Il fait des vers, au moins.

LISETTE.

Ah! puisqu'il fait des vers, il n'y a rien à dire.

LUCILE.

J'ai ici un impromptu, qu'il a fait pour moi. Ecoute, Lisette, et juge par là de sa tendresse et de sa sincérité.

LISETTE.

Voyons?

SCÈNE X

LA BARONNE, LUCILE, LISETTE.

LA BARONNE.

Le chevalier n'est point venu chez moi; je ne suis guère contente de l'avoir trouvé tantôt ici.

LISETTE, *à Lucile.*

Vous avez toute la mine d'avoir perdu votre impromptu?

LUCILE.

Non, le voilà : tiens, lis-le toi-même.

LA BARONNE.

Ah! ah! voici la chambrière avec une petite fille que je ne connais point. Que font-elles là? Ecoutons.

LISETTE *lit.*

Le charmant objet que j'adore
Brûle des mêmes feux dont je suis enflammé;
Mais je sens que je l'aime encore
Mille fois plus que je n'en suis aimé.

LA BARONNE.

Qu'entends-je? Voilà, je crois, les vers que le chevalier a faits pour moi.

LUCILE.

Eh bien ! qu'en dis-tu ?

LA BARONNE, *arrachant les vers des mains de Lisette.*

Vous êtes bien curieuse, ma mie, et je vous trouve bien impertinente de lire ainsi des papiers qu'on a perdus chez vous. Rendez-moi mes vers, je vous prie, et...

LUCILE.

Comment donc, Madame, qu'est-ce que cela signifie ? Qui est cette folle, Lisette ?

LA BARONNE.

Quelle petite insolente est-ce là ?

LISETTE.

Par ma foi, cela est tout à fait drôle.

LUCILE.

Rendez-moi ce papier, Madame.

LA BARONNE.

Comment donc, que je vous rende ce papier ? Vous êtes une plaisante petite créature, de vouloir avoir malgré moi des vers qui m'appartiennent.

LUCILE.

Des vers qui vous appartiennent ! Je vous trouve admirable, Madame, et vous êtes bien en âge qu'on fasse des vers pour vous. C'est pour moi qu'ils ont été faits, et vous ferez fort bien de me les rendre.

LA BARONNE.

Qui est cette petite ridicule, ma mie ?

LISETTE.

Ah ! ah ! Madame, servez-vous de termes moins offensants, c'est la nièce de Madame.

LA BARONNE.

Quand ce serait Madame elle-même, je la trouverais fort impertinente de dérober des vers qui n'ont jamais été faits que pour moi.

LISETTE.

Oh ! pour cela, entre vous le débat, s'il vous plaît.

LUCILE.

Cela est bien impudent à une femme de votre âge.

LISETTE.

Mademoiselle !

LA BARONNE.

Cela est bien impudent à une petite fille comme vous.

LISETTE.

Ah ! Madame !

LUCILE.

Donnez-moi mes vers, encore une fois.

LA BARONNE.

Taisez-vous, petite sotte, et ne m'échauffez pas les oreilles.

SCÈNE XI

MADAME PATIN, LA BARONNE, LUCILE, LISETTE.

LISETTE.

Ah ! par ma foi, ceci passe la raillerie ; et vous faites bien de venir mettre le holà entre deux dames qui s'allaient couper la gorge.

MADAME PATIN.

Qu'est-ce donc? Qu'avez-vous, Madame? Que vous a-t-on fait, ma nièce ?

LUCILE.

Faites-moi rendre mes vers, ma tante, ou Madame s'en repentira.

LA BARONNE.

Châtiez l'insolence de votre nièce, ou je la châtierai moi-même.

MADAME PATIN.

Doucement, doucement, Madame, s'il vous plaît. Mais quel est votre différend ?

LUCILE.

Comment ! ma tante, je montre à Lisette des vers qui ont été faits pour moi par la personne que vous savez, et cette Madame vient les arracher, en disant qu'ils sont faits pour elle!

MADAME PATIN.

Eh bien! pourquoi s'emporter de cette sorte? La modération ne doit-elle pas être le partage d'une jeune fille? Et quoique vous soyez persuadée que la raison est pour vous, faut-il pour cela faire la harengère comme vous faites?

LA BARONNE.

Qu'est-ce à dire? La raison est pour elle? Je soutiens, moi, que ces vers sont à moi, et qu'elle a menti quand elle s'en veut faire honneur.

MADAME PATIN.

Et, quand cela serait, Madame, est-il bienséant à votre âge d'en venir à ces extrémités, et ne devriez-vous pas rougir de clabauder de la sorte pour de méchants vers?

LUCILE.

De méchants vers, ma tante! Ils sont les plus jolis du monde. Lisez-les seulement, et vous verrez bien qu'ils sont faits tout exprès pour moi.

MADAME PATIN.

Voyons donc, Madame, s'il vous plaît.

LA BARONNE.

Non, Madame, je ne les rendrai point. Je vais vous les dire par cœur, et vous connaîtrez bien par là que votre nièce ne sait ce qu'elle dit.

 Le charmant objet que j'adore
Brûle des mêmes feux dont je suis enflammé;
Mais je sens que je l'aime encore
Mille fois plus que je n'en suis aimé.

LUCILE.

Eh bien, ma tante? « *Le charmant objet...* »

MADAME PATIN.

Eh bien, ma nièce, vous avez le front de soutenir que ces vers là sont faits pour vous!

LUCILE.

Oui, ma tante.

LA BARONNE.

Vous voyez bien, Madame, que je ne vous fais point d'imposture, et que votre nièce n'a pas raison.

MADAME PATIN.

Vous êtes toutes deux bien étranges, et nous sommes toutes trois bien dupes. Tenez, Madame.

LA BARONNE.

Ah! ce sont les tablettes que je donnai hier au chevalier.

MADAME PATIN.

C'est aussi lui qui me les a laissées.

LISETTE

Voilà un fort bon incident.

LUCILE.

Oh bien! je ne connais point votre chevalier; mais j'ai vu faire les vers moi-même, et je vous ferai bien voir que je dis vrai. Adieu.

LA BARONNE.

Je vais chercher le chevalier, Madame, et je le dévisagerai, si je le trouve.

SCÈNE XII

MADAME PATIN, LISETTE.

MADAME PATIN.

Ah! Lisette, que je suis malheureuse! Le chevalier est un perfide, qui trompait la baronne et moi, et c'est assurément lui-même qui cherche à tromper cette petite fille.

LISETTE.

Il en tromperait mille autres sans scrupule, Madame. C'est le plus bel endroit de sa vie que de tromper.

MADAME PATIN.

Je suis bien heureuse de n'avoir point encore signé le contrat. Allons renvoyer le notaire. Courons chez M. Serrefort, pour conclure notre mariage avec M. Migaud, afin que je n'entende plus jamais parler de ce petit scélérat de chevalier; et s'il vient ici, dites au portier qu'on ne le laisse point entrer.

ACTE QUATRIÈME

SCÈNE PREMIÈRE

LE CHEVALIER, CRISPIN.

CRISPIN.

Ma foi, Monsieur, je n'y comprends rien, et il y a là-dessous quelque chose que nous n'entendons ni l'un ni l'autre !

LE CHEVALIER.

Tout cela ne me surprend point, Crispin.

CRISPIN.

Parbleu ! cela est violent, au moins, et je ne sais comment l'entend Madame Patin ; mais peu s'en est fallu que son portier ne nous ait fermé la porte au nez.

LE CHEVALIER.

Le portier est un maraud qui ne sait ce qu'il fait.

CRISPIN.

Oh ! Monsieur, ce portier-là n'est point Suisse, et il nous a parlé comme un homme. Avouez-moi franchement la chose. Vous avez fait quelque bagatelle, et Madame Patin a appris de vos nouvelles, je gage.

LE CHEVALIER.

Ma foi, mon pauvre ami, tu l'as deviné.

CRISPIN.

Il ne faut pas être grand sorcier pour deviner cela ; et dès qu'il vous arrive quelque petit chagrin, on peut dire à coup sûr que c'est la suite de quelque sottise.

LE CHEVALIER.

Maraud !

CRISPIN.

Là, là, Monsieur, ne vous fâchez point, et dites-moi un peu de quelle espèce est celle-ci.

LE CHEVALIER.

Ces vers de la baronne, donnés à Madame Patin, sont la cause de tout le désordre.

CRISPIN.

Eh bien! morbleu! ne vous l'avais-je pas bien dit? La baronne et elle se sont expliquées.

LE CHEVALIER.

Il s'en est encore trouvé une troisième, qu'elle ne m'a nommée qu'en la traitant de petite étourdie; il faut que ce soit ma petite brune.

CRISPIN.

Comment diable! Est-ce qu'elle avait aussi les mêmes vers?

LE CHEVALIER.

Oui, vraiment, et il y a plus de quinze jours que je n'en ai point employé d'autres.

CRISPIN.

Mais, Monsieur (car il n'y a personne dans ce logis, et nous pouvons parler en assurance de vos fredaines), de qui savez-vous cette aventure, s'il vous plaît?

LE CHEVALIER.

De la baronne elle-même, que j'ai trouvée dans une colère épouvantable contre moi.

CRISPIN.

Cent diables! vous avez passé un mauvais quart d'heure; et, sauf correction, Madame la baronne est la plus méchante carogne qu'il y ait au monde.

LE CHEVALIER.

D'accord; mais nous savons, Dieu merci, l'art de la mettre à la raison.

CRISPIN.

Vous êtes un fort habile homme.

LE CHEVALIER.

Il n'a pas fallu grande habileté pour cela. Elle criait comme une enragée, et j'ai crié cent fois plus haut qu'elle; car il est bon quelquefois de faire le fier avec les dames.

CRISPIN.

Le fier?

LE CHEVALIER.

Oui, le fier; et quand j'ai vu sa fureur un peu diminuée, je me suis justifié le mieux qu'il m'a été possible.

CRISPIN.

Et elle a pris tout ce que vous-lui avez dit pour de l'argent comptant?

LE CHEVALIER.

Non, elle s'est emportée plus fort que jamais; et je n'ai point trouvé d'autre moyen de la réduire que de prendre un air de mépris pour elle, qui l'a piquée jusqu'au vif.

CRISPIN.

Et cet air de mépris a réussi?

LE CHEVALIER.

A merveille, et nous sommes meilleurs amis que nous n'avons été.

CRISPIN.

La pauvre femme! Mais ne craignez-vous rien, lorsqu'elle saura votre mariage avec Madame Patin?

LE CHEVALIER.

Et que voudrais-tu que je craignisse?

CRISPIN.

Que sais-je? Une femme diablesse est quelquefois pire qu'un vrai diable. Celle-ci tire un lièvre aussi sûrement qu'un homme, comme vous savez, et elle ne craindra peut-être pas plus de tuer un homme que de tirer un lièvre.

LE CHEVALIER.

Nous l'adoucirons; et comme elle ne veut qu'un mari, pour la consoler de m'avoir perdu, je te la ferai épouser, si le cœur t'en dit.

CRISPIN.

Eh là! Monsieur, ne raillons point; elle ne perdrait peut-être pas au change, je vous en réponds.

LE CHEVALIER.

Je l'entends bien ainsi, vraiment; et, si certain dessein que j'ai dans la tête pouvait réussir, je te donnerais à choisir d'elle ou de Madame Patin.

CRISPIN.

De Madame Patin? Ah! ah! voici quelque chose d'assez drôle.

LE CHEVALIER.

Ah! mon pauvre garçon!

CRISPIN.

Ouais...

LE CHEVALIER.

Je crois que je suis amoureux, Crispin; moi qui ne croyais pas pouvoir l'être!...

CRISPIN.

Amoureux! Et de qui?

LE CHEVALIER.

De cette petite créature dont je t'ai parlé.

CRISPIN.

De la petite brune?

LE CHEVALIER.

D'elle-même.

CRISPIN.

Oh! pour cela, le diable m'emporte si je vous comprends. Que venez-vous donc faire chez Madame Patin?

LE CHEVALIER.

La ménager comme la baronne, et il faut que dans cette affaire l'une ou l'autre me rende un service considérable.

CRISPIN.

Vous n'avez qu'à le leur proposer, elles le feront de grand cœur, assurément.

LE CHEVALIER.

Elles le feront sans penser le faire.

CRISPIN.

Mais encore, de quelle manière?

LE CHEVALIER.

Ma petite brune, à ce que j'ai pu savoir, est une héritière considérable, mais d'une naissance peu proportionnée à un si gros bien.

CRISPIN.

Ce n'est pas là une raison qui vous embarrasse.

LE CHEVALIER.

Au contraire, c'est ce qui m'a fait prendre la résolution de l'enlever. Sa famille, après cela, sera trop heureuse que je l'épouse. Je serai en lieu de sûreté cependant, et je ne l'épouserai point qu'on ne lui fasse de grands avantages.

CRISPIN.

Eh! à quoi la baronne et Madame Patin vous peuvent-elles être utiles dans cette affaire?

LE CHEVALIER.

Quoi! tu ne vois pas cela tout d'abord?

CRISPIN.

Non.

LE CHEVALIER.

Je ne suis pas en argent comptant, comme tu sais, et je veux que mes deux vieilles m'en fournissent à l'envi l'une de l'autre, et facilitent ainsi la conquête de ma jeune maîtresse.

CRISPIN.

Tudieu! c'est le bien prendre. Vous entendez les affaires à merveille. Mais, je vois venir Madame Patin.

LE CHEVALIER.

Paix! paix! tu vas voir le manège que je vais faire avec celle-ci. Ah! palsambleu! laisse-moi rire, Crispin, laisse-moi rire; quand j'en devrais être malade, il m'est impossible de m'en empêcher.

CRISPIN.

Il faut que je me mette de a partie.

SCÈNE II

MADAME PATIN, LE CHEVALIER, LISETTE, CRISPIN.

MADAME PATIN.

Ah! ah! Monsieur, vous voilà de bien bonne humeur, et je ne sais vraiment pas quel sujet vous croyez avoir de vous tant épanouir la rate.

LE CHEVALIER.

Je vous demande pardon, Madame; mais, je suis encore tout rempli de la plus plaisante chose du monde. Vous vous souvenez des vers que je vous ai tantôt donnés?

MADAME PATIN.

Oui, oui, je m'en souviens, et vous vous en souviendrez aussi, je vous assure.

LE CHEVALIER.

Si je m'en souviendrai, Madame! ils sont cause d'un incident, dont j'ai pensé mourir à force de rire, et je vous jure qu'il n'y a rien de plus plaisant.

MADAME PATIN.

Où en est donc le plaisant, Monsieur?

LISETTE.

Voici quelque pièce nouvelle.

LE CHEVALIER.

Le plaisant? Le plaisant, Madame, est que quatre ou cinq godelureaux se sont fait honneur de mes vers. Comme vous les avez applaudis, je les ai crus bons, et je n'ai pu m'empêcher de les dire à quelques personnes. Je vous en demande pardon, Madame, c'est le faible de la plupart des gens de qualité qui ont un peu de génie. On les a retenus, on en a fait des copies, et en moins de deux heures, ils sont devenus vaudevilles.

CRISPIN, *bas*.

L'excellent fourbe que voilà!

LISETTE, *bas*.

Où veut-il la mener avec ses vaudevilles?

ACTE IV, SCENE II.

MADAME PATIN, *à Lisette.*

Écoutons ce qu'il veut dire, il ne m'en fera plus si facilement accroire. (*Au chevalier.*) Eh bien, Monsieur, vous êtes bien content de voir ainsi courir vos ouvrages ?

LE CHEVALIER.

N'en êtes-vous pas ravie, Madame? Car enfin, puisqu'ils sont pour vous, cela vous fait plus d'honneur qu'à moi-même.

MADAME PATIN.

Ah ! scélérat !

LE CHEVALIER.

Notre baronne, au reste, n'a pas peu contribué à les mettre en vogue. Têtebleu! Madame, que c'est une incommode parente que cette baronne, et qu'elle me vend cher les espérances de sa succession !

LISETTE, *bas à Madame Patin.*

Le fripon ! la baronne est sa parente comme je la suis du grand Mogol.

MADAME PATIN.

Écoutons jusqu'à la fin.

LE CHEVALIER.

Vous ne sauriez croire jusqu'où vont les folles visions de cette vieille, et les folies qu'elle ferait dans le monde, pour peu que mes manières répondissent aux siennes.

CRISPIN, *bas.*

Cet homme-là vaut son pesant d'or.

LE CHEVALIER.

J'ai passé chez elle pour lui parler de quelque argent qu'elle m'a prêté, et que je lui veux rendre, s'il vous plaît, Madame, pour en être débarrassé tout à fait.

CRISPIN.

Le royal fourbe !

LE CHEVALIER.

Je lui ai dit vos vers par manière de conversation : elle les a trouvés admirables. Elle me les a fait répéter jusqu'à trois fois, et j'ai été tout étonné que la vieille surannée les savait par cœur. Elle est sortie tout aussitôt, et s'en est allée apparemment de maison en maison, chez toutes ses amies, faire parade de ces vers, et dire que je les avais faits pour elle.

MADAME PATIN.

S'il disait vrai, Lisette?

LISETTE.

Que vous êtes bonne, Madame! Eh, jarnonce! quand il dirait vrai pour la baronne, comment se tirerait-il d'affaire pour votre nièce?

CRISPIN.

Oh! patience; s'il demeure court, je veux qu'on me pende.

LE CHEVALIER.

Mais voici bien le plus plaisant, Madame. J'ai passé aux Tuileries, où j'ai rencontré cinq ou six beaux esprits. Oui, Madame, cinq ou six, et il ne faut point que cela vous étonne. Nous vivons dans un siècle où les beaux esprits sont tout à fait communs, au moins.

MADAME PATIN.

Eh bien, Monsieur?

LE CHEVALIER.

Eh bien! Madame, ils m'ont conté que le marquis des Guérets avait donné les vers en question à une petite grisette; que l'abbé du Terrier les avait envoyés à une de ses amies; que le chevalier Richard s'en était fait honneur pour sa maîtresse, et que deux de ces pauvres femmes s'étaient, malheureusement pour elles, trouvées avec la baronne, où il s'était passé une scène des plus divertissantes.

MADAME PATIN.

Ce sont de bons sots, Monsieur, que vos beaux esprits, de plaisanter de cette aventure-là.

LISETTE.

Bon! elle prend la chose comme il faut.

LE CHEVALIER.

Comment, Madame? Vous n'entrez donc point dans le ridicule de ces trois femmes, qui se veulent battre pour un madrigal? Et la bonne foi de ces deux pauvres abusées, et la folie de notre baronne, ne vous font point pâmer de rire?

MADAME PATIN, *à Lisette.*

Je crève, et je ne sais si je me dois fâcher ou non.

LISETTE.

Eh! merci de ma vie! pouvez-vous faire mieux, en vous fâchant contre un petit fourbe comme celui-là?

LE CHEVALIER.

Vous ne riez point, Madame?

CRISPIN.

Tu ne ris point, Lisette?

LE CHEVALIER.

Je le vois bien, Madame, il vous fâche que des vers faits pour vous soient dans les mains de tout le monde. Je suis un indiscret, je l'avoue, de les avoir rendus publics; je vous demande à genoux mille pardons de cette faute, Madame; et je vous jure que l'air que j'ai fait sur ces malheureux vers n'aura pas la même destinée, et que vous serez la seule qui l'entendrez.

MADAME PATIN.

Vous avez fait un air sur ces paroles, Monsieur?

LE CHEVALIER.

Oui, Madame, et je vous conjure de l'écouter; il est tout plein d'une tendresse que mon cœur ne sent que pour vous; et je jugerai bien, par le plaisir que vous aurez à l'entendre, des sentiments où vous êtes à présent pour moi.

LISETTE.

Le double chien la va tromper en musique.

LE CHEVALIER, *après avoir chanté tout l'air, dont il répète quelques endroits.*

Avez-vous remarqué, Madame, l'agrément de ce petit passage? (*Il chante.*) Sentez-vous bien toute la tendresse qu'il y a dans celui-ci? (*Il chante.*) Ne m'avouerez-vous pas que celui-là est bien passionné? (*Il chante encore.*) Vous ne dites rien. Ah! Madame, vous ne m'aimez plus, puisque vous êtes insensible au chromatique dont cet air est tout rempli.

MADAME PATIN.

Ah! méchant petit homme, à quel chagrin m'avez-vous exposée!

LE CHEVALIER.

Comment donc, Madame?

MADAME PATIN.

J'étais une des actrices de cette scène que vous trouvez si plaisante.

LE CHEVALIER.

Vous, Madame?

MADAME PATIN.

Moi-même, et c'est en cet endroit qu'elle s'est passée entre la petite grisette, la baronne et moi.

LE CHEVALIER.

Ah! pour le coup, il y a pour en mourir, Madame. Oui, je sens bien que pour m'achever, vous n'avez qu'à me dire que vous me haïssez autant que je le mérite. Faites-le, Madame, je vous en conjure, et donnez-moi le plaisir de vous convaincre que je vous aime, en expirant de douleur de vous avoir offensée.

MADAME PATIN.

Levez-vous, levez-vous, Monsieur le chevalier.

CRISPIN.

La pauvre femme!

LE CHEVALIER.

Ah! Madame, que je mérite peu...

MADAME PATIN.

Ah! petit cruel, à quelle extrémité avez-vous pensé porter mon dépit! Savez-vous bien, ingrat, qu'il ne s'en faut presque rien que je ne sois la femme de Monsieur Migaud?

LE CHEVALIER.

Si cela est, Madame, j'irai déchirer sa robe entre les bras même de la justice, et je me ferai la plus sanglante affaire...

MADAME PATIN.

Non, non, chevalier, laissez-le en repos, le pauvre homme ne sera que trop malheureux de ne me point avoir; mais je vous avoue qu'il m'aurait, si j'avais trouvé mon beau-frère chez lui; heureusement il n'y était pas.

LE CHEVALIER.

Ah! je respire! Je viens donc de l'échapper belle, Madame?

MADAME PATIN.

Vous vous en seriez consolé avec la baronne.

LE CHEVALIER.

Eh fi! Madame, ne me parlez point de cela, je vous prie. Je ne songe uniquement, je vous jure, qu'à lui donner mille pistoles que je lui dois, et qu'il faut que je lui paie incessamment : Madame, je vous en conjure.

MADAME PATIN.

Si vous êtes bien véritablement dans ce dessein, j'ai de l'argent, chevalier, venez dans mon cabinet.

SCÈNE III

MADAME PATIN, LE CHEVALIER, LISETTE, CRISPIN, LABRIE.

LABRIE.

Voilà Monsieur Serrefort qui monte.

MADAME PATIN.

Ah! bons Dieux, comment ferons-nous? Allez attendre chez votre notaire, et me laissez Crispin pour vous faire avertir que je serai seule.

LE CHEVALIER.

Demeure ici, Crispin, et attends ici l'ordre de Madame.

CRISPIN.

Me donnera-t-elle les mille pistoles?

LE CHEVALIER.

Tais-toi, maroufle.

MADAME PATIN.

Sauvez-vous par le petit escalier, comme tantôt.

LE CHEVALIER.

Adieu, Madame.

MADAME PATIN.

Tiens-toi sur ce petit degré par où sort ton maître.

SCÈNE IV

MONSIEUR SERREFORT, MADAME PATIN, LISETTE.

MONSIEUR SERREFORT.

On m'a dit que vous aviez passé chez moi, Madame, et que vous m'y aviez demandé.

MADAME PATIN.

On vous a dit vrai, Monsieur ; mais je n'avais nullement recommandé qu'on vous dît de venir ici.

MONSIEUR SERREFORT.

Cela ne fait rien, Madame, et je suis bien aise de savoir ce que vous me vouliez, outre que j'ai de mon côté quelque chose à vous communiquer touchant l'affaire de ce matin.

MADAME PATIN.

Quelle affaire, Monsieur ? L'affaire de ce matin ? Ne m'avez-vous pas promis de me laisser en repos, et de ne vous en plus mêler ?

MONSIEUR SERREFORT.

Oui, Madame ; mais on nous a fait parler à Monsieur Migaud et à moi, pour le différend que vous avez eu avec cette marquise.

MADAME PATIN.

Eh bien ! Monsieur, pour peu d'avance qu'elle fasse, je verrai ce que j'aurai à faire.

MONSIEUR SERREFORT.

Comment, Madame, des avances ? C'est à vous à en faire, s'il vous plaît ; et il n'y a point à hésiter même.

MADAME PATIN.

Je ferais des avances, moi qui suis offensée ? Ah ! vraiment, on voit bien que vous ne savez guère les affaires du point d'honneur.

MONSIEUR SERREFORT, *tirant un papier de sa poche.*

Voilà des articles d'accommodement que j'ai dressés. Vous verrez par là si je sais ce que c'est.

MADAME PATIN.

Des articles ! des articles ! Ah ! voyons un peu ces articles, je vous prie. Cela est trop plaisant, des articles ! Vous vous êtes fait mon plénipotentiaire, à ce que je vois.

MONSIEUR SERREFORT.

Voici ce que c'est, Madame.

MADAME PATIN.

Écoutons ces articles. Ce sont des articles, Lisette.

MONSIEUR SERREFORT *lit.*

Premièrement, il faudra que vous vous rendiez au logis de la marquise, modestement vêtue.

MADAME PATIN.

Modestement !

MONSIEUR SERREFORT.

Oui, Madame, modestement. En robe cependant, mais avec une queue plus courte que celle que vous portez d'ordinaire.

MADAME PATIN.

Oh ! pour l'article de la queue, je suis déjà sa très humble servante, et je ne rognerais pas deux doigts de ma queue, pour toutes les marquises de la terre.

MONSIEUR SERREFORT, *continuant à lire.*

Arrivée chez la marquise, vous la demanderez au laquais qui sera de garde.

MADAME PATIN.

Un laquais de garde, Monsieur ! un laquais de garde ! Il semble que vous parliez de quelque officier.

MONSIEUR SERREFORT, *continuant à lire.*

Et pendant que ledit laquais ira avertir sa maîtresse que vous êtes dans l'antichambre, vous y demeurerez debout, et sans murmurer, jusqu'à ce qu'il plaise à Madame la marquise de vous faire entrer.

MADAME PATIN.

Non, Monsieur Serrefort, non; pour demeurer dans l'antichambre, je n'en ferai rien, debout surtout. Ce ne sera pas sans murmurer, cela ne se pourrait.

MONSIEUR SERREFORT.

Il faudra bien que cela soit pourtant. (*Il lit.*) Quand la marquise sera visible...

MADAME PATIN.

Eh fi! Monsieur, ce n'est pas la peine d'achever.

MONSIEUR SERREFORT.

Oui, Madame, mais savez-vous bien que vous n'avez point d'autre expédient pour sortir d'affaire, et que ce sont ici les dernières paroles qu'elle nous a fait porter par son écuyer?

MADAME PATIN.

Par son écuyer, Monsieur, par son écuyer! Oh! vraiment, il faut attendre à faire cet accommodement, que j'aie un écuyer comme elle; et quand nous agirons d'écuyer à écuyer, il ne faudra peut-être pas tant de cérémonie.

MONSIEUR SERREFORT.

Comment donc, Madame, un écuyer? Êtes-vous femme à écuyer, s'il vous plaît, et ne songez-vous pas...

MADAME PATIN.

Tenez, Monsieur, point de contestation, je vous prie. Je n'aime pas les disputes; et pour peu que vous m'obstiniez, vous me ferez prendre des pages.

MONSIEUR SERREFORT.

Ah! je vois ce que c'est : votre entêtement continue; il est désormais impossible de vous en corriger : et vos manières me confirment à tous moments les avis qu'on m'a donnés.

MADAME PATIN.

Comment donc, Monsieur, quels avis? Avez-vous des espions pour examiner ma conduite?

MONSIEUR SERREFORT.

Morbleu! Madame, j'en sais plus que je n'en voudrais savoir.

MADAME PATIN.

Eh bien, Monsieur, tâchez de l'oublier!

MONSIEUR SERREFORT.

Mais vous ne nous manquerez pas de parole impunément; et il ne sera pas dit que vous aurez jeté ma fille dans le même déréglement d'esprit où vous êtes, et que son père l'ait souffert sans ressentiment.

MADAME PATIN.

Quel discours est-ce là? Que voulez-vous dire? Suis-je une déréglée, s'il vous plaît? Écoutez, Monsieur Serrefort, vous me ferez raison des termes offensants dont vous vous servez, prenez-y garde, je vous en avertis.

MONSIEUR SERREFORT.

Écoutez, Madame Patin, il n'y a qu'un mot qui serve. Je suis bien informé que vous voulez épouser un gueux de chevalier, qui se moquera de vous dès le lendemain de vos noces. Je sais de bonne part que ma fille s'entête de quelque espèce de marquis plus gueux peut-être que votre chevalier. Monsieur Migaud sait tout cela comme moi; mais, nous ne demeurerons pas les bras croisés ni l'un ni l'autre, et nous vous rendrons raisonnable malgré vous-même.

MADAME PATIN.

Oh bien! Monsieur Serrefort, je vous en défie. Songez à le devenir, Monsieur Serrefort; et ne mettez pas ici les pieds que vous ne vous soyez rendu plus sage.

MONSIEUR SERREFORT.

Oh! ventrebleu! Madame, j'y viendrai jour et nuit, de moment en moment; et je vais si bien assiéger votre maison et la mienne, qu'il n'y entrera personne à qui je ne fasse sauter les fenêtres, pour peu qu'il ait de l'air d'un marquis ou d'un chevalier.

MADAME PATIN.

Et pour moi, qui ne suis pas si méchante que vous, je vous prierai seulement de descendre l'escalier tout au plus vite, et de ne pas regarder derrière vous.

MONSIEUR SERREFORT.

Adieu, Madame Patin.

MADAME PATIN.

Adieu, Monsieur Serrefort.

MONSIEUR SERREFORT.

Vous aurez bientôt de mes nouvelles, Madame Patin.

MADAME PATIN.

Je n'en veux point apprendre, Monsieur Serrefort.

MONSIEUR SERREFORT.

Adieu, Madame Patin.

MADAME PATIN.

Adieu, Monsieur Serrefort.

SCÈNE V

MADAME PATIN, LISETTE.

MADAME PATIN.

Eh, bon Dieu ! quelle rage cet homme a-t-il contre moi ? Quel acharnement à me persécuter, Lisette ! A-t-on jamais rien vu de plus étrange ?

LISETTE.

Oh ! pour cela, il devient de jour en jour plus insupportable.

MADAME PATIN.

N'est-il pas vrai ?

LISETTE.

Parce que Monsieur le chevalier est un jeune homme assez mal dans ses affaires, et que Monsieur Serrefort prévoit qu'en l'épousant, vous allez faire un mauvais marché, il veut vous empêcher de le conclure ; cela est bien impertinent, Madame.

MADAME PATIN.

Tout ce qu'il fera, ne servira de rien.

LISETTE.

Bon ! quand vous avez résolu quelque chose, il faut que cela passe.

MADAME PATIN.

Tout ce que je crains, c'est que le chevalier ne vienne à connaître Monsieur Serrefort, et qu'il ne se dégoûte en me voyant si mal apparentée. Crispin !

SCÈNE VI

MADAME PATIN, CRISPIN, LISETTE.

CRISPIN.

Plaît-il, Madame ?

MADAME PATIN.

Va dire à ton maître que, pour de certaines raisons, je ne le puis voir que sur les dix heures, et qu'il ne manque pas de venir juste à cette heure-là.

CRISPIN.

N'avez-vous que cela à lui faire savoir, Madame ?

MADAME PATIN.

Non, va vite, j'ai peur qu'il ne s'impatiente.

CRISPIN.

Il me semble, Madame, qu'il serait à propos qu'il rendît au plus tôt à Madame la baronne ces mille pistoles dont il vous a parlé.

MADAME PATIN.

J'aurai soin de les lui tenir toutes prêtes.

CRISPIN.

J'aurai soin de les lui porter, si vous voulez.

MADAME PATIN.

Dis-lui bien que je vais penser à lui jusqu'à ce que je le voie.

CRISPIN.

Je le lui dirai, Madame.

SCÈNE VII

CRISPIN, seul.

Oh çà, puisque je n'ai point d'argent à porter à mon maître, ce que j'ai à lui dire n'est point si pressé. Réfléchissons un peu sur l'état présent de nos affaires. Voilà Monsieur le chevalier de Villefontaine en train d'attraper mille pistoles à Madame Patin, et autant à la vieille baronne ; il n'y a pas grand mal à ces deux articles. Mais c'est pour enlever une petite fille ; il y a quelque chose à dire à celui-là. La justice se mêlera infailliblement de cette affaire, et il lui faudra quelqu'un à pendre. Monsieur le chevalier se tirera d'intrigue, et vous verrez que je serai pendu pour la forme. Cela ne vaudrait pas le diable, et je crois que le plus sûr est de ne me point mêler de tout cela, et de tirer adroitement mon épingle du jeu. Que sait-on ? Il m'arrivera peut-être d'un autre côté quelque bonne fortune, à quoi je ne m'attends pas. S'il était vrai que Madame la baronne ne voulût qu'un mari, je serais son fait aussi bien qu'un autre, elle pourrait bien m'épouser par dépit. Il arrive tous les jours des choses moins faisables que celle-là, et je ne serais pas le premier laquais, qui aurait coupé l'herbe sous le pied à son maître. Allons faire savoir au mien ce que Madame Patin m'a dit de lui dire ; et selon la part qu'il me fera des mille pistoles, je verrai ce que j'aurai à faire.

ACTE CINQUIÈME

SCÈNE PREMIÈRE

MONSIEUR SERREFORT, LISETTE.

MONSIEUR SERREFORT.

Ne crains rien, ma pauvre Lisette, ne crains rien. Madame Patin ne saura pas que l'avis est venu de toi.

LISETTE.

Au moins, Monsieur, vous savez bien que ma petite fortune dépend d'elle en quelque façon ; et si ce n'était que vous donnez des commissions à mon père, à mon cousin, et à celui qui veut m'épouser, je ne trahirais pas ma maîtresse pour vous faire plaisir.

MONSIEUR SERREFORT.

Comment ? Sais-tu bien que c'est le plus grand service que tu lui puisses rendre, que de détourner ce mariage ?

LISETTE.

J'ai toujours travaillé pour cela, autant qu'il m'était possible. Dans les commencements j'ai cru qu'elle se moquait ; mais quand j'ai vu que c'était tout de bon, j'ai couru vous avertir.

MONSIEUR SERREFORT.

Tu as parfaitement bien fait.

LISETTE.

La partie est faite pour cinq heures du matin. Madame est dans son cabinet, qui compte de l'argent, dont Monsieur le chevalier lui a dit avoir affaire ; et il viendra dans une petite demi-heure, avec son notaire : c'est l'ordre de Madame.

MONSIEUR SERREFORT.

La malheureuse !

LISETTE.

Ils seront bien surpris tous deux de vous voir à leurs noces sans en avoir été prié?

MONSIEUR SERREFORT.

Ils ne s'y attendent guère.

LISETTE.

Vous n'êtes pas le seul obstacle que j'ai préparé à leurs desseins.

MONSIEUR SERREFORT.

Comment donc? Qu'as-tu fait encore?

LISETTE.

Il y a une vieille plaideuse de par le monde, qui est aussi amoureuse du chevalier que Madame votre belle-sœur, pour le moins. Je l'ai fait avertir par un solliciteur de procès, qui est mon compère, de tout ce qui se prépare ici, et je répondrais bien qu'elle ne manquera pas de se trouver aux fiançailles.

MONSIEUR SERREFORT.

Cela est fort bien imaginé.

LISETTE.

Pour vous, il faut, s'il vous plaît, que vous demeuriez quelque temps caché dans ma chambre, et je vous avertirai quand ils seront avec le notaire.

MONSIEUR SERREFORT.

C'est bien dit. Oh! ventrebleu! ma pendarde de belle-sœur n'est pas encore où elle s'imagine!

LISETTE.

Elle fait de grands projets pour votre satisfaction, et il ne tiendra pas à elle que Mademoiselle votre fille ne suive l'exemple qu'elle prétend lui donner. J'en ai déjà dit tantôt un mot à Monsieur Migaud.

MONSIEUR SERREFORT.

Ah! la double enragée! C'est donc elle qui a donné à ma fille la connaissance d'un petit godelureau que j'ai trouvé chez moi un moment avant que tu ne vinsses.

LISETTE.

Non, mais c'est elle qui lui conseille de vous donner un gendre à sa fantaisie, sans se mettre en peine qu'il soit à la vôtre.

MONSIEUR SERREFORT.

La misérable !

LISETTE.

Et je ne répondrais pas trop que Mademoiselle Lucile n'eût un fort grand penchant à suivre les bons conseils de sa tante.

MONSIEUR SERREFORT.

J'y donnerai bon ordre. C'est une peste dans une famille bourgeoise qu'une Madame Patin.

LISETTE.

Je crois que je l'entends. Voilà la clef de ma chambre, allez vous y enfermer au plus vite, et tâchez de ne vous point ennuyer. *Bas.* Monsieur Serrefort verra peut-être ce soir plus d'incidents qu'il ne s'imagine.

SCÈNE II

MADAME PATIN, LISETTE.

MADAME PATIN.

Le chevalier n'est point encore venu, Lisette ? N'a-t-il pas envoyé ?

LISETTE.

Non, Madame.

MADAME PATIN.

Je suis dans une étrange impatience.

LISETTE.

Il n'est pas temps de vous impatienter encore, Madame. Neuf heures viennent de sonner, et vous avez fait dire à Monsieur le chevalier de ne venir ici qu'à dix.

MADAME PATIN.

Ce vilain Monsieur Serrefort est cause de cela. Sans cet animal, le chevalier serait ici à l'heure qu'il est, et il n'aurait pas le temps de me faire quelque perfidie.

LISETTE.

Oh! par ma foi, Madame, je ne m'accommoderais guère, pour moi, d'un homme comme Monsieur le chevalier, qu'il faudrait garder à vue. Eh, mort de ma vie, vous êtes toujours sur des épines !

MADAME PATIN.

Quand nous serons une fois mariés, Lisette, je ne craindrai pas tant ; mais jusque-là le chevalier me paraît si aimable, que je meurs de peur qu'on ne me l'enlève.

LISETTE, *bas.*

Le beau joyau pour en être si fort éprise !

MADAME PATIN.

N'a-t-on point eu de nouvelles de ma nièce ?

LISETTE.

Non, Madame.

MADAME PATIN.

Je voudrais bien qu'elle fût ici avec son amant, et qu'on les pût marier aussi cette nuit.

LISETTE.

Oui, Madame ?

MADAME PATIN.

Oui, vraiment ; et je ne sais ce qui me fera le plus de plaisir, d'épouser le chevalier, ou de désespérer Monsieur Serrefort.

LISETTE.

La bonne personne !

MADAME PATIN.

Il se mangerait les pouces de rage. Mais qu'est-ce que ceci ? La baronne à l'heure qu'il est ! Eh ! grand Dieu, n'en serai-je jamais défaite ?

SCÈNE III

LA BARONNE, MADAME PATIN, LISETTE, JASMIN.

LA BARONNE.

Bonsoir, Madame.

MADAME PATIN.

Madame, je suis votre servante.

LISETTE, *bas.*

Bon ! voici déjà la baronne.

LA BARONNE.

Vous voilà bien seule, Madame ; où est donc Monsieur le chevalier?

MADAME PATIN.

Monsieur le chevalier, Madame? Monsieur le chevalier n'est pas toujours chez moi ; et si c'est lui que vous cherchez....

LA BARONNE.

Non pas, Madame, et ce n'est qu'à vous que j'ai affaire.

MADAME PATIN.

Au moins, Madame, il n'est pas heure de solliciter.

LA BARONNE.

Oh ! vraiment, ma pauvre Madame, ce ne sont pas mes procès qui m'occupent à présent, et j'ai bien autre chose en tête. (*A Lisette.*) Oh! çà, çà, détalez, s'il vous plaît, ma mie, et allez voir là dehors si j'y suis.

MADAME PATIN.

Comment donc? Que veut-elle dire? Lisette, ne me quittez pas.

LA BARONNE.

Poltronne ! vous avez peur?

MADAME PATIN.

Quel est votre dessein, Madame ?

LA BARONNE.

Approchez, Jasmin, approchez.

MADAME PATIN.

Ah ! bons Dieux ! des épées, Madame ! venez-vous ici pour m'assassiner ?

LISETTE.

Vraiment, cela passe raillerie, Madame.

LA BARONNE.

Otez-vous de là, vous, ma mie, que je ne vous donne sur les oreilles. Et vous, Madame, choisissez de ces deux épées laquelle vous voulez.

MADAME PATIN.

Moi, Madame, prendre une épée ! Et pourquoi, s'il vous plaît ?

LA BARONNE.

Pour me tuer, si vous le pouvez.

MADAME PATIN.

Moi ! je ne veux tuer personne.

LA BARONNE.

Mais, je vous veux tuer, moi.

MADAME PATIN.

Eh ! bon Dieu ! que vous ai-je fait pour vous donner de si méchantes intentions ?

LA BARONNE.

Ce que vous m'avez fait, Madame ? ce que vous m'avez fait ?

MADAME PATIN.

Lisette, prenez garde à moi.

LISETTE.

Oui, Madame.

LA BARONNE.

Allons, allons, point tant de raisonnements, ma bonne amie. Vous m'enlevez le chevalier, il est à moi, ce chevalier, aussi bien que mon moulin, et c'est une grâce que je vous fais de vouloir bien voir à qui il demeurera.

MADAME PATIN.

Quoi ! Madame, c'est Monsieur le chevalier qui vous fait tourner la cervelle ?

LA BARONNE.

Oui, Madame, et il faut me le céder, ou mourir.

LISETTE.

Voilà une vigoureuse femme, au moins.

LA BARONNE.

Voyez, renoncez à toutes les prétentions que vous avez sur lui, et je vous donne la vie.

MADAME PATIN.

Quelle étrange femme, Lisette! et comment pouvoir m'en débarrasser?

LA BARONNE.

Oh! jour de Dieu! c'est trop barguigner. Allons, Madame, point de quartier.

MADAME PATIN.

Ah! je suis morte. Au voleur! à l'aide! on m'assassine!

LISETTE.

Madame, vous n'y songez pas. Grâce, grâce, Madame.

LA BARONNE.

Ame basse!

MADAME PATIN.

Holà, Jasmin, Labrie, Lafleur, Lajonquille, Lapensée, mes laquais, mon portier, mon cocher, holà!

LISETTE.

Eh! paix, Madame! Quel vacarme faites-vous là?

LE COCHER.

Qu'est-ce qui gn'y a, Madame? Morguenne à qui en avez-vous? Comme vous gueulez!

MADAME PATIN.

Ah! mes enfants! jetez-moi Madame par les fenêtres, je vous en prie.

LA BARONNE.

Merci de ma vie! Le premier qui avance, je lui donnerai de ces deux épées dans le ventre.

MADAME PATIN.

Eh bien, là! Madame la baronne, descendez par la montée, on vous le permet; mais, dépêchez-vous.

LA BARONNE.

Malheureuse petite bourgeoise! refuser l'honneur de se mesurer avec une baronne!

LISETTE.

Ne faites pas de bruit davantage, Madame.

LA BARONNE.

Elle veut devenir femme de qualité, et elle n'oserait tirer l'épée! Merci de ma vie! je m'en vais chercher le chevalier, et s'il ne change de sentiment, ce sera à moi qu'il aura affaire.

LISETTE.

Eh! Madame!

SCÈNE IV

MADAME PATIN, LISETTE.

MADAME PATIN.

Eh! laisse-la faire, Lisette! J'aime bien mieux qu'elle aille le chercher, que non pas qu'elle l'attende chez moi.

LISETTE.

Vous avez raison; mais, Madame, entre vous et moi, je crains bien que cette baronne-là ne vous joue quelque mauvais tour.

MADAME PATIN.

Va, va, il n'y a rien à craindre, et quand le chevalier sera mon mari, il me mettra à couvert des emportements de cette folle. Elle est furieusement emportée, oui; et je crois que si je n'avais pas appelé du secours, elle nous aurait fait un mauvais parti à l'une et à l'autre.

LISETTE.

Je le crois, vraiment. Et savez-vous bien, Madame, qu'il n'y a rien au monde de si dangereux qu'une vieille amoureuse? Je m'étonne que vous ayez été si pacifique.

MADAME PATIN.

J'ai eu peur d'abord, je te l'avoue.

LISETTE.

On en prendrait à moins.

MADAME PATIN.

Et je n'en suis pas encore bien remise.

SCÈNE V

MADAME PATIN, LUCILE, LISETTE.

LUCILE.

Ah ! ma tante, je viens d'avoir une belle frayeur !

MADAME PATIN, *à Lisette.*

Elle a rencontré la baronne.

LUCILE.

Je viens implorer votre protection, ma tante, et vous demander un asile contre la violence et les injustices de mon père.

MADAME PATIN.

Comment donc, ma nièce, que vous a-t-il fait ?

LISETTE, *bas.*

Qu'est-ce que ceci ?

LUCILE.

Ah ! ma tante, qu'on est malheureuse d'être fille d'un père comme celui-là !

MADAME PATIN.

Mais encore, qu'y a-t-il de nouveau ? Qu'est-il arrivé ?

LUCILE.

Eh ! ne le devinez-vous pas, ma tante ? Il a trouvé au logis ce Monsieur qui m'aime. Marton, la fille de chambre de ma mère, l'avait fait entrer par la porte du jardin.

MADAME PATIN.

Eh bien ! ma nièce, qu'a fait votre père ?

LUCILE.

Il m'a donné deux soufflets, ma tante, et il a traité ce pauvre garçon de la manière la plus incivile.

LISETTE.

Cela est bien malhonnête.

MADAME PATIN.

Il ne l'a pas frappé peut-être ?

LUCILE.

Je crois qu'il n'a pas osé ; mais, ce qui me fâche le plus, c'est que mon père m'a donné ces deux soufflets devant lui.

MADAME PATIN.

Le brutal !

LUCILE.

Cela me tient au cœur, voyez-vous, et j'ai bien résolu de m'en venger.

MADAME PATIN.

Eh bien, ma nièce, qu'est-ce que je puis faire pour vous ?

LUCILE.

J'aurais besoin d'un bon conseil, ma tante.

MADAME PATIN.

Mais encore ?

LUCILE.

Ce Monsieur m'a priée de trouver bon qu'il m'enlevât. Conseillez-moi d'y consentir, ma tante, vous ne sauriez me faire plus de plaisir.

MADAME PATIN.

Si je vous le conseillerai, ma nièce ! Il ne faut pas manquer cette affaire, faute de résolution. Où est-il à présent ?

LUCILE.

Il est allé prendre deux mille pistoles chez son intendant, et il doit se rendre dans son carrosse à la place des Victoires, où j'ai laissé Marton pour l'attendre, et pour me venir dire quand il y sera.

LISETTE, *bas*.

La partie n'est pas mal liée ; mais, il ne sera pourtant pas difficile à Monsieur Serrefort de la rompre.

MADAME PATIN.

Voici ce qu'il y a à faire, ma nièce. Dès que votre amant sera au rendez-vous, il faut qu'il vienne ici, je serai bien aise de le voir ; je ferai mettre six chevaux à mon carrosse, et vous irez ensemble à une maison de campagne, où je répondrais bien qu'on n'ira pas vous chercher.

LUCILE.

Ah! ma bonne tante, que je vous ai d'obligation! Mais, il faudrait envoyer quelqu'un dire à Marton de l'amener.

MADAME PATIN.

Envoyez-y un laquais, Lisette.

LISETTE.

Oui, Madame. (*Bas.*) Je vais l'envoyer chez Monsieur Migaud, la fête ne serait pas bonne sans lui.

LUCILE.

Au moins, ma tante, ce n'est que par votre conseil que je me laisse enlever; et je me garderais bien de m'engager dans une démarche comme celle-là, si vous n'étiez la première à l'approuver.

MADAME PATIN.

Allez, allez, quand vous ne prendrez que de mes leçons, vous n'aurez rien à vous reprocher.

SCÈNE VI

LE CHEVALIER, CRISPIN, MADAME PATIN, LUCILE.

LE CHEVALIER, *à Crispin*.

Dès que j'aurai les mille pistoles, je ne ferai pas grand séjour chez Madame Patin.

LUCILE, *au chevalier*.

Ah! Monsieur, vous voilà. Qui vous a déjà dit que j'étais ici?

LE CHEVALIER.

Ah! Crispin, quel incident! c'est ma petite brune.

CRISPIN.

Comment, morbleu! la petite brune?

LUCILE.

Voilà ma tante, Monsieur, dont je vous ai toujours dit tant de bien.

LE CHEVALIER.

Sa tante ?

CRISPIN.

Aïe ! Aïe ! Aïe ! ceci ne vaut pas le diable !

LE CHEVALIER.

Mademoiselle, j'ai l'honneur...

MADAME PATIN.

Qu'est-ce que cela signifie, ma nièce ?

LUCILE.

Monsieur est la personne dont je vous ai parlé.

LE CHEVALIER.

Oui, Madame, j'avais prié Mademoiselle votre nièce de...

MADAME PATIN.

Quoi ! Monsieur, il est donc vrai que vous êtes le plus fourbe de tous les hommes ?

LUCILE.

Ah ! ma tante, que dites-vous là ? Vous me trahissez, ma tante : vous me dites de le faire venir, et vous le querellez quand il est venu.

MADAME PATIN.

Ah ! ma pauvre nièce, quelle aventure !

LE CHEVALIER.

Crispin ?

CRISPIN.

L'affaire est épineuse.

LUCILE.

Je n'y comprends rien, ma tante, en vérité.

MADAME PATIN.

Scélérat !

LUCILE.

Mais, ma tante...

CRISPIN.

Sortons d'ici, Monsieur, c'est le plus sûr.

MADAME PATIN.

Voir constamment disposer toutes choses pour m'épouser, et se proposer le même jour d'enlever ma nièce !

LUCILE.

Quoi, ma tante...

MADAME PATIN.

Oui, mon enfant, voilà l'oncle que je voulais vous donner.

LUCILE.

Ah ! perfide !

CRISPIN.

Monsieur, encore une fois, sortons.

LE CHEVALIER.

Tais-toi.

CRISPIN.

Oh ! parbleu, je voudrais bien, pour la rareté du fait, qu'il se tirât d'intrigue.

LUCILE.

Que vous avais-je fait, Monsieur, pour me vouloir tromper si cruellement ?

MADAME PATIN.

Pourquoi nous choisissais-tu l'une et l'autre pour l'objet de tes perfidies ?

LUCILE.

Répondez, Monsieur, répondez.

MADAME PATIN.

Parle, parle, perfide.

LE CHEVALIER.

Eh ! que diantre voulez-vous que je vous dise, Mesdames ? Quand je me donnerais à tous les diables, pourrais-je vous persuader que ce que vous voyez n'est pas ? Mais, à prendre les choses au pied de la lettre, suis-je si coupable que vous vous l'imaginez, et est-ce ma faute si nous nous rencontrons tous les trois ici ?

MADAME PATIN.

Tu crois tourner cette affaire en plaisanterie ?

LE CHEVALIER.

Je ne plaisante point, Madame, le diable m'emporte, et je vous parle de mon plus grand sérieux. Pouvais-je deviner que vous êtes la tante de Mademoiselle, et que Mademoiselle est votre nièce ?

CRISPIN.

Diable ! si nous avions su cela, nous aurions pris d'autres mesures.

LE CHEVALIER.

Si vous ne vous étiez point connues, vous ne vous seriez point fait de confidence l'une à l'autre, et nous n'aurions point à présent l'éclaircissement qui vous met si fort en colère.

LUCILE.

Eh ! seriez-vous pour cela moins coupable ? En serions-nous moins trompées ? et pouvez-vous jamais vous laver d'un procédé si malhonnête ?

LE CHEVALIER.

Mettez-vous à ma place, de grâce, et voyez si j'ai tort. J'ai de la qualité, de l'ambition, et peu de bien. Une veuve des plus aimables, et qui m'aime tendrement, me tend les bras. Irai-je faire le héros de roman, et refuserai-je quarante mille livres de rente qu'elle me jette à la tête ?

MADAME PATIN.

Eh ! pourquoi donc, perfide, puisque tu trouves avec moi tous ces avantages, deviens-tu amoureux de ma nièce ?

LE CHEVALIER.

Oh ! pour cela, Madame, regardez-la bien. Sa vue vous en dira plus je ne pourrais vous en dire.

CRISPIN.

Je commence à croire qu'il en sortira à son honneur ; quand les dames querellent longtemps, elles ont envie de se raccommoder.

LE CHEVALIER.

Je trouve en mon chemin une jeune personne, toute des plus belles et des mieux faites. Je ne lui suis pas indifférent. Peut-on être insensible, Madame, et se trouve-t-il des cœurs dans le monde qui puissent résister à tant de charmes ?

CRISPIN.

Il aura raison, à la fin.

MADAME PATIN, *à Lucile.*

Ah! petite coquette, ce sont vos minauderies qui m'ont enlevé le cœur du chevalier. Je ne vous le pardonnerai de ma vie.

LUCILE.

Oui, ma tante! il n'aimerait que moi sans vos quarante mille livres de rente. C'est moi qui ne vous le pardonnerai pas.

LE CHEVALIER.

Oh! Mesdames, il ne faut point vous brouiller pour une bagatelle; et s'il est vrai que vous m'aimiez autant qu'il m'est doux de le croire, que celle qui a le plus d'envie de me persuader, fasse un effort sur elle-même, et me cède à l'autre. Je vous assure que l'infortunée qui ne m'aura point, ne sera pas la plus malheureuse.

MADAME PATIN.

Je t'aime à la fureur, scélérat; mais, j'aimerais mieux que ma nièce fût morte, que de la voir jamais à toi.

LUCILE.

Je défie tout le monde ensemble d'aimer autant que je vous aime; mais, pour vous voir le mari de ma tante, c'est ce que je ne souffrirai jamais.

CRISPIN.

Voilà l'affaire dans sa crise.

LUCILE.

Ah! ma tante, voilà mon père que j'entends.

MADAME PATIN.

Cachez-vous vite, Monsieur le chevalier.

SCÈNE VII

MONSIEUR SERREFORT, MADAME PATIN, LUCILE, LE CHEVALIER, CRISPIN.

MONSIEUR SERREFORT, *au chevalier.*

Non, non, Monsieur, il n'est pas besoin de vous cacher. Ah! ah! Madame ma belle-sœur, c'est donc là ce Monsieur le chevalier que vous voulez épouser ?

MADAME PATIN.

Oui, Monsieur, et c'est ce même chevalier que Mademoiselle votre fille court aux Tuileries, et qui, sans moi, serait peut-être votre gendre à l'heure qu'il est.

MONSIEUR SERREFORT.

Que vois-je ? C'est le même homme que j'ai trouvé chez moi !

LE CHEVALIER.

Nous sommes heureux à nous rencontrer, comme vous voyez.

MONSIEUR SERREFORT.

Quoi ! Monsieur, en même jour, vouloir épouser ma sœur et ma fille ? C'est avoir bien la rage d'épouser pour me persécuter !

LE CHEVALIER.

Moi, Monsieur, au contraire ; et pour vous faire voir que je veux être de vos amis, avantagez de ces deux dames celle que vous haïssez, et j'en ferai ma femme tout aussitôt.

MONSIEUR SERREFORT.

Qu'est-ce à dire cela ? Oh ! je ne prétends pas que vous épousiez ni l'une ni l'autre.

SCÈNE VIII

MONSIEUR MIGAUD, MONSIEUR SERREFORT, MADAME PATIN, LE CHEVALIER, LUCILE, CRISPIN, LISETTE.

MONSIEUR MIGAUD, *à Madame Patin.*

Un de vos laquais, Madame, vient de m'avertir avec empressement que vous me vouliez parler de quelque chose, je n'ai point perdu de temps.

MADAME PATIN.

Oui, Monsieur, il semble que mon laquais ait deviné ma pensée, et vous venez tout à propos pour profiter de mon dépit.

ACTE V, SCÈNE VIII.

MONSIEUR MIGAUD.

Comment donc, Madame?

MADAME PATIN.

Voilà ma main, Monsieur; et, dès demain, je vous épouse, pourvu qu'en même temps Monsieur votre fils épouse ma nièce.

MONSIEUR MIGAUD.

Ah! Madame, que cette condition me fait plaisir!

MONSIEUR SERREFORT.

C'est moi qui vous réponds de cet article, et ma fille, je crois, n'aura pas l'audace de résister à mes volontés.

LUCILE.

Dans le désespoir où je suis, mon père, je ferai tout ce que vous voudrez.

MADAME PATIN, *au chevalier*.

Tu n'épouseras pas ma nièce, perfide!

LUCILE, *au chevalier*.

Vous ne serez jamais le mari de ma tante, pourtant.

CRISPIN.

Adieu donc, Mesdames, jusqu'au revoir. Eh bien! Monsieur, ne ferez-vous pas quelque petit air sur cette aventure-là? Une chanson à propos raccommode quelquefois bien des choses, comme vous savez.

LE CHEVALIER.

Il n'y a que les mille pistoles de Madame Patin que je regrette en tout ceci. Allons retrouver la baronne, et continuons de la ménager jusqu'à ce qu'il me vienne quelque meilleure fortune.

Fin du Chevalier à la Mode.

LA FOLLE ENCHÈRE

COMÉDIE EN UN ACTE

REPRÉSENTÉE POUR LA PREMIÈRE FOIS LE 30 MAI 1690.

PERSONNAGES :

Madame ARGANTE.
ERASTE, fils de Madame Argante.
ANGELIQUE, maîtresse d'Eraste, déguisée en cavalier.
LISETTE, domestique de Madame Argante.
M. DE BONNEFOY, notaire.
JASMIN, laquais de Madame Argante.
MERLIN, ⎫
CHAMPAGNE, ⎬ valets d'Éraste.
LAFLEUR, ⎭

La scène est à Paris, chez Madame Argante.

SCÈNE PREMIÈRE

MERLIN, CHAMPAGNE.

MERLIN.

Eh bien ! Monsieur Champagne, où diantre venez-vous ? Vous n'avez que faire ici.

CHAMPAGNE.

Tu ne me dis pas la moitié des choses.

MERLIN.

Allez-vous en m'attendre où je vous ai dit.

CHAMPAGNE.

Mais ce carrosse ?

MERLIN.
Il est tout prêt.
CHAMPAGNE.
N'y passerai-je point en chemin faisant ?
MERLIN.
Non !
CHAMPAGNE.
Mon bonnet coiffé, mes fontanges ?
MERLIN.
Tout l'équipage est au logis. Va-t'en, bourreau, et me laisse ici.
CHAMPAGNE.
Si quelque chose manque, Monsieur s'en prendra à moi.
MERLIN.
Rien ne manquera, je t'en réponds.
CHAMPAGNE.
Adieu donc !
MERLIN.
Il faut prendre Lafleur avec toi.
CHAMPAGNE.
Je l'amènerai.
MERLIN.
Écoute, écoute ! Ne t'avise pas de laisser ta moustache, au moins.
CHAMPAGNE.
Tu as bien fait de m'en avertir, je l'aurais oubliée. Voici Monsieur, je vais t'attendre de pied ferme.

SCÈNE II

ÉRASTE, MERLIN.

ÉRASTE.
Eh bien ! verrai-je la fin de tout ceci ? Angélique demeurera-t-elle encore longtemps déguisée sous les apparences trompeuses d'un autre sexe que le sien ? Je suis dans une impatience...

MERLIN.

Allons ! bride en main, s'il vous plaît ; l'impatience la plus violente n'avance pas une affaire du moindre petit moment.

ÉRASTE.

Avec quelle dureté, avec quelle prévention ma mère a refusé de consentir à mon mariage, sans vouloir apprendre même ni le nom ni la famille de la personne que j'aime !

MERLIN.

Mais, en revanche, Monsieur, avec quelle fermeté, avec quelle grandeur d'âme vous êtes-vous résolu à la fourber !

ÉRASTE.

Quelle raison peut-elle avoir eue ?

MERLIN.

Monsieur, elle veut être jeune en dépit de la nature ; en vous mariant, vous la feriez grand'mère, et le titre de grand'mère vieillit ordinairement une femme de quinze bonnes années des plus complètes.

ÉRASTE.

Il faudra bien, pourtant...

MERLIN.

Oh ! assurément, il faudra bien qu'elle la devienne ; vertu de ma vie ! vous n'êtes ni de taille ni d'humeur à mourir sans héritiers, je vous connais.

ÉRASTE.

Mon pauvre Merlin ! Je veux tenter aujourd'hui l'exécution de ce que nous avons projeté.

MERLIN.

Il faut savoir auparavant, au juste, dans quelle situation est le cœur de Madame votre mère pour le petit comte supposé.

ÉRASTE.

Elle l'aime à la fureur, je t'en réponds ! Angélique est charmante dans ce déguisement.

SCÈNE II.

MERLIN.

Elle s'y plaît assez à elle-même, et je ne sais si elle a autant d'empressement que vous de le voir finir.

ÉRASTE.

Pour moi, je ne puis vivre dans l'incertitude.

MERLIN.

On vous en tirera le plus tôt qu'on pourra ; Madame votre mère ne me soupçonne point d'être à vous.

ÉRASTE.

Comment le soupçonnerait-elle ? nous ne venons jamais chez elle, ni toi ni moi, que quand nous sommes sûrs de ne la point trouver.

MERLIN.

C'est une étrange mère, franchement ; et la noble aversion qu'elle a pour vous, mérite assez la petite friponnerie que nous allons lui faire.

ÉRASTE.

Mais, crois-tu que Champagne ait assez d'esprit ?

MERLIN.

Comment assez d'esprit ! C'est un de mes élèves : il fera la fausse marquise à merveille, ne vous mettez pas en peine. Lisette est dans vos intérêts ?

ÉRASTE.

J'ai tout lieu de le présumer.

MERLIN.

Assurez-vous-en. Et le notaire de Madame votre mère ?

ÉRASTE.

J'ai vaincu ses scrupules, il ne tient plus qu'à de l'argent.

MERLIN.

Il est bon homme ?

ÉRASTE.

Le meilleur homme du monde ; mais il m'a demandé mille écus pour me rendre un si bon office.

MERLIN.

Mille écus, c'est donner les choses pour rien ; je tirerai cette somme de Madame votre mère, et quelque chose de plus, même. Comme j'avais prévu que nous aurions besoin d'argent, j'ai déjà pris mes mesures, et la machine est toute trouvée. Voici Lisette.

SCÈNE III

ÉRASTE, LISETTE, MERLIN.

ÉRASTE.

Je l'attendais avec impatience. Eh bien ! ma chère Lisette, peux-tu me rendre un compte exact des sentiments de ma mère ? T'a-t-elle ouvert son cœur ? Crois-tu sa tendresse assez forte ?

LISETTE.

Cela passe l'imagination, et je ne sais pas si vous ne devriez point vous faire conscience d'avoir aidé à la mettre dans l'état où elle est.

MERLIN.

Comment conscience ! Une mère, parce qu'elle est maîtresse de tout le bien, se croira en droit de faire enrager Monsieur son fils ? Elle lui refusera son consentement pour un mariage honnête ; elle ne voudra lui faire aucune avance sur sa succession ? Et moi, qui fais profession d'être le vengeur des injustices, je verrai cela d'un œil tranquille ? Non ! je ne ferai point ce tort à ma réputation, et la bonne dame apprendra à se connaître en gens, sur ma parole !

LISETTE.

Un de mes étonnements, est qu'elle s'y connaisse si peu ; car enfin, quelque bon air qu'ait Mademoiselle Angélique, quelque peu embarrassée qu'elle soit de son déguisement, une fille n'est point faite comme un homme, et je m'apercevrais fort bien de la différence.

MERLIN.

Oh, diable ! tu es une connaisseuse.

SCÈNE III.

ÉRASTE.

Ma pauvre Lisette, garde-toi bien de rien dire qui puisse donner à ma mère aucun soupçon de la vérité.

LISETTE.

Ne craignez rien, je suis bonne personne ; mais dépêchez-vous de venir au fait, elle pourrait à la fin s'apercevoir que Monsieur le comte n'est qu'une comtesse.

ÉRASTE.

Elle a raison, il est temps d'agir.

MERLIN.

Agissons donc, j'y consens. Allez avertir Angélique de se rendre ici. Le chevalier de Pharnabasac veut être payé ; elle sait ce que cela signifie. Pour vous, attendez mes ordres chez le notaire, j'irai vous porter les trois cents louis moi-même. Adieu ! voici bientôt les moments qui décideront de votre destinée.

ÉRASTE.

Si vous me la rendez heureuse, je vous promets de la partager avec vous.

MERLIN.

Les belles paroles ne coûtent rien.

ÉRASTE.

Ce ne sont point de simples paroles ; tiens, Lisette, je suis fâché qu'il n'y ait que trente pistoles dans ma bourse, mais achètes-en des fontanges, je te prie.

LISETTE.

Voilà le plus heureux présage du monde.

MERLIN.

Monsieur ?

ÉRASTE.

Que veux-tu ?

MERLIN.

Ne trouvez-vous point que j'aurais besoin d'un petit chapeau ?

ÉRASTE.

Je n'aurai jamais rien qui ne soit à toi, sur ma parole.

SCÈNE IV

LISETTE, MERLIN.

MERLIN.

Te voilà assez bien enfontangée, à ce qu'il me semble?

LISETTE.

L'aimable petit homme, que ton maître !

MERLIN.

Tu ne l'avais jamais trouvé si joli?

LISETTE.

Moi ! je l'ai toujours aimé d'inclination ; il faut savoir tous les soins que j'ai pris, pour mettre l'esprit de Madame dans la situation dont nous avons besoin pour le succès de notre entreprise.

MERLIN.

Et penses-tu qu'il y soit? Là, parlons sérieusement : donne-t-elle de bonne foi dans le parfait amour ? Est-elle bien persuadée...

LISETTE.

Et comment voudrais-tu qu'elle ne le fût pas? Elle est vieillotte et très coquette. Un jeune garçon, ou qui paraît l'être, du moins, tout des plus beaux et des mieux faits, s'attache à lui en conter ; elle serait bien ennemie d'elle-même, si elle ne le croyait pas.

MERLIN.

Tu as raison.

LISETTE.

Il lui dit qu'elle est jeune et jolie : y a-t-il rien de plus facile à persuader? Elle est bien contente d'elle depuis quelque temps.

MERLIN.

Et les miroirs ne troublent-ils point un peu son petit contentement?

LISETTE.

Bon! les miroirs? je parierais qu'elle s'est mis en tête que le goût change pour les visages, et que les plus ridés deviennent les plus à la mode !

SCÈNE IV.

MERLIN.

Mais, en effet, il y a mille coquettes à Paris qui n'en portent point d'autres. Venons au fait. Est-elle prévenue que Monsieur le comte dépend d'un père avare, fâcheux, violent, impérieux, bourru, capricieux, brutal même ? Il était bon d'aller jusque là.

LISETTE.

Comme je sais que c'est toi qui dois faire ce père-là, j'en ai fait un portrait le plus impertinent qu'il m'a été possible.

MERLIN.

Fort bien. Lui a-t-on fait entendre que ce père a une fille qu'il aime tendrement, et qu'il veut absolument la voir mariée avant que de souffrir aucun établissement à Monsieur son fils ?

LISETTE.

Nous ne l'entretenons d'autre chose.

MERLIN.

Fort bien. C'est le nœud de l'affaire. Monsieur le comte a-t-il fait connaître adroitement à Madame Argante qu'il a besoin d'argent ?

LISETTE.

Elle en est parfaitement persuadée ; mais la dame est avare, je t'en avertis.

MERLIN.

Il n'importe, elle est amoureuse, je te réponds de tout ; tu n'as qu'à faire la guerre à l'œil, et à nous seconder Champagne et moi.

LISETTE.

Voici Madame, il serait bon qu'elle ne te vît pas.

MERLIN.

Cela ne gâtera rien, au contraire, j'ai une botte à lui porter.

SCÈNE V

MADAME ARGANTE, LISETTE, MERLIN.

MADAME ARGANTE.

Ah! ma pauvre Lisette, je me meurs de chagrin !

LISETTE.

Comment donc, Madame, qu'y a-t-il de nouveau ?

MADAME ARGANTE.

Je n'en puis plus, je suis au désespoir. Qui est cet homme-là ?

LISETTE.

C'est...

MADAME ARGANTE.

Quoi c'est ? Que veux-tu, mon enfant ? Qui t'amène ici ?

MERLIN.

C'est ma maîtresse qui m'y envoie, Madame.

MADAME ARGANTE.

Et qui est-elle, ta maîtresse ?

MERLIN.

La marquise de la Tribaudière, Madame ; j'apportais un billet de sa part à Monsieur le comte.

MADAME ARGANTE.

Un billet à Monsieur le comte ?

MERLIN.

Oui, Madame ; mais je vais dire à ma maîtresse que je ne l'ai point trouvé, et que j'ai eu seulement l'honneur de faire la révérence à Madame sa grand'mère.

MADAME ARGANTE.

Comment, grand'mère ? grand'mère, moi ! moi, grand'mère ! Mais, voyez un peu cet insolent ! Est-ce que j'ai l'air d'une grand'mère ?

LISETTE.

On ne peut pas se méprendre plus grossièrement.

SCÈNE V.

MADAME ARGANTE.

Il semble que tout soit fait aujourd'hui pour me désespérer !

LISETTE.

Que vous est-il donc arrivé ?

MADAME ARGANTE.

Je viens de rencontrer le petit comte dans un carrosse !

LISETTE.

Eh bien, Madame ?

MADAME ARGANTE.

Mon coquin de fils était avec lui !

LISETTE.

Quoi, Madame ! est-ce qu'ils se connaissent ?

MADAME ARGANTE.

Je ne crois pas ; mais Éraste aura su que nous nous aimons ; il lui va faire cent sots contes de moi.

LISETTE.

Oh ! Madame ! il a trop de respect...

MADAME ARGANTE.

Lui, du respect ? C'est un petit dénaturé, qui ne veut pas que je me marie.

LISETTE.

Le petit ridicule !

MADAME ARGANTE.

Il porte exprès des perruques brunes, et il dit partout qu'il a trente-cinq ans, pour m'empêcher de paraître aussi jeune que je le suis.

LISETTE.

Le méchant esprit ! il n'en a pas encore vingt, je gage ?

MADAME ARGANTE.

Assurément il ne les a pas ; et quand je le fis, j'étais si jeune, si jeune, que c'est un miracle que je l'aie fait.

LISETTE.

Et le petit ingrat ne vous sait point de gré d'avoir fait un miracle ?

MADAME ARGANTE.
Je me vengerai de son ingratitude, et je veux me dépêcher de devenir comtesse.
LISETTE.
Vous ne sauriez prendre un meilleur parti.
MADAME ARGANTE.
Tout ce qui m'inquiète, c'est que ce petit comte est bien joli homme ; et les jolis gens aujourd'hui sont rarement sans beaucoup d'intrigues.
LISETTE.
Et quand il en aurait, Madame, il ne devrait vous en paraître que plus aimable. De bonne foi, vous accommoderiez-vous d'un amant qui n'aurait aucun sacrifice à vous faire ?
MADAME ARGANTE.
Non ; mais je ne voudrais point un mari qui me sacrifiât à ses maîtresses.
LISETTE.
Ma foi, Madame, je répondrais bien de celui-ci, et je mettrais ma main au feu qu'il ne vous fera jamais d'infidélité.
MADAME ARGANTE.
Tu vois qu'on lui envoie des billets jusque chez moi ?
LISETTE.
Ce n'est pas sa faute.
MADAME ARGANTE.
Je saurai bien des choses, avant qu'il soit peu.
LISETTE.
Comment donc, Madame ?
MADAME ARGANTE.
Il y a une adroite de par le monde, qui, depuis quelques jours, prend soin d'observer sa conduite.

SCÈNE VI

MADAME ARGANTE, LISETTE, JASMIN.

JASMIN.
Voilà cette grosse Madame qui fut hier longtemps avec vous.

MADAME ARGANTE.

C'est elle qui vient m'apprendre des nouvelles. Demeure ici, Lisette, et si le comte vient, tu l'amuseras quelques moments.

SCÈNE VII

LISETTE, *seule*.

Oui, par ma foi, tout ceci pourrait bien ne pas tourner aussi heureusement que Monsieur Merlin se l'est imaginé ; cette femme est soupçonneuse, elle cherche à découvrir quelques intrigues de notre petit comte, et elle découvrira peut-être qu'il ne lui est pas possible d'en avoir. Mais, le voici.

SCÈNE VIII

ANGÉLIQUE (en habit d'homme), LISETTE.

ANGÉLIQUE.

Eh ! non, non ! mon enfant, dis à ta maîtresse que cela ne se peut. J'ai d'autres affaires... J'ai d'autres affaires, te dis-je ! Voilà trente fois que je te le répète ; fais-moi le plaisir de ne me plus importuner.

LISETTE.

Vous vous expliquez cruellement, et vous avez, à ce que je vois, plus de bonnes fortunes que vous n'en voulez.

ANGÉLIQUE.

Ah ! le fatigant métier que celui d'un joli homme ! Je ne le suis qu'en apparence, et je n'ai pas un moment à moi : femmes de robe, maltôtières, femmes de qualité, bourgeoises, on ne sait de quel côté tourner. Il y a la femme d'un banquier qui me persécute, et, partout où je suis, il pleut des grisons et des billets de sa part.

LISETTE.

Voilà de pauvres femmes bien mal adressées ! Est-il possible que tant de froideur ne rebute point les unes, ou ne fasse point ouvrir les yeux aux autres ? Je m'étonne que quelque rusée n'en devine point la véritable raison.

ANGÉLIQUE.

Parbleu ! je les défie toutes, tant qu'elles sont, de la deviner. Arrivée depuis trois mois seulement de la province la plus reculée, je n'ai commencé à briller dans le beau monde que sous ce déguisement ; et de l'air dont je fais le jeune homme, je donne aux yeux les plus pénétrants à démêler que je ne le suis pas.

LISETTE.

Oui, pour les airs de nos jeunes gens, vous les prenez tous à merveille, et il semble que vous les ayez étudiés toute votre vie.

ANGÉLIQUE.

Je les copie d'un bout à l'autre ; je n'ai de la complaisance que pour moi, des égards pour qui que ce soit, un *palsambleu!* ne me coûte rien devant des femmes de qualité, même je brusque de sangfroid la plus jolie personne du monde. Je suis insolent avec les personnes de robe, honnête et civil pour les gens d'épée ; pour les abbés, je les désole ; je prends force tabac d'assez bonne grâce, et je serais parfait jeune homme, si je pouvais devenir ivrogne.

LISETTE.

Il est vrai, c'est la seule chose qui vous manque ; mais toutes ces perfections ne serviront de rien pour votre affaire, et Madame Argante est peut-être détrompée à l'heure qu'il est.

ANGÉLIQUE.

Comment ?

LISETTE.

Elle vous a fait épier, et on lui rend compte de tout.

ANGÉLIQUE.

Ah ! je sais ce que c'est, son espion est à nous, on ne lui dit rien que Merlin n'ait dicté, et les

SCÈNE VIII.

soins qu'elle a pris ne serviront qu'à la mieux tromper.

LISETTE.

Cela est heureux ! elle vient de voir Éraste avec vous.

ANGÉLIQUE.

Nous l'avons bien voulu.

LISETTE.

C'est-à-dire, que nous touchons au dénoûment?

ANGÉLIQUE.

Je ne l'envisage qu'avec frayeur, et j'aurais voulu pouvoir être heureuse sans le secours de tous les artifices dont nous nous servons.

LISETTE.

Ces bons sentiments excusent tout ; c'est une belle chose que l'intention.

ANGÉLIQUE.

Merlin ne va-t-il pas venir ?

LISETTE.

Apparemment, vous êtes instruite de tout ce que vous avez à faire ?

ANGÉLIQUE.

Je sais mes rôles par cœur.

LISETTE.

Songez à vous en bien tirer. Je crois entendre Madame.

ANGÉLIQUE.

Tu ne me disais pas qu'elle était au logis. Si elle nous avait écoutées ?

LISETTE.

Elle pourrait avoir écouté sans avoir entendu, la salle est grande, et la bonne dame n'a pas l'oreille fine ; mais, pour plus de sûreté, cachez-vous un moment, et me laissez prendre langue. Dépêchez, vite, la voici ; elle ne paraît pas de bonne humeur.

SCÈNE IX

MADAME ARGANTE, LISETTE.

MADAME ARGANTE.

Eh bien ! Lisette, il n'est pas venu ?

LISETTE.

Non, Madame.

MADAME ARGANTE.

Le scélérat ! Il n'a envoyé personne ?

LISETTE.

Non, Madame.

MADAME ARGANTE.

Petit monstre de perfidie !

LISETTE.

Votre chagrin est encore augmenté.

MADAME ARGANTE.

Tu sais les termes où nous en sommes, et tu vois bien par ses manières, qu'il ne tient qu'à moi de l'épouser ?

LISETTE.

Eh bien ! Madame ?

MADAME ARGANTE.

Eh bien ! Lisette, il est dans la même disposition pour une douzaine d'autres !

LISETTE.

Pour une douzaine d'autres !

MADAME ARGANTE.

Il y a, entre autres, une certaine vieille marquise, avec qui l'on dit qu'il a des engagements très forts.

LISETTE.

Hâtez-vous de le prendre, Madame ; il vous échappera, vous n'avez point de temps à perdre. Le voici.

MADAME ARGANTE.

Ah ! ma pauvre Lisette, malgré tout ce qu'on m'en a dit, je n'aurai pas la force de le quereller.

LISETTE.

La pauvre femme !

SCÈNE X

MADAME ARGANTE, ANGÉLIQUE, LISETTE.

ANGÉLIQUE.

En vérité, Madame, il m'a fallu essuyer ce matin une fatigante conversation.

MADAME ARGANTE, *bas à Lisette.*

Mon coquin de fils aura parlé ; je l'avais bien prévu.

ANGÉLIQUE.

Le plaisant animal, qu'une vieille amoureuse !

LISETTE, *bas.*

Le beau compliment à lui faire !

MADAME ARGANTE.

Elles ne vous paraissent pas toutes si affreuses, Monsieur, et certaine marquise entre autres...

ANGÉLIQUE.

Oui, Madame, justement : c'est une marquise qui m'a tant ennuyé. La vieille folle !

LISETTE.

N'est-ce point elle qui vous envoie chercher, jusques ici ?

ANGÉLIQUE.

C'est elle-même, apparemment.

LISETTE.

Je ne sais point quel âge elle a ; mais son valet de chambre prend tout le monde pour des grand'mères. Demandez à Madame.

MADAME ARGANTE.

Tais-toi, Lisette, on n'a que faire de savoir ces sortes de bagatelles.

ANGÉLIQUE.

C'est une femme qui me désole, elle me perd de réputation. Comment, Madame, elle publie partout que je suis amoureux d'elle, que je brûle d'impatience de devenir son mari !

MADAME ARGANTE.

Il est vrai que toute la terre en parle de la même manière.

ANGÉLIQUE.

Ce bruit est venu jusqu'à vous?

LISETTE.

Vraiment, vraiment, il nous en est venu de bien plus terribles!

ANGÉLIQUE.

Quoi, Lisette?

LISETTE.

On a fait entendre à Madame, que vous êtes le héros de la coquetterie.

ANGÉLIQUE.

Moi, le héros! j'en suis le maître; et malgré toute la tendresse que j'ai pour vous, je serai forcé de vous quitter, et d'aller faire le reste de la campagne.

MADAME ARGANTE.

Le reste de la campagne! Que dites-vous?

ANGÉLIQUE.

Je suis accablé d'aventures; la plupart des jeunes gens sont à l'armée, toutes les coquettes de Paris me tombent sur les bras.

LISETTE.

Eh! mort de ma vie, qu'elles sont folles! Il y a tant d'autres gens qui ne savent que faire! Et la robe, ne fournit-elle pas d'aussi jolis hommes que l'épée? Il me semble, pour moi, qu'un jeune avocat, en été, vaut encore mieux qu'un vieux colonel, pendant le quartier d'hiver.

ANGÉLIQUE.

Tu as raison; mais les femmes du monde raisonnent-elles? Il n'y a que de l'étoile et du caprice dans tout ce qu'elles font.

LISETTE.

C'est-à-dire que vous êtes à présent l'objet de l'étoile et du caprice?

MADAME ARGANTE.

Monsieur le comte, ne vous en allez point, si vous ne voulez me désespérer!

SCÈNE XI.

ANGÉLIQUE.

Dites-moi donc ce que vous voulez que je fasse.

LISETTE.

Eh ! pourquoi tant hesiter? Vous vous aimez tous deux ; faut-il faire tant de façons ? Un bon mariage dans les formes guérira Madame de ses soupçons, et pourra vous mettre à couvert des persécutions qu'on vous fait.

MADAME ARGANTE.

Vous ne répondez point à cela, Monsieur le comte?

ANGÉLIQUE.

C'est à moi d'attendre que je sache ce que vous en pensez.

MADAME ARGANTE.

Lisette me paraît une fille de fort bon conseil.

LISETTE.

N'est-il pas vrai ?

ANGÉLIQUE.

Mais, Madame, à moins que cette affaire ne soit extrêmement secrète.

MADAME ARGANTE

Elle le sera ; j'ai un notaire, qui est la discrétion même. Lisette, qu'on fasse dire à Monsieur de Bonnefoy que je le prie de venir ici.

LISETTE, *bas*.

Voilà l'affaire en bon chemin.

SCÈNE XI

MADAME ARGANTE, ANGÉLIQUE.

MADAME ARGANTE.

Je ne sais que penser, Monsieur : vous voulez ménager mes rivales, puisque vous voulez éviter l'éclat?

ANGÉLIQUE.

Moi, Madame ! je les méprise toutes ; mais je vous ai parlé cent fois de l'humeur bizarre de mon père, je crains mille obstacles de sa part. Que sais-je si son caprice n'irait point jusqu'à ne pas souffrir ce mariage, quelque avantageux qu'il me puisse être, s'il ne trouvait en même temps un parti considérable pour ma sœur? Vous auriez de la peine à croire quel est son entêtement là-dessus.

MADAME ARGANTE.

Je vous aime trop; je crois tout ce que vous me dites, je veux tout ce que vous voulez; vous n'auriez pas de gloire à me tromper.

SCÈNE XII

MADAME ARGANTE, ANGÉLIQUE, LISETTE.

LISETTE.

Monsieur, voilà un Monsieur de Pharnabasac qui vous demande.

ANGÉLIQUE.

Pharnabasac, dis-tu? Pharnabasac?

LISETTE.

Oui, Monsieur Pharnabasac.

ANGÉLIQUE.

L'étrange homme que Monsieur de Pharnabasac, de me venir rendre visite chez Madame!...

MADAME ARGANTE.

Vous êtes le maître; qu'il vienne. Vous connaissez des noms bien hétéroclites, Monsieur le comte!

ANGÉLIQUE.

C'est un joueur, une espèce de fripon, même, je vous l'avoue, avec qui je prévois que j'aurai du bruit.

MADAME ARGANTE.

Comment, du bruit? Gardez-vous en bien; je devine ce que c'est, vous lui devez de l'argent?

ANGÉLIQUE.

Oui, Madame, une bagatelle, trois cents pistoles, qu'il m'a déjà demandées avec une insolence...

MADAME ARGANTE.

Je le crois bien : à son nom seul, je gagerais que c'est un brutal! Le voici. Quelle physionomie!

SCÈNE XIII

MADAME ARGANTE, ANGÉLIQUE, LISETTE, MERLIN.

MERLIN, *déguisé*.

Bonjour, Madame, votre valet.

ANGÉLIQUE, *bas à Lisette*.

Ah! Lisette, Merlin est ivre, tout est perdu.

MERLIN.

J'entre assez librement, comme vous voyez, mais c'est ma manière, et de tout temps, les Pharnabasac ont toujours été sans façon. Bonjour, ivrogne, c'est toi que je cherche.

MADAME ARGANTE.

Ce Monsieur le chevalier vient de faire la débauche?

MERLIN.

Non, Madame, mais j'ai bien dîné; et ma passion dominante, à moi, c'est de rendre des visites sérieuses, en sortant de table.

ANGÉLIQUE.

En vérité, Monsieur de Pharnabasac, vous prenez aussi mal votre temps?

MERLIN.

Je prends mal mon temps, dites-vous? Parbleu! mon cher, il me semble que pour vider les petits comptes que nous avons ensemble, je ne te puis mieux joindre que dans cette maison?

LISETTE, *bas à Angélique*.

Il vient au fait! ne vous effarouchez point.

ANGÉLIQUE.

Comment donc! que voulez-vous dire? Il semble que vous preniez Madame pour ma trésorière?

MERLIN.

Pourquoi non? Si elle ne l'est pas encore, il ne tiendra qu'à elle de la devenir. Voici une occasion des plus favorables, Madame, un petit gentilhomme d'aussi bon air vaut assez qu'on fasse quelque chose pour lui.

ANGÉLIQUE.

Il est ivre, Madame, comme vous voyez.

LISETTE, *à Angélique.*

Son ivresse est de bon sens, laissez-le faire.

MADAME ARGANTE.

Je le trouve impertinent dans toutes ses manières.

ANGÉLIQUE.

Je vais le brusquer, et l'obliger de sortir.

MADAME ARGANTE.

Le brusquer! non, n'en faites rien...

MERLIN.

Quelle petite conversation avez-vous là tous trois, en votre petit particulier? Vous parlez de moi, sur ma parole?

ANGÉLIQUE.

Il faut vous débarrasser de cet ivrogne.

MERLIN.

Le beau brin de femme! morbleu, le beau brin de femme!

ANGÉLIQUE.

Je ne m'attendais point à le voir dans cet état.

LISETTE, *à Angélique.*

Soutenez la gageure, vous dis-je.

MERLIN.

Je suis dans l'admiration, depuis les pieds jusqu'à la tête.

MADAME ARGANTE.

Il a du bon dans ses manières.

MERLIN.

Où ce petit fripon-là déterre-t-il les beautés? Cette marquise encore, elle est drue, elle est drue!

SCÈNE XIII.

ANGÉLIQUE.

Il ne sait ce qu'il dit.

MERLIN.

Et, à propos de cette marquise, tu n'es donc plus dans le goût de l'épouser? Voilà qui est fini? Tu as bien fait si tu ne l'épouses pas; pourtant tu seras obligé à de grandes restitutions.

MADAME ARGANTE.

Comment, Monsieur, des restitutions s'il ne l'épouse point? Expliquez-vous, s'il vous plaît.

MERLIN.

Ils auront quelques petits comptes à faire ensemble.

MADAME ARGANTE.

Parlez plus clairement, je vous prie.

MERLIN.

Il vous en coûtera quelques milliers de pistoles pour le tirer des mains de cette marquise.

MADAME ARGANTE.

Faites-moi comprendre cette énigme, Monsieur le comte.

ANGÉLIQUE.

Je n'y comprends rien moi-même.

MERLIN.

Il est engagé, au moins, ce jeune homme; mais baste, ce n'est pas là ce qui m'amène; parlons d'autres choses. Eh bien! qu'est-ce? Ces trois cents pistoles que tu me dois, n'es-tu point las de me les faire attendre? Madame va-t-elle me les compter? Veux-tu me donner une lettre de change sur quelqu'une de tes maîtresses?

MADAME ARGANTE.

Sur quelqu'une de ses maîtresses?

ANGÉLIQUE.

Il fait le mauvais plaisant, Madame. Si la patience m'échappe une fois...

MERLIN.

Cela m'est indifférent, moi; çà, dépêchons, je vous prie, j'ai d'autres affaires. Allons, Madame, de l'argent!

MADAME ARGANTE.

Mais, vraiment, Monsieur de Pharnabasac est un voleur de grand chemin !

MERLIN.

Vous pourriez vous énoncer plus civilement, Madame ; voleur de grand chemin ! Eh, morbleu ! je suis chez vous !

ANGÉLIQUE.

Écoutez, Monsieur de Pharnabasac, vous n'êtes pas en état qu'on vous parle raison ; si pourtant vous continuez à me fâcher, je vous la ferai entendre d'une manière...

MADAME ARGANTE.

Monsieur le comte, qu'allez-vous faire ?

MERLIN.

Il est violent, ce petit homme !

LISETTE.

Ils s'égorgeront dans votre chambre, si vous n'y mettez ordre.

MADAME ARGANTE.

Quel ordre y mettre, à moins de lui donner trois cents pistoles ?

ANGÉLIQUE.

Les lui donner, Madame, j'aimerais mieux mille fois...

LISETTE.

Eh ! le petit mutin ! Madame, il n'y a point d'autre parti à prendre.

MERLIN.

Non, s'il vous plaît, Madame, je ne les veux pas recevoir de votre main ; je ne prétends pas qu'on dise que je suis un voleur. Mais Monsieur me doit trois cents pistoles ; n'est-il pas juste qu'il me les paie ? La vérité est, que si je ne les ai tout à l'heure, d'une façon ou d'une autre, je vous estime et vous respecte, Madame, je ne veux point faire de bruit dans votre maison, mais j'aurai le plaisir de le tuer à votre porte.

MADAME ARGANTE.

Le plaisir de le tuer ? Ah ! juste ciel !

SCÈNE XIV.

MERLIN.

Je me moque de tout, moi.

MADAME ARGANTE.

Monsieur de Pharnabasac, je vais vous chercher de l'argent.

ANGÉLIQUE.

Non, Madame, n'en faites rien, je vous en conjure.

LISETTE.

Dépêchez-vous, Madame, ce n'est pas lui qu'il en faut croire. Le petit déterminé !

MADAME ARGANTE.

Monsieur le comte, venez avec moi ?

LISETTE.

Eh ! allez, allez, Madame, ne craignez rien, je les séparerai, s'ils se veulent battre.

MERLIN.

Nous battre ! Eh, morbleu ! pourquoi nous battre, puisque Madame nous accorde ?

MADAME ARGANTE.

Vous me promettez d'être sage ?

ANGÉLIQUE.

Je souscris à ce que vous voulez, mais je me fais une terrible violence pour vous obéir.

LISETTE.

Le petit cœur de lion ! Allez vite, Madame, allez vite.

SCÈNE XIV

ANGÉLIQUE, LISETTE, MERLIN.

MERLIN.

Est-elle partie ?

LISETTE.

Oui.

MERLIN.

Il me semble que pour un ivrogne, je me suis assez bien tiré d'affaire ?

ANGÉLIQUE.

Pourquoi donc affecter de le paraître ? Tu m'as d'abord fort embarrassée.

MERLIN.

Pourquoi, Madame ? C'est une petite fantaisie qui m'a pris en venant ici ; j'ai plus d'un rôle à jouer dans cette comédie, et l'air et le ton d'un ivrogne déguisent parfaitement un visage.

ANGÉLIQUE.

Où est Éraste ?

MERLIN.

Où vous l'avez laissé, chez Monsieur de Bonnefoy ; ils m'attendent, avec les trois cents pistoles.

LISETTE.

Sans cela, il n'y aurait donc rien à faire ?

MERLIN.

Non, mon enfant : point d'argent, point de notaire, c'est la coutume de Paris.

ANGÉLIQUE.

Ce commencement n'est pas malheureux.

MERLIN.

La marquise de la Tribaudière attend que le chevalier de Pharnabasac soit sorti, pour venir prendre sa place. Nous ferons faire du chemin à Madame Argante en peu de temps.

ANGÉLIQUE.

J'appréhende qu'elle ne se rebute.

MERLIN.

Ne le craignez point, j'ai de la pratique, et je connais les femmes. Une jeune personne se résout sans peine à perdre un amant, dans l'espoir d'en faire aisément un autre ; mais une vieille amoureuse craint de lâcher prise : ce serait passer pour n'y plus revenir.

LISETTE.

La belle morale !

MERLIN.

Elle est bien vraie, songez donc...

LISETTE.

Songe toi-même à reprendre ton sangfroid. Voici Madame.

SCÈNE XV

MADAME ARGANTE, ANGÉLIQUE, LISETTE, MERLIN.

MERLIN.

Oui, je vous le dis naturellement, moi, cette Madame Argante est mieux votre fait qu'aucune autre : une brave femme, belle, bien faite, jeune avec cela ; et qui dans les choses assurément, fait voir que... Ah ! Madame, je vous demande pardon, je disais librement mes petites pensées à ce petit jeune homme, je suis sans rancune. Qu'on me doive de l'argent, je le demande ; quand je suis payé, je n'en demande plus.

MADAME ARGANTE.

Il y a trois cents louis d'or dans cette bourse, Monsieur.

MERLIN.

Ce sont des louis neufs, Madame ?

MADAME ARGANTE.

Oui, vraiment.

MERLIN.

Valant douze livres dix sols pièce ?

MADAME ARGANTE.

Douze livres dix sols, je n'en ai point d'autres.

MERLIN.

Il serait malhonnête que vous payassiez les gens en vieille monnaie ; cela serait suspect, voyez-vous ?

ANGÉLIQUE.

Mon cher Monsieur de Pharnabasac, finissons, je vous prie : vous êtes content, serviteur.

MERLIN.

Votre valet, adieu, jusqu'au revoir. Voilà la plus obligeante personne que je connaisse !

12.

SCÈNE XVI

MADAME ARGANTE, ANGÉLIQUE, LISETTE.

ANGÉLIQUE.

Je suis au désespoir de cette aventure, et tout à fait confus de la manière dont elle se termine.

LISETTE.

Bon, confus ! Est-ce que les jeunes gens d'aujourd'hui rougissent de ces sortes de choses ? Il faut regarder ces trois cents pistoles comme un échantillon du présent de noces que Madame vous fait.

MADAME ARGANTE.

Monsieur de Bonnefoy va-t-il venir ?

LISETTE.

Un de vos laquais est allé chez lui : voulez-vous que j'en envoie encore un autre ? J'ai autant d'impatience que vous, et je voudrais déjà que tout fût signé.

ANGÉLIQUE.

Lisette est beaucoup dans mes intérêts.

LISETTE.

Vous ne m'en avez pas toute l'obligation, ce n'est que par rapport à Madame. Je suis franche, comme vous voyez.

SCÈNE XVII

MADAME ARGANTE, ANGÉLIQUE, LISETTE, JASMIN.

JASMIN.

Monsieur, il y a là-bas une dame dans un grand carrosse doré, qui vous demande.

MADAME ARGANTE.

Une dame, qui vous demande ?

SCÈNE XVII.

LISETTE.

Il semble que ce soit ici le bureau d'adresse !

ANGÉLIQUE.

Une dame qui me demande ? Quel contre-temps !

MADAME ARGANTE.

Que ne disiez-vous que Monsieur n'y était pas, petit animal ?

JASMIN.

Oh, dame ! Madame, je ne savais point que vous ne vouliez pas qu'il y fût.

ANGÉLIQUE.

Toutes sortes de malheurs m'arrivent !

LISETTE.

Ne devinez-vous point qui ce peut être ?

ANGÉLIQUE.

Cela n'est pas difficile ; un grand carrosse doré ; c'est la marquise assurément.

MADAME ARGANTE.

Cette marquise de la Tribaudière ?

ANGÉLIQUE.

Oui, Madame.

JASMIN.

Elle dit que vous vous dépêchiez de descendre, et que vous ne lui donniez pas la peine de vous venir quérir.

ANGÉLIQUE.

Ma pauvre Lisette, il faut que tu ailles lui parler, je te prie.

LISETTE.

Que lui dirai-je ?

ANGÉLIQUE.

Tu lui diras... Il vaut mieux que j'y aille moi-même.

LISETTE.

Elle vous enlèvera.

MADAME ARGANTE.

Demeurez ici, Monsieur le comte.

ANGÉLIQUE.

Eh bien donc ! Lisette, tu lui diras...

LISETTE.

Ma foi, vous lui direz vous-même. Elle s'est impatientée ; je crois que la voici.

ANGÉLIQUE.

C'est elle-même ; comment faire ?

MADAME ARGANTE.

Dépêchez-vous de la renvoyer.

SCÈNE XVIII

MADAME ARGANTE, ANGÉLIQUE, CHAMPAGNE (déguisé en marquise), LISETTE.

CHAMPAGNE.

Ma bonne dame, votre très humble servante. Sans ce gentilhomme, qui est toujours chez vous, à ce qu'on dit, je ne vous rendrais pas une visite aussi hors d'œuvre que celle-ci.

LISETTE, *bas*.

Voilà une marquise tout à fait honnête !

ANGÉLIQUE, *bas à Madame Argante*.

Ne la brusquez point, Madame, c'est une extravagante.

MADAME ARGANTE.

J'aurai bien de la peine à m'empêcher de lui dire son fait.

CHAMPAGNE.

Eh bien ! Monsieur, avez-vous bientôt fini ; viendrez-vous ? Votre père et mon neveu, le chevalier Jumeau, nous attendent.

MADAME ARGANTE.

En vérité, Madame, vous jouez un étrange personnage : courir ainsi après un jeune homme !

CHAMPAGNE.

Comment donc, Madame, qu'est-ce que cela signifie ? Ne doit-il pas être mon mari, ce jeune homme ?

SCÈNE XVIII.

MADAME ARGANTE.

Votre mari? lui, votre mari?

LISETTE.

Bon, cela commence fort bien!

MADAME ARGANTE.

Monsieur le comte, détrompez Madame, s'il vous plaît.

ANGÉLIQUE, *bas à Madame Argante.*

La détromper! c'est là sa folie, ne vous l'ai-je pas dit?

CHAMPAGNE.

Parlez, Monsieur, parlez! Quelles mesures gardez-vous, qui vous empêchent de dire naturellement la vérité?

ANGÉLIQUE.

Que me servirait-il de la dire, Madame? Ne vous ai-je pas là-dessus expliqué cent fois mes pensées?

MADAME ARGANTE.

Il est vrai qu'il faut être étrangement entêtée de chimères!

CHAMPAGNE.

Comment de chimères? Vous souffrez qu'on m'appelle chimère, Monsieur?

LISETTE.

Si la conversation s'échauffe, la marquise aura sur les oreilles.

CHAMPAGNE.

Parlez, Monsieur, parlez! N'ai-je pas la parole de votre père?

ANGÉLIQUE.

Je veux croire qu'il vous l'a donnée.

MADAME ARGANTE.

Quoi, Monsieur!

ANGÉLIQUE.

C'est pour cela que je vous recommandais le secret.

CHAMPAGNE.

Votre sœur ne doit-elle pas épouser mon neveu?

ANGÉLIQUE.
Il me semble que j'en ai ouï parler.

MADAME ARGANTE.
Vous ne m'en avez jamais rien dit?

ANGÉLIQUE.
A quoi bon vous entretenir de ces bagatelles?

CHAMPAGNE.
Ne donnerai-je pas à mon neveu le meilleur et le plus beau de mon bien en faveur de ce mariage?

ANGÉLIQUE.
C'est une condition que mon père exigeait de vous.

CHAMPAGNE.
Vraiment, s'il ne l'exigeait pas, je me garderais bien de me la faire moi-même. Vous devez, après sa mort, être le maître de tout son bien : n'est-il pas juste qu'il cherche à assurer la fortune de votre sœur?

ANGÉLIQUE.
Mon père a ses vues, Madame, et j'ai les miennes.

MADAME ARGANTE.
Tout ce qu'elle dit est donc vrai, Monsieur le comte?

CHAMPAGNE.
Oui, Madame, et je ne suis point une chimère, comme vous voyez.

MADAME ARGANTE.
Pourquoi me faire un mystère de tout cela?

ANGÉLIQUE.
Par quelle raison vous en importuner? Ai-je dessein de sacrifier ma tendresse aux intérêts de ma sœur?

CHAMPAGNE.
Ah! le dénaturé!

ANGÉLIQUE.
Ne suis-je pas prêt à désobéir à mon père?

CHAMPAGNE.
Le petit impie!

SCÈNE XVIII.

ANGÉLIQUE.

Et à faire serment à Madame, que je me donnerai plutôt la mort, que de me soumettre à l'épouser?

CHAMPAGNE.

L'insolent, à ma barbe oser s'expliquer de la sorte !

LISETTE.

Voilà ce qu'on peut appeler un sacrifice dans les formes.

MADAME ARGANTE.

Je suis charmée de son procédé.

ANGÉLIQUE.

Que je ne veux aimer que vous seule au monde?

CHAMPAGNE.

Et là, là, petit garçon, votre père vous rangera; donnez-vous patience.

ANGÉLIQUE.

Mon père est trop raisonnable, Madame, pour me forcer d'être la victime d'un entêtement comme le vôtre.

MADAME ARGANTE.

C'est une chose épouvantable, de persécuter de la sorte un enfant, que vous voyez bien qui ne vous aime point.

CHAMPAGNE.

Et fi, fi, Madame, vous devriez rougir, de me le débaucher comme vous faites!

MADAME ARGANTE.

De vous le débaucher, Madame? De quels termes vous servez-vous, s'il vous plaît?

CHAMPAGNE.

Je me sers de termes qui conviennent fort au sujet.

MADAME ARGANTE.

Je pourrais bien me servir de la seule manière qu'il y a d'y répondre.

ANGÉLIQUE.

Ah! Madame!

LISETTE.

Ne vous emportez point, Madame, Monsieur le comte vous vengera lui-même, et Madame sera assez punie de ne le point épouser.

CHAMPAGNE.

Je ne l'épouserais pas, moi ? J'aurai tout fait pour lui ? Dis le contraire, petit ingrat ; dis le contraire. Argent comptant, pierreries, et ma vaisselle même, j'ai sacrifié tout à tes folles dépenses ! Et je te souffrirais après cela dans les bras d'une autre !

ANGÉLIQUE.

Eh bien ! Madame, sont-ce là des titres pour me forcer à devenir votre époux malgré moi ?

LISETTE.

Bon ! si l'on épousait d'obligation toutes celles qui font ces extravagances, il y a mille jeunes gens qui auraient plus d'une douzaine de femmes !

CHAMPAGNE.

Je n'ai personne ici dans mes intérêts, mais ton père me fera raison de tes perfidies, je vais te l'amener : tu n'as qu'à l'attendre ! tu n'as qu'à l'attendre !

SCÈNE XIX

MADAME ARGANTE, ANGÉLIQUE, LISETTE.

LISETTE.

Nous amener Monsieur votre père ? Quelle aubade ! On dit que c'est l'homme du monde le plus extraordinaire.

ANGÉLIQUE.

Voilà ce que j'appréhendais le plus, je vous l'avoue.

MADAME ARGANTE.

Quelles mesures prendrons-nous ?

ANGÉLIQUE.

Je ne sais où j'en suis.

SCÈNE XIX.

LISETTE.

Il n'y a rien de plus embarrassant.

MADAME ARGANTE.

Ne peut-on point trouver quelque moyen ?

ANGÉLIQUE.

Cherche, invente, ma pauvre Lisette.

LISETTE.

Attendez.

MADAME ARGANTE.

As-tu imaginé quelque chose ?

LISETTE.

Il me roule de petits projets dans la tête : un peu de patience.

MADAME ARGANTE.

Dis-nous vite ce que c'est.

LISETTE.

Dites-moi un peu, avant toutes choses : Monsieur votre père est-il fort entêté de cette marquise ?

ANGÉLIQUE.

On ne peut pas plus, mais seulement à cause de ma sœur et de ce neveu qui doit l'épouser.

LISETTE.

Et du bien que la tante assure au neveu ?

ANGÉLIQUE.

Justement.

LISETTE.

Nous ne réduirons jamais ce père-là.

MADAME ARGANTE.

Par quelle raison ?

LISETTE.

Par la raison que vous n'avez point de neveu à donner à sa fille. Si Monsieur votre fils était un garçon à faire les choses de bonne grâce, encore, on pourrait raisonner sur ce principe. Je crois que le voici ; c'est le hasard qui vous l'amène.

MADAME ARGANTE.

Sa visite me peine autant que celle de la marquise.

SCÈNE XX

MADAME ARGANTE, ANGÉLIQUE, ÉRASTE, LISETTE.

ÉRASTE.

Il court un bruit dans le monde, Madame, qui ne me paraît point étrange, et je me suis toujours attendu... Mais, que vois-je? Serait-ce là le beau-père que vous me destinez?

ANGÉLIQUE.

Est-ce vous, Éraste, qui êtes le fils de Madame?

MADAME ARGANTE.

Que cela ne vous surprenne point, quoiqu'il paraisse déjà formé, il n'y a rien de plus jeune.

LISETTE.

Et quoique Madame soit sa mère, elle est pourtant aussi jeune que Monsieur son fils.

ÉRASTE.

Vous faites un bon choix, Madame; je n'aurai pas lieu de m'en plaindre, apparemment; et le comte est trop gros seigneur, pour se laisser gouverner par l'intérêt.

MADAME ARGANTE.

Tant que vous serez raisonnable, je ne chercherai point à vous chagriner.

ÉRASTE.

J'ai tout lieu de le croire ainsi; mais la marquise, comte, que dira-t-elle? Vous ne connaissez peut-être pas cette marquise, Madame? C'est une terrible femme, et qui a de grandes prétentions sur Monsieur le comte.

LISETTE

Nous ne la connaissons pas? Elle sort d'ici, et Madame votre mère aura grand besoin de vous dans cette affaire.

ÉRASTE.

Il n'y aura rien que je ne fasse pour l'obliger.

SCÈNE XX.

MADAME ARGANTE.

C'est une folle, qui ne sait ce qu'elle dit.

LISETTE.

Mais, outre la nécessité, Madame, s'il ne consent à épouser la sœur, le frère ne sera point pour vous, sur ma parole !

MADAME ARGANTE.

Mais, à moins que ce ne soit une nécessité indispensable...

LISETTE.

Mais outre la nécessité, Madame, en le mariant de cette manière, vous n'aurez pas le chagrin que de petits marmots vous appellent ma grand'maman ; et les enfants de Monsieur votre fils ne seront que vos neveux.

MADAME ARGANTE.

Tu as raison.

LISETTE.

La rencontre est tout à fait heureuse ; il faut qu'il prenne la place du neveu, vous dis-je.

ÉRASTE.

Qu'est-ce que la place du neveu ? Que veux-tu dire ?

LISETTE.

Oui, du neveu de Madame de la Tribaudière, par exemple. Il faudrait que vous prissiez la peine d'épouser une fort aimable personne, qui est la sœur de Monsieur le comte.

ÉRASTE.

La sœur du comte !

LISETTE.

Est-ce que vous la connaissez ?

ÉRASTE.

Si je la connais !

LISETTE.

Et vous auriez la bonté d'agréer que dans le contrat, Madame votre mère vous fît une donation de son bien comme à son beau-frère ? Auriez-vous bien la force de vous y résoudre ?

ÉRASTE.

Pour faire plaisir à Madame, je ferai tout ce qu'elle voudra.

LISETTE.

Quelle soumission !

ANGÉLIQUE.

Ah ! voici la marquise avec mon père.

SCÈNE XXI

MADAME ARGANTE, ANGÉLIQUE, ÉRASTE, LISETTE, MERLIN (déguisé en vieillard), CHAMPAGNE (déguisé en marquise.)

MERLIN.

Eh bien ! qu'est-ce ? où est-il, ce jeune homme ? Eh, morbleu ! Madame, n'ayons point de bruit ensemble : prêtez-moi mon fils pour une demi-heure.

MADAME ARGANTE.

Que je vous le prête, Monsieur ! je ne sais pas de quels mauvais contes Madame de la Tribaudière vous a prévenu.

CHAMPAGNE.

Je vous l'avais bien dit, que je l'amènerais.

MADAME ARGANTE.

Mais je ne suis pas cause de tout le mépris que Monsieur votre fils a pour elle.

CHAMPAGNE.

Vous voyez, Monsieur, comme on me traite ?

MERLIN.

Le mépris ne fait rien à la chose, Madame ; qu'on se méprise, qu'on se déteste, on ne laisse pas souvent de s'épouser. On en vit ensemble plus commodément. Allons, petit drôle, qu'on se range à son devoir.

ANGÉLIQUE.

Eh ! de grâce, mon père !

SCÈNE XXII.

MERLIN.

Tu l'épouseras.

ANGÉLIQUE.

Ne forcez point mon inclination.

MADAME ARGANTE.

Je ne lui fais pas dire, comme vous voyez.

MERLIN.

Il l'épousera, Madame, où je ne suis pas son père !

MADAME ARGANTE.

Ne vous rendez pas, Monsieur le comte.

MERLIN.

Voici tout à propos Monsieur de Bonnefoy, mon notaire, comme si je l'avais mandé.

LISETTE.

Votre notaire, Monsieur de Bonnefoy ! c'est bien le nôtre, s'il vous plaît. *(Bas à Merlin.)* L'affaire est en bon train, ne fais pas trop le difficile.

MERLIN.

Tout ira bien, ne te mets pas en peine.

SCÈNE XXII

MADAME ARGANTE, ANGÉLIQUE, ÉRASTE, LISETTE, MERLIN, CHAMPAGNE, MONSIEUR DE BONNEFOY.

MONSIEUR DE BONNEFOY.

A toute l'honorable compagnie, présente et à venir : Salut.

MERLIN.

Approchez, Monsieur de Bonnefoy, approchez.

MADAME ARGANTE.

Comment, Monsieur ? que voulez-vous faire ?

MONSIEUR DE BONNEFOY.

J'allais passer chez vous en sortant d'ici, Monsieur. J'ai sur moi vos contrats tout dressés ; il n'y a que les noms qui sont en blanc.

MERLIN.

Nous ne tarderons pas à les remplir. Avec votre permission, Madame.

MADAME ARGANTE.

Comment, Monsieur, vous prétendez passer vos contrats dans ma maison? je ne comprends rien à tout votre procédé.

MERLIN.

Cela sera fait dans un petit moment.

MADAME ARGANTE.

Monsieur de Bonnefoy, je déchirerai vos papiers.

ANGÉLIQUE.

Hé! laissez-le faire, Madame; je me tuerai plutôt que de rien signer contre mon sentiment.

MERLIN.

Ouais! Mais voici un petit fripon, qui devient bien rétif!

CHAMPAGNE.

Vous en étonnez-vous? c'est Madame qui le gâte.

ANGÉLIQUE.

Hé, mon père! rendez justice à votre choix et au mien. Examinez Madame la marquise; je lui demande pardon de parler ainsi devant elle, mais enfin elle m'y réduit; voyez son air et ses manières, et regardez sans prévention les charmes de Madame.

MADAME ARGANTE.

Sans vanité, il y a quelque différence.

MERLIN.

Oui, Madame de la Tribaudière a le visage plus mâle, à ce qu'il me semble.

ANGÉLIQUE.

Si vous m'avez donné la vie, ne me la rendez point insupportable.....

MERLIN.

Il m'attendrit!

LISETTE.

Courage, Monsieur!

SCÈNE XXII.

ANGÉLIQUE.

Et ne me contraignez point à la passer avec une personne que je ne puis souffrir !

MADAME ARGANTE.

Qu'il s'énonce agréablement !

MERLIN.

Oui vraiment, s'il s'explique au net ; qu'en dites-vous ?

CHAMPAGNE.

Je dis que tout cela ne m'étonne point. Vous me l'avez promis, je le veux avoir, ou votre fille n'aura ni mon bien, ni mon neveu.

MERLIN.

Ah ! vous l'aurez, Madame, vous l'aurez. Allons, allons, Monsieur de Bonnefoy, j'ai donné ma parole, elle est inviolable. Ecrivez.

MADAME ARGANTE.

Il fera bien d'aller écrire dans la rue.

ANGÉLIQUE.

Eh bien ! mon père, si l'établissement de ma sœur est une chose où vous soyez si sensible, il se rencontre ici une aventure merveilleuse.

MERLIN.

Comment ?

ANGÉLIQUE.

Ma sœur aime tendrement le fils de Madame, que vous voyez.

MERLIN.

Ma fille aime Monsieur ?

ANGÉLIQUE.

Oui, mon père, et Monsieur est passionnément amoureux d'elle.

MERLIN.

Ouais ! mais voici un amour bien prompt, je n'en avais jamais ouï parler.

MADAME ARGANTE.

Ni moi non plus, vraiment.

ÉRASTE.

Il y a quelque temps, Madame, que je voulus vous offrir là-dessus mon cœur, vous ne voulûtes pas m'écouter.

MADAME ARGANTE.

Quoi ! c'était elle ?...

ÉRASTE.

Elle-même, Madame. Nous en avons parlé cent fois, le comte et moi, sans qu'il sût ce que je vous suis, comme j'ignorais les engagements où il était avec vous.

MERLIN.

Je ne m'étonne pas que vous les ayez rencontrés tantôt ensemble.

MADAME ARGANTE.

Mais, vraiment, cela est tout à fait extraordinaire.

MERLIN.

Voilà des incidents qui veulent dire quelque chose, Madame la marquise.

CHAMPAGNE.

Ce ne sont que des chansons ; mais que Madame fasse pour Monsieur son fils, ce que je suis prête à faire pour mon neveu. Je lui donne soixante mille écus, en faveur de ce mariage.

LISETTE.

Soixante mille écus !

ANGÉLIQUE.

Si jamais je vous fus cher, Madame, il est temps de vous déclarer.

MERLIN.

Allons, à soixante mille écus ce jeune homme !

MADAME ARGANTE.

Et moi, je donne deux cent mille francs à Eraste.

ÉRASTE.

Que j'ai de grâces à vous rendre !

MERLIN.

A deux cent mille francs ! Une fois, deux fois ? A deux cent mille francs !

ÉRASTE.

Allons, Monsieur de Bonnefoy, remplissez du nom de Madame ; et marquez bien les deux cent mille francs.

SCÈNE XXII.

CHAMPAGNE.

Il me reste pour deux mille écus...

MERLIN.

Attendez, Monsieur, voici une enchère. Eh bien ! Madame ?

CHAMPAGNE.

Oui, j'ai encore pour deux mille écus de pierreries, que je m'oblige de donner à votre fille.

LISETTE.

Allons, ferme, Madame, il ne faut point laisser aller un si bon marché pour si peu de chose.

MERLIN.

A deux cent six mille six cent livres, à cause de la passe des écus !

MADAME ARGANTE.

J'en ai pour plus de vingt mille livres, dont je lui donne la moitié.

MERLIN.

A deux cent dix mille livres ! Une fois, deux fois. A deux cent dix mille livres. Ecrivez, Monsieur de Bonnefoy, adjugé à la plus offrante. Ne voudriez-vous point y mettre quelque chose de plus ?

CHAMPAGNE.

Oui, Monsieur ! C'est ainsi que vous me tenez ce que vous m'avez promis ?

MERLIN.

Que voulez-vous que je fasse, Madame ? je suis engagé de parole avec vous, j'en demeure d'accord ; mais, vous savez que depuis quelque temps, la parole est l'esclave de l'intérêt.

CHAMPAGNE.

Vous n'êtes pas encore où vous pensez ; je l'aurai, mort ou vif, et le chevalier Jumeau, mon neveu, n'est pas homme à souffrir qu'on fasse un affront de la sorte à sa tante de la Tribaudière.

SCÈNE XXIII

ÉRASTE, LISETTE, MERLIN, MADAME ARGANTE, ANGÉLIQUE, MONSIEUR DE BONNEFOY.

ÉRASTE.

Elle sort fort irritée.

LISETTE.

Vous voilà maîtresse du champ de bataille.

MERLIN.

Vous voyez comme je rends justice au mérite.

MADAME ARGANTE.

Je n'ai fait tout ceci que pour vous, Monsieur le comte.

ANGÉLIQUE.

J'y prends autant de part qu'Éraste, je vous assure.

MONSIEUR DE BONNEFOY.

Il n'y a plus qu'à signer.

MADAME ARGANTE.

Allons, Monsieur?

MONSIEUR DE BONNEFOY.

Non, Madame, signez, s'il vous plaît. Ces Messieurs ne signeront qu'après la fille.

MERLIN.

Oui, Madame, c'est la règle.

MADAME ARGANTE.

Vous savez mieux ces choses que moi.

MERLIN.

Voilà une maladie qui m'a bien donné de la peine. Eh bien! Monsieur, cela est-il dans les formes?

MONSIEUR DE BONNEFOY.

Il n'est plus question maintenant...

MERLIN.

Je vous entends. Holà! comte, accompagnez Monsieur jusqu'au logis; faites signer votre sœur, et l'amenez ici.

SCÈNE XXIV.

MADAME ARGANTE.

Il vaut mieux que nous l'allions trouver tous ensemble.

MERLIN.

Tous ensemble, Madame? non pas, s'il vous plait. Il y a certaines bienséances qu'il est bon d'observer. Je suis rigide en diable, moi, sur les bienséances.

LISETTE, *bas à Madame Argante.*

Ne vous a-t-on pas dit que c'était l'homme du monde le plus bizarre et le plus capricieux? Laissez-le faire, de peur de quelque inconvénient.

MADAME ARGANTE.

Il faut vouloir ce que vous voulez; mais, ne tardez pas, Monsieur le comte.

ANGÉLIQUE.

Je serai de retour dans un moment.

SCÈNE XXIV

MADAME ARGANTE, ÉRASTE, LISETTE, MERLIN.

MERLIN.

Voilà un petit drôle assez bien tourné, au moins!

LISETTE.

On n'a que faire de nous le dire.

MERLIN.

Vous n'avez jamais vu sa sœur?

MADAME ARGANTE.

Non, jamais.

MERLIN.

C'est encore un petit charme; elle lui ressemble comme deux gouttes d'eau. N'est-il pas vrai?

ÉRASTE.

C'est la plus adorable personne du monde, et je ne sais, Monsieur, comment vous exprimer..

MERLIN.

Le plus joli esprit : vous serez charmée d'avoir une belle-sœur comme elle ; car il ne faudra pas la nommer votre bru.

MADAME ARGANTE.

Non, vraiment.

MERLIN.

Et je ne prétends pas qu'elle vous appelle sa belle-mère.

LISETTE.

Cela serait ridicule.

MERLIN.

Le terme de belle-sœur a quelque chose de bien plus agréable à l'oreille.

MADAME ARGANTE.

Cela me paraît ainsi.

MERLIN.

Il y a quelque chose de trop sérieux dans l'autre.

MADAME ARGANTE.

Vous avez raison. Que veut cet homme ?

SCÈNE XXV

MADAME ARGANTE, ÉRASTE, LISETTE, MERLIN, LAFLEUR.

MERLIN.

C'est mon page, Madame. Le voilà bien essoufflé ?

LAFLEUR.

Ah ! Monsieur !

MERLIN.

Qu'as-tu ?

LAFLEUR.

Monsieur !

MADAME ARGANTE.

Qu'est-ce qu'il y a ?

SCÈNE XXV.

LAFLEUR.

Madame de la Tribaudière !

MERLIN.

Qu'a-t-elle fait ?

LAFLEUR.

Elle enlève Monsieur le comte !

MADAME ARGANTE.

Elle enlève Monsieur le comte ?

LISETTE.

L'effrontée, enlever un homme !

LAFLEUR.

Elle a le diable au corps ! Elle enlève aussi le notaire ! Elle les guettait au sortir d'ici.

MERLIN.

Madame de la Tribaudière enlève mon enfant ? Elle l'épousera.

MADAME ARGANTE.

Comment, Monsieur, elle l'épousera ?

MERLIN.

Est-ce que vous voudriez l'épouser, vous, après un tel affront ?

MADAME ARGANTE.

Cela ne déshonore point un jeune homme ; il faut faire vos diligences.

MERLIN.

Elles seraient inutiles, Madame. Cette Madame de la Tribaudière est une étrange femme, et je crains bien qu'on n'ait jamais aucunes nouvelles, ni d'elle ni de mon fils.

MADAME ARGANTE.

Ah ! juste Ciel ! que dites-vous !

MERLIN.

Et je suis si désespéré moi-même, que je crois qu'on n'entendra jamais parler du père.

MADAME ARGANTE.

Je meurs de chagrin. Ne m'abandonnez pas, Lisette. Je vais faire informer de tout ceci.

MERLIN.

Elle aura peine à trouver des témoins.

ÉRASTE.

Que je crains son ressentiment quand elle sera détrompée !

MERLIN.

Il faudra bien qu'elle prenne patience ; ne songez qu'à votre bonheur. Vous allez posséder Angélique, vous devez être content. Je voudrais de tout mon cœur que la compagnie le fût aussi.

Fin de la Folle Enchère.

LA PARISIENNE

COMÉDIE EN UN ACTE

REPRÉSENTÉE POUR LA PREMIÈRE FOIS LE 13 JUIN 1691.

PERSONNAGES :

OLYMPE, mère d'Angélique.
ANGÉLIQUE, amante d'Eraste.
LISETTE, suivante d'Olympe.
DAMIS, père d'Eraste
ERASTE, amant d'Angélique.
L'OLIVE, valet d'Eraste.
LAVIGNE, valet de Damis.
LISIMON, } amants d'Angélique.
DORANTE,

La scène est à Paris.

SCÈNE PREMIÈRE

DAMIS, LAVIGNE.

DAMIS, *toussant.*
Hem ! hem ! hem !

LAVIGNE.
Voilà une mauvaise espèce de rhume !

DAMIS.
Quand cette toux me tient une fois, j'ai toutes les peines du monde à m'en défaire.

LAVIGNE.
Cependant vous êtes jeune, et la force du tempérament...

DAMIS.

Oui, je suis jeune ; mais je suis presque toujours enrhumé. Hem ! hem !

LAVIGNE.

Cela n'est rien, Monsieur, et le mariage vous tirera d'affaire ; il faut qu'il emporte le rhume, ou que le rhume vous emporte, il n'y a pas de milieu. Entrez chez votre jeune maîtresse, puisque vous y voici ; sa présence seule, peut-être, adoucira l'aigreur de votre rhume.

DAMIS.

Au contraire, il augmente encore quand je me trouve auprès d'elle ; et comme elle est simple, ingénue, innocente enfin, chaque fois que je tousse, elle me fait de grandes révérences, comme si j'éternuais ; j'ai beau lui dire, elle n'en démord point, et cela me fait enrager.

LAVIGNE.

C'est une fille qui sait vivre.

DAMIS.

Elle n'a pas d'esprit, et c'est ce qui me la fait épouser plutôt qu'une autre ; car enfin, il faut que je me marie. Hem ! hem ! et je sens bien que je suis né pour la société.

LAVIGNE.

Vous avez raison. A votre âge, le moyen de demeurer veuf ?

DAMIS.

Mon fils est à l'armée malgré moi ; c'est un libertin, un évaporé, qui n'en reviendra pas ; et cela m'oblige en conscience de me marier, pour faire souche, et pour ne pas laisser périr la famille.

LAVIGNE.

Vos intentions sont bonnes, il en sera ce qui pourra.

DAMIS.

Va-t'en donner le bonjour de ma part à cette belle enfant.

LAVIGNE.

Venez le lui donner vous-même.

DAMIS.

Non, je vais achever de tousser chez mon notaire. Dis à Madame Olympe que je l'y attends, pour signer le contrat, ainsi que nous en sommes convenus. Hem ! hem ! va vite. Hem ! hem !

SCÈNE II

LAVIGNE, *seul*.

Le pauvre bonhomme, avec son envie de faire souche, il est bien pressé de faire le voyage dans l'autre monde ! Tant pis pour lui, c'est son affaire ; et la mienne est de pousser ma pointe auprès de la servante ; elle est jeune et jolie, et le mariage ne sera mortel, ni pour elle ni pour moi.

ÉRASTE, *derrière le théâtre*.

Quelle fatalité !

LAVIGNE.

J'entends quelqu'un : entrons, et voyons d'abord ma maîtresse ; j'aurai du temps de reste pour parler à celle de mon maître.

SCÈNE III

ÉRASTE, L'OLIVE.

L'OLIVE.

Le voilà bien fâché ?

ÉRASTE.

Ah ! que les enfants sont malheureux, dont les pères sont déraisonnables !

L'OLIVE.

Que les valets sont misérables, dont les maîtres sont amoureux !

ÉRASTE.

Quelle extravagance de m'être éloigné de Paris, pour m'en aller à l'armée !

L'OLIVE.

Quelle sagesse, d'avoir quitté l'armée pour revenir à Paris !

ÉRASTE.

Je suis né sous une planète bien malheureuse !

L'OLIVE.

L'affaire est touchante, je l'avoue.

ÉRASTE.

Fils d'un père puissamment riche...

L'OLIVE.

Il nous réduit par sa vilenie à vivre d'emprunt et de savoir faire.

ÉRASTE.

Oh ! je lui passe son avarice.

L'OLIVE.

Quelle bonté !

ÉRASTE.

Mais pour le désespoir, où il a réduit mon amour, je ne puis le lui pardonner.

L'OLIVE.

C'est une chose impardonnable, vous avez raison.

ÉRASTE.

En visitant une parente dans un couvent, j'y trouve une jeune personne toute charmante, toute adorable...

L'OLIVE.

Vous en devenez passionnément amoureux.

ÉRASTE.

Pouvais-je ne le pas devenir ?

L'OLIVE.

Bon ! le moyen de s'en empêcher ? J'en serais devenu fou, moi.

ÉRASTE.

Je lui rends des respects et des soins.

L'OLIVE.

Y a-t-il rien de plus naturel ?

SCÈNE III.

ÉRASTE.

Elle est sensible à ma tendresse, et j'obtiens d'elle la permission de la demander en mariage.

L'OLIVE.

Tout allait fort bien jusque-là.

ÉRASTE.

Je propose la chose à mon père.

L'OLIVE.

Ici, cela commence à mal aller.

ÉRASTE.

Il refuse d'y consentir.

L'OLIVE.

Il y a de la malice dans son fait; car de raison, il n'y en a point.

ÉRASTE.

Désespéré de ses refus, je me jette aux pieds d'Angélique; je la conjure de sortir du couvent, et de m'épouser en secret.

L'OLIVE.

Sans la crainte de sa mère, c'était une affaire faite; mais ce sont d'incommodes personnes que ces mères, et surtout, quand les filles sont timides.

ÉRASTE.

Enfin, outré de rage et de désespoir, je vais en Italie, attendre le moment favorable de pouvoir disposer de moi, sans le consentement de mon père.

L'OLIVE.

Ce moment favorable est venu, vous voilà majeur; et c'est grand dommage que vous ne trouviez plus votre maîtresse.

ÉRASTE.

Qu'est-elle devenue, mon pauvre l'Olive?

L'OLIVE.

Ne vous l'a-t-on pas dit? Sa mère l'a fait sortir du couvent, sans lui donner le temps de dire adieu à personne. On l'a vue depuis dans ce quartier, et peut-être y demeure-t-elle.

ÉRASTE.

Je ne serai point assez heureux pour l'y rencontrer.

L'OLIVE.

Pourquoi non? Il est bon de n'avoir rien à se reprocher. Ça, voyons, par où commencerons-nous?

ÉRASTE.

Demeure ici, promène-toi aux environs de ce quartier, et tâche d'apprendre des nouvelles, par le moyen de quelques personnes du voisinage.

L'OLIVE.

Laissez-moi faire.

ÉRASTE.

Pour moi, je retourne au couvent m'informer encore de quelques particularités que mon trouble et mon chagrin m'ont fait oublier de demander.

L'OLIVE.

Vous attendrai-je ici?

ÉRASTE.

Si tu découvres quelque chose, viens au plus vite me le dire.

SCÈNE IV

L'OLIVE, *seul.*

Il est à plaindre, et je conçois que c'est une triste occupation que celle de courir après sa maîtresse. Il n'en est pas de même d'une femme ; et, plût au Ciel que pendant notre voyage d'Italie, la mienne, qui ne sait ce que je suis devenu, se fût mis en tête de quitter Paris ! je ne la chercherais pas où je croirais la pouvoir trouver ! Mais, qu'est-ceci? Voilà, je crois, le valet du père de mon maître. D'où sort-il, et que cherche-t-il dans un quartier si éloigné?

SCÈNE V

LAVIGNE, L'OLIVE.

LAVIGNE.

Je pense que c'est l'Olive ?

L'OLIVE.

Il m'a vu, tenons bonne contenance.

LAVIGNE.

Eh! bonjour, Monsieur de l'Olive. Et depuis quand de retour ? Je te croyais dans le fond de l'Italie ?

L'OLIVE.

Paix! ne fais pas semblant de me voir, je suis ici *incognito*.

LAVIGNE.

Que diantre veux-tu dire, avec ton *incognito* ?

L'OLIVE.

Ah ! mon pauvre garçon, que la jeunesse est extravagante !

LAVIGNE.

La vieillesse ne l'est pas mal aussi.

L'OLIVE.

Assurément ; et le bonhomme, surtout, est un étrange personnage.

LAVIGNE.

C'est le plus beau fou qu'on ait jamais vu.

L'OLIVE.

Il ne lui manquait plus, quand nous partîmes, que de devenir amoureux, pour être un petit modèle de perfection.

LAVIGNE.

Il est donc parfait, rien ne lui manque.

L'OLIVE.

Est-il possible ?

LAVIGNE.

Que ton maître n'apprenne rien de ceci, au moins !

L'OLIVE.

Fi! Est-ce que je lui dis jamais ce que je ne veux pas qu'il sache? Ne crains rien.

LAVIGNE.

Son père a pris le temps de son absence pour se marier.

L'OLIVE.

Ah! le débauché, qui contracte un mariage clandestin! Et quelle malheureuse veut être la femme d'un homme de soixante-quatre ans, infirme, goutteux, avare, et de mauvaise humeur, comme lui?

LAVIGNE.

C'est une petite personne, qui n'a pas encore apparemment l'esprit de réfléchir sur ce qu'on lui fait faire, et qui dépend d'une mère qui la force à ce mariage.

L'OLIVE.

Ah! quel meurtre! Et tu souffres cela, toi? Tu n'as pas de conscience.

LAVIGNE.

La chose n'est pas encore bien conclue. Il y a, dans le logis, une certaine fille de chambre, qui n'est pas contente d'un assortiment si bizarre, et qui prendra soin des intérêts de la petite fille en dépit d'elle-même.

L'OLIVE.

Ma foi, je lui en sais bon gré. Il faut que ce soit une fille d'honneur que cette fille-là. C'est ta maîtresse à toi, apparemment?

LAVIGNE.

Belle demande! Cela peut-il être autrement?

L'OLIVE.

Elle est éprise de ton mérite?

LAVIGNE.

Je t'en réponds. Nous attendons, pour nous épouser, le certificat de la mort d'un mari qu'elle avait. S'il vient, à la bonne heure; s'il ne vient pas, on s'en passera.

L'OLIVE.

Cela est de fort bon sens. Et est-ce là le logis?

LAVIGNE.

Justement. Demeure ici quelque temps, tu pourras y voir entrer notre vieil Adonis.

L'OLIVE.

Non, je craindrais qu'il me vît, et nous ne voulons pas, mon maître et moi, qu'il nous sache ici.

LAVIGNE.

C'est-à-dire qu'il y a quelques amourettes en campagne?

L'OLIVE.

Ne va pas nous trahir, au moins ?

LAVIGNE.

Je n'ai garde ! Ne parle pas de ce que je t'ai dit ?

L'OLIVE.

N'ayez point d'inquiétude.

LAVIGNE.

Allons avertir le bonhomme que son fils est à Paris.

L'OLIVE.

Courons apprendre à mon maître l'extravagance de son père.

SCÈNE VI

LISETTE, L'OLIVE.

LISETTE, *l'arrêtant et l'amenant jusqu'au bord du Théâtre.*

Ah! double chien, c'est toi? Je te retrouve à la fin, après t'avoir si longtemps cherché !

L'OLIVE.

On ne peut éviter son malheur : c'est ma femme !

LISETTE.

Qu'as-tu fait, infâme, depuis que tu as tout déménagé de chez moi?

L'OLIVE.

Eh bien! qu'est-ce, mon enfant? De quoi s'agit-il? Si tu prétends crier, je m'en vais.

LISETTE.

Non, traître, tu ne m'échapperas pas!

L'OLIVE.

Parlons donc sans nous emporter, je vous prie.

LISETTE.

Comment, coquin, sans nous emporter?

L'OLIVE.

Oui, j'aime le sens froid, moi.

LISETTE.

Je ne sais qui me tient...

L'OLIVE.

Oh, oh, oh, si nous ne parlons doucement, la conversation finira mal, je vous en avertis!

LISETTE.

Abandonner ainsi sa femme!

L'OLIVE.

Me voilà retrouvé, de quoi te plains-tu?

LISETTE.

Me laisser sur le pavé, comme une malheureuse!

L'OLIVE.

Eh bien! ai-je une meilleure fortune? Qu'as-tu à dire?

LISETTE.

Me réduire à la nécessité de me mettre en condition!

L'OLIVE.

Le grand malheur! Est-ce que je ne sers pas aussi? Où demeures-tu? Ça, voyons, il faut faire une fin, et je suis las du libertinage.

LISETTE.

Tu fais le railleur, mais...

L'OLIVE.

Non, je te parle de bonne foi. Où demeures-tu, te dis-je? Es-tu dans tes meubles?

SCÈNE VI.

LISETTE.

Où je demeure? Je sers dans ce logis, où j'ai de la peine et du chagrin tout ce qu'on en peut avoir.

L'OLIVE.

Où, dis-tu?

LISETTE.

Dans cette maison.

L'OLIVE.

Oui? Ah, ah! par ma foi, j'en suis fort aise! Et Monsieur de Lavigne, comment le gouvernez-vous, je vous prie?

LISETTE.

Monsieur de Lavigne?

L'OLIVE.

Vraiment, ma petite femme, ma mie, vous êtes une jolie personne!

LISETTE.

Que veux-tu dire?

L'OLIVE.

Et le certificat, ma princesse, quand deviez-vous l'avoir?

LISETTE.

Il faut qu'il soit sorcier!

L'OLIVE.

Je vous en dois de reste, vraiment, et c'était à bonne intention que vous cherchiez de mes nouvelles.

LISETTE.

Oh! sans emportement, je vous prie; j'aime le sens froid aussi bien que vous.

OLYMPE, *derrière le théâtre.*

Lisette?

LISETTE.

On m'appelle: tu es bien heureux que je n'aie pas le temps de te faire expliquer.

L'OLIVE.

Eh! va, va, nous aurons du temps de reste; il suffit que je sache où te trouver.

SCÈNE VII

OLYMPE, LISETTE.

OLYMPE.

A qui parlais-tu là, Lisette ?

LISETTE.

C'est un de mes cousins, Madame, qui m'est venu dire des nouvelles de ma tante.

OLYMPE.

Que fait ma fille et pourquoi n'es-tu point auprès d'elle ?

LISETTE.

Elle m'a dit de la laisser seule. Elle est triste ; et je crois que pour la réjouir un peu, il lui faudrait une autre compagnie que la mienne.

OLYMPE.

Non, tout le monde lui déplaît ; c'est le couvent qui lui a donné cet engourdissement de cœur et d'esprit qui la rend insensible à tout.

LISETTE.

Cela pourrait être ; mais elle court risque d'être longtemps engourdie, et ce ne sera pas le mari que vous lui destinez, qui la tirera de son engourdissement, sur ma parole ! Un homme de soixante et cinq ans épouser une fille de seize ! Et où est la symétrie, Madame ?

OLYMPE.

Il ne s'en donne que cinquante, Lisette.

LISETTE.

C'est un fripon, Madame, il s'en dérobe plus d'une douzaine. Mais quand il ne s'en volerait point, de bonne foi, est-ce à une fille comme elle qu'il faut donner un homme comme lui ? Que diantre voulez-vous qu'elle en fasse ?

OLYMPE.

Eh ! que veux-tu qu'elle devienne ? Je l'aime et je ne cherche point à la contraindre ; mais je n'ai point de bien à lui donner ; et cette inégalité

SCÈNE VII.

d'âge, qui se trouve entre Monsieur Damis et elle, lui fera d'autant moins de peine, qu'elle n'a point encore assez d'esprit pour faire des réflexions.

LISETTE.

Oui; mais l'esprit vient aux filles, comme vous savez : elle réfléchira dans la suite, et ces réflexions tardives mènent quelquefois à de très dangereuses conséquences, et qui sait si elle n'a point déjà quelque secrète inclination ?

OLYMPE.

Cela ne se peut ; elle sort d'un couvent où elle n'a jamais vu personne.

LISETTE.

Elle soupire, elle pleure et ne dit mot; ce sont de grands préjugés.

OLYMPE.

Mais qui pourrait l'empêcher de me découvrir ses pensées?

LISETTE.

Les jeunes filles ne sont point libres avec leurs mères, Madame ; et la crainte de paraître quelquefois un peu trop formées pour leur âge, gâte toutes leurs affaires.

OLYMPE.

Ma fille est encore si simple et si fort innocente, que le nom même de l'amour est un terme inconnu pour elle. Elle n'a pas d'esprit, te dis-je.

LISETTE.

Eh ! mort de ma vie, Madame, ce n'est pas l'esprit qui donne de l'amour, c'est l'amour qui fait venir de l'esprit ! Ne précipitez point les choses, Madame ; on vous attend chez le notaire, allez-y, mais ne signez rien. La voici ; laissez-moi seule avec elle, je la ferai parler, ou elle aura perdu la parole.

OLYMPE.

Eh bien ! tâche de pénétrer ses pensées, et songe à mon retour à m'en rendre compte.

SCÈNE VIII

ANGÉLIQUE, LISETTE.

LISETTE, *à part*.

Dans quelle rêverie la voilà plongée ! Je suis toujours pour ce que j'en ai dit ; elle a quelque amourette en tête.

ANGÉLIQUE, *à part*.

Que je suis malheureuse ! Je n'ose confier mes chagrins à personne, et je serai peut-être la victime de ma timidité.

LISETTE, *à part*.

Sa cervelle est plus embarrassée que la mienne !

ANGÉLIQUE.

Ah ! Lisette, que fais-tu là ?

LISETTE.

Je vous regardais en pitié ; car je suis fort humaine, moi ; et je ne puis voir souffrir les personnes, que je n'aie une passion extraordinaire de les soulager.

ANGÉLIQUE.

Ah, ciel !

LISETTE.

Vous allez pleurer ? je m'en vais. Et de quoi vous sert-il de gémir, de soupirer ? On ne sait point au juste ce que cela veut dire. Parlez, on vous entendra ; et je répondrais quasi, moi, de donner bon ordre à ce qui vous chagrine.

ANGÉLIQUE.

Et que veux-tu que je te dise ?

LISETTE.

Ce que vous pensez.

ANGÉLIQUE.

Je ne pense rien.

LISETTE.

Ce sont des contes : à votre âge, il n'y a point de filles qui ne pensent quelque chose.

SCÈNE VIII.

ANGÉLIQUE.

Je ne suis pas comme les autres.

LISETTE.

Ouais! mais voici un étrange endurcissement! Vous me soupçonnez apparemment d'être indiscrète? C'est ce qui vous empêche de me déclarer vos petits sentiments; mais je vous avertis que je les devine, et qu'il ne tient qu'à moi...

ANGÉLIQUE.

Si tu les devines, Lisette, pourquoi me les demandes-tu?

LISETTE.

Pour en avoir l'aveu de votre propre bouche, et pour être en droit de vous offrir mes petits services.

ANGÉLIQUE.

Et quels services me voudrais-tu rendre, Lisette?

LISETTE.

Tous ceux dont vous auriez besoin.

ANGÉLIQUE.

Mais encore?

LISETTE.

Mais, par exemple...

ANGÉLIQUE.

Quoi, par exemple?

LISETTE.

Si ce mariage bizarre que votre mère s'est mis en tête vous faisait peine, on trouverait des moyens pour le rompre.

ANGÉLIQUE.

Et quels moyens pourrait-on trouver?

LISETTE.

Mais, par exemple, si vous aviez quelqu'autre vue, et que vous m'en fissiez confidence...

ANGÉLIQUE.

Eh bien! que ferais-tu pour moi?

LISETTE.

Voulez-vous encore un exemple?

ANGÉLIQUE.

Oui, oui, tes exemples sont tout à fait justes.

LISETTE.

D'accord; mais les choses mêmes sont plus sensibles. Allons, ne craignez point de m'ouvrir votre cœur, j'aime mieux vous interroger. Vous aimez quelqu'un apparemment, et ce serait une chose honteuse que vous n'aimassiez personne à votre âge; je me moquerais de vous la première, si vous ne saviez pas ce que c'est que l'amour.

ANGÉLIQUE.

Oh! je le sais, ne t'en moque point.

LISETTE.

Ah! bon cela, voilà qui me plaît. J'aime les personnes de bonne foi : expliquez-moi donc bien toutes choses, et ne me cachez rien surtout.

ANGÉLIQUE.

Mais interroge-moi donc, Lisette, si tu veux que je réponde !

LISETTE.

Il n'y a rien de plus juste : c'est un grand secours pour la pudeur, au moins. Premièrement, vous aimez quelque jeune homme, je gage?

ANGÉLIQUE.

Tu l'as deviné. C'est Eraste.

LISETTE.

Fort bien. Eraste? Voilà d'abord un nom qui m'intéresse. Eraste? Il a de l'esprit, cet Eraste?

ANGÉLIQUE.

Je n'en ai point assez pour m'y connaître.

LISETTE.

Il vous en viendra, donnez-vous patience.

ANGÉLIQUE.

Ah! si j'en puis avoir, je m'en servirai bien, je t'en réponds !

LISETTE.

Vous ne manquerez point de matière. Revenons à Eraste : vous l'aimez beaucoup?

SCÈNE VIII.

ANGÉLIQUE.

Oui, je l'aime ; mais je n'ai point de ses nouvelles.

LISETTE.

Comment ?

ANGÉLIQUE.

Il est à l'armée. Et pour n'être point la femme de Monsieur Damis...

LISETTE.

Eh bien ?

ANGÉLIQUE.

Tu ne m'interroges point sur ce que j'ai de plus pressant à te dire !

LISETTE.

Est-ce que pendant son absence vous avez fait quelque autre amant ?

ANGÉLIQUE.

Tu devines encore ; mais je suis bien embarrassée, ma pauvre Lisette.

LISETTE.

Ça, de quoi s'agit-il ? Voyons.

ANGÉLIQUE.

J'ai donné ici un rendez-vous à Dorante.

LISETTE.

Ah ! l'heureux petit naturel ! Et qu'est-ce que Dorante ? est-il de robe, officier, ou courtisan ? car, il faut qu'un amant soit quelque chose.

ANGÉLIQUE.

Il n'est de robe que les matins ; et les soirs, il porte une épée.

LISETTE.

Fort bien.

ANGÉLIQUE.

Sa sœur était avec moi dans le couvent, et c'est elle qui m'a priée de l'aimer.

LISETTE.

Quand deux filles sont bonnes amies, elles ont peine à se refuser.

ANGÉLIQUE.

Non, sans l'absence d'Eraste, je ne l'aurais jamais aimé.

LISETTE.

Les absents ont toujours tort, elle a raison. Mais enfin, que puis-je faire pour vous?

ANGÉLIQUE.

J'ai aussi fait dire à Lisimon qu'il pouvait venir.

LISETTE.

Encore un rendez-vous? Les belles dispositions de fille!

ANGÉLIQUE.

C'est ce qui m'inquiète, et je crains qu'ils ne viennent tous deux en même temps.

LISETTE.

Et pourquoi ne leur pas marquer des heures différentes?

ANGÉLIQUE.

Que veux-tu? je n'y ai pas songé; et la crainte d'être Madame Damis me trouble si fort l'imagination, que je ne sais ce que je fais. Mais le temps et les réflexions m'empêcheront dans la suite de faire de fausses démarches.

LISETTE, *à part.*

Voilà une petite personne qui ira loin, sur ma parole!

ANGÉLIQUE.

Que dis-tu?

LISETTE.

Moi? Je dis que je vous servirai de tout mon cœur, et que je vous en donne ma parole.

ANGÉLIQUE.

Je ne serai pas malheureuse, si tu ne m'abandonnes pas.

LISETTE.

Vous abandonner? Vous valez trop; et je ne vous quitterai de ma vie!

SCÈNE IX

ANGÉLIQUE, ÉRASTE, LISETTE, L'OLIVE.

L'OLIVE.

Oui, votre père va se marier, ce n'est point un conte.

ÉRASTE.

Eh! qu'il se marie mille fois! Que m'importe, pourvu que je retrouve ce que j'ai perdu?

ANGÉLIQUE.

Voici quelqu'un, rentrons au logis.

LISETTE.

C'est peut-être Dorante?

ANGÉLIQUE.

Non, ce n'est pas lui. Mais, que vois-je?

ÉRASTE.

Mon pauvre l'Olive, c'est Angélique!

L'OLIVE.

Eh! parbleu oui, c'est elle-même!

ANGÉLIQUE.

Ma chère Lisette, c'est Éraste!

LISETTE.

Éraste! Et qu'allons-nous faire des deux autres?

L'OLIVE.

Qu'avez-vous donc? Êtes-vous muet?

ÉRASTE.

Donnez-moi le temps de respirer.

LISETTE.

Est-ce que vous avez perdu la parole?

ANGÉLIQUE.

Je me meurs, soutiens-moi.

L'OLIVE.

Morbleu, voilà des gens qui s'aiment!

LISETTE.

Tu es un bon traître, toi; et tu m'aimes d'une belle manière !

L'OLIVE.

Je t'aimais autrefois ; mais le certificat m'a corrigé.

ANGÉLIQUE.

Eh ! d'où venez-vous, Éraste ? Qui vous a mandé qu'on m'allait marier ?

ÉRASTE.

On va vous marier, Madame ? Ah ! juste ciel ! cette aventure met le comble à mon désespoir.

L'OLIVE.

Attendez, attendez, Monsieur, ne nous pressons point de nous désespérer ; l'aventure n'est point si terrible. Premièrement, c'est Monsieur votre père qui est votre rival.

ÉRASTE.

Mon père ?

L'OLIVE.

Lui-même. Lavigne m'a tout conté : il allait épouser ma femme, lui.

LISETTE.

Que veux-tu dire ?

ANGÉLIQUE.

Lisette est ta femme ?

L'OLIVE.

Oui, Madame. Et si elle peut faire en sorte que vous deveniez celle de mon maître, je lui pardonnerai d'avoir eu dessein de n'être plus la mienne. Vous voyez ce que je fais pour votre service !

ÉRASTE.

Ma chère enfant, ne nous abandonne pas !

ANGÉLIQUE, *bas*.

Dorante et Lisimon vont venir, Lisette.

L'OLIVE.

Songe à m'apaiser : car, selon toutes les règles, je dois être fort en colère.

SCÈNE XI.

LISETTE.

Suivez-moi dans le logis, et reposez-vous sur mon petit savoir faire.

ÉRASTE.

Mais enfin, que résolvez-vous ?

ANGÉLIQUE.

Faites ce qu'elle vous dit, et me laissez seule disposer de certaines choses qui achèveront de me déterminer. (*A Lisette.*) Enferme-les dans mon cabinet, et viens me retrouver.

ÉRASTE.

Mais, que je sache...

LISETTE.

Allons, passez vite, nous n'avons point de temps à perdre.

L'OLIVE.

Songe à expier l'affaire du certificat, au moins !

LISETTE.

Bon ! bon ! voilà une belle bagatelle ! Tu es bien heureux que j'aie eu la patience de l'attendre.

SCÈNE X

ANGÉLIQUE, *seule*.

En vérité, c'est pourtant une chose embarrassante, que plusieurs amants à la fois ; et si j'avais pu compter sur le retour d'Éraste, je n'aurais point donné de rendez-vous à Dorante et à Lisimon. Une fille d'esprit ne tomberait point dans ces inconvénients ; mais, il me semble, pour moi, que dans l'incertitude, il est toujours bon de ne pas manquer faute de précaution. Eh bien, Lisette ?

SCÈNE XI

ANGÉLIQUE, LISETTE.

LISETTE.

Ils sont dans votre cabinet.

ANGÉLIQUE.

Les as-tu enfermés ?

LISETTE.

Ils ne peuvent sortir sans mon congé. Mais, pourquoi les tenir sous la clef, je vous prie ? Craignez-vous qu'ils vous échappent une seconde fois ?

ANGÉLIQUE.

Dorante va venir, et je suis bien aise d'être sûre qu'Eraste ne pourra rien entendre de notre conversation.

LISETTE.

Quoi ! vous prétendez les ménager...

ANGÉLIQUE.

Nullement. Je ne songeais à Dorante que depuis l'absence d'Eraste. Eraste est de retour, il m'aime, je n'ai plus que faire de Dorante.

LISETTE.

Avec tout cela, il y a une espèce de fidélité dans cette manière d'inconstance. Et Lisimon, que deviendra-t-il ?

ANGÉLIQUE.

Fi ! c'est un Gascon, un extravagant, que je ne souffrais que parce que je ne comptais pas trop sur Dorante !

LISETTE.

Voici quelqu'un.

ANGÉLIQUE.

C'est Dorante : tâchons de nous en débarrasser avant que Lisimon survienne.

LISETTE.

Eh ! dites-lui naturellement les choses : faut-il tant de ménagement pour un soupirant du Palais ?

ANGÉLIQUE.

Non, Lisette ; fais la gouvernante incommode : c'est un moyen sûr pour faire bientôt finir la conversation.

LISETTE.

Ma foi, vive Paris ! L'esprit ne vient point si vite aux filles de province !

SCÈNE XII

ANGÉLIQUE, DORANTE, LISETTE.

DORANTE.

Enfin, Madame, je m'arrache aux affaires les plus importantes, pour ne pas perdre le moment favorable de vous exprimer...

ANGÉLIQUE.

Je suis exacte, comme vous voyez ; mais ne parlez pas devant cette fille, elle redit tout à ma mère.

DORANTE.

Quelle contrainte ! Toujours obsédée d'une mère ou de ses surveillants.

LISETTE, *passant entr'eux.*

Monsieur, si c'est Madame Olympe que vous demandez, c'est à moi qu'il faut parler, s'il vous plaît ; si c'est Mademoiselle, c'est encore à moi.

DORANTE.

On ne peut donc manquer en s'adressant à vous... et je suis ravi d'avoir occasion... *(Il tire sa bourse.)*

LISETTE.

Ah ! fort bien, j'entends votre affaire : il n'est pas besoin de me dire à qui des deux vous en voulez. Mademoiselle, prendrai-je la bourse ?

ANGÉLIQUE.

Garde-toi bien de le faire !

DORANTE.

Que dites-vous ?

ANGÉLIQUE.

Que vous me perdez, Dorante.

DORANTE.

Ma chère enfant, soyez discrète, je ne vous demande pas autre chose.

LISETTE, *à Angélique.*

Elle paraît fort bien garnie.

DORANTE.

Plaît-il ?

ANGÉLIQUE.

Cette fille n'est point traitable, Dorante.

LISETTE.

Le ciel me préserve de l'être, j'aimerais mieux mourir ! C'est à mes soins qu'on vous a confiée, et je ne prétends pas qu'il soit dit dans le monde...

DORANTE.

Eh ! ne faites point de bruit, je vous en conjure, et gardez cela pour l'amour de moi.

LISETTE.

Il m'en prie de si bonne grâce...

ANGÉLIQUE.

Es-tu folle ?

LISETTE.

Fi, Monsieur, cela n'est ni beau, ni honnête à un homme de robe, de vouloir séduire de jeunes personnes ! Pour les gens d'épée, encore passe. Mais vous autres !... des défenseurs de la vertu, des protecteurs de l'innocence, sont les premiers à la corrompre ! Allez, encore une fois, cela n'est pas bien, et la justice est injuste de n'en pas faire quelque punition exemplaire.

DORANTE.

Mais, vraiment, c'est une espèce de folle que votre gouvernante !

LISETTE.

Comment folle ! je suis un dragon de vertu, entendez-vous ?

ANGÉLIQUE.

Adieu, je trouverai moyen de vous donner de mes nouvelles.

DORANTE.

Vous me le promettez ?

LISETTE.

Oh ! finissons donc. Adieu, Monsieur ; adressez-vous mieux une autre fois, et souvenez-vous que Lisette est une petite personne incorruptible !

DORANTE.

L'incommode chose qu'une fille de chambre honnête fille! On est bien heureux qu'elles soient rares.

ANGÉLIQUE.

Ah! Lisette, je crois que voici Lisimon. Dorante et lui vont se rencontrer, et je tremble qu'ils ne se querellent.

LISETTE.

Il faut faire entrer Dorante au logis, jusqu'à ce que vous ayez congédié Lisimon.

ANGÉLIQUE.

St, st, Dorante?

LISETTE.

Hé, là, là, revenez! Je ne suis pas si mauvaise que je pensais l'être.

DORANTE.

En vérité, vous êtes bien méchante!

LISETTE.

Ce n'est pas en faveur de la bourse, au moins.

DORANTE.

Elle est à vous.

LISETTE.

Je ne la prends pas; mais je vous la garde. Entrez vite dans le logis, et montez tout au haut de l'escalier; on ira bientôt vous en faire descendre. Ce sont de bonnes gens que ces Messieurs de la justice, les femmes en font tout ce qu'elles veulent.

SCÈNE XIII

ANGÉLIQUE, LISETTE.

ANGÉLIQUE.

As-tu perdu l'esprit, Lisette, d'avoir accepté la bourse de Dorante?

LISETTE.

Je ne sais comment cela s'est fait. Mais votre Lisimon ne vient point; apparemment, c'est la crainte de le voir qui vous a fait croire l'avoir vu?

ANGÉLIQUE.

Non, le voici, je ne me trompais point, c'était lui-même.

LISETTE.

Mort de ma vie! celui-ci n'a pas la physionomie si traitable que l'autre!

SCÈNE XIV

ANGÉLIQUE, LISIMON, LISETTE.

LISIMON.

Diantre soit fait des importuns! Deux petits collets, maltraités du lansquenet, Madame, qui, depuis un quart d'heure, m'arrêtent à cent pas d'ici. Et pourquoi? Pour de l'argent, que je suis fat de leur prêter! Mais il n'importe. *(A Lisette.)* Vous y perdez autant que moi, la belle. Ils vous ont volée; et sans savoir vous trouver ici, je vous avais destiné ma bourse.

LISETTE.

Oh! Monsieur...

LISIMON.

Je dis vrai, la peste m'étouffe! Eh bien! Madame, me voilà, que devenons-nous? J'ai du bien, je suis d'une noblesse distinguée et d'une profession à mériter quelque jour des emplois très considérables, apprenti maréchal de France. Je vous adore; vous m'aimez? Eh! croyez-moi, déclarons-nous. Il faudrait que votre maman eût perdu l'esprit pour ne pas consentir à ce mariage.

LISETTE.

Il n'a pas mauvaise opinion de sa petite personne.

ANGÉLIQUE.

Lisette, ma mère va bientôt rentrer, prends garde à ne point nous laisser surprendre.

LISETTE.

Ma foi, Mademoiselle, je ne réponds de rien. Le plus sûr serait de vous séparer et de prendre

SCÈNE XIV.

le temps d'une plus longue absence, pour vous entretenir avec plus de loisir.

ANGÉLIQUE.

Elle a raison, je rentre ; vous avez trop tardé, je crains que ma mère ne nous surprenne ensemble.

LISIMON.

Eh, fi ! les mères d'aujourd'hui ne sont pas si fort à craindre que vous le dites !

LISETTE.

Oh ! il y a des mères et des mères, Monsieur ; et la seule vue d'un plumet ou d'un justaucorps rouge ferait prendre à celle-ci des résolutions terribles contre sa fille.

LISIMON.

La pauvre dame ! elle n'est donc pas de ce monde ? Juger des gens par les habits ! Eh, cadédis ! les plus modestes ne sont pas les moins dangereux ! Mais, parlons net ; car je suis homme de réflexion ; cette mère que l'on craint tant, on ne la craint pas sans sujet. Dites, ai-je quelque rival qui se serve du pouvoir maternel pour se faire épouser par force ? N'hésitez point à me le dire, il n'en mourra pas, je vous en réponds. Je suis prudent, et je n'aime pas les affaires : ses deux oreilles me suffiront.

LISETTE.

Il n'y a rien de plus honnête, et vous jugez bien qu'après une assurance de la sorte, on ne vous ferait pas mystère de la chose.

ANGÉLIQUE.

Ah ! qu'il y a dans le monde des personnages dangereux, Lisette !

LISETTE.

Ce n'est que l'expérience qui apprend à les connaître.

LISIMON.

Vous hésitez à me répondre, et vous allez aux opinions. Le vent du bureau n'est pas bon pour moi ; mais je n'ai qu'une bagatelle à représenter. Je suis endiablé d'amour pour vous, et je ne suis pas seul, sans doute? Dans quelque moment de dépit contre un plus fortuné que moi, vous avez tantôt reçu mon message, et vous avez dit : oui, qu'il vienne. Ce dépit est passé, vous enragez d'avoir topé. Je comprends la chose à merveille ; mais je le connaîtrai, ce fortuné ; et il me sera garant de tout, sur mon honneur!

LISETTE.

Voilà Monsieur Damis.

ANGÉLIQUE.

Ah, ciel!

LISIMON.

Quoi? qu'est-ce? qu'avez-vous?

SCÈNE XV

DAMIS, ANGÉLIQUE, LISETTE, LISIMON, LAVIGNE.

DAMIS.

Un jeune homme avec Angélique!

LAVIGNE.

Ne toussez pas, vous les effaroucheriez.

ANGÉLIQUE.

Ma pauvre Lisette!

LISIMON.

Mon ressentiment vous émeut, c'est quelque chose. Adieu, Madame, je vous abandonne à vos réflexions. Je porte une épée, et le pistolet quelquefois. Tombe sur moi le firmament, si le drôle ne meurt de ma main!

SCÈNE XVI

DAMIS, LAVIGNE ANGÉLIQUE, LISETTE.

LAVIGNE.

Rassurez-vous, ce ne sont point des douceurs qu'il lui dit.

SCÈNE XVI.

LISETTE.

Il a entendu toute la fin de la conversation.

ANGÉLIQUE.

A la bonne heure. Ah, Monsieur, vous voilà! Si vous étiez venu quelque moment plus tôt, vous auriez eu, comme moi, une frayeur épouvantable.

DAMIS.

Que vous est-il donc arrivé? Parlez.

ANGÉLIQUE.

Donnez-moi le temps de me remettre, je vous prie.

DAMIS.

Comment? qu'est-ce que cette aventure, Lisette?

LISETTE.

Ce que c'est? demandez-lui à elle-même, elle vous contera mieux la chose que je ne pourrais faire.

DAMIS.

Eh bien?

ANGÉLIQUE.

Je viens de sauver la vie à un jeune homme qu'on a pensé tuer à mes yeux.

DAMIS.

Comment diantre?

LISETTE, *bas*.

Où ceci nous mènera-t-il?

ANGÉLIQUE.

Heureusement, j'ai eu le temps de le faire sauver dans le logis.

DAMIS.

Vous avez fort bien fait.

LISETTE, *bas*.

La petite rusée!

ANGÉLIQUE.

Sans mon secours, c'était un homme mort infailliblement.

LISETTE.

Il était impossible qu'il en échappât.

ANGÉLIQUE.

Le ciel vous a conduit ici bien heureusement pour achever ce que nous avons commencé.

DAMIS.

Comment?

ANGÉLIQUE.

Il faut, s'il vous plaît, Monsieur, que vous serviez d'escorte à ce pauvre garçon, et que vous ne le quittiez point qu'il ne soit en lieu de sûreté.

DAMIS.

En lieu de sûreté?

ANGÉLIQUE.

Oui, Monsieur, je vous en conjure.

LISETTE, *bas*.

La fourberie est bien naturelle aux filles !

DAMIS.

En lieu de sûreté? Mais puisqu'il est chez vous; qu'il y demeure ; à quoi bon s'exposer mal à propos?

ANGÉLIQUE.

Comment, Monsieur, qu'il y demeure? Ah, ciel ! un homme caché dans le logis sans l'aveu de ma mère ! Non, Monsieur, et je vous prie bien fort qu'elle ne sache rien de tout ceci.

DAMIS.

La pauvre enfant, sa simplicité me charme !

LISETTE.

Elle est sur toutes ces bagatelles, d'un scrupule qui surpasse l'imagination.

DAMIS.

Allez, allez, mignonne, il n'y a point de mal à cela, et je rendrai compte à votre mère de l'innocence de votre procédé.

ANGÉLIQUE.

Eh ! de grâce, si vous m'aimez, ne me refusez point ce que je vous demande. J'ai mille raisons pour le souhaiter.

LISETTE.

Allons, Monsieur, un peu de complaisance pour elle ; les jeunes filles s'embarrassent des choses les plus innocentes. Je vais le faire sortir.

DAMIS.
Allons donc, puisqu'il faut que j'en passe par là !
LAVIGNE.
Tu nous en donnes furieusement à garder.
LISETTE.
Tais-toi, sur les yeux de sa tête !
LAVIGNE.
Je suis bon prince. Et le certificat ?
LISETTE.
Il est arrivé ; mais, sois sage.

SCÈNE XVII

ANGÉLIQUE, DAMIS, LAVIGNE.

ANGÉLIQUE.
Vous voilà devenu rêveur, qu'avez-vous ?
DAMIS.
Moi ? je n'ai rien. Mais je songe que vous me faites faire une corvée bien inutile, et un personnage qui ne convient guère à mon âge. Moi, servir d'escorte à un jeune homme !
LAVIGNE.
Il serait plus naturel qu'il vous en servît ; mais, à la pareille. La première fois qu'on voudra vous tuer.....
DAMIS.
Lavigne ?
LAVIGNE.
Monsieur.
DAMIS.
Ne me quitte pas, au moins ?
LAVIGNE.
Je n'ai garde. J'escorte l'escorte, moi.

SCÈNE XVIII

ANGÉLIQUE, LISETTE, DAMIS, LAVIGNE, DORANTE.

LISETTE.

Au moins, en chemin faisant, n'allez pas oublier qu'elle vous a sauvé la vie, et que vous êtes avec un oncle qui n'entend point de raison sur le chapitre de sa nièce !

DORANTE.

Mais, quand puis-je espérer.....

LISETTE.

Laissez-moi faire.

DORANTE.

Je ne sais, Madame, comment reconnaître l'important service...

LISETTE.

Encore ? Eh ! trêve de cérémonie. Emmenez-les, Monsieur de Lavigne, ils se complimenteront en chemin.

LAVIGNE.

Elle a raison ; puisque c'est une chose qu'il faut faire, dépêchons-nous d'en être quittes. Que Monsieur marche le premier, vous le suivrez ; et moi, je ferai l'arrière-garde.

DORANTE.

Adieu, Madame.

DAMIS.

Ne t'éloigne pas.

LAVIGNE.

Ne vous mettez pas en peine. Voilà un bel ordre de bataille.

SCÈNE XIX

ANGÉLIQUE, LISETTE.

LISETTE.

Enfin, nous voilà débarrassées de tous nos importuns. Mais, Madame votre mère ne tardera pas à revenir : que ferons-nous de nos prisonniers ? Il faut se déterminer à quelque chose.

ANGÉLIQUE.

C'est ici que j'ai besoin de tes conseils, ma chère Lisette. Tu sais...

LISETTE.

Oui, je sais bien les conseils qu'il vous faut. Madame votre mère est bonne personne, déclarez-lui la tendresse que vous sentez pour Eraste ; pleurez, priez, embrassez ses genoux, elle n'aura jamais la force de résister à vos larmes.

ANGÉLIQUE.

Et moi, je n'aurai jamais celle de lui faire un pareil aveu.

LISETTE.

Eh bien ! je parlerai : avouez-moi de ce que je lui dirai seulement. Elle vient : voilà la clef de votre cabinet, allez entretenir votre amant, et me laissez le soin de vos affaires.

SCÈNE XX

OLYMPE, LISETTE.

LISETTE.

Vivat, Madame ! J'ai pénétré les secrets de Mademoiselle votre fille ; je sais la cause de ses chagrins ; et si vous êtes toujours dans les sentiments de ne la point contraindre, vous en ferez la plus heureuse personne du monde.

OLYMPE.

Tu dis, Lisette ?

LISETTE.

Qu'elle hait Monsieur Damis en perfection, et que si jamais elle est sa femme, elle a, Dieu merci, tout l'esprit qu'il faut pour le punir terriblement de l'avoir épousée par force.

OLYMPE.

Tu me dis là des choses de ma fille !...

LISETTE.

Oh! Madame, c'est en tout bien et en tout honneur, qu'elle a de l'esprit. Qu'on lui donne un mari qu'elle aime, je suis caution de sa vertu; mais, avec Monsieur Damis, je ne répondrais, ma foi, pas de la mienne.

OLYMPE.

Fais-la descendre, Lisette, je veux savoir ses sentiments de sa propre bouche.

LISETTE.

Mais, Madame, malgré tout son esprit, elle aura peine à s'expliquer, si vous ne l'enhardissez un peu.

OLYMPE.

Qu'elle vienne, je ferai ce qu'il faudra faire.

LISETTE.

Les choses sont en bon chemin.

SCÈNE XXI

OLYMPE, *seule*.

La résolution en est prise, je n'autoriserai point ma fille à manquer à ce qu'elle doit; et si quelque jour elle n'est pas contente, elle ne m'accusera pas du moins d'avoir sacrifié son repos à mon entêtement, ou à l'avarice.

SCÈNE XXII

DAMIS, LAVIGNE, OLYMPE.

LAVIGNE.

Eh bien! Monsieur, nous en voilà revenus, et nous avons fait une bonne action à peu de frais, comme vous voyez.

DAMIS.

Tais-toi, voici Madame Olympe. Je vous ai longtemps attendue chez mon notaire, Madame; mais, l'impatience...

OLYMPE.

Vous sortiez de chez lui quand j'y ai passé ; mais ce que je viens d'apprendre me console de ne vous y avoir pas trouvé.

DAMIS.

Et qu'avez-vous appris, Madame ?

OLYMPE.

Vous allez tout savoir. Vous êtes galant homme, et vous prendrez les choses du bon côté.

LAVIGNE.

Voilà un discours qui veut dire quelque chose, et qui ne veut rien dire de bon.

SCÈNE XXIII

OLYMPE, DAMIS, LISETTE, ANGÉLIQUE, LAVIGNE.

LISETTE.

Vous n'avez qu'à parler, vous dis-je.

ANGÉLIQUE.

Mais, Lisette.

OLYMPE.

Approchez, Angélique, et ne me déguisez rien ; vous n'avez point à vous plaindre de mes manières, et je ne vous faisais violence que parce que je ne croyais pas vous la faire.

ANGÉLIQUE.

Avant que je ne réponde à toutes vos bontés, permettez-moi, Madame...

DAMIS.

Qu'est-ce donc que cette cérémonie, Madame ? Je regarde, j'écoute, et je n'y comprends rien.

ANGÉLIQUE.

Monsieur, c'est que je ne vous aime point ; et Madame a la bonté de vouloir bien que je vous le dise.

DAMIS.

Quoi ! Madame, vous autorisez un discours de la sorte dans les termes où nous sommes ?

OLYMPE.

Que voulez-vous, Monsieur? J'ai cru les sentiments de ma fille conformes aux miens, et je me suis trompée. Voudriez-vous la rendre malheureuse en forçant son inclination?

DAMIS.

Le serait-elle en m'épousant?

ANGÉLIQUE.

Oh! pour cela oui, Monsieur, et je vous jure que nous ne serions contents ni l'un ni l'autre!

LISETTE.

Elle a de l'esprit, au moins, cette petite personne; et si vous l'épousez, je vous garantis qu'il lui en viendra cent fois davantage.

DAMIS.

Eh bien! à la bonne heure, elle m'en aura obligation.

LISETTE.

Oui; mais, gare la reconnaissance! Les filles de Paris la poussent loin quelquefois.

OLYMPE.

Vous voyez, Monsieur, que ma fille...

ANGÉLIQUE.

Moi, Madame, je ferai tout ce que vous commanderez; mais, je ne conseille pas à Monsieur de souhaiter que vous me commandiez d'être sa femme....

DAMIS.

Lavigne?

LAVIGNE.

Ma foi, Monsieur, si j'étais en votre place, je ne m'y fierais que de la bonne manière.

ANGÉLIQUE.

Je satisferais au devoir de fille, en vous obéissant, Madame, et je remplirais les devoirs de femme, en donnant à Monsieur tous les chagrins imaginables.

LAVIGNE.

Monsieur, vous auriez beau tousser, elle ne vous ferait plus de révérences.

SCÈNE XXIII.

LISETTE.

Vous vouliez une femme sans esprit, celle-ci n'est point votre affaire.

ANGÉLIQUE.

Pourquoi, Lisette? Ce n'est pas par esprit, c'est par antipathie naturelle que j'ai de la répugnance pour Monsieur.

LAVIGNE.

De toutes ses bonnes qualités, il ne lui est demeuré que de l'ingénuité.

OLYMPE.

Après cela, Monsieur, vous voyez bien qu'il n'y a pas d'apparence...

DAMIS.

Quoi, Madame?...

LISETTE.

Croyez-moi, Monsieur, ne nous réduisez point à la nécessité de vous tromper. Vous croiriez n'être que le mari de Mademoiselle, et vous seriez le plus souvent son maître de cérémonies. Par exemple, ce jeune Monsieur que vous venez de conduire si bonnement...

DAMIS.

Eh bien! ce jeune homme que je viens de conduire?

LISETTE.

C'est un de vos rivaux : l'auriez-vous cru?

OLYMPE.

Comment donc?

LISETTE, *à Olympe.*

Ne vous effarouchez point, il n'en est rien.

DAMIS.

Quoi! ce jeune homme est amoureux de vous?

ANGÉLIQUE.

Oui, Monsieur, et je vous suis fort obligée de la peine que vous avez bien voulu prendre.

DAMIS.

Ah! je suis enragé, quelle hardiesse!

LISETTE.

Oh ! ne vous fâchez point, Monsieur, vous n'y êtes pas encore. Ce justaucorps rouge qui vous a paru si brutal.

DAMIS.

Eh bien ?

LISETTE.

Autre soupirant de Mademoiselle.

ANGÉLIQUE.

Ne l'auriez-vous pas aussi ramené chez lui, Monsieur, si je vous en avais prié ?

LISETTE.

Belle demande ! C'est le meilleur homme du monde que Monsieur Damis !

DAMIS.

Oh ! parbleu, je vous ferai bien voir le contraire dans la suite !

LISETTE.

Il nous reste encore dans le cabinet de Mademoiselle un jeune homme avec son valet de chambre.

OLYMPE.

Quoi, ma fille ! un homme dans votre cabinet ?

ANGELIQUE.

Elle ne sait ce qu'elle dit, Madame.

DAMIS.

Il faut approfondir cette affaire, Madame, et voir un peu...

LISETTE.

Vous verrez un jeune homme, vous dis-je, nouvellement arrivé de l'armée, qui n'a point encore de logis arrêté, à qui Monsieur aura la bonté de donner un appartement chez lui, s'il lui plait.

DAMIS.

Qu'est-ce à dire, un appartement chez moi ?

LISETTE.

Oui, Monsieur, puisque vous reconduisez les autres, vous ne pouvez moins faire pour celui-ci. C'est le véritable, au moins, je vais vous l'amener.

LAVIGNE.

Cette pièce de cabinet sera quelque chose de fort curieux à voir, apparemment.

SCÈNE XXIV

OLYMPE, DAMIS, ANGÉLIQUE, LAVIGNE.

OLYMPE.

Serait-il possible, ma fille, que vous vous fussiez oubliée jusqu'au point...

ANGÉLIQUE.

Ne me condamnez point avant que de m'entendre, Madame, deux mots suffiront pour me justifier.

DAMIS.

La peste ! Quelle innocente ! Où diantre m'étais-je fourré ?

SCÈNE XXV

DAMIS, ÉRASTE, OLYMPE, ANGÉLIQUE, LISETTE, L'OLIVE, LAVIGNE.

ÉRASTE.

Mon père, ce n'est qu'en tremblant que j'ose paraître.

OLYMPE.

Son père !

DAMIS.

Eh ! vraiment oui, Madame, c'est mon fils !

LAVIGNE.

Je vous l'avais bien dit, qu'il était revenu.

OLYMPE.

Que deviendra tout ceci, Monsieur ?

DAMIS.

Ce que cela deviendra ?

LAVIGNE.

Monsieur, vous ne vouliez vous remarier que pour faire souche, et Monsieur votre fils fera mieux que vous.

OLYMPE.

Quelle est votre résolution, Monsieur ?

DAMIS.

Ma résolution, Madame, est qu'on les marie, et tout au plus vite, ils seront fort bien ensemble, il n'y aura du moins qu'un ménage de gâté.

ÉRASTE.

Ah! mon père, que je vous suis redevable!

DAMIS.

Ne vous pressez point de me remercier, Monsieur mon fils.

LISETTE.

Oh! il ne sait pas si bien vivre que vous, et il ne reconduira personne.

DAMIS.

Tais-toi, insolente! On te mettra dehors, toi, et je veux que ce soit le premier article du contrat.

ÉRASTE.

Puis-je me flatter, Madame...

OLYMPE.

Ma fille vous aime, cela me suffit : puissiez-vous être longtemps heureux!

L'OLIVE.

Et nous, Lisette ; à quand la noce?

LISETTE.

Voilà le certificat qui m'est venu, il n'y a rien a faire.

L'OLIVE.

Comment?

LAVIGNE.

Oui, mon cher Monsieur de l'Olive, je vous certifie que, grâce au ciel, je me porte bien ; et que, pour mes péchés, c'est-là ma femme.

L'OLIVE.

Quoi! c'est ta femme?

LAVIGNE.

Oui, mon enfant, et je voudrais qu'il me fût permis de m'en défaire en ta faveur, je ferais volontiers les frais de la noce ; je crois ma foi que j'y gagnerais encore.

Fin de la Parisienne.

LES
BOURGEOISES A LA MODE

COMÉDIE EN CINQ ACTES

REPRÉSENTÉE POUR LA PREMIÈRE FOIS LE 15 NOVEMBRE 1692.

PERSONNAGES :

M. SIMON, notaire.
ANGÉLIQUE, femme de Monsieur Simon.
M. GRIFFARD, commissaire.
ARAMINTE, femme de Monsieur Griffard.
MARIANNE, fille de Monsieur Simon.
LISETTE, fille de chambre d'Angélique.
Madame AMELIN, marchande.
LE CHEVALIER, amoureux de Marianne.
FRONTIN, intrigant.
M. JOSSE, orfèvre.
JASMIN, laquais d'Angélique.

La scène est à Paris, dans le logis de Monsieur Simon.

ACTE PREMIER

SCÈNE PREMIÈRE

LE CHEVALIER, FRONTIN.

LE CHEVALIER.

Eh bien! Frontin, as-tu donné mon billet à Lisette?

FRONTIN.

J'arrive comme vous, je n'ai encore vu personne; mais j'ai appris en ville une très fâcheuse nouvelle.

LE CHEVALIER.

Quelle nouvelle ? De quoi s'agit-il ?

FRONTIN.

Il faut quitter ce pays-ci.

LE CHEVALIER.

Et la raison ?

FRONTIN.

Il s'y forme un orage épouvantable.

LE CHEVALIER.

Comment ?

FRONTIN.

On a fait de mauvais rapports à la justice.

LE CHEVALIER.

A la justice ! Que veux-tu dire ?

FRONTIN.

Ce jeune homme à qui vous gagnâtes, l'autre jour, ces deux mille écus qu'il venait de toucher pour faire cette compagnie de cavalerie...

LE CHEVALIER.

Eh bien ?

FRONTIN.

Il est fâché de les avoir perdus.

LE CHEVALIER.

Tu me dis là une belle nouvelle ! Eh ! qui en doute ?

FRONTIN.

Ce n'est pas tout : il a eu l'indiscrétion de s'en plaindre.

LE CHEVALIER.

Tant pis pour lui !

FRONTIN.

Tant pis pour vous !.. car on informe.

LE CHEVALIER.

Que cela ne t'embarrasse point, je me tirerai bien d'affaire.

FRONTIN.

Ecoutez, vous menez une vie diablement libertine, franchement.

ACTE I, SCÈNE I.

LE CHEVALIER.

Cela commence à me fatiguer, je te l'avoue.

FRONTIN.

Nous sommes furieusement décriés dans Paris.

LE CHEVALIER.

Si le dessein que j'ai peut réussir, je réparerai cela quelque jour.

FRONTIN.

Il n'y a presque plus que cette maison où vous ne soyez pas tout à fait connu.

LE CHEVALIER.

Il faut tâcher d'en profiter.

FRONTIN.

C'est bien dit : attrapons encore ces gens-ci, et faisons grâce au reste de la nature.

LE CHEVALIER.

La petite fille de Monsieur le notaire chez qui nous sommes, l'aimable et jeune Marianne, est un des meilleurs partis qu'il y ait à Paris.

FRONTIN.

Et sa belle-mère, Madame la notaire, une des plus grandes dépensières qu'il y ait au monde : il ne lui manque que de l'argent.

LE CHEVALIER.

C'est une femme de fort bon sens, qui aime les plaisirs, le jeu, la compagnie ; et, depuis deux jours, je me suis avisé de lui persuader de donner à jouer chez elle, pour avoir occasion d'y venir plus souvent, et pouvoir entretenir Marianne de la tendresse que j'ai pour elle.

FRONTIN.

Cela est fort bien imaginé. Mais, Monsieur le notaire, que dira-t-il de cela ?

LE CHEVALIER.

Lui ? c'est un bonhomme qui n'a presque pas le sens commun.

FRONTIN.

Cependant, il n'a pas le goût mauvais ; il est amoureux d'Araminte, comme vous savez.

LE CHEVALIER.

De la femme du commissaire ?

FRONTIN.

Justement. C'est moi qui suis le confident de cette affaire.

LE CHEVALIER.

Ne le voilà pas mal adressé : Araminte et sa femme sont intimes amies.

FRONTIN.

Cela ne gâtera rien ; au contraire, si elles ont de l'esprit, elles profiteront de l'aventure. Et pour vous, si vous en usez bien avec moi, car enfin nous nous connaissons, comme vous savez, il faut être bon prince ; nous tâcherons de vous faire épouser Marianne. Voici déjà votre billet que je vais donner à Lisette. Allez, cependant, songer à faire taire ce petit homme aux deux mille écus. Dans l'affaire où vous allez vous embarquer, une aventure d'éclat ne vaudrait pas le diable.

SCÈNE II

FRONTIN, *seul*.

L'heureuse chose que d'être né avec de l'esprit ! Oh ! pour cela, Monsieur le chevalier est un des premiers hommes qu'il y ait au monde. Le jeu, les femmes, tout ce qui sert à ruiner les autres, est ce qui lui fait faire figure ; et tout son revenu n'est qu'en fonds d'esprit. Patience, je ne dis mot ; mais, ma foi, s'il ne fait ma fortune avec la sienne, je gâterai bien ses affaires.

SCÈNE III

FRONTIN, LISETTE.

LISETTE.

Ah ! ah ! c'est toi ? Bonjour, Frontin.

FRONTIN.

Bonjour Lisette. Ta maîtresse est-elle habillée ?

ACTE I, SCÈNE III.

LISETTE.

Oui, mais c'est une grande merveille, et nous n'avons pas coutume d'être si diligentes.

FRONTIN.

Eh! sais-tu bien qu'il est près de midi?

LISETTE.

Cela ne fait rien. Comme nous ne nous couchons que le matin, nous ne nous levons que le soir ordinairement.

FRONTIN.

Et vous vous promenez toute la nuit?

LISETTE.

Oh! cela va bien changer. Monsieur le chevalier a conseillé à Madame d'établir ici, avec Araminte, de petites parties de plaisir et de jeu. Nous ne sortirons plus si souvent, et dans le fond, il y a quelque raison. Il vaut mieux recevoir chez soi compagnie, que de l'aller chercher en ville.

FRONTIN.

Et le mari sait-il quelque chose de ce dessein?

LISETTE.

Non, pas encore. Mais quand cela sera, ne le verra-t-il pas bien sans qu'on lui dise? C'est un homme qui n'est pas tout à fait le maître, comme tu sais.

FRONTIN.

Bon! pour faire la femme de qualité, on dit que ta maîtresse le fait quelquefois passer pour son homme d'affaires?

LISETTE.

Le grand malheur! Est-ce ici la seule maison de ta connaissance où les maris ne sont que les premiers domestiques de leurs femmes?

FRONTIN.

Il y a mille bourgeoises dans ce goût-là.

LISETTE.

Il n'est rien tel que de mettre les gens sur un bon pied.

FRONTIN.

Oh! diable, pour bien dresser un mari, tu es la première fille du monde!

LISETTE.

Venons au fait. Qu'est-ce qui t'amène ici ?

FRONTIN.

Bien des choses. J'y viens de la part d'Araminte, de celle de Monsieur le chevalier, et de la mienne.

LISETTE.

Comment, de la tienne ?

FRONTIN.

Oui, mon enfant, j'ai une impatience terrible de devenir ton premier domestique.

LISETTE.

Rien ne presse encore. Veux-tu parler à Madame ?

FRONTIN.

Oui, vraiment, comme laquais d'Araminte, j'ai un billet à lui rendre.

LISETTE.

Eh bien ! viens, tu n'as qu'à me suivre.

FRONTIN.

Et, attends ! attends ! Comme valet de chambre de Monsieur le chevalier, j'ai des affaires sérieuses à te communiquer.

LISETTE.

Comment donc, tu te mêles de bien des métiers, à ce qu'il me semble ?

FRONTIN.

Il est vrai, je suis le garçon de France le plus employé. Valet de chambre de l'un, laquais de l'autre, grison de celle-ci, espion de celle-là. Je fais tout avec une discrétion admirable. Dans la plupart des aventures dont je me mêle, je suis presque toujours pour et contre ; je conduis quelquefois les affaires de la femme et celles du mari tout ensemble. Je sais toujours tout, et ne dis jamais rien, et je ne cherche qu'à faire plaisir à tout le monde.

LISETTE.

Voilà un fort joli caractère : mais, dis vite, qu'as-tu à me faire savoir de la part du chevalier ?

ACTE I, SCÈNE III.

FRONTIN.

Qu'il est amoureux de Marianne.

LISETTE.

De Marianne?

FRONTIN.

Oui, d'elle-même; et il m'a chargé de te la demander en mariage.

LISETTE.

En mariage? à moi!

FRONTIN.

Est-ce que tu ne sais pas que pour épouser des filles de bourgeois, ce n'est pas aux pères que de jeunes gens de condition s'adressent à présent?

LISETTE.

Non.

FRONTIN.

Non vraiment, cela était bon autrefois; mais aujourd'hui les manières sont bien différentes: on prend seulement l'aveu de la petite fille; on tâche d'avoir l'agrément de la fille de chambre, et quand on ne peut plus cacher la chose, on en informe la famille.

LISETTE.

Cela est de fort bon sens. Monsieur le chevalier a-t-il expliqué son amour?

FRONTIN.

Ses yeux ont tâché de se faire entendre.

LISETTE.

Eh bien?

FRONTIN.

Ceux de Marianne n'ont rien compris: mais pour rendre la chose plus intelligible, voilà un petit billet que tu es priée de lui faire lire.

LISETTE.

Très volontiers.

FRONTIN.

Nous en aurons bientôt réponse?

LISETTE.

C'est ce que je ne sais point; Marianne n'est pas souvent avec sa belle-mère. Monsieur le notaire, qui est bourgeois depuis les pieds jusqu'à la tête, ne veut pas que sa fille prenne les manières de sa femme, et nous n'avons point avec elle tout le commerce qu'elle voudrait bien avoir avec nous.

FRONTIN.

Voici ta maîtresse.

SCÈNE IV

ANGÉLIQUE, FRONTIN, LISETTE.

ANGÉLIQUE.

Il n'est encore venu personne? Ah! te voilà? Que veux-tu, Frontin?

FRONTIN.

Vous rendre un billet d'Araminte, Madame.
(A Lisette.)
Songe à celui de Monsieur le chevalier.

LISETTE.

Ne te mets pas en peine.

ANGÉLIQUE, *après avoir lu.*

Voilà qui est bien. Puisqu'elle doit venir, il n'y a point de réponse, je la lui ferai moi-même.

SCÈNE V

ANGÉLIQUE, LISETTE.

ANGÉLIQUE.

Lisette?

LISETTE.

Madame.

ANGÉLIQUE.

Mon mari est amoureux d'Araminte!

ACTE I, SCÈNE V.

LISETTE.
Lui, Madame! serait-il possible?

ANGÉLIQUE.
Elle me l'écrit.

LISETTE.
Et vous n'êtes pas plus intriguée?

ANGÉLIQUE.
Intriguée? Par quelle raison? Cette femme est de mes amies, et tu sais que je ne suis pas jalouse.

LISETTE.
Vous avez raison, la jalousie est une passion bourgeoise, qu'on ne connaît presque plus chez les personnes de qualité.

ANGÉLIQUE.
Fi! cela ne mérite pas seulement que l'on y fasse attention! Parlons d'autre chose. Sais-tu bien que je commence à me repentir de m'être laissée persuader de donner à jouer chez moi?

LISETTE.
Et comment donc? Quoi, vous ne savez jamais ce que vous voulez! Mort de ma vie, vous êtes bien plus femme qu'une autre!

ANGÉLIQUE.
Oh! ne me querelle donc point, je te prie, tu me mettrais de mauvaise humeur.

LISETTE.
Eh! comment ne vous pas quereller? Il ne tient qu'à vous d'être parfaitement heureuse : belle, jeune, bien faite, spirituelle, vous êtes aimée de tous ceux qui vous voient, et vous avez le bonheur de n'aimer personne que votre mari, que vous n'aimez guère; vous êtes sans aucune passion dominante, que celle de vos plaisirs; vous avez en moi une fille dévouée à tous vos sentiments, quelque déraisonnables qu'ils puissent être, et vous ne cherchez qu'à troubler la tranquillité de votre vie par des inégalités perpétuelles!

ANGÉLIQUE.
Que veux-tu que je te dise? je suis dans des situations qui ne me plaisent point du tout.

LISETTE.
De quoi vous plaignez-vous ?

ANGÉLIQUE.
De quoi je me plains ? N'est-ce pas une chose horrible que je ne sois que la femme d'un notaire ?

LISETTE.
Oui, et d'un notaire qui s'appelle Monsieur Simon encore : cela est chagrinant, je vous l'avoue, et vous n'avez ni l'air, ni les manières d'une Madame Simon.

ANGÉLIQUE.
N'est-il pas vrai que j'étais née pour être tout au moins marquise, Lisette ?

LISETTE.
Assurément. Mais aussi, Madame, ne faites-vous pas comme si vous l'étiez ?

ANGÉLIQUE.
Non vraiment, ma pauvre Lisette, je n'ose médire de personne, je ne puis risquer la moindre petite querelle avec des femmes qui me déplaisent. Je suis privée du plaisir de me moquer de mille ridicules. Enfin, Lisette, quand on a de l'esprit, il est bien fâcheux, faute de rang et de naissance, de ne pouvoir le mettre dans tout son jour.

LISETTE.
Eh! pourquoi vous contraindre? Qui vous retient? Abandonnez-vous toute à votre génie, commencez par donner à jouer, recevez grand monde ; il y a mille bourgeoises des plus roturières qui n'ont point d'autre titre pour faire les femmes de conséquence.

ANGÉLIQUE.
Eh bien! n'en parlons plus, Lisette, c'en est fait, me voilà déterminée.

LISETTE.
Nous avons déjà dans nos intérêts un commissaire, Madame, le mari d'Araminte ; et ce n'est pas peu de chose à Paris, pour des joueuses de profession, que la faveur d'un commissaire !

ANGÉLIQUE.

Ne comptons point trop là-dessus : le mari d'Araminte est un homme fort extraordinaire, et qui n'aime point à faire plaisir à sa femme.

LISETTE.

Il n'importe, je veux vous ménager sa protection, moi, laissez-moi faire. Ce qui m'embarrasse le plus, c'est que nous ne sommes pas bien en argent comptant.

ANGÉLIQUE.

Et que je ne sais quel tour faire à mon mari pour en attrapper; l'affaire de mon diamant l'a déjà mis dans une colère épouvantable.

LISETTE.

Il commence pourtant à croire que vous l'avez, en effet, perdu, et il me semble que nous pourrions à présent risquer de le vendre ?

ANGÉLIQUE.

Point du tout, il a fait courir des billets chez les orfèvres.

LISETTE.

Eh bien! mettons-le en gage, Madame, c'est de l'or en barre.

ANGÉLIQUE.

Je suis trop lasse des usuriers;

LISETTE.

Vous avez pourtant l'air d'en avoir encore longtemps affaire.

SCÈNE VI

ANGÉLIQUE, LISETTE, JASMIN.

JASMIN.

Madame Amelin, votre marchande de modes...

LISETTE.

C'est de l'argent qu'elle vous demande.

ANGÉLIQUE.

Je n'en ai point à lui donner.

LISETTE.

Comment faire?

ANGÉLIQUE.

Il me prend envie de lui en emprunter, Lisette : elle est fort riche, cette Madame Amelin.

LISETTE.

Lui en emprunter! vous n'y songez pas?

ANGÉLIQUE.

Pourquoi non ? c'est une commission que je te donne.

LISETTE.

A moi, Madame ?

ANGÉLIQUE.

A toi-même. Voilà ce diamant que mon mari croit perdu, tu as de l'esprit...

LISETTE.

J'ai de l'esprit? Mais Madame Amelin...

ANGÉLIQUE.

Elle aura intérêt de me faire trouver de l'argent pour être payée.

LISETTE.

La voici.

SCÈNE VII

ANGÉLIQUE, MADAME AMELIN, LISETTE.

ANGÉLIQUE.

Eh! bonjour, Madame Amelin, il y a mille ans que je ne vous ai vue, et cependant je suis sur vos parties.

MADAME AMELIN.

Oh! Madame, ce n'est pas là ce qui m'amène ici.

LISETTE.

Bonjour, Madame Amelin.

ANGÉLIQUE.

Combien vous dois-je, Madame Amelin?

MADAME AMELIN.

J'ai là vos parties, Madame, si vous vouliez bien prendre la peine...

ANGÉLIQUE.

Volontiers, je n'aime point à devoir.
(*Elle lit*) :
Premièrement, pour avoir garni l'épaule gauche de Madame... Vous vous moquez, Madame Amelin, ce n'est pas là mon mémoire?

MADAME AMELIN.

Je vous demande pardon, Madame : c'est celui d'une comtesse dont je ne puis tirer d'argent. Je lui ai, depuis six mois, fourni trois paires de hanches, il n'y a pas moyen que j'en sois payée!

LISETTE.

Ce sont pourtant là les choses qu'on devrait payer comptant, pour ne pas faire crier les marchands.

MADAME AMELIN.

Voilà votre mémoire, Madame.

ANGÉLIQUE.

Voyons? *Pour l'idée d'une coiffure extraordinaire.* Ah! je me reconnais à la coiffure; mais votre mémoire est furieusement long : vous croyez que je lirai tout cela, Madame Amelin? je suis trop paresseuse!

MADAME AMELIN.

Voyez seulement le total, Madame, s'il vous plaît?

ANGÉLIQUE.

Somme totale : trois cent dix livres.

LISETTE.

Il n'y a que trois cent dix livres! En vérité, Madame, il vous en coûte bien peu pour être mieux mise que les autres!

ANGÉLIQUE.

Lisette, allez dire à mon homme d'affaires qu'il vous donne trois cent dix livres; dépêchez... N'entendez-vous pas? trois cent dix livres... cela est-il si difficile à comprendre!

LISETTE.

Non, Madame, je comprends fort bien ; trois cent dix livres.

ANGÉLIQUE.

Eh bien ! puisque vous comprenez, cela suffit : allez vite.

LISETTE.

Voilà de l'argent bien comptant pour Madame Amelin !

SCÈNE VIII

ANGÉLIQUE, MADAME AMELIN.

ANGÉLIQUE.

Le commerce que vous faites, vous donne bien de la peine, Madame Amelin ?

MADAME AMELIN.

Oui, Madame, et l'on ne gagne pas grand'chose, comme vous voyez.

ANGÉLIQUE.

La pauvre femme ! Vous faites quelquefois des pertes considérables ?

MADAME AMELIN.

Il m'est dû plus de dix mille livres, dont je n'aurai jamais dix pistoles.

ANGÉLIQUE.

La pauvre femme ! Vous avez beaucoup d'enfants, Madame Amelin ?

MADAME AMELIN.

Je n'ai qu'un grand garçon, qui me fera mourir de chagrin, je pense.

ANGÉLIQUE.

Comment donc ?

MADAME AMELIN.

Je ne sais où il prend de l'argent ; mais il est toujours avec de belles dames : il joue avec de grands seigneurs, et il dit à tous ceux qui me connaissent que je ne suis que sa mère nourrice.

ANGÉLIQUE.

En vérité? Voilà un mauvais petit caractère.

MADAME AMELIN.

Hélas! Madame, c'est comme tout le monde est aujourd'hui. On veut paraître ce qu'on n'est pas, et c'est ce qui perd bien de la jeunesse.

ANGÉLIQUE.

Elle a raison.

MADAME AMELIN.

A cela près, Janot est bon garçon, et je ne puis m'empêcher de l'aimer.

ANGÉLIQUE.

Elle parle à merveille. Adieu, Madame Amelin, une petite affaire m'oblige à vous quitter; Lisette va vous apporter votre argent.

MADAME AMELIN.

Madame, je vous suis bien obligée.

SCÈNE IX

MADAME AMELIN, *seule*.

Ah! que voilà une brave dame! Ne se pas donner seulement la peine de lire des parties! Si toutes les autres étaient comme elle, j'aurais bientôt de quoi faire rouler un bon carrosse.

SCÈNE X

LE CHEVALIER, MADAME AMELIN.

LE CHEVALIER.

Je ne sais si Lisette aura déjà donné à Marianne le billet..

MADAME AMELIN

Miséricorde, que vois-je!

LE CHEVALIER.

Ah, ciel!

MADAME AMELIN.

Je ne me trompe point, c'est Janot! Eh! mon cher enfant, que viens-tu faire ici?

LE CHEVALIER.

Quelle rencontre!

MADAME AMELIN.

Comme le voilà brave! Tu as beau faire, Janot, je suis ta mère, et quoique tu sois un méchant enfant, bon sang ne peut mentir, je t'aime toujours Janot! Mon pauvre Janot!

LE CHEVALIER.

Il ne me pouvait arriver une aventure plus cruelle!

MADAME AMELIN.

Qu'il a bonne mine! Mais est-il possible que j'aie fait ce garçon-là?

LE CHEVALIER.

Vous perdez toutes mes affaires.

MADAME AMELIN.

Comment! quelles affaires, Janot?

LE CHEVALIER.

Eh! ne m'appelez point ici de ce nom, je vous en conjure!

MADAME AMELIN.

Quoi! qu'est-ce à dire? N'es-tu pas mon enfant? Ne voudrais-tu pas que je t'appelasse Monsieur? Ecoute, je sais les contes que tu fais, tu as honte de m'appeler ta mère?

LE CHEVALIER.

Non, je vous aime, je vous respecte; mais si vous me faites connaître ici, vous ruinez les plus belles espérances du monde.

MADAME AMELIN.

Quelles espérances?

LE CHEVALIER.

Un mariage considérable... Nous ne sommes point en lieu de nous expliquer.

MADAME AMELIN.

Mon cher enfant!

LE CHEVALIER.

Eh ! de grâce...

MADAME AMELIN.

Mais, dis-moi donc...

LE CHEVALIER.

J'irai chez vous dans un moment vous informer de toutes choses.

MADAME AMELIN.

Ah! qu'il y aura de gens fâchés dans le quartier, si c'est tout de bon que Janot fait fortune !

LE CHEVALIER.

Voici quelqu'un, contraignez-vous, et ne me trahissez point, je vous prie.

SCÈNE XI

LE CHEVALIER, MADAME AMELIN, LISETTE,

LE CHEVALIER.

Eh! bonjour, ma pauvre Lisette.

LISETTE.

Comment donc, vous êtes seul, Monsieur le chevalier ?

MADAME AMELIN, *à part*.

Monsieur le chevalier !

LE CHEVALIER.

Ne sachant à qui m'adresser, en t'attendant, j'allais faire connaissance avec Madame.

MADAME AMELIN, *à part*.

Le joli garçon ! Il est effronté comme un page !

LE CHEVALIER.

Qui est cette femme, Lisette ?

LISETTE.

C'est une espèce de marchande, qui fournit des modes à Madame.

LE CHEVALIER.

Frontin t'a-t-il donné un billet ?

LISETTE.
Oui, mais je n'ai point vu Marianne.

LE CHEVALIER.
Ah! juste!

MADAME AMELIN, *à part*.
Qu'il entend bien cela!

LISETTE.
Ne voulez-vous pas voir Madame?

LE CHEVALIER.
Ma vie et ma fortune sont en tes mains, ma chère Lisette.

LISETTE.
Entrez, entrez, je vous en rendrai bon compte.

MADAME AMELIN, *à part*.
Comme il les attrappe!

LE CHEVALIER.
Adieu, Madame.

MADAME AMELIN.
Monsieur, votre très humble servante.

SCÈNE XII

MADAME AMELIN, LISETTE.

MADAME AMELIN.
Voilà un aimable gentilhomme.

LISETTE.
Il vous revient assez, à ce qu'il me semble?

MADAME AMELIN.
J'aime les gens de qualité, c'est mon faible : ils ont toujours de petites manières qui les distinguent, et l'on fait bien son compte avec eux, n'est-il pas vrai?

LISETTE.
Le bon temps est passé, Madame Amelin : les gens de qualité n'ont point aujourd'hui d'argent de reste. Voilà Madame, par exemple...

MADAME AMELIN.
Eh bien?

ACTE I, SCÈNE XII.

LISETTE.

Elle ne vous doit que trois cent dix livres....

MADAME AMELIN.

Eh bien?

LISETTE.

Eh bien, il n'y a pas de fonds pour vous les payer.

MADAME AMELIN.

Qu'est-ce à dire, il n'y a pas de fonds pour trois cent dix livres?

LISETTE.

C'est une malice de notre homme d'affaires, qui n'aime point à donner de l'argent.

MADAME AMELIN.

La vilaine chose qu'un homme d'affaires!

LISETTE.

Vous êtes bien heureuse que ce ne soit pas un intendant, vous attendriez bien davantage.

MADAME AMELIN.

Mais Madame joue quelquefois, et quand elle gagne...

LISETTE.

Oh! quand elle gagnerait mille pistoles, elle aimerait mieux mourir que d'en acquitter la moindre dette : c'est une chose sacrée que l'argent du jeu ; diantre, ce sont des fonds pour le plaisir, où l'on ne touche point pour le nécessaire !

MADAME AMELIN.

Comment ferons-nous donc?

LISETTE.

Si vous étiez femme d'accommodement, Madame Amelin....

MADAME AMELIN.

Eh bien?

LISETTE.

Madame a besoin de cent louis, elle vous doit trente pistoles, faites-lui prêter six cents écus, elle vous paiera vos trois cent dix livres.

MADAME AMELIN.

L'accommodement est admirable ! Vous vous moquez de moi, je pense ?

LISETTE.

Non, je ne me moque point. Voilà un diamant de trois cents pistoles qu'on vous donnerait pour nantissement ; voyez si le parti vous accommode.

MADAME AMELIN.

Un diamant ? Ah ! c'est autre chose. Et quand lui faut-il cet argent ?

LISETTE.

Dans le moment même, si cela se peut.

MADAME AMELIN.

Passez chez moi dans un quart d'heure, et apportez la bague, vous trouverez votre argent tout compté. Adieu, Mademoiselle Lisette.

SCÈNE XIII

LISETTE, *seule*.

Adieu, Madame Amelin. Nous aurons donc de l'argent comptant, et nous donnerons à jouer, Dieu merci. Tout se dispose à merveille pour ma petite fortune... La passion du chevalier... l'humeur de ma maîtresse, qui ne songe qu'à ruiner son mari... elle achète cher, vend à bon marché, met tout en gage... je suis son intendante.... Voilà comme les maîtresses deviennent soubrettes, et comme les soubrettes deviennent quelquefois maîtresses à leur tour.

ACTE DEUXIÈME

SCÈNE PREMIÈRE

ANGÉLIQUE, LE CHEVALIER.

ANGÉLIQUE.

Mais, quelle distraction, chevalier? Vous paraissez embarrassé, vous me répondez sans faire attention à ce que vous me dites.

LE CHEVALIER.

Je songe à la passion de Monsieur votre mari pour Araminte, Madame.

ANGÉLIQUE.

S'il était un peu moins vilain, et qu'Araminte eût l'esprit....

LE CHEVALIER.

Pour l'esprit d'Araminte, j'ose quasi vous en répondre; et malgré l'avarice de votre époux, si vous n'étiez point un peu trop intéressée dans les dépenses qu'il pourrait faire...

ANGÉLIQUE.

Intéressée dans ses dépenses, moi? Qu'on le ruine, chevalier, pourvu que j'en profite, je n'y prendrai d'autre intérêt que celui de partager ses dépouilles.

LE CHEVALIER.

En vérité, Madame, vous êtes une femme de bon esprit!

ANGÉLIQUE.

Cela nous mettrait en fonds pour l'établissement du jeu que nous voulons faire.

LE CHEVALIER.

Vous avez raison.

ANGÉLIQUE.

Que vous veut Frontin?

SCÈNE II

ANGÉLIQUE, LE CHEVALIER, FRONTIN.

LE CHEVALIER.

As-tu quelque chose à me dire ?

FRONTIN, *bas au chevalier*.

L'affaire des deux mille écus va mal, Monsieur, on décrète.

ANGÉLIQUE.

Que dit-il ?

LE CHEVALIER.

Je ne sais, Madame. Veux-tu parler haut ?

FRONTIN.

Monsieur...

LE CHEVALIER.

Eh bien ! Monsieur.

FRONTIN.

Je vous dis, Monsieur, que..

LE CHEVALIER.

L'impertinent ! Quelqu'un m'attend au logis, n'est-ce pas ?

FRONTIN.

Oui, Monsieur, justement, deux marquises, une comtesse, un partisan, trois abbés, autant de fainéants, ce commis de la douane, et ce petit épicier, sont au logis qui vous attendent.

LE CHEVALIER.

Ce maraud-là fait toujours mystère de rien ! Ce sont des gens qui me persécutent, Madame, pour savoir quand on commencera à jouer chez vous.

ANGÉLIQUE.

Allez vite leur dire que nous ouvrirons demain sans faute, chevalier.

LE CHEVALIER.

Mais, Madame...

ANGÉLIQUE.

Ne faites point façon de me laisser seule, je ne serai pas longtemps sans compagnie.

SCÈNE III

ANGÉLIQUE, JASMIN.

ANGÉLIQUE.

Holà ! Jasmin.

JASMIN.

Que vous plaît-il, Madame ?

ANGÉLIQUE.

Qu'on dise à Marianne de descendre.

JASMIN.

Son maître de clavecin est avec elle.

ANGÉLIQUE.

Lisette ne revient point de chez Madame Amelin ; cette folle d'Araminte me fait attendre. La fatigante chose que le moindre moment d'inquiétude !

SCÈNE IV

ANGÉLIQUE, LISETTE.

ANGÉLIQUE.

Ah ! te voilà, tu as bien tardé.

LISETTE.

C'est l'impatience d'avoir de l'argent, qui vous a fait trouver le temps si long.

ANGÉLIQUE.

M'en apportes-tu ?

LISETTE.

Madame Amelin a pris ses trois cent dix livres : voilà ce qui reste des six cents écus.

ANGÉLIQUE.

Prenons bien garde que mon mari ne soupçonne rien de tout ceci, Lisette.

LISETTE.

Que vous êtes bonne, Madame !

ANGÉLIQUE.

Je lui épargne ces sortes de petits chagrins autant qu'il m'est possible.

LISETTE.

Et cependant, il se plaint encore.

ANGÉLIQUE.

Tous les hommes en sont logés là, ce sont des animaux grondants que les maris.

LISETTE.

Que vous les définissez bien !

ANGÉLIQUE.

Je les connais : le mien me divertit quelquefois avec son humeur bourrue, et je voudrais qu'il lui prît envie de quereller aujourd'hui, pour me désennuyer.

LISETTE.

C'est un plaisir qu'il est facile de vous faire avoir, et je me charge de cela, moi.

ANGÉLIQUE.

Des coiffes, Lisette, une écharpe.

LISETTE.

Où allez-vous donc ?

ANGÉLIQUE.

Je vais dépenser de l'argent, puisque j'en ai. J'ai besoin de mille choses, des tables, des cornets, des dés et des cartes. Il faut de tout cela dans une maison où l'on veut recevoir compagnie.

LISETTE.

Nous allons donc bien nous réjouir ?

ANGÉLIQUE.

Le mieux du monde. J'attends Araminte ; je veux qu'elle m'aide à faire toutes mes emplettes.

LISETTE.

Vous n'attendrez pas longtemps, la voici.

SCÈNE V

ANGÉLIQUE, ARAMINTE, LISETTE.

ARAMINTE.

Eh ! bonjour, mon aimable petite.

ANGÉLIQUE.

Ma chère bonne, comment te portes-tu ?

ARAMINTE.

Comme une femme qui n'a pas dormi depuis vingt-quatre heures.

LISETTE.

Vous voilà pourtant bien éveillée.

ANGÉLIQUE.

Qui a donc troublé ton repos ?

ARAMINTE.

Ne t'alarme point, ce n'est pas ton mari, je ne l'aime pas, au moins.

ANGÉLIQUE.

Tu as fait une belle conquête, et je t'en félicite !

ARAMINTE.

Il ne tient qu'à moi de le ruiner, tout son bien est à mon service.

LISETTE.

Eh ! mort de ma vie, prenez toujours à bon compte ; il n'y a point de mal à ruiner un mari, quand sa femme partage les revenant-bons de l'aventure.

ARAMINTE.

Qu'il ne sache pas que vous êtes mes confidentes, je vous prie !

ANGÉLIQUE.

Je n'abuserai pas de ton secret. A quoi as-tu passé la nuit ?

ARAMINTE.

A chercher dans ma tête tous les moyens imaginables de faire enrager mon mari.

LISETTE.

Voilà un amusement fort agréable !

ANGÉLIQUE.

Ah ! ces idées te font plaisir ? Je ne m'étonne plus de te voir un si bon visage.

ARAMINTE.

C'est un homme qui perd l'esprit, et qui me le fait perdre. Il veut et ne veut plus dans le moment même. Tantôt, complaisant jusqu'à l'excès, puis aussitôt, brutal à la fureur : quelquefois, content d'une chose qui lui déplaît un quart d'heure après. Il querelle toujours sans sujet ; et pour vivre en repos avec lui, on ne sait jamais quel parti prendre.

ANGÉLIQUE.

Voilà des inégalités impardonnables !

ARAMINTE.

Il faut que vous m'aidiez à le rendre raisonnable, et à me venger de ses caprices.

LISETTE.

Que ce soit donc en tout bien et en tout honneur : pour mettre un mari à la raison, on s'en écarte quelquefois, et ces biais-là ne valent jamais rien, quoiqu'ils soient les plus à la mode.

ARAMINTE.

Pour moi, je ne saurais mieux faire enrager mon bourru, qu'en lui attrapant de l'argent.

LISETTE.

En ce cas, nous sommes de la partie. Un mari fâcheux et avare est un ennemi public, contre qui toutes les femmes ont intérêt de se déclarer : ça, voyons, comment faut-il s'y prendre ?

ANGÉLIQUE.

Nous le verrons tantôt. Tu as là-bas un carrosse ?

ARAMINTE.

Oui vraiment, où veux-tu aller ?

ANGÉLIQUE.

Je te le dirai, sortons ensemble.

ARAMINTE.

Que Lisette vienne donc avec nous : tout en roulant, nous parlerons de nos affaires.

LISETTE.

Non pas, s'il vous plaît, j'ai ici les miennes, et vous vous passerez bien de moi.

ANGÉLIQUE.

Tu n'as qu'à me dire tes projets ; je te ferai confidence des miens, et nous trouverons moyen de les mettre en œuvre.

LISETTE.

Et je corrigerai le plan, moi, s'il en est besoin.

ARAMINTE.

Adieu, Lisette !

SCÈNE VI

LISETTE, seule.

Les aimables petites personnes! Elles vont tenir entre elles un petit conseil contre leurs maris, et sans cela, que feraient-elles ? Grâce à l'avarice et à la bizarrerie des hommes, c'est aujourd'hui la plus nécessaire occupation qu'aient les femmes. Mais, voici Marianne fort à propos : n'ai-je point perdu le billet du chevalier ? Non. Sachons un peu ce qu'elle a dans l'âme, avant que de lui parler de cette affaire.

SCÈNE VII

LISETTE, MARIANNE.

MARIANNE.

Que me veut dire ma belle-sœur, Lisette ? On m'a dit qu'elle me demande.

LISETTE.

Elle vient de sortir, et apparemment, elle ne voulait rien de fort pressé.

MARIANNE.

Je venais lui donner le bonjour, et je retourne dans ma chambre.

LISETTE.

Eh! non, non, je vous veux quelque chose, moi! et Madame n'avait rien de si intéressant à vous dire.

MARIANNE.

Dépêche-toi donc : tu sais bien que mon père ne veut pas que je te parle, et qu'il dit que tu me gâtes?

LISETTE.

Moi! je vous gâte? Il est bien injuste de vous donner ces mauvaises impressions.

MARIANNE.

Oh! ne te fâche point, je ne le crois pas, mais ses remontrances perpétuelles me chagrinent terriblement.

LISETTE.

Eh! quelles remontrances peut-il faire?

MARIANNE.

Je ne sais ; je ne les mérite point; je ne les écoute pas le plus souvent, et quand il a bien longtemps parlé, il me semble que je n'ai entendu que du bruit.

LISETTE.

Ah! puisque vous prenez si bien les choses, vous n'êtes pas si fort à plaindre!

MARIANNE.

Je ne suis pas à plaindre! Est-il agréable, à mon âge, de vivre éternellement dans la solitude ? Je n'ai, pour toute compagnie, que des maîtres qui ne m'apprennent que des choses inutiles, la musique, la fable, l'histoire, la géographie : cela n'est-il pas bien divertissant?

LISETTE.

Cela vous donne de l'esprit.

MARIANNE.

N'en ai-je pas assez? Ma belle-mère ne sait point toutes ces choses, et elle vit heureuse.

ACTE II, SCÈNE VII.

LISETTE.

Sa destinée vous fait donc envie ?

MARIANNE.

Oui, je te l'avoue ; et si elle voulait, au hasard d'être tous les jours grondée de mon père, je lui promettrais de ne la quitter de ma vie.

LISETTE.

Quoi ! pas même pour être mariée ?

MARIANNE.

Oh ! c'est autre chose ; quand je serai mariée ne serai-je pas la maîtresse, et ne ferai-je pas, comme elle, tout ce que je voudrai ?

LISETTE.

Selon le mari que vous prendrez !

MARIANNE.

Comment selon ? Oh ! je veux un bon mari, ou je n'en veux point !

LISETTE.

Mais, si votre père vous en veut donner un à sa fantaisie ?

MARIANNE.

Je ne le prendrai point s'il n'est à la mienne.

LISETTE.

Fort bien. Et votre belle-mère, si elle vous proposait...

MARIANNE.

Mais, Lisette, un mari de sa main me conviendrait assez, je pense.

LISETTE.

Et de la mienne, craindriez-vous d'être trompée ?

MARIANNE.

De la tienne ?

LISETTE.

Oui, parlez.

MARIANNE.

Hom ! je devine ce que tu me veux, Lisette.

LISETTE.

Vous le devinez ?

MARIANNE.

Oh que oui ! cela n'est pas bien difficile.

LISETTE.

Et que devinez-vous encore ?

MARIANNE.

Que quelqu'un est amoureux de moi, et qu'on t'a priée de me le dire.

LISETTE.

Cela est admirable !

MARIANNE.

Et c'est pour savoir ce que je pense, que tu me parles de mariage.

LISETTE.

Quelle vivacité !

MARIANNE.

Oh ! que je ne suis plus une petite fille ; et quoique je ne voie pas le monde, quand je suis seule, je rêve à bien des choses ! Mais, dis vite, qu'as-tu à me faire savoir ?

LISETTE.

Eh ! puisque vous êtes si habile, ne pouvez-vous pas deviner le reste ?

MARIANNE.

J'aurais trop à rougir, Lisette, si mes conjectures n'étaient pas justes !

LISETTE.

Oh ! pour le coup, je devine à mon tour, et je ne suis pas moins pénétrante que vous !

MARIANNE.

Eh ! que pénètres-tu ?

LISETTE.

Que vous êtes amoureuse.

MARIANNE.

Paix, Lisette !

LISETTE.

Ne craignez rien, personne ne peut nous entendre.

MARIANNE.

Ne m'impatiente donc point, je t'en conjure. Sérieusement, que me veux-tu?

LISETTE.

Vous rendre un petit billet.

MARIANNE.

Un billet!

LISETTE.

Oui, voyez si cela vous accommode?

MARIANNE.

S'il n'est pas de Monsieur le chevalier, je ne le veux point voir, Lisette.

LISETTE.

Eh! voyez-le, il est de lui-même. L'heureuse chose que la sympathie! Eh bien! comment le trouvez-vous, son style?

MARIANNE.

Il écrit comme ses yeux parlent : ils m'avaient déjà dit tout ce qui est dans sa lettre.

LISETTE.

Mais les vôtres n'ont point fait de réponse, et c'est une réponse dont il est question.

MARIANNE.

Mais, Lisette...

LISETTE.

Quoi! mais? C'est un mari de ma main : qu'avez-vous à dire? Allez vite écrire, seulement!

MARIANNE.

Sera-t-il de la bienséance...

LISETTE.

Comment, de la bienséance? On vous aime, vous aimez; on vous écrit, vous faites réponse: y a-t-il rien là qui ne soit dans les formes?

MARIANNE.

Écrire à un homme!

LISETTE.

Le grand malheur! Ah! que de façons pour une petite personne qui devine si juste! Ne vous en fiez-vous pas bien à moi? Je sais les règles, comme celui qui les a faites.

MARIANNE.

J'entends quelqu'un.

LISETTE.

C'est Monsieur le commissaire.

MARIANNE.

Le mari d'Araminte?

LISETTE.

Lui-même. Ne perdez point de temps, allez faire réponse.

SCÈNE VIII

MONSIEUR GRIFFARD, LISETTE.

MONSIEUR GRIFFARD.

Bonjour, ma chère enfant.

LISETTE.

Monsieur, je suis votre très humble servante.

MONSIEUR GRIFFARD.

Ta belle maîtresse est-elle visible? Et Monsieur le notaire est-il au logis?

LISETTE.

Il n'y a personne, Monsieur, depuis le matin : Monsieur est en ville, et Madame vient de sortir avec Madame votre épouse.

MONSIEUR GRIFFARD.

Le hasard m'est bien favorable. Je suis ravi de te trouver seule, Lisette, et j'ai mille choses à te dire.

LISETTE.

Me voilà prête à vous écouter. *(A part.)* Voilà un bourru bien radouci, à ce qu'il me semble !

MONSIEUR GRIFFARD.

Comment ton maître et ta maîtresse vivent-ils ensemble, dis?

LISETTE.

Comme un mari et une femme ! Ils sont toujours fâchés, se querellent souvent, se raccommodent peu, boudent sans cesse, se plaignent fort l'un de l'autre, et peut-être ont tous deux raison. C'est tout comme chez vous, enfin. Eh ! n'est-ce pas tout de même ?

MONSIEUR GRIFFARD.

Mais quel parti prends-tu dans leurs différends, toi ?

LISETTE.

Quel parti ? moi ? je suis pour Madame ; et si vous voulez que je vous parle net, je ne crois pas qu'un mari puisse avoir raison.

MONSIEUR GRIFFARD.

J'en conviens, il y a des gens insupportables.

LISETTE.

De petits bourrus éternels, par exemple.

MONSIEUR GRIFFARD.

Il est vrai.

LISETTE.

Qui ne sont faits que pour damner le genre humain.

MONSIEUR GRIFFARD.

Et pour se tourmenter eux-mêmes.

LISETTE.

Toujours grondants, de mauvaise humeur.

MONSIEUR GRIFFARD.

C'est une chose horrible !

LISETTE.

Si j'avais un mari comme cela, je lui ferais voir bien du pays, sur ma parole !

MONSIEUR GRIFFARD.

Que ne donnes-tu ces conseils à ta maîtresse, Lisette ?

LISETTE.

Et si votre femme, qui ne la quitte point, les prenait pour elle?

MONSIEUR GRIFFARD.

Tu me crois donc de ces insupportables?

LISETTE.

Eh! vous n'êtes pas le moins capricieux mortel que je connaisse!

MONSIEUR GRIFFARD.

Si tu savais la cause de mes caprices, tu serais la première à les excuser.

LISETTE.

Cela se pourrait : je suis fort humaine, et je voudrais de tout cœur que vous eussiez raison.

MONSIEUR GRIFFARD.

Non, tu n'es pas de mes amies.

LISETTE, *à part*.

Où ce petit reproche nous mènera-t-il?

MONSIEUR GRIFFARD.

Tu as du pouvoir sur l'esprit de ta maîtresse.

LISETTE.

Je ne vous entends point.

MONSIEUR GRIFFARD.

J'entre, comme elle, dans tous les chagrins qu'on lui donne.

LISETTE.

Cela est obscur.

MONSIEUR GRIFFARD.

Et, si elle savait combien je m'y intéresse, elle serait sensible à ceux qu'elle me cause.

LISETTE.

C'est de l'hébreu, je n'y comprends rien.

MONSIEUR GRIFFARD.

Si tu voulais l'en instruire, Lisette, je ne serais point ingrat d'un si bon office.

LISETTE.

Vous vous rendez un peu intelligible.

MONSIEUR GRIFFARD.

J'en mourrais quitte, sur ma parole!

LISETTE.

On meurt subitement quelquefois.

MONSIEUR GRIFFARD.

De peur d'accident, voilà ma bourse que je te prie de garder pour l'amour de moi.

LISETTE.

Il n'y a rien de plus clair que ce que vous me dites. Un commissaire qui donne sa bourse est terriblement amoureux !

MONSIEUR GRIFFARD.

Me promets-tu de parler en ma faveur ?

LISETTE.

Je comprends votre affaire à merveille, vous dis-je, vous n'aimez point votre femme ?

MONSIEUR GRIFFARD.

C'est une folle qui me fait enrager.

LISETTE.

Celle de votre voisin vous plaît davantage ?

MONSIEUR GRIFFARD.

N'est-elle pas la plus charmante personne du monde ?

LISETTE.

Assurément. C'est grand dommage qu'on ne puisse troquer de femme ! Qu'il y aurait de troqueurs au monde ! Mais, comme cela n'est pas tout à fait permis, prenez garde à vous, Monsieur le commissaire.

MONSIEUR GRIFFARD.

Ah ! pour moi, je ne demande que l'estime de ta maîtresse.

LISETTE.

Il n'y a rien de plus honnête.

MONSIEUR GRIFFARD.

Qu'elle me regarde comme le meilleur ami qu'elle puisse avoir.

LISETTE.

Il n'y a que de la délicatesse dans cette passion.

MONSIEUR GRIFFARD.

Qu'elle dispose absolument de mon bien, de ma vie.

LISETTE.

Vous m'attendrissez trop, Monsieur.

MONSIEUR GRIFFARD.

Je sacrifierai toujours tout pour lui plaire.

LISETTE.

Je vais pleurer.

MONSIEUR GRIFFARD.

Qu'elle sache tout cela, Lisette.

LISETTE.

Elle le saura, je vous en réponds. J'entends son mari. Remettez-vous un peu, vous voilà tout hors de vous-même.

MONSIEUR GRIFFARD.

Je suis trop ému, je ne veux point qu'il me voie ; cache-moi dans le cabinet de ta maîtresse.

LISETTE.

Dans son cabinet ? Vous y étoufferiez d'amour !

MONSIEUR GRIFFARD.

Mais.....

LISETTE.

Mais, descendez par ce petit escalier, et allez prendre l'air : vous en avez besoin, sur ma parole ! Ma foi, l'aventure est trop drôle, et voilà de quoi bien divertir nos faiseuses d'emplettes.

SCÈNE IX

MONSIEUR SIMON, LISETTE.

MONSIEUR SIMON.

Ah ! te voilà, coquine ! Que fait ma femme ?

LISETTE.

Le beau début ! Elle est sortie.

MONSIEUR SIMON.

Déjà sortie ? A l'heure qu'il est, elle n'est pas éveillée le plus souvent.

LISETTE.

Il faut, apparemment, qu'elle ait aujourd'hui des affaires plus pressantes que de coutume.

ACTE II, SCÈNE IX.

MONSIEUR SIMON.

Des affaires pressantes! Oh! si elle ne change ses manières...

LISETTE.

Eh! pourquoi les changer, puisqu'elle s'en trouve bien? Elle n'en fera rien, Monsieur, je vous assure.

MONSIEUR SIMON.

Elle s'en trouve bien? mais, je n'en suis pas content, moi.

LISETTE.

C'est que vous êtes furieusement difficile; car enfin, qu'y a-t-il donc de si extraordinaire dans sa conduite?

MONSIEUR SIMON.

Ce qu'il y a d'extraordinaire?

LISETTE.

Une femme qui ne fait pas le moindre embarras dans votre maison!

MONSIEUR SIMON.

Elle n'y vient que pour dormir!

LISETTE.

L'entendez-vous jamais quereller?

MONSIEUR SIMON.

Comment l'entendrais-je? Je suis quelquefois quinze jours sans la voir!

LISETTE.

La grande merveille! vous dormez quand elle revient; vous voulez la voir quand elle dort, ou vous êtes sorti quand elle s'éveille : le moyen de vous rencontrer!

MONSIEUR SIMON.

Et c'est cela dont je me plains. Au lieu de prendre le soin de son ménage...

LISETTE.

De son ménage, Monsieur? Est-ce que vous voudriez qu'elle s'abaissât à ces sortes de bagatelles, et est-ce pour cela que l'on prend aujourd'hui des femmes?

MONSIEUR SIMON.

Assurément.

LISETTE.

Bon !

MONSIEUR SIMON.

Comment bon ?

LISETTE.

Eh ! fi, Monsieur ! vous êtes notaire, et vous ne savez pas la coutume de Paris.

MONSIEUR SIMON.

Mais, qu'elle demeure au moins dans sa maison ; qu'elle y reçoive compagnie ; qu'elle voie... Araminte, par exemple, c'est une femme raisonnable que celle-là !

LISETTE.

Assurément.

MONSIEUR SIMON.

Je ne lui demande autre chose que de demeurer chez elle.

LISETTE.

Mais vraiment, il n'y a rien de plus raisonnable, il faudra bien qu'elle le fasse ; allons, tâchez de la persuader.

MONSIEUR SIMON.

Je n'en viendrai point à bout si je ne querelle.

LISETTE.

Eh bien ! il y a longtemps que vous n'avez querellé, à ce qu'il me semble ?

MONSIEUR SIMON.

Depuis l'affaire du diamant...

LISETTE.

Depuis le diamant ? il y a un siècle !

MONSIEUR SIMON.

Aussi, je crève, et l'on ne sait pas tout ce que je souffre.

LISETTE.

Oh ! querellez, Monsieur, querellez, cela vous soulagera : dès qu'elle sera venue, j'aurai soin de vous faire avertir.

MONSIEUR SIMON.
N'y manque pas au moins ?
LISETTE.
Ne vous mettez pas en peine. Je veux vous aider aussi à la quereller, moi, et je vous réponds quasi de la réduire.
MONSIEUR SIMON.
Que je t'aurais d'obligation !
LISETTE.
Allez vous préparer, Monsieur, allez.

SCÈNE X

LISETTE, *seule*.

Ah ! que les pauvres maris sont bien nés pour être dupes ! Il va quereller sa femme pour lui faire faire une chose qu'elle souhaite, et dont il aura peut-être plus à enrager que de tout ce qu'elle a jamais pu faire.

ACTE TROISIÈME

SCÈNE PREMIÈRE

MARIANNE, LISETTE.

MARIANNE.
Si tu ne crois pas qu'il m'aime tout de bon, ne lui donne pas mon billet, Lisette.
LISETTE.
Laissez-moi faire.
MARIANNE.
Qu'il te le rende après l'avoir lu.

LISETTE.
Ne vous mettez pas en peine.

MARIANNE.
Ne parle de rien à ma belle-mère.

LISETTE.
Non.

MARIANNE.
Quand nous nous aimerons davantage, nous lui en ferons confidence.

LISETTE.
C'est fort bien dit.

MARIANNE.
Au moins, comme c'est toi qui me fais faire tout ceci, s'il m'en arrivait quelque chagrin dans la suite, c'est à toi que je m'en prendrais.

LISETTE.
Je me charge de tout.

MARIANNE.
Je suis toute jeune, et tu as de l'expérience ; c'est à toi de me bien conduire.

LISETTE.
Mort de ma vie, quelle innocente !

MARIANNE.
Mais, tout de bon, est-il vrai qu'il m'aime, dis, Lisette?

LISETTE.
C'est moi qui vous le dis, et vous en doutez ?

MARIANNE.
Je voudrais bien qu'il me le dît lui-même.

LISETTE.
On ménagera des moments pour cela.

SCÈNE II

MARIANNE, LISETTE, JASMIN.

JASMIN.
Votre maître de géographie vous attend, Mademoiselle.

MARIANNE.

Ah! que je suis lasse de tous ces maîtres-là, Lisette!

LISETTE.

On vous en débarrassera.

MARIANNE.

Ne me laisse donc point tromper, c'est tout ce que je te demande.

LISETTE.

Allez vite, voici quelqu'un, il ne faut pas qu'on nous voie ensemble.

SCÈNE III

LISETTE, MADAME AMELIN.

LISETTE.

Eh! comment, c'est Madame Amelin! Et qui vous ramène ici, Madame Amelin?

MADAME AMELIN.

Ma pauvre Mademoiselle Lisette, je suis furieusement intriguée.

LISETTE.

Qu'y a-t-il donc?

MADAME AMELIN.

Je ne sais ce que j'ai fait du diamant que vous avez tantôt apporté chez moi, me l'avez-vous laissé, ma chère enfant?

LISETTE.

Si je vous l'ai laissé, Madame Amelin? la question est admirable! Si je vous l'ai laissé?

MADAME AMELIN.

Ne faites point de bruit, ma chère, et n'en parlez point à Madame, il se retrouvera; en tout cas, il n'y aura que moi qui perdrai. C'est mon coquin de fils qui aura mis la main dessus, sans doute.

LISETTE.

Comment donc votre fils? Vous avez des enfants qui se portent au bien comme cela, Madame Amelin?

MADAME AMELIN.

Que voulez-vous? C'est un enfant gâté que Janot, qui fait quelquefois de petites mièvreries ; et, dans le fond, pourvu qu'il le mette à bien, je ne m'en soucie pas.

LISETTE.

Oh! à ce compte, vous avez raison, et Monsieur Janot aussi, Madame Amelin.

MADAME AMELIN.

Vous ne savez pas tout ce qu'il sait faire ; c'est un petit drôle qui en sait bien long.

LISETTE, *à part*.

Je n'avais point encore remarqué que Madame Amelin fût folle.

MADAME AMELIN.

Dites-moi un peu seulement : il y a ici une grande fille à marier?

LISETTE.

Oui. Pourquoi demandez-vous cela, Madame Amelin?

MADAME AMELIN.

Par conversation seulement, je n'y prends aucun intérêt, je vous assure ; mais elle ne sera point mariée que je ne sois de la noce, c'est moi qui vous le dis, qui ne suis que Madame Amelin.

LISETTE.

Vous serez de la noce? Vous! vous!

MADAME AMELIN.

Moi! moi! Ne parlez point à Madame de son diamant, il ne sortira point de la famille. Adieu Mademoiselle Lisette.

SCÈNE IV

LISETTE, *seule*.

La bonne femme a perdu l'esprit : quel galimatias me vient-elle faire? Notre diamant perdu... son fils Janot... une fille à marier... elle sera de la noce... Je crois, Dieu me pardonne, qu'elle veut demander Marianne à son père pour ce petit mièvre de Janot! La vieille folle!

SCÈNE V

LISETTE, FRONTIN.

FRONTIN.

Eh bien! où en sommes-nous? Marianne a-t-elle fait réponse? Monsieur le chevalier est dans une impatience épouvantable.

LISETTE.

Eh! que diantre, ne vient-il lui-même?

FRONTIN.

Il est avec de jeunes gens de ses amis, qui veulent l'obliger, malgré qu'il en ait, à remonter une compagnie de cavalerie.

LISETTE.

A remonter une compagnie?

FRONTIN.

Oui, mon enfant, une compagnie que les trois dés et le lansquenet ont démontée. Ces Messieurs prétendent que ce soit Monsieur le chevalier qui la remonte ; il est diablement affairé.

LISETTE.

Il n'y a qu'un moment que Marianne et moi nous étions ici seules, et peut-être n'aura-t-il de longtemps une si belle occasion de l'entretenir.

FRONTIN.

Tant pis pour lui de l'avoir manquée, ce sont ses affaires, parlons des nôtres. Je t'aime furieusement au moins, et si tu voulais...

LISETTE.

Tu prends toujours mal ton temps pour parler d'amour ; j'ai à présent bien autre chose en tête.

FRONTIN.

Ah! ah! et quelles affaires importantes te sont survenues, depuis que je t'ai quittée?

LISETTE.

Ce sont des affaires où je prévois que j'aurai besoin d'un associé.

FRONTIN.

Parbleu! je suis ton fait : de quoi s'agit-il? Je ne te demande que la préférence.

LISETTE.

Avant toutes choses, dis-moi, te sens-tu de la disposition à ruiner un homme en faveur d'une femme?

FRONTIN.

Ce sont les premiers amusements de ma jeunesse, mon enfant ; et à l'heure que je te parle, j'ai deux ou trois affaires en main de cette nature-là.

LISETTE.

Eh bien! va donc vite porter à Monsieur le chevalier ce billet de Marianne, et reviens ici : je te dirai la chose.

FRONTIN.

Non pas, s'il te plaît, je veux la savoir avant que de te quitter.

LISETTE.

Monsieur le chevalier s'impatientera.

FRONTIN.

J'aime mieux qu'il s'impatiente que moi. Dis vite.

LISETTE.

Le mari d'Araminte est amoureux de ma maîtresse.

FRONTIN.

Le mari d'Araminte? Monsieur le commissaire ?

LISETTE.

Oui, te dis-je.

FRONTIN.

Oh bien! mon enfant, à bon chat, bon rat. Le mari de ta maîtresse est amoureux d'Araminte.

LISETTE.

Qui t'a déjà dit cela ?

FRONTIN.

C'est une négociation dont je suis chargé; ne t'ai-je pas dit que je travaillais pour tout le monde? Il y a dix ans que je fais les affaires de Monsieur le notaire.

LISETTE.

Ces deux Messieurs sont de fort bons sujets au moins.

FRONTIN.

Assurément, et pour peu que les femmes soient d'intelligence...

LISETTE.

Elles aiment la dépense, et n'ont point d'argent. Laisse-moi faire, les voici : elles ne s'attendent pas aux nouvelles que je vais leur dire.

SCÈNE VI

ANGÉLIQUE, ARAMINTE, FRONTIN, LISETTE,
(un laquais.)

ANGÉLIQUE.

Portez tout cela dans mon cabinet. Ah! te voilà. Que fais-tu ici, Frontin?

FRONTIN.

Je n'y suis venu qu'en passant, Madame; et quelques petites propositions que m'a faites Mademoiselle Lisette m'ont arrêté pour vous offrir mes petits services.

ARAMINTE.

Comment? Quelles propositions?

FRONTIN.

Elle vous dira tout, donnez-vous patience.

ANGÉLIQUE.

Y a-t-il quelque chose de nouveau, Lisette?

LISETTE.

Oui, Madame, et de fort particulier même.

ANGÉLIQUE.

Dites-nous donc vite ce que c'est.

LISETTE.

Monsieur le commissaire est amoureux de vous, Madame.

ARAMINTE.

Quoi! mon mari, Lisette?

LISETTE.

Oui, votre mari, Madame. Il ne faut point que vous fassiez tant la fière, et si vous nous débauchez le nôtre, nous vous rendrons le change à merveille.

ANGÉLIQUE.

Tu plaisantes, peut-être, Lisette ?

LISETTE.

Non, Madame, je ne plaisante point.

FRONTIN.

Voilà les propositions qu'elle m'a faites, et c'est là-dessus que j'attends vos ordres.

ANGÉLIQUE.

Ma chère ?

ARAMINTE.

Ma mignonne ?

ANGÉLIQUE.

Il y a de la fatalité dans cette aventure.

ARAMINTE.

Cela est trop plaisant !

LISETTE.

N'est-il pas vrai que cela est fort drôle ?

FRONTIN.

Cela deviendra bien plus divertissant dans la suite.

ANGÉLIQUE.

Mais c'est une gageure, je pense ?

FRONTIN.

Elle ne vaudra rien pour les parieurs, si l'on m'en veut croire.

ARAMINTE.

Nous ne pouvions souhaiter une meilleure occasion, pour nous venger de l'avarice de ces Messieurs-là.

ANGÉLIQUE.

Toutes tes idées de cette nuit ne valent pas ce que le hasard nous présente.

ARAMINTE.

Frontin nous sera nécessaire dans tout ceci, ma mignonne.

FRONTIN.
Il est tout à votre service, Madame.

ANGÉLIQUE.
Lisette ne nous sera pas inutile, ma bonne.

LISETTE.
Vous n'avez qu'à me commander.

ARAMINTE.
Pour moi, je te recommande Monsieur mon mari ; je ne veux pas que tu lui laisses une pistole.

LISETTE.
Je tâcherai de vous obéir.

FRONTIN.
Si vous me donnez les mêmes ordres pour Monsieur le notaire, je les exécuterai fort exactement, je vous assure.

ANGÉLIQUE.
Oh! si tu épargnes sa bourse, je ne te le pardonnerai de ma vie!

FRONTIN.
Vous n'aurez rien à me reprocher.

LISETTE.
Mais, de quelle manière traiterons-nous les choses?

ANGÉLIQUE.
De quelle manière?

FRONTIN.
Oui, Madame, brusquerons-nous la bourse de ces Messieurs, ou si nous la viderons tout doucement?

ARAMINTE.
Non, brusquer, brusquer, c'est le plus sûr. J'ai furieusement affaire d'argent comptant.

ANGÉLIQUE.
Et moi aussi. le plus tôt vaut le mieux, assurément.

FRONTIN.
C'est mon avis ; et le tien, Lisette?

LISETTE.
J'opine du bonnet ; il faut les expédier dans la règle des vingt-quatre heures.

FRONTIN.

Pour vous, Mesdames, il faudra vous mettre en dépense de quelques petites faveurs, s'il vous plaît.

ARAMINTE.

Des faveurs, Frontin ?

FRONTIN.

Oui, Madame, mais sans conséquence.

ANGÉLIQUE.

Voilà un article qui m'effarouche.

LISETTE

Eh ! de quoi vous embarrassez-vous, puisque vous êtes toutes deux d'accord ? N'êtes-vous pas les parties intéressées ?

ANGÉLIQUE.

Vous êtes une extravagante, Lisette !

LISETTE.

Eh ! mort de ma vie, qu'est-ce donc qu'on vous demande de si terrible ?

FRONTIN.

Un regard favorable seulement.

ARAMINTE.

Ce n'est pas fort criminel.

LISETTE.

Quelques paroles obligeantes.

ANGÉLIQUE.

Cela ne coûte pas grand'chose.

FRONTIN.

Un doux sourire fait à propos.

ARAMINTE.

C'est un air qu'on se donne.

LISETTE.

Un petit billet tendre, peut-être.

ANGÉLIQUE.

Nous en serons quittes pour du papier.

FRONTIN.

Se laisser prendre les mains.

ACTE III, SCÈNE VI.

LISETTE.

Ce sont des choses qu'on ne peut empêcher.

FRONTIN.

N'en pas témoigner de colère.

LISETTE.

Ce serait manquer de politesse.

FRONTIN.

Souffrir, par aventure...

ANGÉLIQUE.

Oh ! demeurons-en là, Frontin, je te prie.

ARAMINTE.

Ils nous mettent là dans un chemin qui mène loin quelquefois, ma mignonne.

FRONTIN.

Comment donc, vous n'y songez pas : les plus sages coquettes ne refusent point aujourd'hui ces bagatelles à leurs soupirants ; et tout le secret ne consiste qu'à les faire payer si cher, qu'il ne reste jamais de quoi finir l'intrigue.

ANGÉLIQUE.

Mais, vraiment, Frontin sait le monde, et il a de l'esprit, ma bonne !

ARAMINTE.

Nous ne hasarderons donc rien de nous remettre à sa conduite.

LISETTE.

Non, assurément.

FRONTIN.

Les choses n'iront que jusqu'où vous voudrez, et vous en viendrez aux éclaircissements, quand il vous plaira.

LISETTE.

Mais, n'allez pas vous piquer d'être plus reconnaissante l'une que l'autre ; dans ces sortes de traités, il faut de la bonne foi surtout.

ANGÉLIQUE.

Vous devenez insolente, Lisette !

LISETTE.

Ma foi, Madame, je dis ce que je pense. Oh ça ! quand commencerons-nous à travailler, Monsieur Frontin ?

FRONTIN.

Le plus tôt que nous pourrons. Il n'y a pas un moment à perdre. Je vais dire un mot à Monsieur le chevalier, et je reviens dans le moment même.

ANGÉLIQUE.

Ne lui parle donc point de tout ceci, Frontin ?

FRONTIN.

Non ! non ! Madame.

SCÈNE VII

ANGÉLIQUE, ARAMINTE, LISETTE.

ANGÉLIQUE.

Je veux avoir moi-même le plaisir de lui conter cette aventure.

ARAMINTE.

Il en sera ravi, mignonne ; c'est le meilleur enfant du monde, que le chevalier !

ANGÉLIQUE.

Il nous amènera demain bonne compagnie : des comtesses, des abbés, des marquises. Nous ne manquerons pas de joueurs, sur ma parole, et ton mari nous sauvera les amendes.

LISETTE.

Je crois que le voici, Madame ; laissez-moi seule avec lui, je vais lui porter une botte qu'il aura de la peine à parer.

SCÈNE VIII

LISETTE, *seule*.

Oh ! par ma foi, Monsieur le commissaire, nous vous pillerons, vous qui pillez les autres !

SCÈNE IX

MONSIEUR GRIFFARD, LISETTE.

MONSIEUR GRIFFARD.

Eh bien! Lisette, ta maîtresse est-elle revenue?

LISETTE.

Oui, Monsieur, et elle est ressortie, même.

MONSIEUR GRIFFARD.

Lui as-tu parlé de moi, ma chère enfant?

LISETTE.

Ah! vraiment, Monsieur, je me suis fait de belles affaires!

MONSIEUR GRIFFARD.

Comment donc?

LISETTE.

Je ne sais pas quel gré vous m'en saurez; mais, j'ai été furieusement querellée!

MONSIEUR GRIFFARD.

Est-ce que...

LISETTE.

Quand on dit à de jolies femmes que quelqu'un les estime, il est bien difficile de leur persuader qu'on n'a pour elles qu'une passion désintéressée!

MONSIEUR GRIFFARD.

Elle s'est donc mise en colère?

LISETTE.

Oui vraiment, elle m'a traitée de ridicule, d'impertinente; mais, cependant, je ne la crois pas si hétéroclite, que d'être fâchée qu'on l'aime, et je crois que j'ai mal pris mon temps, je vous l'avoue.

MONSIEUR GRIFFARD.

Oui?

LISETTE.

Oui, Monsieur : quand on a de certains chagrins, et qu'on ne sait à qui s'en prendre...

MONSIEUR GRIFFARD.

Elle a quelques chagrins, Lisette ?

LISETTE.

Est-ce qu'elle est jamais sans cela ?

MONSIEUR GRIFFARD.

Et de quelle nature sont ses chagrins encore ?

LISETTE.

D'une nature... d'une nature bien chagrinante, Monsieur.

MONSIEUR GRIFFARD.

En sais-tu la cause ?

LISETTE.

Je la soupçonne ; car avec elle, Monsieur, on ne sait jamais rien certainement ; elle n'ouvre son cœur à personne.

MONSIEUR GRIFFARD.

Mais enfin, que soupçonnes-tu ?

LISETTE.

Ah ! Monsieur, que deviendrais-je, si elle savait que je vous fisse des confidences de la sorte ? Elle ne me le pardonnerait jamais. C'est une petite dissimulée, qui serait au désespoir qu'on sût les mauvaises situations où la mettent, presque tous les jours, ses extravagances.

MONSIEUR GRIFFARD.

Je t'entends : elle a besoin d'argent ?

LISETTE.

Je ne vous parle pas de cela, Dieu m'en garde ! N'interprétez point mal ce que je vous dis, s'il vous plait. Comme vous saisissez les choses, Monsieur !

MONSIEUR GRIFFARD.

Eh bien ! n'en parlons plus ; voilà qui est fini.

LISETTE.

Madame est une femme qui n'a jamais besoin de rien.

MONSIEUR GRIFFARD.

J'en suis persuadé.

LISETTE.

Il est bien vrai que son mari est un vilain, qui lui donne fort peu de chose, et que la fortune des joueuses est sujette à de petites révolutions quelquefois...

MONSIEUR GRIFFARD.

Aurait-elle fait quelque perte considérable ?

LISETTE.

Ne me faites point trop parler, Monsieur, je vous prie. Je devine fort bien vos desseins ; vous seriez ravi d'avoir occasion de faire le galant, et d'étaler votre humeur libérale ; mais, gardez-vous en bien, je vous en avertis, vous perdriez toutes vos affaires.

MONSIEUR GRIFFARD.

Mais vraiment, cela est extraordinaire !

LISETTE.

Qu'il est fâcheux d'avoir affaire à de petites personnes trop scrupuleuses !

MONSIEUR GRIFFARD.

Elles sont si rares ! Il faut justement que j'en trouve une, moi.

LISETTE.

Attendez, Monsieur, tâchons de l'attrapper : il me vient une idée...

MONSIEUR GRIFFARD.

Eh ! quelle ?

LISETTE.

Elle donnera là-dedans, assurément, quelque fine qu'elle puisse être.

MONSIEUR GRIFFARD.

Eh bien ? dis vite.

LISETTE.

Supposons qu'elle ait perdu deux cents pistoles...

MONSIEUR GRIFFARD.

Deux cents pistoles ?

LISETTE.

Oui, cela va bien là tout au moins...

MONSIEUR GRIFFARD.

Je les ai fort à son service.

LISETTE.

Il n'y a qu'un bon tour à prendre pour les lui faire accepter : c'est là le difficile. De vous les emprunter, c'est ce qu'elle ne fera pas ; de les prendre à titre de présent, il n'y a pas d'apparence ; et pour moi, je ne vois qu'une façon de restitution, dont on pût se servir utilement.

MONSIEUR GRIFFARD.

Comment une façon de restitution ?

LISETTE.

Oui, Monsieur, les joueurs sont un peu sujets à caution, comme vous savez, et Madame n'a pas joué toujours avec les plus honnêtes personnes du monde. Voulez-vous lui faire plaisir, sans effaroucher sa pudeur ?

MONSIEUR GRIFFARD.

Si je le veux !

LISETTE.

Envoyez-lui de l'argent qu'elle puisse recevoir comme d'un remords de conscience de quelque fripon converti. Il n'y a pas de manière plus sûre et plus galante que celle-là.

MONSIEUR GRIFFARD.

Mais, je serais bien aise, Lisette, qu'elle sût que c'est à moi qu'elle en aura l'obligation.

LISETTE.

Eh ! allez ! allez, Monsieur ! elle le saura du reste dans la suite : je me charge de lui dire, moi.

MONSIEUR GRIFFARD.

Mais, scrupuleuse comme elle est, elle sera peut-être fâchée qu'on la trompe ?

LISETTE.

Eh ! mort de ma vie, trompez-la toujours de même ! Il y a des affaires où les femmes sont ravies d'être trompées.

MONSIEUR GRIFFARD.

Et par qui lui faire tenir cet argent ?

LISETTE.

C'est encore une difficulté. De votre part, cela serait suspect, et le métier d'un commissaire n'est pas de faire des restitutions. Adressez-moi la bourse, j'ajusterai tout cela.

MONSIEUR GRIFFARD.

N'est-ce pas deux cents pistoles que tu dis ?

LISETTE.

Mettez... mettez deux cents louis neufs, la restitution en sera plus honnête.

MONSIEUR GRIFFARD.

Je vais te les envoyer tout à l'heure.

LISETTE.

Et vous viendrez quelques moments après, pour parler vous-même à Madame.

MONSIEUR GRIFFARD.

C'est fort bien dit. Adieu, Lisette.

LISETTE.

Adieu, Monsieur. Ah ! que les jolies femmes sont heureuses ! Il semble aux hommes qu'en les ruinant elles leur font grâce ; et de pauvres diables bien amoureux ne donnent toujours que trop aisément dans tous les panneaux qu'on veut leur tendre.

SCÈNE X

LISETTE, FRONTIN.

FRONTIN.

J'attendais qu'il fût sorti. Comment vont les affaires ? As-tu déjà travaillé pour la bourse commune ?

LISETTE.

Cela ne commence pas trop mal : on va nous faire une restitution de deux cents pistoles.

FRONTIN.

Tu nommes cela une restitution ?

LISETTE.

Oui : c'est une nouvelle manière de faire des présents sans conséquence, où je trouve qu'il y a beaucoup plus de bienséance, que dans toutes les autres.

FRONTIN.

Tu as raison ; celle qui reçoit ne s'engage à rien, et le donateur est pris pour dupe. Où est Monsieur le notaire ? Il faut que je décharge aussi sa conscience de quelque petite restitution.

LISETTE.

Ne précipitons rien, donne-toi patience : il est allé dans son cabinet, se préparer à une querelle que je lui ai conseillé de faire à Madame, pour autoriser les petites parties qu'on veut faire ici.

FRONTIN.

Comment donc ?

LISETTE.

C'est lui qui veut absolument que sa femme demeure chez elle.

FRONTIN.

Il n'aura pas de peine à la persuader !

LISETTE.

Non, vraiment ; mais il est toujours bon de lui faire valoir les choses ; et quelque chagrin qu'il en puisse avoir dans la suite, il n'aura pas le mot à dire, ce sera lui qui l'aura voulu.

FRONTIN.

Tu as raison. Voici Monsieur le chevalier.

SCÈNE XI

LE CHEVALIER, LISETTE, FRONTIN.

LE CHEVALIER.

Que j'ai de grâces à te rendre, ma chère Lisette !

LISETTE.

Êtes-vous content de la réponse ?

LE CHEVALIER.

Il n'y a rien qu'elle ne me donne lieu d'espérer ; je suis le plus heureux des hommes !

LISETTE.

Oui, mais je crois que vous avez un rival, je vous en avertis.

LE CHEVALIER.
Un rival, Lisette?

LISETTE.
Oui vraiment, et des plus dangereux, même

LE CHEVALIER.
Et quel est donc ce rival?... Dis?

LISETTE.
Un petit mièvre de par le monde, qu'on appelle Janot, le fils de cette femme à qui vous avez tantôt parlé... Cela vous alarme? Vous vous effarouchez de bien peu de chose!

FRONTIN.
Bon! si nous n'avons point d'autre rival à craindre, nous sommes bien, sur ma parole.

LE CHEVALIER.
Puis-je parler à Marianne?

LISETTE.
Je ne sais, car elle a toujours quelqu'un de ses maîtres avec elle. Je vais voir si elle est seule, et je viendrai vous en avertir.

SCÈNE XII

LE CHEVALIER, FRONTIN.

LE CHEVALIER.
Ma bonne femme de mère aura dit quelque chose mal à propos, Frontin!

FRONTIN.
Il n'y a rien de gâté encore; mais il faut se hâter de conclure le mariage; le billet s'explique-t-il en bons termes?

LE CHEVALIER.
Si j'en juge par le billet, mes affaires iront le mieux du monde.

FRONTIN.
Assurément?

LE CHEVALIER.
Assurément.

FRONTIN.

Puisqu'il en est ainsi, sans façon, Monsieur le chevalier, *(Frontin se couvre)* commençons par bannir la cérémonie !

LE CHEVALIER.

Eh ! que fais-tu, Frontin ? Veux-tu me perdre ?

FRONTIN.

Non, ce n'est pas mon intention ; mais vous voilà en train d'attraper un bon mariage. Comment prétendez-vous que cela se passe entre vous et moi ?

LE CHEVALIER.

Eh ! quel temps choisis-tu ?

FRONTIN.

Parlons net, ou je vous trahirai. On a déjà ouï parler de Monsieur Janot, comme vous voyez ?

LE CHEVALIER.

Voilà un pernicieux maroufle !

FRONTIN.

Ne vous fâchez point, et soyez bon prince. Je suis votre serviteur, votre valet même quelquefois, dont j'enrage ! Car, enfin, nous avons été camarades d'école... Nous étions clercs chez le même procureur... On vous mit dehors pour la maîtresse, on me chassa, moi, pour la servante ; et, j'en conviens, vous avez eu de tout temps les inclinations plus nobles que les miennes ; mais, cependant, il me déplairait fort de vous voir *Monsieur* pour toujours, et d'être pour toujours *Frontin*, moi.

LE CHEVALIER.

Ah ! je te jure qu'aussitôt l'affaire terminée...

FRONTIN.

Quand une affaire est terminée, elle est finie pour tout le monde ; il n'est rien tel que de faire marché : composons d'avance ; assurez-moi ma petite fortune, et je vous permets d'achever la vôtre.

LE CHEVALIER.

Dépêche-toi seulement.

ACTE III, SCÈNE XII.

FRONTIN.

Vous m'avez donné, ce matin, un billet de soixante pistoles, pour les aller recevoir de ce commis de la douane...

LE CHEVALIER.

Je te donne les soixante pistoles : voilà qui est fini ?

FRONTIN.

Point, Monsieur. Il y a encore ce diamant, que vous avez tantôt pris chez votre mère, et que vous m'avez dit de troquer contre de l'argent.

LE CHEVALIER.

Ah ! Frontin !

FRONTIN.

Ah ! Monsieur, point de contestations, s'il vous plaît, je n'aime point qu'on me contredise, moi !

LE CHEVALIER.

J'enrage ! Eh bien ! le diamant te demeurera : seras-tu content ?

FRONTIN.

Il me faudra du linge, et quelque justaucorps un peu propre, pour me mettre en équipage seulement.

LE CHEVALIER.

J'aurai soin de tout cela, je te le promets.

FRONTIN.

Vous me donnerez avec cela quelques bonnes habitudes, et tout ira bien. J'ai de l'esprit ; vous serez pourvu ; je vous demande vos vieilles pratiques.

LE CHEVALIER.

Je ferai pour toi toutes choses.

FRONTIN, *ôtant son chapeau.*

Sur ce pied-là, reprenons la cérémonie : j'oublie l'égalité de nos naissances, et je vous regarde comme le gentilhomme de France le moins roturier.

LE CHEVALIER.

Et si l'affaire ne réussit point ?

FRONTIN.
En ce cas, j'ai la conscience bonne, je vous rends tout; il faut que chacun vive.

LE CHEVALIER.
Tais-toi, Frontin, voici Lisette.

SCÈNE XIII

LE CHEVALIER, LISETTE, FRONTIN.

LISETTE.
Je vous ai fait attendre; mais, j'ai attendu moi-même que le maître de géographie fût parti. Ne perdez point de temps, montez par ce petit escalier; Frontin sait les êtres, qu'il vous conduise.

FRONTIN.
Eh! qu'ai-je affaire là, moi, s'il te plaît?

LISETTE.
Tu feras le guet, pour assurer la conversation.

LE CHEVALIER.
Tu ne viens donc pas avec nous, toi, Lisette?

LISETTE.
Non, vraiment, j'ai ici de l'argent à recevoir. En attendant la restitution, allons savoir de ma maîtresse quand elle aura la commodité d'être querellée.

ACTE QUATRIÈME

SCÈNE PREMIÈRE

MARIANNE, LE CHEVALIER, FRONTIN.

MARIANNE.
Entrons ici, Monsieur le chevalier, je ne suis point tranquille dans ma chambre : on pourrait

nous y surprendre, et l'on m'en ferait un crime. Ici, l'on peut penser que le hasard nous aura fait rencontrer, et que vous ne m'aurez abordée que par civilité. Que Frontin prenne garde, seulement, que personne ne nous écoute.

FRONTIN.

Causez en repos, je suis en sentinelle.

LE CHEVALIER.

Eh bien ! charmante Marianne, quelle sera ma destinée ?

MARIANNE.

S'il ne tenait qu'à moi seule de la rendre heureuse, vous n'auriez pas lieu de vous en plaindre.

LE CHEVALIER.

Eh ! ne pouvez-vous pas faire tout mon bonheur ? Je vous adore ! Si vous étiez un peu sensible à ma tendresse...

MARIANNE.

Tenez, Monsieur le chevalier, je ne sais ce que c'est que de l'amour : je ne puis dire que je vous aime ; mais je suis bien aise que vous m'aimiez.

LE CHEVALIER.

Et consentirez-vous, sans répugnance, que je devienne votre époux ?

MARIANNE.

Voilà encore une chose que je ne saurais vous dire ; il me semble qu'on ne s'aime plus, quand on est marié ?

LE CHEVALIER.

On ne s'aime plus ! qui vous a dit cela ?

MARIANNE.

Araminte et ma belle-mère ne disent tous les jours autre chose : elles chagrinent leurs maris ; leurs maris les haïssent. Moi, je voudrais vous aimer toujours, et il faudrait, pour cela, que vous m'aimassiez toute votre vie !

LE CHEVALIER.

Et vous croyez que le mariage pourrait faire finir ma tendresse ? Ah ! je vous jure...

FRONTIN.

Changez de conversation, Monsieur, j'entends quelqu'un.

MARIANNE.

Séparons-nous, Monsieur le chevalier.

FRONTIN.

Non, rapprochez-vous, c'est Lisette.

SCÈNE II

LE CHEVALIER, MARIANNE, FRONTIN, LISETTE.

LISETTE.

Quoi, vous voilà ! Je vous croyais là-haut ? Que faites-vous donc ici ? Votre père va venir, je vous en avertis.

MARIANNE.

Adieu, Monsieur le chevalier.

SCÈNE III

ANGÉLIQUE, MARIANNE, LE CHEVALIER, FRONTIN, LISETTE.

ANGÉLIQUE.

Demeurez, Marianne, où allez-vous ?

MARIANNE.

On m'a dit que vous m'aviez demandée, Madame. J'ai su que vous étiez revenue : j'allais me rendre auprès de vous.

ANGÉLIQUE.

Eh bien ! chevalier, la compagnie qui vous attendait est-elle avertie pour demain ?

LE CHEVALIER.

Je venais vous en rendre compte, Madame ; et tout Paris viendra chez vous, sitôt qu'on saura qu'on y joue.

LISETTE.

Cela divertira bien votre mari, Madame!

ANGÉLIQUE.

Il faudra bien qu'il en passe par où nous voudrons. Je vais le mettre à la raison. Lui as-tu dit que j'étais revenue?

LISETTE.

Oui, Madame; et en remontant, on m'a donné ces deux cents pistoles que vous savez.

ANGÉLIQUE.

Porte-les a Araminte : elles viennent de son mari, c'est à elle d'en disposer. Et vous, Marianne, allez lui tenir compagnie, pendant que je serai obligée d'essuyer la fatigante conversation de votre père. Vous, ne sortez pas, Monsieur le chevalier.

LE CHEVALIER.

Je ferai tout ce qu'il vous plaira, Madame.

ANGÉLIQUE.

Entrez aussi dans mon cabinet; je veux vous faire part d'une aventure que vous trouverez divertissante.

SCÈNE IV

ANGÉLIQUE, FRONTIN.

FRONTIN.

Et moi, Madame, que deviendrai-je? Quand vous aurez fait de Monsieur le notaire, vous me le livrerez, s'il vous plaît?

ANGÉLIQUE.

Va faire un tour, et reviens, Frontin.

FRONTIN.

Dépêchez-vous donc, Madame : je suis honteux que Lisette soit plus expéditive que moi ; mais, je réparerai cela par la somme.

ANGÉLIQUE.

J'entends mon mari, sors vite.

FRONTIN.

Voilà un pauvre diable en bonnes mains!

SCÈNE V

MONSIEUR SIMON, ANGÉLIQUE.

MONSIEUR SIMON.

Ah ! vous voilà donc au logis, Madame ? C'est une grande merveille, oui !

ANGÉLIQUE.

Bonjour, mon cher petit mari : Lisette dit que vous êtes de mauvaise humeur, et que vous voulez gronder, est-il vrai ? J'ai un mal de tête épouvantable, au moins, je vous en avertis.

MONSIEUR SIMON.

Eh ! le moyen de vous bien porter ? Vous devriez être morte, depuis le temps que vous vivez comme vous faites. Ne rougissez-vous point de...

ANGÉLIQUE.

Ah ! mon fils, vous m'ébranlez tout le cerveau ! Adoucissez l'aigreur de votre ton, je vous prie, ou je renonce à vous écouter.

MONSIEUR SIMON.

Comment, Madame, vous croyez...

ANGÉLIQUE.

Oh ! querellez donc de sangfroid, je vous prie, je vous promets de vous écouter de même.

MONSIEUR SIMON.

Il faut que j'aie une belle patience !

ANGÉLIQUE.

Serez-vous long dans vos remontrances, mon fils ?

MONSIEUR SIMON.

Oui, Madame, et très long...

ANGÉLIQUE.

Si vous vouliez quereller en abrégé, mon petit mari, je vous aurais bien de l'obligation ?

MONSIEUR SIMON.

En abrégé, Madame ? Et le moyen de renfermer en peu de paroles tous les sujets de plaintes, que vous me donnez tous les jours !

ACTE IV, SCÈNE V.

ANGÉLIQUE.

Moi, je vous donne des sujets de plaintes, mon fils?

MONSIEUR SIMON.

Oh, que diantre! mon fils... mon petit mari... supprimons tous ces termes-là, s'il vous plaît: trêve de douceurs, je vous prie.

ANGÉLIQUE.

Comment donc, Monsieur, quelles manières sont les vôtres? Plus j'ai d'honnêteté pour vous, plus vous avez d'aigreur pour moi? En vérité, je n'y comprends rien, et je suis fort scandalisée de votre procédé.

MONSIEUR SIMON.

Eh, morbleu! je suis outré du vôtre, moi!

ANGÉLIQUE.

Ah! que les maris sont incommodes avec leurs bizarreries perpétuelles! Je voudrais bien savoir qui peut causer vos emportements.

MONSIEUR SIMON.

Comment donc, mes emportements? Je n'ai que trop de douceur, de par tous les diables!

ANGÉLIQUE.

Ah! juste ciel! Toujours dans la bouche des mots à effaroucher les personnes les moins timides!

MONSIEUR SIMON.

Morbleu!

ANGÉLIQUE.

Vous jurez, Monsieur, vous jurez, vous me faites trembler! Lisette! holà, quelqu'un!

MONSIEUR SIMON.

Vous perdez l'esprit, Madame.

ANGÉLIQUE.

Lisette?

SCÈNE VI

MONSIEUR SIMON, ANGÉLIQUE, LISETTE.

LISETTE.

Eh! à qui diantre en avez-vous donc?

ANGÉLIQUE.

Demeurez auprès de moi, Lisette ; Monsieur est dans une fureur qui ne se conçoit pas.

LISETTE.

Serait-il possible?

MONSIEUR SIMON.

Ah! la méchante femme, Lisette, la méchante femme!

ANGÉLIQUE.

Peut-on s'étonner que je n'aime pas à demeurer chez moi? ce sont vos violences et vos caprices qui m'en écartent!

MONSIEUR SIMON.

Mes violences?

LISETTE.

Eh bien! modérez-vous un peu, on verra ce que cela produira.

MONSIEUR SIMON.

Tu crois ce qu'elle dit? C'est un prétexte pour avoir raison d'être toujours dehors.

ANGÉLIQUE.

Oui, fort bien, un prétexte! En vérité, Monsieur, vous vous servez de termes bien offensants; et si ma famille savait les duretés que vous avez pour moi...

MONSIEUR SIMON.

Oh! pour le coup, je perds patience!

LISETTE.

Eh! doucement, Monsieur. N'y aurait-il pas moyen de vous accommoder? Vous êtes tous deux si raisonnables!

ANGÉLIQUE.

Eh bien! je te fais juge de nos différends, Lisette.

ACTE IV, SCÈNE VI.

LISETTE.

C'est bien de l'honneur que vous me faites, Madame.

MONSIEUR SIMON.

Oui, tu as de l'esprit, et je te permets de me condamner si j'ai tort.

LISETTE.

Oh ! pour cela, je le ferai, je vous assure ! Voyons, de quoi vous plaignez-vous, premièrement ?

MONSIEUR SIMON.

Ne le sais-tu pas ?

LISETTE.

Que répondez-vous à cela ?

ANGÉLIQUE.

Ignores-tu toutes mes raisons ?

LISETTE.

Eh ! mort de ma vie, que ne parlez-vous ? Vous voilà d'accord, Monsieur n'a qu'à vouloir.

MONSIEUR SIMON.

Moi ?

LISETTE.

Vous-même. Tenez, Monsieur, Madame est la femme de France la plus complaisante : laissez-la vivre à sa fantaisie, vous en ferez tout ce qu'il vous plaira !

MONSIEUR SIMON.

Eh bien ! qu'elle fasse, pourvu qu'elle demeure chez elle.

LISETTE.

Mais, vraiment, cela est trop juste, Madame ; Monsieur est le meilleur homme du monde ; il aime à vous voir : donnez-lui cette petite satisfaction, le plus souvent qu'il vous sera possible !

ANGÉLIQUE.

Hélas ! de tout mon cœur, mon enfant : je ne cherche point à le chagriner. Qu'il soit toujours de bonne humeur, je serai toujours au logis.

LISETTE.

Vous l'entendez, Monsieur ? Je ne lui fais pas dire !

MONSIEUR SIMON.

Eh bien! qu'elle me tienne parole, et je ne querellerai de ma vie.

ANGÉLIQUE.

Cela me fera de la peine assurément; mais, puisque vous le voulez absolument, Monsieur, je tâcherai de trouver les moyens de me rendre ma prison supportable.

LISETTE.

La pauvre petite femme! Sa prison! vous devez être bien content, Monsieur?

MONSIEUR SIMON.

Je ne m'attendais pas à la trouver si raisonnable, je te l'avoue.

LISETTE.

Oh! Monsieur, tôt ou tard, il vient de bons moments aux femmes. Il ne faut aux maris que la patience de les attendre.

ANGÉLIQUE.

Le seul plaisir que je me propose, est de jouer et de recevoir compagnie.

LISETTE.

Comme elle se borne!

MONSIEUR SIMON.

Eh va! va! tu n'auras pas le temps de t'ennuyer; il faudra faire en sorte qu'Araminte soit presque toujours avec toi, premièrement.

ANGÉLIQUE.

Ah! mon cher petit mari, que j'en serai contente! Tâchons de l'engager à cela, je vous prie: c'est la plus aimable personne du monde, qu'Araminte!

MONSIEUR SIMON.

N'est-il pas vrai?

LISETTE, *à part*.

Le vieux satyre.

MONSIEUR SIMON.

Nous aurons son mari quelquefois, nous verrons ma nièce la greffière qui fait des vers, ma cousine l'avocate, son beau-frère qui est plaisant, sa sœur la conseillère, mon oncle le médecin, sa femme et ses enfants, nous nous divertirons à merveille.

LISETTE.

Voilà de quoi bien passer son temps, Madame ?

ANGÉLIQUE.

Oh! pour cela, non, mon fils je vous prie ; hors Araminte, qui a les manières de condition, je ne veux voir que des femmes de qualité, s'il vous plaît.

MONSIEUR SIMON.

Eh bien oui ! des femmes de robe ?

ANGÉLIQUE.

Non, Monsieur, des femmes d'épée. C'est mon faible que les femmes d'épée, je vous l'avoue.

LISETTE.

Madame a les inclinations tout à fait militaires.

MONSIEUR SIMON.

Eh bien soit ! des femmes d'épée, tout comme tu voudras.

ANGÉLIQUE.

Nous donnerons de petits concerts quelquefois.

MONSIEUR SIMON.

Des concerts ici, dans ma maison ?

ANGÉLIQUE.

Oui, mon fils ; comme vous voulez que j'y demeure toujours, il faut bien que je m'y divertisse.

LISETTE.

Elle a tant de complaisance pour vous, que vous ne sauriez vous défendre d'en avoir un peu pour elle?

MONSIEUR SIMON.

Mais...

ANGÉLIQUE.

Mais, Monsieur, il me faut de la musique trois jours de la semaine seulement ; trois autres après-dinées, on jouera quelques reprises d'hombre et de lansquenet, qui seront suivies d'un grand souper, de manière que nous n'aurons qu'un jour de reste, qui sera le jour de conversation ; nous lirons des ouvrages d'esprit ; nous débiterons des nouvelles ; nous nous entretiendrons des modes ; nous médirons de nos amis ; enfin, nous emploierons tous les moments de cette journée à des choses purement spirituelles.

LISETTE.

Quel ordre, Monsieur ! Elle veut vivre régulièrement, comme vous voyez ?

MONSIEUR SIMON.

Quelle chienne de régularité !

ANGÉLIQUE.

Et comme cette vie aisée, douce, agréable, pourrait attirer trop grand monde, pour n'être point accablé de visites importunes, il faudra que nous ayons un portier, s'il vous plaît.

MONSIEUR SIMON.

Miséricorde, un portier chez moi ! Chez un notaire, un portier, Madame ?

ANGÉLIQUE.

Oui, Monsieur, un portier chez un notaire, la grande merveille !

MONSIEUR SIMON.

Lisette ?

LISETTE.

Ne l'obstinez point, Monsieur, elle prendrait un suisse !

MONSIEUR SIMON.

Mais, Madame...

ANGÉLIQUE.

Mais, Monsieur... je veux un portier : sans cela, marché nul, je sortirai, et tout à l'heure.

LISETTE.

Eh ! passez-lui cette bagatelle ! faut-il rompre un traité pour un malheureux portier ?

MONSIEUR SIMON.

Je me ferai moquer de moi !... Et, d'ailleurs, comment soutenir tant de dépense ?

ANGÉLIQUE.

Eh ! Monsieur, qui vous demande rien ? de quoi vous effarouchez-vous ?

MONSIEUR SIMON.

De quoi je m'effarouche, Madame?

LISETTE.

Allez, Monsieur, qu'il vous suffise que Madame joue. Les joueuses ont des ressources inépuisables, et les femmes à qui leurs maris ne donnent point d'argent, ne sont pas toujours celles qui en dépensent le moins.

MONSIEUR SIMON.

Pour moi, je n'en saurais donner, car je n'en ai point.

LISETTE, *à part*.

Frontin vous en fera pourtant bien trouver!

ANGÉLIQUE.

Allez, Monsieur, ne vous mêlez de rien que de me laisser faire. Adieu, mon fils, je vais me recueillir dans mon cabinet, et songer à prendre toutes les mesures imaginables pour vous donner la satisfaction de demeurer au logis sans m'y ennuyer.

SCÈNE VII

MONSIEUR SIMON, LISETTE.

LISETTE.

Quelle complaisance! Vous êtes bienheureux d'avoir une femme si bonne et si judicieuse!

MONSIEUR SIMON.

Je paierai bien cher cette complaisance-là, peut-être.

LISETTE.

Oh! point du tout, elle est bien revenue de la bagatelle.

MONSIEUR SIMON.

Il faut en essayer, Lisette. Tu vois tout ce que je fais pour la mettre dans son tort?

LISETTE.

Oh! pour cela, Monsieur, vous êtes le meilleur mari qu'il y ait au monde!

ANGÉLIQUE, *derrière le théâtre.*

Lisette ?

LISETTE.

Madame m'appelle. Adieu, Monsieur. Tenez-vous en joie : vous avez bien sujet d'y être.

SCÈNE VIII

MONSIEUR SIMON, *seul.*

Hum ! je ne sais comment tout cela tournera ; mais un honnête homme est bien embarrassé quand il est amoureux, et qu'il a des mesures à prendre avec sa femme !

SCÈNE IX

MONSIEUR SIMON, FRONTIN.

FRONTIN.

Ah ! Monsieur, que je vous trouve à propos !

MONSIEUR SIMON.

Qu'est-ce qu'il y a ?

FRONTIN.

Ne peut-on point nous écouter ?

MONSIEUR SIMON.

Non, non, parle, cette salle est grande.

FRONTIN.

Vous n'avez point vu Araminte, depuis le dernier billet que je lui ai rendu de votre part ?

MONSIEUR SIMON.

Non, vraiment. Je ne précipite rien, moi, et je ne fais point l'amour en jeune homme.

FRONTIN.

Mais, sérieusement, Monsieur, en êtes-vous bien amoureux ?

MONSIEUR SIMON.

Plus que je ne saurais te le dire.

ACTE IV, SCÈNE IX.

FRONTIN.

Et s'il fallait renoncer à la voir, cela vous ferait-il de la peine?

MONSIEUR SIMON.

Comment renoncer à la voir? Qu'y a-t-il donc? qu'est-il donc arrivé?

FRONTIN.

Ah! que vous aimez cette femme-là, Monsieur! Je ne puis m'empêcher de vous plaindre.

MONSIEUR SIMON.

Mais, à qui en as-tu?

FRONTIN.

Vous ne sauriez croire combien je suis dans vos intérêts.

MONSIEUR SIMON.

Je t'en estime davantage, mais...

FRONTIN.

J'aimerais autant que le diable vous eût emporté, que de vous voir amoureux de cette force-là!

MONSIEUR SIMON.

Tu me ferais perdre patience. Ne veux-tu pas t'expliquer?

FRONTIN.

Araminte, Monsieur...

MONSIEUR SIMON.

Eh bien, Araminte?

FRONTIN.

Elle est dans une situation la plus fâcheuse du monde.

MONSIEUR SIMON.

Comment! quelle situation?

FRONTIN.

Elle m'a bien défendu de vous rien dire, et je ne sais si je fais bien de vous en parler.

MONSIEUR SIMON.

Oui, oui, parle.

FRONTIN.

Je meurs de peur que vous ne soyez assez amoureux pour la vouloir tirer de l'embarras où elle se trouve.

MONSIEUR SIMON.

Quoi! quel embarras? Si je l'en tirerai? oh! je t'en réponds!

FRONTIN.

Ne voilà-t-il pas!... Oh bien! Monsieur, puisqu'il est ainsi, vous ne saurez rien.

MONSIEUR SIMON.

Mon pauvre Frontin...

FRONTIN.

Non, Monsieur, il ne sera pas dit que parce qu'une femme vous estimera plus qu'un autre, j'aurai contribué à vous ruiner pour l'amour d'elle!

MONSIEUR SIMON.

A me ruiner? qu'est-ce que cela signifie?

FRONTIN.

Cela signifie que la plupart des jolies femmes ruinent tous ceux qu'elles estiment, Monsieur. C'est la règle.

MONSIEUR SIMON.

C'est la règle?

FRONTIN.

Eh! vraiment oui! voudriez-vous qu'elles ruinassent ceux qu'elles n'estiment point? cela serait bien malhonnête!

MONSIEUR SIMON.

Ah! ah! et est-ce une nécessité de ruiner quelqu'un?

FRONTIN.

Oui vraiment, cela ne se peut pas autrement même. C'est une chose inconcevable que les dépenses prodigieuses qu'Araminte fait tous les jours, sans réflexion, sans conduite. Elle s'endette de tous côtés; les marchands crient pour être payés; si cela vient aux oreilles du mari, c'est une femme perdue; et pour se mettre à couvert de ses emportements, elle est dans la résolution de s'aller jeter dans un couvent, et de n'en sortir de sa vie.

MONSIEUR SIMON.

Dans un couvent, Frontin?

FRONTIN.

Dans un couvent. Quand une jolie femme est embarrassée, et qu'elle ne sait comment sortir d'affaires, elle a toujours recours au couvent : c'est encore une règle.

MONSIEUR SIMON.

Mais voilà une résolution bien précipitée ?

FRONTIN.

Je vous en réponds ! Elle m'a même dit de lui mener un carrosse, pour y aller tout de ce pas : elle ne veut dire adieu à personne.

MONSIEUR SIMON.

Comment tout de ce pas ? il faut empêcher cela, Frontin.

FRONTIN.

Oh! Monsieur, cela est bien difficile; elle doit plus de mille écus, afin que vous le sachiez.

MONSIEUR SIMON.

Mille écus !

FRONTIN.

Oui vraiment : mille écus, valant trois mille deux cent cinquante livres. Eh! croyez-moi : laissez-la faire ; ne mettez point là votre argent ; prenez une bonne résolution de ne la jamais voir.

MONSIEUR SIMON.

De ne la jamais voir ?

FRONTIN.

Oui. Vous ne l'aimez peut-être pas tant que vous vous l'imaginez ?

MONSIEUR SIMON.

Je ne l'aime pas ? J'en perdrais l'esprit !

FRONTIN.

Quelle fatalité! perdre l'esprit, ou donner trois mille deux cent cinquante livres !

MONSIEUR SIMON.

Cela est chagrinant.

FRONTIN.

Ecoutez : l'esprit est une belle chose. Adieu, Monsieur, je vais chercher un carrosse.

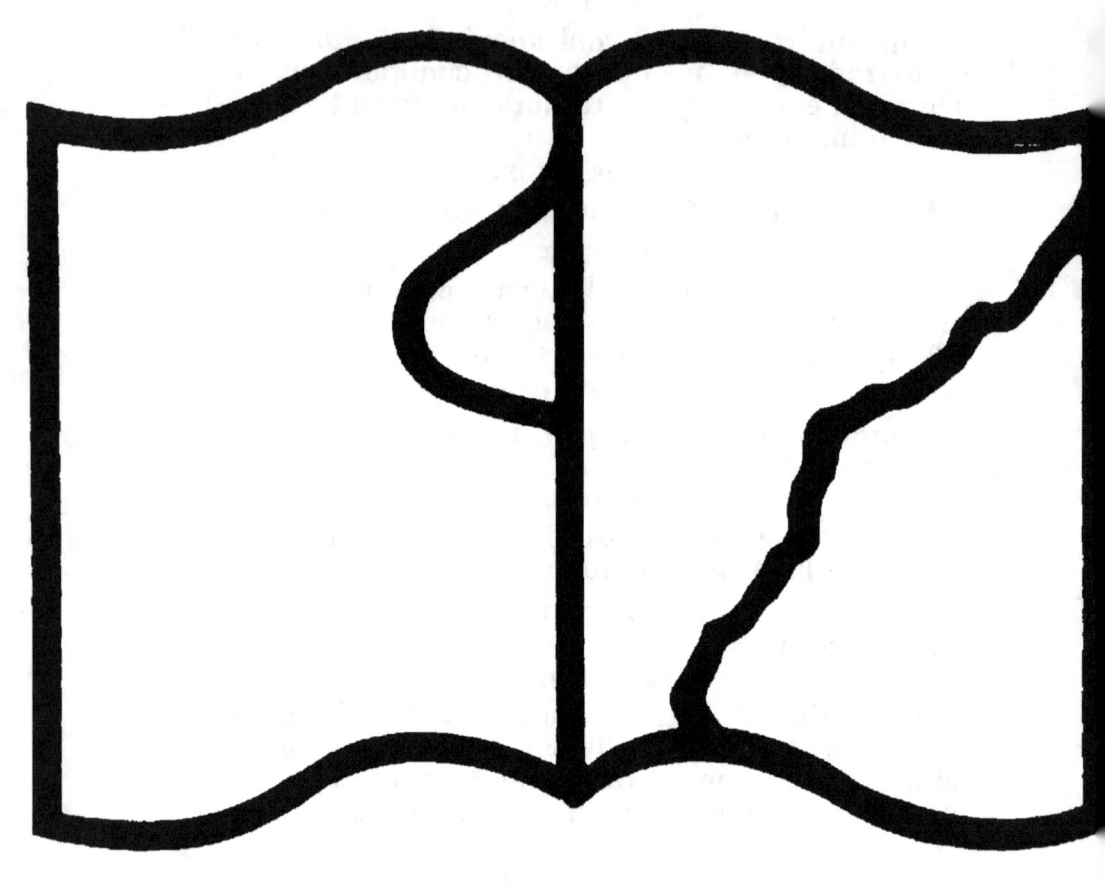

Texte détérioré — reliure défectueuse

NF Z 43-120-11

MONSIEUR SIMON.

Attends, Frontin ?

FRONTIN.

Ah! que je connais de gens à Paris qui voudraient avoir une occasion comme celle-ci ! mais je ne leur en parlerai point. Je suis trop de vos amis, pour ne vous pas laisser la préférence.... Je vais lui chercher un carrosse.

MONSIEUR SIMON.

Attends-moi là, te dis-je ! je vais prendre dans mon cabinet un billet payable au porteur, que je lui veux donner moi-même.

FRONTIN.

Comment ! vous-même ? Ah ! fi, Monsieur ; où est la politesse, de ne savoir pas épargner à une femme la confusion de vous avoir obligation en face ? Vous la feriez mourir de chagrin !

MONSIEUR SIMON.

Eh bien... Mais, connais-tu les gens à qui elle doit ?

FRONTIN.

Si je les connais !

MONSIEUR SIMON.

Mène-moi chez eux, je les paierai sans lui en rien dire.

FRONTIN.

Cela est fort bien imaginé.

MONSIEUR SIMON.

Cela sera assez galant, oui ?

FRONTIN.

Assurément. Il n'y a qu'un petit inconvénient qui s'y rencontre.

MONSIEUR SIMON.

Comment ?

FRONTIN.

Ce sont des gens à qui Madame votre femme doit aussi de l'argent ; il ne serait pas dans la bienséance qu'on vît acquitter les dettes des autres, quand vous ne payez pas les siennes.

ACTE IV, SCENE IX.

MONSIEUR SIMON.

Malpeste ! tu as raison ; elle le saurait peut-être...

FRONTIN.

Je suis prudent, comme vous voyez ?

MONSIEUR SIMON.

Comment ferons-nous donc ?

FRONTIN.

Mais il me semble que vous, me donnant le billet, et moi, promettant de vous en faire tenir compte...

MONSIEUR SIMON.

Mais, Frontin...

FRONTIN.

Qu'est-ce à dire, mais ? Ne craignez-vous point que je vous friponne votre billet ?

MONSIEUR SIMON.

Je ne te dis pas cela ; mais enfin...

FRONTIN.

Parbleu ! Monsieur, je n'y entends point de finesse ! Puisque vous faites tant de façons, je vous baise les mains. Je suis votre serviteur... Je m'en vais chercher un carrosse.

MONSIEUR SIMON.

Que tu as l'esprit mal tourné ! Je vais chercher le billet, viens-t'en le prendre.

FRONTIN.

Oh ! diable, vous faites là un grand effort ! Monsieur est amoureux à perdre l'esprit ; on veut le conserver dans son bon sens ; il en est quitte pour mille écus...

MONSIEUR SIMON.

Voici quelqu'un : veux-tu te taire, et me suivre ?

FRONTIN.

Tout à l'heure je vais vous joindre.

SCÈNE X

LE CHEVALIER, FRONTIN.

LE CHEVALIER.

Ah! mon pauvre Frontin, je suis dans le plus grand embarras du monde!

FRONTIN.

Qu'est-ce qu'il y a?

LE CHEVALIER.

Cette folle de Lisette s'est avisée de parler à sa maîtresse et à Araminte de la passion que j'ai pour Marianne.

FRONTIN.

Eh bien?

LE CHEVALIER.

Et dans la vue de me faire plaisir, elles veulent, malgré que j'en aie, proposer la chose à son père.

FRONTIN.

Cela ne vaut pas le diable, vous voilà gâté; on ira aux enquêtes, et la réputation de Monsieur Janot fera tort à Monsieur le chevalier, assurément.

LE CHEVALIER.

Ah! ne plaisante point, je te prie.

FRONTIN.

Je ne plaisante point: cela ne vaut pas le diable!

LE CHEVALIER.

J'avais toujours compté sur les soins de Lisette, sur la tendresse de Marianne; et je me proposais de terminer la chose par un enlèvement, pour faire consentir le père au mariage...

FRONTIN.

Voilà comme j'ai toujours conçu la chose, et il n'y avait pas d'autre biais que celui-là même.

LE CHEVALIER.

Non vraiment; mais quel parti prendre?

FRONTIN.

Celui de précipiter une chose que nous aurions pu faire à loisir.

LE CHEVALIER.

Mais il faut pour cela de l'argent comptant ? Je n'en ai point assez.

FRONTIN.

Oh ! je vous en prêterai, moi : qu'à cela ne tienne ! Il y a Paris quelques orfèvres de ma connaissance ; et avec le diamant dont je suis nanti, je ne m'embarrasse pas de trouver deux cents pistoles en un quart d'heure.

LE CHEVALIER.

Mais il faut persuader Marianne.

FRONTIN.

Laissez-moi parler à Lisette, et allez m'attendre à l'auberge.

LE CHEVALIER.

Mais...

FRONTIN.

Mais allez m'attendre, vous dis-je ! Pour être héritier de vos vieilles pratiques, il n'y a rien que je ne sois capable de faire.

ACTE CINQUIÈME

SCÈNE PREMIÈRE

MARIANNE, LISETTE.

MARIANNE.

Ma pauvre Lisette, je n'en puis plus, je ne saurais me soutenir, je tremble.

LISETTE.

Qu'avez-vous ?

MARIANNE.

Mon père est là-dedans avec Araminte et ma belle-mère : je ne l'ai jamais vu de si bonne humeur.

LISETTE.

Et c'est là ce qui vous rend si interdite?

MARIANNE.

On va lui parler de mon mariage avec Monsieur le chevalier.

LISETTE.

On va lui en parler? Tant pis! on se presse trop.

MARIANNE.

Oh! point, point, Lisette! Je suis sortie pour les laisser dire : je voudrais déjà que cela fût fini.

LISETTE.

Cela est trop précipité, vous dis-je ; rentrez dans le cabinet pour rompre la conversation.

MARIANNE.

Ma chère enfant, je n'en ai pas la force : je ne me connais plus ; et je n'ai jamais été dans l'état où je me trouve.

LISETTE.

C'est que vous n'avez jamais été mariée.

MARIANNE.

Oh! pour cela non. Mais, si je suis si tremblante pendant qu'on en parle, comment serai-je donc quand on me mariera tout de bon?

LISETTE.

On vous rassurera, ne vous mettez pas en peine. Mais, si vous voulez que je vous parle naturellement, je meurs de peur que votre père ne reçoive mal la proposition.

MARIANNE.

C'est cette crainte-là, je pense, qui me met si hors de moi-même.

LISETTE.

Allez donc empêcher qu'on ne lui en parle. Nous avons, depuis tantôt, raisonné, Frontin et moi, et nous avons trouvé un moyen sûr pour vous marier, quand votre père ne le voudrait pas.

MARIANNE.

Est-il possible !

LISETTE.

Oui ; mais il faut pour cela, qu'il n'ait entendu parler de rien.

MARIANNE.

Mais, ce moyen est-il infaillible ?

LISETTE.

Je vous en réponds, cela dépendra de vous. Et vous n'y mettrez point d'obstacle, peut-être ?

MARIANNE.

Non, je t'en assure. Oh ! je m'en vais donc vite les interrompre.

LISETTE.

Dépêchez-vous, et dites tout bas à Madame que j'ai quelque chose de conséquence à lui dire.

MARIANNE.

Je vais te l'envoyer, laisse-moi faire.

SCÈNE II

LISETTE, *seule*.

La pauvre petite personne ! Nous en ferons tout ce que nous voudrons. Eh ! que ne font point de jeunes filles, pour être mariées ! Oh ! pour moi, je crois, Dieu me pardonne, qu'il y a un âge où elles ne pensent qu'à cela, et il entre du mariage dans tous leurs songes.

SCÈNE III

MONSIEUR GRIFFARD, LISETTE.

MONSIEUR GRIFFARD.

Eh bien ! ma chère enfant, comment a-t-on reçu la restitution ?

LISETTE.

Le mieux du monde ; cela se reçoit-il autrement ? Il faudrait avoir l'esprit bien mal tourné !

MONSIEUR GRIFFARD.
Sait-elle que c'est moi qui..

LISETTE.
Je lui en ai voulu donner quelque légère idée.

MONSIEUR GRIFFARD.
Eh bien ?

LISETTE.
Eh bien ! elle commençait déjà à prendre un certain ton aigre-doux, qui m'a fait rengaîner mon compliment. Il ne faut se déclarer que bien à propos. La voici.

SCÈNE IV

MONSIEUR GRIFFARD, ANGÉLIQUE, LISETTE.

MONSIEUR GRIFFARD.
Ce n'est pas une petite fortune, Madame, que celle de vous rencontrer au logis.

ANGÉLIQUE.
Si l'on recevait souvent de vos visites, on deviendrait volontiers plus sédentaire, Monsieur.

MONSIEUR GRIFFARD.
Madame...

LISETTE.
Voilà votre chapeau par terre, prenez garde.

ANGÉLIQUE.
Vous êtes, de tous les hommes du monde, celui qu'on voit avec le plus de plaisir, je vous assure.

MONSIEUR GRIFFARD.
Ah ! Madame...

LISETTE.
Vous marchez sur vos gants, Monsieur.

ANGÉLIQUE.
Je vous parle naturellement, au moins.

MONSIEUR GRIFFARD.
Vous avez bien de la bonté, Madame. Si j'osais vous parler de même...

ANGÉLIQUE.

Je vous soupçonne pourtant de m'avoir fait une petite friponnerie, dont je vous punirais, si j'en étais bien persuadée.

MONSIEUR GRIFFARD.

Oh! pour cela, Madame, je ne prétends pas que vous m'en ayez obligation.

ANGÉLIQUE.

Écoutez : vous avez de l'esprit ; vous donnez un tour galant et délicat à ce que vous faites ; mais, si vous voulez qu'on vous en sache gré, il faut me laisser toujours dans l'incertitude.

MONSIEUR GRIFFARD.

Oh! Madame, je vous réponds de...

ANGÉLIQUE.

Je ne suis que trop pénétrante, je vous l'avoue ; mais on ferme quelquefois les yeux, pour ne pas rompre avec ses amis : une parfaite connaissance de la vérité me mettrait sérieusement en colère.

MONSIEUR GRIFFARD.

Il est constant, Madame, que...

ANGÉLIQUE.

N'usons pas cette conversation, de grâce. Il me fâche seulement de penser à ces sortes de choses ; passez là-dedans, je vous prie, j'ai quelques ordres à donner à Lisette, vous n'aurez pas le temps de vous ennuyer.

SCÈNE V

ANGÉLIQUE, LISETTE.

ANGÉLIQUE.

Quel animal! Il ne m'a jamais paru si ridicule !

LISETTE.

Voilà un mortel bien payé de ses deux cents pistoles.

ANGÉLIQUE.

Que me veux-tu ? Qu'as-tu à me dire ? Mon mari est là-dedans de trop bonne humeur pour un homme qui a donné son argent. Je meurs de peur que Frontin n'ait pas si bien réussi que toi.

LISETTE.

Il a mieux fait que vous ne croyez, et voilà un billet de mille écus, que Monsieur lui a donné pour Araminte.

ANGÉLIQUE.

Le monstre ! Mille écus ne lui font point de peine à sacrifier pour une autre ; il me refuserait une pistole.

LISETTE.

Nous nous vengeons assez bien de son avarice : il ne faut pas se plaindre.

ANGÉLIQUE.

Mais comment toucher cet argent ? Araminte, ni toi, ni moi, nous ne pouvons l'aller recevoir ; il fallait que Frontin...

LISETTE.

Que cela ne vous embarrasse point : Madame Amelin négociera la chose à merveille.

ANGÉLIQUE.

Il faut envoyer chez elle. Holà, Jasmin !

SCÈNE VI

ANGÉLIQUE, LISETTE, JASMIN.

ANGÉLIQUE.

Vous savez où Madame Amelin demeure ?

JASMIN.

Celle qui est venue tantôt ici ? Oui, Madame.

ANGÉLIQUE.

Allez lui dire que je l'attends, et que j'ai affaire d'elle ; qu'elle vienne au plus vite.

LISETTE.

Avec tout cela, ce n'est pas une connaissance inutile que celle de cette Madame Amelin.

ANGÉLIQUE.

Non, vraiment !

LISETTE.

Nous aurions eu peine, sans elle, à nous défaire du diamant.

ANGÉLIQUE.

Il était dangereux de le vouloir vendre. Mais je m'arrête ici trop longtemps : je vais les rejoindre. Quand Madame Amelin sera venue, tu lui diras bien toi-même ce qu'il faut faire ?

SCÈNE VII

LISETTE, MONSIEUR JOSSE.

LISETTE.

C'est de l'argent comptant, ou peu s'en faut. Mais, que veut cet homme-là ? Demandez-vous ici quelque chose ?

MONSIEUR JOSSE.

Je voudrais bien parler à Monsieur Simon ; on m'a dit là-bas, qu'il y était.

LISETTE.

Est-ce pour quelque affaire un peu longue ? Quelque testament ? Quelque inventaire ? Nous en débarrasserez-vous pour longtemps ?

MONSIEUR JOSSE.

C'est pour une chose que je ne puis dire qu'à lui-même. Qu'on l'avertisse, je vous prie.

LISETTE.

Je vais lui dire ; vous n'avez qu'à attendre.

SCÈNE VIII

MONSIEUR JOSSE, *seul*.

Voilà une soubrette qui me paraît bien alerte, et elle pourrait bien, si je ne me trompe, avoir quelque part à la visite que je viens rendre à Monsieur le notaire.

SCÈNE IX

MONSIEUR SIMON, MONSIEUR JOSSE.

MONSIEUR SIMON.

Ah! ah! C'est Monsieur Josse! Eh! qui vous amène ici, mon voisin?

MONSIEUR JOSSE.

Monsieur, voilà un diamant qu'on vient d'apporter chez moi pour le vendre. Il me paraît tout à fait semblable à celui que vous avez fait recommander. Voyez?

MONSIEUR SIMON.

C'est justement le mien, Monsieur Josse. Qui vous l'a apporté? Il fallait retenir ces gens-là.

MONSIEUR JOSSE.

C'est un garçon que je connais, qui me connaît aussi; et je n'ai même gardé la bague, que sous prétexte de la faire voir, avant que de l'acheter, à quelqu'un de mes confrères, que j'ai dit qui se connaissait en pierreries mieux que moi. Il ne faut effaroucher personne.

MONSIEUR SIMON.

Eh! qui est-il, s'il vous plaît, Monsieur Josse, cet honnête garçon que vous connaissez?

MONSIEUR JOSSE.

Ne vous mettez point en peine, nous avons la bague, il reviendra.

MONSIEUR SIMON.

Il faut le faire arrêter. Il y a ici fort à propos un commissaire de mes amis, vous n'aurez qu'à nous envoyer avertir.

SCÈNE X

MONSIEUR SIMON, MONSIEUR JOSSE, FRONTIN.

FRONTIN, *à Monsieur Josse.*

Ah! vous voilà! je viens de repasser chez vous. Que faites-vous donc ici, Monsieur Josse?

MONSIEUR JOSSE.

Je faisais voir à Monsieur ce diamant que vous venez d'apporter chez moi.

MONSIEUR SIMON.

Quoi ! C'est-là celui qui...

FRONTIN.

Oui ! vous vous mettez dans le goût de la pierrerie ? Ah ! je vous en félicite, je vois bien ce que cela signifie.

MONSIEUR SIMON.

Où as-tu pris cela ?

FRONTIN.

Que cela ne vous embarrasse point : je vous en ferai bon marché, ne vous mettez pas en peine.

MONSIEUR SIMON.

Tu m'en feras bon marché, pendard ?

FRONTIN.

Comment donc, pendard ? Est-ce vous, ou moi, qu'on apostrophe, Monsieur Josse ?

MONSIEUR JOSSE.

A votre avis, que vous en semble ?

FRONTIN.

Moi, par ma foi, je ne sais qu'en dire !

MONSIEUR SIMON.

Tu me feras bon marché d'un vol que tu m'as fait, infâme ?...

FRONTIN.

Qu'est-ce à dire ? un vol ! Oh !... que... écoutez... Eh ! fi Monsieur, je n'aime point ces plaisanteries-là, je vous en avertis ! Que diable, si le diamant ne vous accommode pas, il n'y a qu'à me le rendre, je ne suis pas embarrassé de m'en défaire !

MONSIEUR SIMON.

Oh ! tu n'auras pas cette peine-là, sur mon honneur ! Mon cher Monsieur Josse, vous pouvez me laisser la bague, je passerai chez vous, et je reconnaîtrai votre exactitude.

MONSIEUR JOSSE.

Je vous baise les mains, Monsieur.

FRONTIN.

Monsieur!... Monsieur Josse!... Oh diable! je n'entends point de raillerie ; c'est à vous que...

SCÈNE XI

MONSIEUR SIMON, FRONTIN.

MONSIEUR SIMON.

Oh ! ne pense pas à m'échapper, nous avons d'autres comptes encore à vider ensemble.

FRONTIN.

Monsieur, commençons par vider celui-là : rendez-moi la bague, ou, la peste m'étouffe, je ferai beau bruit ! et... si...

MONSIEUR SIMON.

Là, rassure-toi, ne t'effraie point.

FRONTIN.

Cela me ferait damner.

MONSIEUR SIMON.

Je ne ferai point d'éclat de cette affaire, je te le promets.

FRONTIN.

Vous n'en ferez point ? mais j'en ferai, moi !

MONSIEUR SIMON.

Je ne veux point te perdre, te dis-je.

FRONTIN.

Et moi, je ne veux point perdre ma bague, de par tous les diables !

MONSIEUR SIMON.

Parlons doucement. Comment est-elle à toi ? D'où vient-elle ? Qui te l'a donnée ?

FRONTIN.

Un gentilhomme de mes amis.

MONSIEUR SIMON.

Que tu appelles ?

FRONTIN.

Monsieur Janot. Connaissez-vous cela ?

ACTE V, SCÈNE XI.

MONSIEUR SIMON.

Tu es un effronté, maraud : tu as volé ce diamant à ma femme, et c'est celui qu'elle perdit il y a six semaines !

FRONTIN, à part.

Du diable ! Monsieur Janot aurait-il fait ce tour-là ?

MONSIEUR SIMON.

Que rumines-tu ?

FRONTIN.

Que cela ne se peut pas ! J'étais tantôt avec lui... chez sa mère... cela ne se peut pas, encore une fois !

MONSIEUR SIMON.

Cela est. Je te ferai pendre si tu disputes.

FRONTIN.

Je n'y comprends rien.

MONSIEUR SIMON.

Venons à présent au reste.

FRONTIN.

Monsieur, encore un petit mot sans nous emporter ; ou j'ai perdu l'esprit, moi qui vous parle, ou vous l'avez perdu vous-même. Je ne l'ai pas perdu, moi, assurément. *Ergo*...

MONSIEUR SIMON.

Oui, je l'ai perdu, moi, de t'avoir, tantôt, sottement confié un billet de mille écus.

FRONTIN.

Oh ! pour cela, Monsieur, je me suis fort loyalement acquitté de la commission.

MONSIEUR SIMON.

Tu es un fripon, passé maître !

FRONTIN.

Monsieur...

MONSIEUR SIMON.

Je ne te connaissais pas encore.

FRONTIN.

N'embrouillons point l'affaire de la bague.

MONSIEUR SIMON.

Il me fallait cette aventure pour me détromper.

FRONTIN.

Revenons à la bague, je vous prie.

MONSIEUR SIMON.

Araminte est là-dedans, tu as mon billet, il faut me le rendre.

FRONTIN.

Ne confondons rien, s'il vous plaît.

MONSIEUR SIMON.

Il faut me le rendre tout à l'heure.

FRONTIN.

Je n'ai point le billet, et vous avez la bague.

MONSIEUR SIMON.

Tu me le rendras.

FRONTIN.

Vous me la rendrez.

MONSIEUR SIMON.

Tu me le rendras.

FRONTIN.

Vous me la rendrez.

MONSIEUR SIMON.

Oh! tu me le rendras, ou je t'étranglerai, assurément.

FRONTIN.

Au secours! miséricorde!

SCÈNE XII

ANGÉLIQUE, MONSIEUR SIMON, MARIANNE, ARAMINTE, MONSIEUR GRIFFARD, LISETTE, FRONTIN.

LISETTE.

Qu'est-ce qu'il y a donc?

ANGÉLIQUE.

Qui te fait crier de la sorte?

FRONTIN.

Monsieur votre mari, Madame, qui a la fièvre chaude.

MONSIEUR SIMON.

Bourreau !

MARIANNE.

Mon père !

FRONTIN.

Et une fièvre chaude intéressée même. Il me dérobe une bague.

ANGÉLIQUE.

Qu'est-ce que cela veut dire ?

MONSIEUR SIMON.

Cela veut dire que votre diamant est retrouvé, ma femme.

ANGÉLIQUE.

Mon diamant ?

MONSIEUR SIMON.

C'est ce coquin-là qui l'avait volé.

ARAMINTE.

Frontin ?... Lui ?

MONSIEUR SIMON.

Lui-même.

FRONTIN.

Moi ? moi ? Vous voyez bien le transport au cerveau ? Il n'y a rien de plus clair.

MONSIEUR SIMON.

Misérable !

FRONTIN.

La ! la ! la ! la !

MONSIEUR GRIFFARD.

Ne vous emportez point.

FRONTIN.

Si on ne prend garde à lui, il fera quelque sottise.

MONSIEUR SIMON.

Coquin ! Monsieur le commissaire, il faut pendre ce fripon-là.

MONSIEUR GRIFFARD.

Je ferai le dû de ma charge.

LISETTE.

Frontin serait pendu ? Quel dommage !

FRONTIN.

Laisse-moi en repos, toi, avec ton pendu !

ANGÉLIQUE.

Mais, qui vous fait penser de lui ce que vous nous dites ?

MONSIEUR SIMON.

Le diamant que voilà, vraiment : me prenez-vous pour un visionnaire ? Il est allé pour le vendre ; j'avais fait courir des billets, comme vous savez ; l'orfèvre est venu m'avertir. Vous n'aurez pas de peine à le reconnaître. Voyez ?

FRONTIN.

J'enrage ! Il y a de l'apparence à tout ce qu'il dit, et je sais le contraire.

ANGÉLIQUE, *bas à Lisette*.

Lisette ?

LISETTE, *bas à Angélique*.

Ce l'est, Madame : il y a là quelque chose que je ne comprends point.

MONSIEUR SIMON.

Eh bien ! ai-je tort ? Qu'en dites-vous ?

ANGÉLIQUE.

Je dis qu'il ne me paraît point que cela ait jamais été à moi ; vous vous méprenez.

FRONTIN.

Ah ! vivat ! j'ai gagné ma cause : allons, Monsieur le commissaire, faites le dû de votre charge, faites rendre à Frontin ce qui lui appartient ; vous êtes fort pour les restitutions, vous.

MONSIEUR GRIFFARD.

Ouais ?

MONSIEUR SIMON.

Oh bien ! quoi que vous disiez, je m'en croirai plutôt qu'un autre, et je ne me dessaisirai point du diamant.

FRONTIN.

Et puisqu'il est ainsi, moi, je vais faire venir la personne à qui il appartient ; s'il est écrit qu'il sera perdu pour moi, j'aime mieux qu'il retourne à son vrai maître.

SCÈNE XIII

MONSIEUR SIMON, MONSIEUR GRIFFARD, ANGÉLIQUE, ARAMINTE, MADAME AMELIN, FRONTIN, LISETTE, MARIANNE.

MADAME AMELIN.

Un de vos gens vient de me dire que vous me vouliez parler, Madame; je suis accourue tout au plus vite.

FRONTIN.

Oh, parbleu! il y a de la fatalité dans tout ceci, et vous venez, tout à propos, pour défendre vos droits, Madame Amelin.

MADAME AMELIN.

Qu'est-ce qu'il y a donc? De quoi s'agit-il?

FRONTIN.

On vous a pris tantôt une bague? Elle est entre les mains de Monsieur; faites-vous la rendre.

LISETTE.

En voici bien d'un autre!

MADAME AMELIN.

Elle est entre les mains de Monsieur? Le ciel en soit loué. Je ne suis pas malheureuse, et Monsieur est trop honnête homme pour vouloir la retenir.

MONSIEUR SIMON.

Quoi! vous me soutiendrez que ce diamant vous appartient, Madame?

MADAME AMELIN.

Non, Monsieur, le ciel m'en préserve!

LISETTE.

Madame Amelin...

MADAME AMELIN.

J'ai seulement donné, ce matin, six cents écus dessus à Mademoiselle Lisette, Monsieur.

FRONTIN, *à part.*

Oh! pour celui-là, je ne m'y attendais pas; je ne suis qu'une bête!

MONSIEUR SIMON.

A Lisette, six cents écus?

MADAME AMELIN.

Oui, Monsieur, la voilà qui peut vous le dire.

LISETTE.

Moi? je n'ai rien à dire : on vous croira de reste.

MADAME AMELIN.

Madame avait affaire d'argent, j'ai été bien aise de lui faire plaisir.

FRONTIN.

Voilà une maudite bague qui causera quelque révolution !

MONSIEUR SIMON.

Eh bien ! Madame, que me direz-vous pour excuser une conduite si blâmable, dont il faut, malheureusement, que nos meilleurs amis soient les témoins? Ne rougissez-vous point?

ANGÉLIQUE.

Moi? Je rougis de vos manières, Monsieur; et j'ai honte pour vous, que l'excès de votre avarice me réduise à mettre en gage mes pierreries; vous m'auriez épargné cette confusion, en me donnant ce billet de mille écus, dont vous avez fait présent à Madame.

MONSIEUR SIMON.

Je suis trahi !

FRONTIN.

Je l'ai donné fidèlement, comme vous voyez?

MONSIEUR GRIFFARD.

Comment donc? quoi? qu'entends-je? ma femme a reçu un présent de mille écus?

ARAMINTE.

Ne vous mettez point en colère, Monsieur; je ne l'ai pris, je vous assure, que pour vous dédommager des deux cents louis que vous avez envoyés tantôt à Madame.

MONSIEUR GRIFFARD.

On se moquait de moi... j'ai ce que je mérite.

MONSIEUR SIMON.

Vous avez accepté deux cents louis de Monsieur le commissaire, Madame?

ANGÉLIQUE.

Oh! je savais bien que vous les rendriez à sa femme, Monsieur.

FRONTIN.

La belle chose que la prévoyance!

MADAME AMELIN.

Voilà bien du tintamarre, à ce qu'il me semble; mais mes six cents écus? Sera-ce aussi Monsieur qui me les rendra, Madame?

MONSIEUR SIMON.

Vos six cents écus, moi?

ANGÉLIQUE.

Oh ça! mon fils, point de rancune : payez Madame Amelin, et je vous pardonne l'affaire des mille écus. Ne suis-je pas bonne personne?

MONSIEUR SIMON.

Madame! Madame! Vous allez faire un bon conte de cette aventure? Mais...

LISETTE.

Ma foi, vous n'avez qu'à charrier droit, si vous ne voulez pas qu'on la sache!

MONSIEUR SIMON.

J'enrage! Je crève... Et je renonce à toutes les femmes!

MARIANNE.

Lisette, voici Monsieur le chevalier.

SCÈNE XIV

LE CHEVALIER, ANGÉLIQUE, ARAMINTE, MARIANNE, MADAME AMELIN, LISETTE, FRONTIN.

LE CHEVALIER.

Madame, je viens vous dire que...

MADAME AMELIN.

Ah! te voilà donc, bon vaurien? Je t'attendais

pour te régaler! Tu viens m'amuser avec des contes, et tu me fais de belles affaires, vraiment!

LE CHEVALIER.

Madame...

MARIANNE.

Elle lui parle bien familièrement, Lisette?

FRONTIN.

Monsieur Janot aura aussi son fait. La maudite bague!

ARAMINTE.

Qu'est-ce que cela signifie?

MADAME AMELIN.

Ce que cela signifie? Vous voyez bien ce petit garnement-là? C'est mon fils, Madame, afin que vous le sachiez.

ANGÉLIQUE.

Quoi! Monsieur le chevalier...

MADAME AMELIN.

C'est Janot, Madame, dont je vous ai tant parlé ce matin.

ANGÉLIQUE.

Monsieur le chevalier, Janot...

ARAMINTE.

Elle extravague, ma mignonne, cela ne se peut pas!

MADAME AMELIN.

Qu'est-ce à dire? Cela ne se peut pas? Oseras-tu dire le contraire? Réponds.

LE CHEVALIER.

Que voulez-vous que je vous réponde? Vous avez voulu me perdre, et vous réussissez à merveille.

MADAME AMELIN.

Vraiment oui, te perdre! Voilà de beaux mystères! Tu seras peut-être cause que je perdrai six cents écus, toi, et tu crois que je songe à des balivernes?

ANGÉLIQUE.

Vous êtes le fils de Madame Amelin?

ACTE V, SCÈNE XIV.

MARIANNE.

Et vous n'êtes point un vrai chevalier?

LE CHEVALIER.

Je suis au désespoir...

ANGÉLIQUE.

Par où méritait-elle, Monsieur Janot, que vous voulussiez la tromper?

MADAME AMELIN.

Comment donc la tromper? Trédame! Monsieur Janot, puisque Monsieur Janot y a, aura, quand je le voudrai, une bonne charge de vingt mille écus, que je lui mettrai sur la tête.

ANGÉLIQUE.

Vingt mille écus, Madame Amelin?

MADAME AMELIN.

Oui, Madame, vingt mille écus, quand je perdrais ceux que je vous ai donnés, encore!

FRONTIN.

Comment diable!

ANGÉLIQUE.

Avez-vous du penchant pour lui, Marianne?

MARIANNE.

Quand il n'aurait pas les vingt mille écus, je ne l'en aimerais pas moins, je vous assure.

LISETTE.

La pauvre enfant!

ANGÉLIQUE.

Et moi, je vous promets de trouver les moyens de faire consentir votre père à ce mariage.

LE CHEVALIER.

Ah! Madame...

ARAMINTE.

Trouve donc aussi le secret de faire ma paix avec mon mari?

ANGÉLIQUE.

Je me chargerai de tout.

FRONTIN.

Ma foi, nous sommes plus heureux que sages!

LISETTE.

Hors les maris, tout le monde sort toujours bien d'intrigue. Par ma foi, si les hommes donnaient à leurs femmes ce qu'ils dépensent pour leurs maîtresses, ils feraient mieux leurs comptes de toutes manières!

Fin des Bourgeoises à la Mode.

LE TUTEUR

COMÉDIE EN UN ACTE

REPRÉSENTÉE, POUR LA PREMIÈRE FOIS, LE 15 JUILLET 1695.

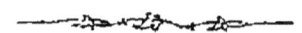

PERSONNAGES :

M. BERNARD, tuteur d'Angélique.
LE CHEVALIER, oncle d'Angélique.
DORANTE, amant d'Angélique, et cru peintre chez M. Bernard.
L'OLIVE, valet de Dorante, et jardinier de M. Bernard.
ANGÉLIQUE, nièce du chevalier.
LISETTE, sa suivante.
LUCAS, fermier de M. Bernard.
MATHURINE.

La scène est dans la maison de campagne de M. Bernard.

SCÈNE PREMIÈRE

LUCAS, *seul, tenant un papier à la main.*

Tatigué, que c'est grand dommage que je ne connaisse A ni B : gros et grand comme je sis, c'est une honte que je ne sache pas encore lire ! Ah ! que j'aurais de plaisir à défricher ce qu'il y a dans ce papier, que je viens de trouver ! Il faut que ce soit queuque chose de biau ; car il était bien emmaillotté : cachets par ici, cachets par y-là... Si c'était queuque bon contrat ! queuque bonne lettre de change ! que sait-on ? La fortune viant parfois en dormant ; alle m'en veut peut-être ? Pourquoi non ? Je ne serais pas le premier manant qu'alle aurait fait grand seigneur : ça se voit à chaque bout de champ, ça arrive tous les jours.

et personne ne crie miracle. Si on me voyait dans un biau carrosse, qu'est-ce qui croirait que j'ai été paysan ? Je ne m'en souviendrais peut-être pas moi-même !

SCÈNE II

LUCAS, LISETTE.

LISETTE.

Que fais-tu là, Lucas ?

LUCAS.

Je me promène, Mademoiselle Lisette. Comme j'avons soupé de bonne heure, en attendant qu'il soit tout à fait nuit, je sis bian aise de faire un peu digestion.

LISETTE.

Mais tu parlais tout seul, je pense ?

LUCAS.

C'est que je songeais à faire fortune : je ne sis pas un sot, non, tel que vous me voyez !

LISETTE.

Je le crois bien ; tu as la physionomie d'avoir de l'esprit.

LUCAS.

J'en ai comme un enragé ! mais je ne sais pas lire, c'est ce qui me chagraine.

LISETTE.

Tu as raison ; cela est chagrinant ; mais cela n'est pas trop nécessaire pour faire fortune.

LUCAS.

Morgué ! si fait ! et j'en aurais bon besoin, à l'heure qu'il est.

LISETTE.

Comment donc, Lucas ?

LUCAS.

Acoutez : je sommes pour être mariés ensemble ; car Monsieur Bernard, notre maitre, dit qu'il le veut. Je le veux bian itou. Quand vous ne le voudriez pas, vous, je sommes deux contre un ; à la pluralité des voix, je serons mari et femme, ne vous en déplaise.

LISETTE.

C'est une chose sûre ; mais, afin que les choses se fassent de bonne grâce, et que je le veuille bien aussi, c'est pour cela que tu veux faire fortune ?

LUCAS.

Tout justement, vous l'avez deviné! J'aime à être riche, moi ; il m'est avis que ça est bian commode, Mademoiselle Lisette ?

LISETTE.

Tu as raison.

LUCAS.

Oh! bian donc, comme je partagerons notre fortune, il n'y a point de danger de vous montrer ce que je vians de trouver.

LISETTE.

Qu'est-ce que c'est ?

LUCAS.

Motus, au moins ?

LISETTE.

Est-ce quelque diamant ?

LUCAS.

Non.

LISETTE.

Une bourse pleine d'or ?

LUCAS.

Non.

LISETTE.

Quoi donc ?

LUCAS.

Un papier.

LISETTE.

Quel papier ?

LUCAS.

Un papier dont j'ai bonne opinion, c'est tout dire : le voilà. Tenez, il fait encore un tantinet jour ; vous savez lire ; voyez ce que c'est, car je n'y entends goutte, oui ; mais, morgué! lisez donc tout haut! Point de trahison, au moins ?

LISETTE *lit.*

« Madame votre mère m'est venue trouver :
« vous avez fort bien fait de lui mander naturel-
« lement où vous êtes, le sujet qui vous y retient,
« et les moyens qu'il y a de vous rendre service.
« Je suivrai de près le valet de chambre qui vous
« porte ma lettre : tâchez de plaire, puisque vous
« l'avez entrepris, et comptez qu'on n'épargnera
« rien pour vous rendre heureux.
         « *Le chevalier d'Artimon.* »
D'Artimon ? C'est l'oncle d'Angélique !

LUCAS.

Il n'y a, morgué, pas là de quoi faire fortune !
Mais, tatigué, que les gens sont sots d'empaqueter
si bien si peu de chose !

LISETTE.

Où as-tu trouvé ce papier ?

LUCAS.

Auprès de la petite porte du jardin : je n'aurais,
pargué, pas pris la peine de le ramasser, si j'eusse
cru que c'eût été si peu de chose ! Vous en ferez
votre profit, je vous le bâille.

LISETTE.

Où vas-tu si vite ?

LUCAS.

Je n'ai pas le temps de m'amuser : je m'en
cours dire à Monsieur Bernard queuque chose que
j'ai vu ; car je ly dis tout, comme vous savez,
c'est ce qui fait que je sommes si bons amis.

SCÈNE III

LISETTE, *seule.*

Une lettre du chevalier d'Artimon, qui ne
s'adresse point à sa nièce ! Quelle autre correspondance peut-il avoir en ce pays-ci ? Ah ! vous
voilà le plus à propos du monde.

SCÈNE IV

ANGÉLIQUE, LISETTE.

ANGÉLIQUE.

As-tu quelque chose à m'apprendre qui puisse me faire plaisir ?

LISETTE.

Cela se pourrait bien. Connaissez-vous l'écriture de votre oncle ?

ANGÉLIQUE.

De mon oncle, le chevalier ? Oui, Lisette.

LISETTE.

En est-ce là ? Voyez.

ANGÉLIQUE.

Sans doute, cette lettre est de lui ? Donne. A qui s'adresse-t-elle ? Où l'as-tu trouvée ? Qui te l'a rendue ?

LISETTE.

Elle ne s'adresse à personne. C'est par hasard qu'elle est entre mes mains ; je ne sais ce qu'elle signifie ; mais le cœur me dit quelque chose de bon, et je me flatte que nous allons voir de la nouveauté dans nos affaires.

ANGÉLIQUE.

Non, Lisette ; je suis née malheureuse, et je ne sache rien au monde qui puisse changer ma destinée.

LISETTE.

Mais, dans le fond, qu'est-ce qui vous manque ? Ce ne sont pas les soupirants, Dieu merci ! Vous n'en avez que trop, peut-être, et je ne sais pas même s'il n'y en a point ici quelqu'un incognito, qui attend une occasion favorable pour se déclarer. Ce peintre et ce jardinier qui sont ici depuis quinze jours ?...

ANGÉLIQUE.

Que veux-tu dire ?

LISETTE.

Ces gens-là ne sont rien moins que ce qu'ils paraissent; je m'y connais. Ce sont des amoureux en masque, sur ma parole !

ANGÉLIQUE.

Que tu es extravagante, Lisette, avec tes idées!

LISETTE.

Donnez-vous patience ; nous aurons tout le temps d'éclaircir mes doutes, et selon toutes les apparences, nous ne retournerons pas si tôt à Paris. Ce bizarre Monsieur Bernard, que votre père, en mourant, s'avisa, pour nos péchés, de nommer votre tuteur, en dépit de toute la famille, a ses raisons pour demeurer ici; et sous prétexte d'embellir sa maison de campagne, de faire peindre ses appartements, il vous cache aux yeux de tout le monde, et nous tient reléguées, depuis six mois, dans le fond d'un village, où il y a plus de cinq mois et trois semaines que je m'ennuie.

ANGÉLIQUE.

Ah ! ma chère Lisette...

LISETTE.

J'entends. Vous vous ennuyez aussi, et de plus d'une manière, même? L'état de fille vous déplaît autant que le village? Et franchement vous avez raison ; c'est une chose ennuyeuse. Mais enfin, ce qui se trouve à Paris, se trouve en province : il y a des épouseurs par tous pays ; et si, par hasard, le peintre était ce que je m'imagine, je répondrais bien, moi, de faire passer vos chagrins avant qu'il fût peu.

ANGÉLIQUE.

Eh! que me servirait-il qu'on m'aimât, et même de faire un choix? Les injustes caprices de mon tuteur, qui refuse tous les partis qui se présentent, ne me permettent pas de me déterminer en faveur de quelqu'un.

LISETTE.

Eh! mort de ma vie! votre tuteur ne sait ce qu'il veut! Ne savez-vous pas ce qu'il vous faut? Il ne vous le donne point? C'est à vous de le prendre.

SCÈNE IV.

ANGÉLIQUE.

Ah! que me conseilles-tu? Les mauvaises manières qu'il a pour moi, ne me feront jamais sortir des égards que je me dois à moi-même; et quelque passion que je puisse avoir, elle sera toujours soumise à la raison et à la bienséance.

LISETTE.

Et avec ces beaux sentiments-là, vous mourrez vieille fille : cela est cruel! Monsieur Bernard, pour ne point rendre compte de votre bien, écartera tous les prétendants; car enfin, il n'a point eu, jusqu'ici, de bonnes raisons pour rebuter ceux qui vous ont demandée?

ANGÉLIQUE.

C'était des partis fort convenables, Lisette.

LISETTE.

Oui. Mais, cependant, pourquoi a-t-il refusé ce jeune conseiller? Parce qu'il est ignorant, dit-il? La grande merveille! Eh! mort de ma vie! si pour être de robe, il fallait absolument être habile homme, la plupart des charges seraient à vendre!

ANGÉLIQUE.

Tu as raison. Eh! qu'ai-je affaire aussi que mon mari soit savant, Lisette?

LISETTE.

Bon! c'est quelque chose de bien nécessaire pour le mariage que de la science! Et voilà ce gros colonel, qui vous aimait tant, par exemple : on dit qu'il sait du latin, celui-là, du grec, que sais-je, moi... Il a tous les livres du monde dans la cervelle...

ANGÉLIQUE.

Oh! cet homme-là ne me revenait point du tout, je te l'avoue.

LISETTE.

Ni à moi non plus, et, cependant, je vous aurais toujours conseillé de le prendre, en attendant mieux; mais le mauvais tuteur l'a-t-il voulu? Il dit que c'est un homme qui ne s'attache qu'à l'étude, et qui ne songe point à son régiment : le conseiller en sait trop peu, pour un magistrat, et le colonel en sait trop, pour un homme d'épée. Ne voilà-t-il pas de bonnes chiennes de raisons?

ANGÉLIQUE.

Tu me fais entrevoir des choses...

LISETTE.

Je vous fais entrevoir juste. Et comment a-t-il reçu la demande que lui fit, il y a quelque temps, la mère de ce riche marquis, dont les terres sont si proches d'ici?

ANGÉLIQUE.

Je n'ai jamais vu ce marquis; j'en ai ouï dire mille biens?...

LISETTE.

Je ne le connais pas non plus que vous, et cependant, je m'intéressais pour lui, parce que Madame sa mère est si bonne personne, outre qu'il est presque toujours à la Cour, et l'air de ce pays-là nous conviendrait assez, à ce qu'il me semble?

ANGÉLIQUE.

Je ne saurais pardonner à mon tuteur d'avoir rebuté celui-là, je te l'avoue.

LISETTE.

Il prétend encore avoir eu raison : ce marquis, dit-il, est trop honnête homme. Il est franc, généreux, bon ami, sincère. C'est un courtisan qui ne sait pas son métier. Monsieur Bernard veut que tout le monde excelle comme lui dans ce qu'il se mêle de faire.

ANGÉLIQUE.

Comment donc, qu'on excelle comme lui? Que veux-tu dire?

LISETTE.

Quoi! vous ne voyez pas comme moi que sa conduite est admirable?

ANGÉLIQUE.

En quoi admirable?

LISETTE.

En ce qu'il ne vous marie point. Vous êtes jeune, belle et riche; il est votre tuteur; il vous refuse à tout le monde; il vous garde pour lui, peut-être... N'est-ce pas faire le métier de tuteur à merveille?

ANGÉLIQUE.

Si je croyais qu'il eût cette pensée, il n'y a rien au monde que je ne fusse capable de faire plutôt que d'être exposée...

LISETTE.

Paix, taisez-vous ! Voici son espion ; il ne faut rien dire devant ce maraud-là.

SCÈNE V

ANGÉLIQUE, LISETTE, LUCAS.

LUCAS.

Oh ! palsangué, je vous trouve bian à point. Réjouissez-vous, Mademoiselle, vous ne serez plus si fâchée.

ANGÉLIQUE.

Comment ?

LUCAS.

Réjouissez-vous, vous dis-je encore une fois, tout viant a point à qui peut attendre, vous serez mariée à la fin !

ANGÉLIQUE, *à Lisette*.

Tes conjectures n'étaient pas justes, ma pauvre Lisette.

LISETTE.

Elle sera mariée ? Qui te l'a dit ?

LUCAS.

Morgué ! je le sais bian ; il n'y aura point de nenni pour cette fois-ci, et c'ti qui la prend, n'en aura pas le démenti ; car j'y ons regardé.

ANGÉLIQUE.

Explique-toi donc ! quel homme est-ce ?

LUCAS.

Oh ! palsangué, c'est une bonne affaire !

LISETTE.

Quelque jeune homme, peut-être ?

LUCAS.

Un jeune homme ? Fi ! est-ce que ce serait une bonne affaire pour une fille qu'un jeune homme d'aujourd'hui ?

ANGÉLIQUE.

Est-ce quelque personne de qualité?

LUCAS.

De qualité? Dieu vous garde! Ils avont toujours queuque ménage en ville, les gens de qualité, et ils en sont plus soigneux que de celui de leurs femmes, encore!

LISETTE.

Ne serait-ce point quelque financier?

LUCAS.

Un financier? elle serait bian lotie : aujourd'hui Madame, et demain rian, peut-être.

ANGÉLIQUE.

Eh! ne nous tiens pas davantage dans l'incertitude!

LUCAS.

Tatigué, comme vous gobez ça! Je sis un porteux de bonnes nouvelles, moi, n'est-il pas vrai?

LISETTE.

Eh! de par tous les diantres, achève donc de la dire, ta bonne nouvelle! Est-ce un parti avantatageux, enfin?

LUCAS.

Oh! pour c'ti-là, je vous en réponds! Eh! pargué, tenez, v'là Monsieur : qu'il vous le dise lui-même.

SCÈNE VI

ANGÉLIQUE, LISETTE, MONSIEUR BERNARD, LUCAS.

MONSIEUR BERNARD.

Oh! c'est vous que je cherche, Angélique : j'allais monter à votre appartement, et je suis bien aise de vous rencontrer ici.

ANGÉLIQUE.

Souhaitez-vous quelque chose de moi?

SCÈNE VI.

MONSIEUR BERNARD.

Oui. Depuis le souper, on m'a appris des choses qui ont achevé de me faire prendre des résolutions, dont vous serez bien aise, et j'ai de bonnes nouvelles à vous dire.

ANGÉLIQUE.

Me voilà prête à vous écouter.

MONSIEUR BERNARD.

On vous demande en mariage.

ANGÉLIQUE.

On m'a déjà demandée tant de fois inutilement, que cette nouvelle n'est pour moi, ni surprenante, ni agréable.

LISETTE.

Oh! cette fois-ci ne sera pas comme les autres, et de la manière dont Monsieur parle, je vois bien qu'il a de bonnes intentions.

MONSIEUR BERNARD.

Les meilleures du monde, Lisette. Tu sais bien combien j'ai pris de soin pour son éducation?

LISETTE.

Cela est vrai.

ANGÉLIQUE.

Je vous en suis bien redevable.

MONSIEUR BERNARD.

Depuis la mort de ses parents, je n'ai épargné aucune chose, pour la rendre une personne accomplie.

LISETTE.

Et vous avez très bien réussi.

MONSIEUR BERNARD.

Il me semble qu'il ne manque plus à l'accomplissement de mon ouvrage, que de la voir heureusement mariée.

LISETTE.

Vous avez raison : il faut un bon mari pour couronner l'œuvre.

MONSIEUR BERNARD.

J'ai peut-être, selon son gré, un peu trop différé de le faire ; et, entre nous, Lisette, elle en a murmuré quelquefois.

ANGÉLIQUE.

Moi, Monsieur?

LISETTE.

Oh! pour cela oui, je vous l'avoue : nous en murmurions tout à l'heure encore.

ANGÉLIQUE.

Tu perds l'esprit, Lisette!

LISETTE.

Vous rougissez? Voilà une pudeur bien placée! Eh! allez, allez! en fait de mariage, les honnêtes filles ont toujours plus d'impatience que les autres!

MONSIEUR BERNARD.

Elle n'aura rien perdu pour attendre.

LISETTE.

Ses intérêts sont bien entre-vos mains.

MONSIEUR BERNARD.

Aujourd'hui, tout me détermine à la marier incessamment, et j'ai été averti de bonne part qu'on forme des desseins contre son honneur.

ANGÉLIQUE.

Et quels desseins, Monsieur?

MONSIEUR BERNARD.

On veut vous enlever l'une et l'autre.

ANGÉLIQUE.

Nous enlever!

MONSIEUR BERNARD.

Oui. Mais...

LISETTE.

Au remède, Monsieur, vite, au remède : on ne peut trop se hâter de mettre l'honneur des filles à couvert des mauvaises intentions des hommes!

MONSIEUR BERNARD.

C'est aussi le parti que je prends.

LISETTE.

Vous êtes un homme de bon esprit.

MONSIEUR BERNARD.

Et pour la dérober aux persécutions et aux poursuites d'une foule de prétendants, qui ne lui

SCÈNE VI.

conviennent point, j'ai résolu, dès demain, d'en faire ma femme ; et j'ai pris, pour cela...

ANGÉLIQUE.

Comment! Monsieur...

LISETTE, *bas.*

Mes conjectures n'étaient pas fausses.

MONSIEUR BERNARD.

Plaît-il ?

ANGÉLIQUE.

Vous avez fait dessein, dites-vous ?

MONSIEUR BERNARD.

De vous épouser, dès demain, moi-même, et d'ôter ainsi tout espoir...

LISETTE, *bas.*

Oh ! si c'est comme cela qu'il nous laisse enlever, cela vaut beaucoup mieux.

MONSIEUR BERNARD.

Qu'avez-vous ? Vous voilà toute je ne sais comment.

ANGÉLIQUE.

Je me trouve mal, Monsieur. Viens auprès de moi, Lisette ?

LISETTE.

Madame... Madame... holà donc, Madame !

MONSIEUR BERNARD.

Ouais ! voilà un mal qui lui prend bien brusquement !

LISETTE.

Il ne faut pas que cela vous étonne, Monsieur ; elle est si fort outrée des mauvais desseins que l'on fait contre elle, que le moins qu'elle puisse faire, c'est de s'évanouir. Je crois que j'en mourrais si j'étais à sa place.

MONSIEUR BERNARD.

Oh ! bien, bien, cela ne sera rien : qu'elle prenne un peu de repos ; je mettrai bon ordre à ce qui la chagrine.

LISETTE, *bas.*

Hum ! quel ordre ! quel ordre ! nous y mettrons un contre-ordre, nous autres !

SCÈNE VII

MONSIEUR BERNARD, LUCAS.

MONSIEUR BERNARD.

Ici, Lucas! Tu as un gros bon sens que j'ai toujours trouvé admirable...

LUCAS.

Mon bon sens et moi, je sommes à votre sarvice.

MONSIEUR BERNARD.

Que penses-tu de l'évanouissement d'Angélique?

LUCAS.

Morgué! je pense qu'alle ne vous aime point. Voyez-vous, alle serait bian aise d'être mariée; mais alle est fâchée que ce soit avec vous.

MONSIEUR BERNARD.

Elle n'en épousera pourtant point d'autre.

LUCAS.

Acoutez, Monsieur : ne jurons de rian, et défions-nous de tout. Il se mitonne queuque manigance, à quoi il faut prendre garde.

MONSIEUR BERNARD.

Mais, es-tu bien sûr de ce que tu m'as dit?

LUCAS.

J'en sis margué plus sûr, que je ne sis sûr qui était mon père! Ne vous ai-je pas dit que votre jardinier va, tous les soirs, au bout de la Saussaie? Qu'a-t-il affaire là, ce jardinier? Il vient un grand homme à cheval...

MONSIEUR BERNARD.

Tous les soirs aussi?

LUCAS.

Il y était, il n'y a pas une bonne heure. Le jardinier et ly se promenont, ils parlont, ils gesticulont, ils se tourmentont et puis, ils se séparont : le Monsieur à cheval galope d'un côté, et le jardinier trotte de l'autre. Morgué! qu'est-ce que cela signifie?

SCÈNE VII.

MONSIEUR BERNARD.

Tu as raison; il y a là-dessous quelque chose.

LUCAS.

S'il y a queuque chose! je vous en réponds; mais ce n'est pas tout. Mathurine, la servante des Trois-Rois, dit qu'ils avont cheux eux, depuis quatre jours, trois ou quatre Monsieurs que votre jardinier connaît itou : ils soupiont tout à l'heure ensemble, et ils parlont de vous, de Mademoiselle Angélique; ils disiont qu'il la fallait ôter de vos pattes, et qu'ils la mettriont dans les pattes d'un autre. Que sais-je, moi? Mais, bref, tant y a, ce sont vos affaires.

MONSIEUR BERNARD.

Et le peintre, sur quoi le soupçonnes-tu d'être de la partie?

LUCAS.

Sur quoi? Sur ce que le jardinier et ly sont bons amis; puisqu'ils s'aimont tant, ils ne valont pas mieux l'un et l'autre.

MONSIEUR BERNARD.

Cela pourrait être; il faut que j'approfondisse cette affaire.

LUCAS.

Et quand vous aurez approfondi, que ferez-vous?

MONSIEUR BERNARD.

Je les chasserai.

LUCAS.

Eh! morgué! chassez-les sans approfondissement! Faut-il tant de façons? Je sommes cheux vous; j'y avons deux filles; vous aimez l'une, vous voulez que j'aime l'autre; je le veux bian, moi, pour vous faire plaisir, tout coup vaille. Acoutez, mettons tout le monde dehors, et ne demeurons que nous quatre, je ne serons jaloux de parsonne, et je varrons beau jeu, ne vous boutez pas en peine.

MONSIEUR BERNARD.

Je veux avant toutes choses pénétrer ce mystère, te dis-je : je vais faire un tour dans le village, et tâcher de savoir qui sont ces gens qui logent aux Trois-Rois.

LUCAS.

Vous ne saurez que ce que je vous ai dit.

MONSIEUR BERNARD.

Pour toi, quand je serai dehors, prends soin de bien rôder partout, et d'observer exactement ce qui se passera dans le logis.

LUCAS.

V'là qui est bien, vous n'avez qu'à dire.

MONSIEUR BERNARD.

Le jardinier est-il rentré?

LUCAS.

Il faut bien qu'il le soit, car le v'là lui-même.

SCÈNE VIII

MONSIEUR BERNARD, L'OLIVE, LUCAS.

MONSIEUR BERNARD.

Approchez, Monsieur le maraud, approchez.

L'OLIVE.

Avez-vous quelque ordre à me donner, Monsieur? Me voilà prêt à vous obéir.

MONSIEUR BERNARD.

D'où venez-vous à l'heure qu'il est, coquin que vous êtes?

L'OLIVE.

Je viens d'ici près, Monsieur.

MONSIEUR BERNARD.

Vous êtes un pendard!

L'OLIVE.

Monsieur...

MONSIEUR BERNARD.

Un fripon!

L'OLIVE.

Monsieur...

MONSIEUR BERNARD.

Un ivrogne, qui ne bougez du cabaret!

L'OLIVE.

Ah ! Monsieur, demandez... je n'y ai pas mis les pieds, depuis que j'ai l'honneur d'être à votre service.

MONSIEUR BERNARD.

Tu n'y as pas mis les pieds, infâme? Qui sont ces gens avec qui tu viens de souper?

L'OLIVE.

Oh ! pour cela, oui, Monsieur, je vous l'avoue : ce sont de mes amis, des gens de qualité.

MONSIEUR BERNARD.

Des gens de qualité, de tes amis?

L'OLIVE.

Oui, Monsieur : ils auront l'honneur de vous venir faire la révérence, pour voir vos parterres, vos potagers, vos espaliers, vos palissades; ce sont des illustres, des jardiniers de la Cour, qui voyagent par curiosité.

Monsieur Bernard lui donne des coups de bâton.
Ah ! ah ! ah ! Monsieur...

MONSIEUR BERNARD.

Tiens, porte cela de ma part à tes jardiniers de la Cour !

SCÈNE IX

LUCAS, L'OLIVE.

LUCAS.

Ah ! ah ! ah ! Parsangué, cela est tout à fait drôle ! A qui en a-t-il donc de vous rosser comme cela, sans dire gare ? Queu caprice est-ça, Monsieur le jardinier ?

L'OLIVE.

Parbleu ! je ne sais pas ; mais je l'enverrais au diable avec ses caprices !

LUCAS.

Est-ce que vous prenez ça sérieusement ? Il ne vous a bâillé que queuques coups de bâton, v'là une belle bagatelle ! Ce sont de petites himeurs qui ly prenont comme ça parfois, et il faut un peu excuser les défauts des parsonnes.

L'OLIVE.

Maugrebleu de ses défauts ! Mais, bast ! j'ai aussi des défauts à peu près pareils ; et si les siens le reprennent encore, les miens me prendront à coup sûr, et nos défauts auront querelle ensemble.

LUCAS.

Vous jouez de malheur d'être tombé le premier sous sa patte. Il a du chagrin, il est amoureux...

L'OLIVE.

Lui, amoureux ? Et de qui amoureux ?

LUCAS.

De Mademoiselle Angélique.

L'OLIVE.

Et depuis quand ?

LUCAS.

Pargué, depuis toujours ! mais il ne lui a dit que depuis tout à l'heure.

L'OLIVE.

Eh bien ?

LUCAS.

Eh bien !... ne jasez point, au moins ?

L'OLIVE.

Non, non, ne craignez rien.

LUCAS.

Il ne la veut marier avec parsonne, parce qu'il veut qu'alle se marie avec ly ; mais elle ne l'aime pas...

L'OLIVE.

Non ?

LUCAS.

Non vraiment ; c'est ce qui le met de mauvaise himeur. Il la battrait, si alle était sa femme. En attendant qu'alle la devienne, afin que les coups qu'alle mérite ne soyont pas perdus, il les baille au premier venu, c'est sa magnière. Oh ! pour ça, c'est un plaisant homme !

L'OLIVE.

Je ne trouve point cela plaisant, moi, et je n'ai que faire...

LUCAS.

Acoutez: pour les coups de bâton d'aujourd'hui, vous pourriez bian y avoir un tantinet votre part, à ce que je m'imagine.

L'OLIVE.

Comment donc ?

LUCAS.

Allons ! allons ! boutez la main à la conscience, je dis tout ce que je sais : vos bons amis, les jardiniers de la Cour... hem !...

L'OLIVE

Eh bien ?

LUCAS.

Ce sont eux qui vous avont procuré cette aubaine-là ; je vous conseille de les en remercier. Sarviteur, Monsieur le jardinier.

SCÈNE X

L'OLIVE, *seul*.

Voilà un maroufle qui se moque de moi. La mine est éventée : quel parti prendre? Il n'y a point à balancer.

SCÈNE XI

DORANTE, L'OLIVE.

DORANTE.

Trouverai-je l'occasion de me déclarer? Et quand je l'aurai trouvée, aurai-je assez de bonheur pour persuader Angélique?

L'OLIVE.

Ma foi, Monsieur, il faut vous dépêcher de le faire, si vous voulez y réussir.

DORANTE.

Ah ! te voilà, mon pauvre l'Olive ?

L'OLIVE.

N'êtes-vous point las de ce déguisement, Monsieur ? N'est-il pas temps que vous cessiez d'être peintre, et que vous redeveniez ce que vous êtes ?

DORANTE.

Eh ! paix ! paix ! l'Olive. As-tu résolu de tout perdre ?

L'OLIVE.

Eh ! morbleu ! tout est déjà perdu : Monsieur Bernard vient de me donner cent coups de bâton, afin que vous le sachiez.

DORANTE.

A toi ?

L'OLIVE.

A moi-même.

DORANTE.

Eh ! paix ! paix ! Parlons bas.

L'OLIVE.

On ne nous écoute point.

DORANTE.

Il n'importe. Et pourquoi t'a-t-il maltraité ?

L'OLIVE.

Il faut qu'il soupçonne quelque chose, ou que ce soit par manière de conversation. Son gros coquin de fermier dit que c'est sa coutume : pour se désennuyer, il rosse, tantôt l'un, tantôt l'autre : votre tour viendra peut-être, c'est ce qui me console. Mais, Monsieur, j'ai bien autre chose à vous apprendre.

DORANTE.

Quoi ?

L'OLIVE.

Vous ne regardez ce Monsieur Bernard que comme le tuteur d'Angélique ?

DORANTE.

Eh bien ?

L'OLIVE.

Il est votre rival, je vous en avertis.

SCÈNE XI.

DORANTE.

Mon rival ? Que me dis-tu là ?

L'OLIVE.

Ne vous alarmez point : Angélique le hait en perfection ; et la crainte qu'elle a d'être à lui, la déterminera plus facilement à se donner à vous.

DORANTE.

Ah ! mon pauvre l'Olive, je tremble à lui découvrir qui je suis, ce que je sens pour elle ; et je crains qu'elle ne s'effarouche, en apprenant le dessein que j'ai formé.

L'OLIVE.

Qu'elle ne s'effarouche ? la crainte est bonne ! Eh ! allez ! allez, Monsieur ! les filles d'aujourd'hui sont des animaux bien apprivoisés ; elles ne s'effarouchent point qu'on les aime, et nous vivons dans un siècle fort aguerri.

DORANTE.

Non, l'Olive, attendons, pour me déclarer, que le chevalier d'Artimon, son oncle, soit arrivé. Si j'en crois la lettre que son valet de chambre m'a rendue hier au soir, il ne doit pas tarder.

L'OLIVE.

Il ne doit pas tarder ; mais il tardera peut-être. Croyez-moi, Monsieur, il y a quatre ou cinq de mes camarades dans le village, qui n'attendent que vos ordres, pour entrer en action. Vous attendez, vous, le consentement de votre maîtresse ? Il faut le demander pour l'obtenir...

DORANTE.

Mais enfin ?

L'OLIVE.

Mais enfin ? il faut venir au fait, et tout au plus vite : nous n'avons point de temps à perdre. Nous travaillons ici, depuis quinze jours, l'un et l'autre : moi, à gâter le jardin de Monsieur Bernard, et vous, à défigurer ses plafonds et ses cheminées : car vous êtes un très mauvais peintre, et je ne suis pas bon jardinier, moi, sans contredit. La fourberie sera découverte avant terme, si nous ne nous hâtons d'en profiter. Voici la suivante, laissez-moi un peu causer avec elle. J'irai, dans un moment, vous rendre compte de la conversation.

DORANTE.

Ne lui donne pas trop à connaître...

L'OLIVE.

Laissez-moi faire, je ne gâterai rien.

SCÈNE XII

L'OLIVE, LISETTE.

LISETTE.

Il faut absolument que je démêle ce que je soupçonne. Monsieur Bernard, Monsieur Bernard, votre extravagante passion nous fera faire quelque extravagance !

L'OLIVE.

Je suis votre très humble serviteur, Mademoiselle Lisette.

LISETTE.

Je suis votre servante, Monsieur le jardinier.

L'OLIVE.

Vous me semblez avoir l'esprit occupé de quelque affaire importante, Mademoiselle Lisette ?

LISETTE.

Oui, j'ai quelque chose en mouvement dans la cervelle, je vous l'avoue.

L'OLIVE.

J'ai aussi la tête embarrassée de quelques petites bagatelles.

LISETTE.

Ne pourrait-on point savoir le sujet de votre embarras ?

L'OLIVE.

Refuseriez-vous de m'apprendre la cause de votre mouvement ?

LISETTE.

C'est notre Monsieur Bernard qui me chagrine.

L'OLIVE.

Cela est heureux : c'est aussi à lui à qui j'en veux, justement.

LISETTE.

Il forme de petits projets, que je renverserai s'il m'est possible.

L'OLIVE.

Il m'a donné quelques coups de bâton, dont j'espère que je mourrai quitte.

LISETTE.

Il vous a donné des coups de bâton, Monsieur?

L'OLIVE.

Oui, Mademoiselle : je ne suis pas glorieux, comme vous voyez?

LISETTE.

Vous n'êtes pas glorieux ; mais vous êtes vindicatif, peut-être?

L'OLIVE.

Oh ! pour cela oui, comme tous les diables. Et s'il ne tient, pour vous le persuader, qu'à faire pièce à Monsieur Bernard, vous n'avez qu'à parler, je suis votre homme.

LISETTE.

Si l'on pouvait vous confier un secret?

L'OLIVE.

Pour gage de ma discrétion, je vous en confierai un autre.

LISETTE.

Je m'intéresse pour une petite personne, qui mérite bien que l'on fasse quelque chose pour elle.

L'OLIVE.

Je rends service à un honnête homme, qui n'est pas ingrat de ce qu'on fait pour lui.

LISETTE.

Ah ! je vous entends.

L'OLIVE.

Comment?

LISETTE.

Regardez-moi un peu en face.

L'OLIVE.

Ma physionomie vous plaît-elle ?

LISETTE.

Vous n'êtes pas jardinier, Monsieur le jardinier.

L'OLIVE.

Vous devinez la moitié des choses.

LISETTE.

Et le peintre n'est pas peintre, sur ma parole !

L'OLIVE.

Vous savez tout mon secret : dites-moi le vôtre.

LISETTE.

N'avez-vous pas l'esprit de le deviner ?

L'OLIVE.

Oh ! que si fait. La petite personne, pour qui vous vous intéressez, est Angélique ?

LISETTE.

Justement.

L'OLIVE.

Elle est amoureuse de quelqu'un ?

LISETTE.

Non, pas encore : mais elle hait Monsieur Bernard.

L'OLIVE.

C'est une grande disposition pour en aimer un autre.

LISETTE.

Ce Monsieur Bernard veut l'épouser, malgré qu'elle en ait...

L'OLIVE.

Voilà d'heureuses conjectures ; et si vous voulez lui faire entendre que le peintre est mon maître, homme de condition, amoureux d'elle à la folie...

LISETTE.

Eh bien ?

L'OLIVE.

Je crois que nous n'aurions pas de peine à faire ce mariage-là. Qu'en dis-tu ?

LISETTE.

Il s'en fait de plus difficiles.

L'OLIVE.

N'est-il pas vrai ? Et le nôtre ne sera pas malaisé à conclure, je pense ?

LISETTE.

Oh ! que non : quand les parties sont une fois d'accord, les affaires sont bientôt terminées.

L'OLIVE.

Touche donc là, sans façon, ma chère. Ce sont de bonnes filles que ces Lisettes, je n'en ai jamais trouvées qui n'aient dit oui.

LISETTE.

Voici Angélique, va chercher ton maître et l'amène ici : il ne faut point que les choses languissent.

L'OLIVE.

J'y cours, et je te le livre tout à l'heure. Ah ! qu'on est heureux, en amour, de trouver des filles si expéditives !

SCÈNE XIII

ANGÉLIQUE, LISETTE.

ANGÉLIQUE.

Pourquoi me laisses-tu seule, Lisette ? Dans l'accablement où je suis, tu m'abandonnes à mes chagrins, et depuis que tu es sortie de ma chambre, j'ai fait les plus cruelles réflexions.

LISETTE.

Et je viens de faire, moi, la rencontre la plus heureuse.

ANGÉLIQUE.

Tu causais avec le jardinier : que te disait-il ?

LISETTE.

Vivat ! Madame, la fortune et l'amour sont pour la jeunesse, et le tuteur est pris pour dupe.

ANGÉLIQUE.

Comment ?

LISETTE.

Je m'en étais toujours bien doutée que le peintre était un faux peintre!

ANGÉLIQUE.

En as-tu quelque certitude?

LISETTE.

C'est un de vos amants, qui s'est déguisé pour s'introduire auprès de vous.

ANGÉLIQUE.

Que me dis-tu?

LISETTE.

Je vous dis vrai.

ANGÉLIQUE.

Un de mes amants? Il y a quinze jours qu'il est ici, et il ne m'a point encore parlé! Qu'il est indolent, ou timide! Et dans l'extrémité où je me trouve, que j'ai peu de secours à attendre d'une tendresse comme la sienne!

LISETTE.

Oui, vous aimez la vivacité dans un amant? Vous avez le goût bon; et le peintre en aura, ne vous mettez point en peine. Le voici.

SCÈNE XIV

DORANTE, L'OLIVE, ANGÉLIQUE, LISETTE.

ANGÉLIQUE.

Ah! Lisette, que sa présence me cause de trouble! je n'ai jamais senti ce que je sens.

LISETTE.

Ce sont les effets de la sympathie. Allons, mort de ma vie, il ne faut pas être rebelle à la destinée!

L'OLIVE.

Eh! allons donc, Monsieur, ferme! courage!

DORANTE.

Je tremble, l'Olive.

SCÈNE XIV.

L'OLIVE.

Ira-t-il?

LISETTE.

Il n'ose vous aborder.

ANGÉLIQUE.

Qu'osera-t-il donc entreprendre, pour me prouver l'amour que tu me dis qu'il a pour moi?

DORANTE.

J'oserai tout, belle Angélique, si vous souffrez que je vous aime, et si vous me permettez d'espérer.

L'OLIVE.

Ah! le voilà en mouvement, Dieu merci!

DORANTE.

Je ne vous adore, il est vrai, que depuis deux mois, parce qu'il n'y a que deux mois que j'eus le bonheur de vous voir pour la première fois de ma vie... J'ai fait parler à votre tuteur ma mère elle-même...

LISETTE.

Madame, c'est le marquis dont nous parlions encore aujourd'hui! Oh! par ma foi, Monsieur Bernard, nous nous marierons; mais vous ne signerez point au contrat!

DORANTE.

Oui, c'est moi, charmante Angélique, qui brûle d'unir ma destinée à la vôtre.

ANGÉLIQUE.

Si vous êtes le marquis, Monsieur, j'ai reçu tant de témoignages de tendresse de Madame votre mère, quand elle vint ici...

L'OLIVE.

Je me donne au diable, Madame, sa mère est aussi folle de vous que le fils, c'est beaucoup.

LISETTE.

Ah! Madame, par reconnaissance pour l'une, vous ne pouvez vous dispenser d'aimer l'autre.

DORANTE.

Je ne demande point, adorable Angélique, que pour vous déliver des persécutions d'un tuteur bizarre, vous vous jetiez aveuglément entre mes bras, moins par tendresse, peut-être, que par désespoir; c'est l'amour qui me fait faire le personnage que je fais ici. Mais l'aveu de votre famille l'autorisera, sans doute. Votre oncle le chevalier...

LISETTE.

Eh vite! Eh vite! éloignez-vous : j'entends tousser de loin ce gros coquin de Lucas; il vient de ce côté-ci, peut-être; il ne faut pas qu'il nous trouve ensemble.

ANGÉLIQUE.

Ah! Lisette...

L'OLIVE.

Sauvons-nous, Monsieur.

DORANTE.

Un mot, avant que je vous quitte.

ANGÉLIQUE.

Que voulez-vous que je vous dise?

LISETTE.

Eh! retirez-vous; la nuit s'avance à grand pas: quand elle sera tout à fait obscure, revenez ici, dans le même endroit, vous nous y trouverez l'une et l'autre.

DORANTE.

Que je vais attendre ce moment avec impatience!

L'OLIVE.

Nous voyagerons, Monsieur, apparemment, et la partie sera carrée; elles sont à nous, sur ma parole!

SCÈNE XV

ANGÉLIQUE, LISETTE.

LISETTE.

Eh bien! Que dites-vous de tout ceci? Votre cœur est plus agité que le mien, je gage?

ANGÉLIQUE.

Mon cœur est agité, je te l'avoue, et mon esprit embarrassé.

SCÈNE XVI.

LISETTE.

Il faut pourtant se hâter de prendre parti ; et voici une aventure qu'il faut brusquer, si vous voulez la conduire à bonne fin.

ANGÉLIQUE.

Mais, comment la finir sans consentir à un enlèvement ?

LISETTE.

Ce ne sera pas un enlèvement, le ciel nous en préserve. Il faudra faire la chose par manière de promenade.

ANGÉLIQUE.

Mais la médisance...

LISETTE.

Bon ! bon ! c'est une bonne carogne que la médisance ; elle est elle-même si fort décriée, que personne ne s'embarrasse de ce qu'elle peut dire.

ANGÉLIQUE.

Quel éclat ferait mon tuteur !

SCÈNE XVI

ANGÉLIQUE, LISETTE, MONSIEUR BERNARD, LUCAS.

MONSIEUR BERNARD.

Qui va là ?

LISETTE.

Le voilà, Madame, nous sommes perdues.

ANGÉLIQUE.

Crois-tu qu'il nous ait écoutées ?

MONSIEUR BERNARD.

Qui va là, encore une fois ?

LUCAS, *entrant de l'autre côté du théâtre.*

Palsangué ! qui va là toi-même ?

MONSIEUR BERNARD.

Lucas ?

LUCAS.

Monsieur?

MONSIEUR BERNARD.

Est-ce toi?

LUCAS.

Eh! voirement oui! qui pourrait-ce être? Vous m'avez baillé ordre de rôder partout, et je rôde, comme vous voyez; mais je ne trouve rian.

LISETTE.

Nous avons bien fait de les renvoyer.

ANGÉLIQUE.

La nuit devient fort noire, ils vont venir : comment ferons-nous?

MONSIEUR BERNARD.

Hum! que murmures-tu entre tes dents?

LUCAS.

Tatigué! comme vous vous gaussez! c'est vous qui jasez tout seul, je pense?

MONSIEUR BERNARD.

Tu rêves, je n'ai pas parlé.

LUCAS.

Tout de bon?

MONSIEUR BERNARD.

Non, vraiment.

LUCAS.

Oh bien! morgué! je sommes donc ici plus de deux, il y a de la trahison, prenons garde à nous.

LISETTE.

Il faut les éviter : sauvons-nous.

LUCAS.

Morgué! je tiens queuque chose que je ne laisserai pas aller.

ANGÉLIQUE.

Doucement, Lucas.

MONSIEUR BERNARD.

Je pense que c'est la voix d'Angélique?

ANGÉLIQUE.

Oui, Monsieur, c'est moi qui me promène avec Lisette.

SCENE XVII.

MONSIEUR BERNARD.

Ah! ah!

LUCAS.

Les mâles se sont envolés, Monsieu, je n'avons déniché que les fémelles.

MONSIEUR BERNARD.

Vous êtes aujourd'hui bien tard dans le jardin?

LISETTE.

Pour dissiper un grand mal de tête qui lui est resté de son évanouissement de tantôt, je lui ai conseillé de faire un tour de promenade.

MONSIEUR BERNARD.

C'est fort bien fait : mais l'heure de la promenade est un peu passée, l'humidité de la nuit pourrait vous incommoder, rentrons.

ANGÉLIQUE.

L'air me fait du bien, au contraire; et je continuerai, s'il vous plait, de me promener avec Lisette.

MONSIEUR BERNARD.

Non, non, puisque vous voulez vous promener, je ne vous quitterai point : je suis ce soir aussi dans le goût de la promenade. Allons, venez.

ANGÉLIQUE.

Lisette?

LISETTE.

On trouvera moyen de s'en débarrasser.

LUCAS.

Où êtes-vous donc, Mademoiselle Lisette, que je nous promenions itou par ensemble?

SCÈNE XVII

DORANTE, L'OLIVE.

DORANTE.

L'Olive?

L'OLIVE.

Monsieur.

DORANTE.

N'as-tu point entendu marcher? Ce sont elles, sans doute.

L'OLIVE.

Non, Monsieur, je n'ai rien entendu; il n'y a encore personne; nous revenons de trop bonne heure; et quoique la nuit soit des plus obscures, elle ne l'est point assez à ma fantaisie.

DORANTE.

Que veux-tu? Les moments me durent des siècles, absent d'Angélique, et je ne puis me rendre trop tôt dans un lieu où elle doit être, où je lui ai parlé d'amour pour la première fois, et où j'espère la trouver sensible à ce que je souffre pour elle.

L'OLIVE.

Cela est bien tendre; mais, dites-moi un peu, Monsieur, si, par aventure, les belles consentent au voyage, cette affaire-ci me paraît d'une nature à mériter que la justice s'en mêle?

DORANTE.

Cela peut arriver; elle s'en mêlera, sans doute.

L'OLIVE.

Tant pis, je voudrais bien que cela se fît sans elle.

DORANTE.

Pourquoi?

L'OLIVE.

Elle est tracassière, la justice; elle fera des informations, des poursuites...

DORANTE.

Nous nous tirerons bien d'affaire, cela s'accommodera.

L'OLIVE.

Oui, cela s'accommodera pour vous; mais je serai peut-être pendu par accommodement, moi, ce sera un des articles. Ce Monsieur Bernard m'en veut diablement...

DORANTE.

Je te réponds de tout, ne te mets pas en peine. Angélique ne vient pas encore?

L'OLIVE.

Elle ne viendra peut-être pas, Monsieur. Si c'était une baie qu'elle vous eût donnée?

DORANTE.

Paix! paix! j'entends quelqu'un.

SCÈNE XVIII

DORANTE, L'OLIVE, ANGÉLIQUE, LISETTE, MONSIEUR BERNARD, LUCAS.

ANGÉLIQUE, *en rentrant dans le fond du théâtre.*

Nous revenons insensiblement au même endroit où vous nous avez trouvées.

DORANTE.

La voici, l'Olive.

MONSIEUR BERNARD.

Cette allée sombre vous plaît apparemment mieux qu'une autre?

DORANTE.

L'Olive?

L'OLIVE.

Oui, c'est elle, vous avez raison; mais elle est en compagnie; retirons-nous, Monsieur, la place est prise.

Angélique s'avance d'un côté avec Monsieur Bernard, qui la tient sous le bras, et Lisette, de l'autre côté, s'avance de même avec Lucas, de manière que Dorante et l'Olive, qui continuent de parler, se trouvent au milieu d'elles, et Monsieur Bernard et Lucas dans les deux côtés du théâtre.

MONSIEUR BERNARD.

Mais, mignonne, n'êtes-vous point lasse de vous promener, et ne serions-nous pas mieux dans la maison?

ANGÉLIQUE.

Vous ne vous plaisez qu'à me contraindre.

LISETTE.

Elle a raison : un peu de complaisance, une fois en votre vie ; y a-t-il du mal à se promener ?

Ici, Lisette, en approchant de l'Olive qu'elle ne voit point, étend sa main, et le prend par le collet, et dans le même temps Angélique, rencontre la main de Dorante, qu'elle prend.

L'OLIVE, *à voix très basse.*

Je suis pris, Monsieur.

DORANTE.

Et moi aussi.

LISETTE.

Est-ce toi ?

L'OLIVE.

Moi-même.

LISETTE.

Paix !

ANGÉLIQUE.

Ne faites point de bruit.

MONSIEUR BERNARD.

Hum ! Comment ? Quoi ? Que dites-vous ?

ANGÉLIQUE.

Je dis, Monsieur, que si vous voulez rentrer absolument, nous achèverons, Lisette et moi, notre caprice de promenade.

MONSIEUR BERNARD.

Non, je ne suis point pressé, mignonne, et je ne rentrerai qu'avec vous.

ANGÉLIQUE.

Quelle peine !

LISETTE.

Va te coucher, Lucas, et emmène Monsieur.

LUCAS.

Oh non ! fatigué, je ne m'irai coucher qu'avec toi.

LISETTE.

Avec moi ? parle donc... eh ! maroufle...

MONSIEUR BERNARD.

Mais, mignonne, cette passion de vous promener ainsi toute la nuit me paraît bien nouvelle et bien extraordinaire, j'ai peine à croire qu'elle soit sans fondement, je vous l'avoue.

ANGÉLIQUE.

Et moi, Monsieur, je vous avoue naturellement que vous croyez juste. Ce peintre que vous avez ici depuis quinze jours.

DORANTE.

Ah! Madame, vous me perdez.

MONSIEUR BERNARD.

Eh bien! ce peintre, qu'a-t-il fait?

ANGÉLIQUE.

Il a eu aujourd'hui l'audace de me dire qu'il est amoureux de moi.

LUCAS.

Morgué, je vous l'avais bian dit, Monsieu, que le jardinier et ly étiont deux fripons!

ANGÉLIQUE.

Je suis bien malheureuse, ma pauvre Lisette, d'être exposée...

LISETTE.

Hum! que vous êtes bonne, Madame! C'est par ordre de Monsieur que tout cela se fait, il veut nous éprouver; et cela n'est ni beau, ni honnête, de soupçonner ainsi de pauvres innocentes comme nous, et de faire sonder notre pudeur par un peintre et par un maraud de jardinier.

L'OLIVE.

Hum... masque!

MONSIEUR BERNARD.

Quoi! le peintre et le jardinier...

ANGÉLIQUE.

Ils ont eu la hardiesse de nous demander, à Lisette et à moi, un rendez-vous cette nuit.

MONSIEUR BERNARD.

Un rendez-vous!

LISETTE.

Oui, vraiment, un rendez-vous; et nous avons eu la faiblesse de leur accorder la chose, Monsieur.

MONSIEUR BERNARD.

Vous leur avez donné le rendez-vous?

ANGÉLIQUE.

Oui, Monsieur.

MONSIEUR BERNARD.

Comment, oui?

LISETTE.

Que voulez-vous? Les filles sont curieuses; on est bien aise de voir jusqu'où des coquins comme cela pousseront les choses. Voici l'heure à peu près, Monsieur, si vous vouliez, nous irions par curiosité encore.

MONSIEUR BERNARD.

Qu'est-ce à dire, par curiosité?

LUCAS.

Tatigué, que cette Lisette est curieuse! je n'aime pas ça.

ANGÉLIQUE.

Pour moi, Monsieur, je ne veux pas être la dupe de cette affaire, s'il vous plaît : je démêlerai l'aventure, et vous me vengerez de ces insolents.

LISETTE.

Mort de ma vie, il les faut faire expirer sous le bâton, Madame!

L'OLIVE.

Si tu ne me laisses aller, je crierai.

ANGÉLIQUE.

Oh! je saurai bien me venger de vous, s'il est vrai, comme je le pense, que ce soit vous, qui, par soupçon de ma conduite, me fassiez faire cette mauvaise plaisanterie.

MONSIEUR BERNARD.

Moi? je ne sais ce que c'est, je vous jure!

LUCAS.

Ni moi non plus, la peste m'étouffe!

ANGÉLIQUE.

Voulez-vous me le bien persuader?

MONSIEUR BERNARD.

Oh! de tout mon cœur.

SCÈNE XVIII.

ANGÉLIQUE.

Le rendez-vous est au coin du parterre, sous ces marronniers d'Inde, il faut que vous y alliez à ma place.

MONSIEUR BERNARD.

Oui, j'irai, je vous en réponds.

ANGÉLIQUE.

Et nous irons tout de ce pas, Lisette et moi, nous cacher derrière la palissade, pour entendre la conversation, et savoir ce que nous devons croire.

MONSIEUR BERNARD.

Oh! je le veux bien, vous me rendrez justice.

LISETTE.

Il faut donc que Lucas prenne aussi ma place, Madame?

LUCAS.

Volontiers : morgué, que ce sera drôle !

MONSIEUR BERNARD.

Ne perdons point de temps. Allons, viens, Lucas.

ANGÉLIQUE.

Non, Monsieur, ce n'est point ainsi qu'il faut y aller.

MONSIEUR BERNARD.

Comment donc?

ANGÉLIQUE.

Il faut prendre des habits de femme pour les mieux tromper.

MONSIEUR BERNARD.

Qu'en avons-nous affaire? on n'y voit goutte.

LUCAS.

On n'y voit goutte, mais on tâte, Monsieu. Ça est bian pensé des habits de femme !

MONSIEUR BERNARD.

Eh bien! soit, voyons la fin de tout cela.

ANGÉLIQUE.

Vous trouverez un déshabillé pour vous, et une coiffure sur ma toilette.

LISETTE.

Et pour l'ajustement de Lucas, vous le prendrez dans ma garde-robe.

LUCAS.

Parbleu! je n'avons pas besoin de tant de parure.

ANGÉLIQUE.

Allez vite, et revenez de même.

LUCAS.

Ne vous boutez pas en peine, je serons bientôt fagotés. Morgué, que j'allons rire!

SCÈNE XIX

ANGÉLIQUE, DORANTE, LISETTE, L'OLIVE.

LISETTE.
Maintenant, Monsieur le jardinier...

L'OLIVE.
La peste! que tu as la serre bonne!

ANGÉLIQUE.
Je ne tiens pas mal aussi ce qui me tombe en partage; et quelques efforts que vous ayez faits pour m'échapper...

DORANTE.
Je fais tout mon bonheur d'être auprès de vous; mais le commencement de votre conversation...

L'OLIVE
Je me donne au diable, j'ai eu belle peur: j'ai cru d'abord que vous étiez traîtresse, Madame.

ANGÉLIQUE.
Cette conversation s'est terminée plus heureusement que vous ne pensiez.

DORANTE.
Elle vous a débarrassée de vos surveillants; nous sommes seuls, charmante Angélique, quelles résolutions sont les vôtres?

ANGÉLIQUE.

Que vous alliez, tout au plus vite, au rendez-vous que l'on vient de vous procurer.

DORANTE.

Ah! de grâce, parlons sérieusement, je vous prie.

LISETTE.

On vous parle sérieusement aussi, il faut y aller.

L'OLIVE.

Pour moi, je ne demande pas mieux.

DORANTE.

Adorable Angélique, profitons d'une occasion si favorable : il s'agit de me désespérer, ou de vous déterminer à une fuite.

ANGÉLIQUE.

Non, pour le parti de la fuite, ne vous attendez point que je le prenne. Ménageons votre fortune et ma réputation ; une affaire d'éclat perdrait l'une et l'autre : écrivez à votre famille, j'attends des nouvelles de la mienne.

DORANTE.

Et que deviendrai-je, en attendant, moi, Madame ?

ANGÉLIQUE.

Vous me dites que vous m'aimez, vous aurez le temps de me le persuader.

DORANTE.

Après ce que vous avez dit à votre tuteur, il ne faut pas que le jour me retrouve chez lui, ni dans le village.

ANGÉLIQUE.

Au contraire : allez au rendez-vous, vous dis-je, et trouvez les moyens de mériter sa confiance.

DORANTE.

Sa confiance, Madame ?

LISETTE.

Oui, sa confiance. Vous avez de l'esprit et de l'amour, et vous ne comprenez pas ce qu'on vous conseille ?

L'OLIVE.

Il faut que j'aie plus d'esprit que mon maître, assurément, car je comprends la chose à merveille, moi.

DORANTE.

Mais expliquez-moi donc?

L'OLIVE.

Je vous expliquerai tout, suivez-moi seulement.

DORANTE.

Je vous obéis aveuglément, Madame, quel prix recevrai-je de ma soumission?

LISETTE.

Eh! mort de ma vie, dépêchez-vous, on vous dira cela quand vous serez revenu.

SCÈNE XX

ANGÉLIQUE, LISETTE.

ANGÉLIQUE.

La plaisanterie devient peut-être un peu trop forte, Lisette, et Monsieur Bernard...

LISETTE.

Eh! allez, allez, Madame! c'est un bon homme qui le mérite bien. Comment, on ne saurait se défaire de ce petit importun-là?

ANGÉLIQUE.

L'imagination du rendez-vous m'est venue bien à propos pour nous en débarrasser.

LISETTE.

Avouez que je ne vous ai pas mal secondée : nous sommes vives, nous autres, dans l'occasion; nos soupirants en ont tremblé.

ANGÉLIQUE.

Cette aventure produira des effets admirables, Lisette.

SCÈNE XXI.

LISETTE.

Assurément. Le tuteur, convaincu de notre bonne foi, ne sera plus défiant, et nous serons un peu moins gênées. Par ma foi, voilà une jolie manière de guérir les soupçons d'un jaloux !

MONSIEUR BERNARD ET LUCAS, *derrière le théâtre.*

Haie ! haie ! haie ! à l'aide !

ANGÉLIQUE.

J'entends du bruit, Lisette.

LISETTE.

Oui, Madame, on applique le remède ; il faut lui donner le temps d'opérer : rentrons dans le logis.

MONSIEUR BERNARD.

Au secours ! au secours !

LUCAS.

A l'aide ! à l'aide !

SCÈNE XXI

DORANTE, MONSIEUR BERNARD, ANGÉLIQUE, LUCAS, LISETTE.

DORANTE.

Vous prétendez en vain m'échapper : je veux vous mener moi-même à Monsieur Bernard, et le rendre témoin de votre trahison. Comment, malheureuse, vous trompez un si honnête homme ? Ah ! perfide...

MONSIEUR BERNARD.

Voilà un brave garçon, je ne l'aurais pas cru.

LUCAS.

Eh ! je suis tout moulu de coups, miséricorde !

L'OLIVE.

Oh ! tu as beau fuir, tu ne m'échapperas pas. Trahir un si bon maître que le tien, carogne de Lisette !

LUCAS.

Oh ! fatigué, tenez-vous donc ! Si c'est Lisette à qui vous en voulez, je ne suis pas elle, je suis Lucas.

L'OLIVE.

Comment, Lucas ?

LUCAS.

Oui, palsangué ! regardez-y plutôt : voici tout à propos de la lumière.

SCÈNE XXII

DORANTE, LUCAS, MONSIEUR BERNARD, MATHURINE, ANGÉLIQUE, LISETTE, L'OLIVE.

MATHURINE, *avec un flambeau.*

Eh ! quel vacarme est-ce là ? A qui en avez-vous donc ? Quel bruit vous faites !

DORANTE.

Lucas en habit de femme ! que veut dire ceci ?

LUCAS.

Ça veut dire que je croyions vous attraper, et que je sommes attrapés, nous. C'est note Monsieu qui est la damoiselle que vous avez si bian épous'tée.

DORANTE.

Quoi, Monsieur ?

MONSIEUR BERNARD.

Oui, mon cher enfant, c'est moi-même.

DORANTE.

Je suis au désespoir, Monsieur, des coups de bâton...

MONSIEUR BERNARD.

Ne me fais point d'excuses, je te prie, ne me fais point d'excuses. Je suis ravi d'avoir ce témoignage de ton zèle et de ton affection.

DORANTE.

Monsieur...

L'OLIVE.

Si vous voulez encore quelques preuves de la mienne, Monsieur, vous n'avez qu'à dire.

MONSIEUR BERNARD.

Oh! non, non, diable! Eh bien! Lucas, te voilà avec tes soupçons; tu es détrompé maintenant, dis, n'est-il pas vrai?

LUCAS.

Détrompé? Non; mais je sis battu.

MONSIEUR BERNARD.

Approchez. Où êtes-vous, Angélique? Venez embrasser cet honnête garçon-là : voilà la perle des domestiques. Eh bien! étais-je d'intelligence avec eux? Qu'en dites-vous? Vous me rendez justice à l'heure qu'il est?

ANGÉLIQUE.

Oh! pour cela oui, Monsieur, je vous en réponds : et voici mon oncle le chevalier qui vient d'arriver, qui vous la rendra bien davantage encore.

MONSIEUR BERNARD.

Votre oncle! Et que vient-il faire ici à l'heure qu'il est?

ANGÉLIQUE.

Nous ne tarderons pas à l'apprendre : c'est quelque affaire pressée, apparemment.

DORANTE.

Le chevalier me tient parole, tout va bien, l'Olive.

LUCAS.

Morgué! Monsieur, ne nous montrons pas comme ça, on se gausserait de nous.

SCÈNE XXIII

MONSIEUR BERNARD, LE CHEVALIER, ANGÉLIQUE, DORANTE, L'OLIVE, LISETTE, LUCAS.

LISETTE.

Tenez, Monsieur, c'est Monsieur Bernard à qui vous en voulez, le voilà en déshabillé de campagne.

LE CHEVALIER.

Monsieur Bernard?

MONSIEUR BERNARD.

Oui, Monsieur, c'est moi-même. Il faut vous dire...

LE CHEVALIER.

Dans un tel équipage! Donnez-vous le bal ici, Monsieur? Ma nièce, y en a-t-il quelqu'un dans le village?

MONSIEUR BERNARD.

Ce n'est point une mascarade, Monsieur, je vais vous expliquer...

LISETTE.

Le pauvre homme a perdu l'esprit depuis quelque temps, il nous le faut veiller toutes les nuits.

MONSIEUR BERNARD.

Comment, insolente?

L'OLIVE.

Il ne court encore que dans le jardin; mais il courra bientôt les champs, si je ne me trompe.

LE CHEVALIER.

Ah! te voilà, l'Olive?

L'OLIVE.

Vous voyez, Monsieur, chacun a sa folie dans cette maison-ci : la mienne est d'être jardinier.

LE CHEVALIER.

Je sais l'aventure.

L'OLIVE.

Et voilà aussi un autre fou de votre connaissance, qui s'est mis dans la tête...

LE CHEVALIER.

Je connais sa folie; je viens ici pour la guérir. Et quelle figure est-ce encore-là?

LISETTE.

C'est le fermier de Monsieur Bernard, qui a la même folie que son maître; ils ont tous deux la folie d'être femmes.

LUCAS.

Morgué! ça n'est pas vrai, je ne veux pas être femme, c'est une trop méchante engeance, et j'aimerais mieux être loup-garou.

SCÈNE XXIII.

MONSIEUR BERNARD.

Ouais! tout ceci commence à me déplaire! qu'est-ce donc que cela signifie?

LE CHEVALIER.

Vous êtes-là, ma nièce, en bien mauvaise compagnie!

ANGÉLIQUE.

Je m'y déplais beaucoup, mon oncle, je vous l'avoue.

LE CHEVALIER.

Je le crois bien : ce sont les Petites-Maisons que cette maison-ci ? il faut en sortir au plus vite.

MONSIEUR BERNARD.

On se moque ici de moi, je pense.

ANGÉLIQUE.

Pour le peintre et le jardinier, ce sont des espèces de fous assez agréables. Si vous voulez bien, mon oncle, nous les emmènerons avec nous.

LE CHEVALIER.

Volontiers, ma nièce.

L'OLIVE.

Nous divertirons ces dames dans le voyage, Monsieur.

LE CHEVALIER.

J'ai là mon carrosse : allons, venez.

MONSIEUR BERNARD.

L'on prétend ainsi, malgré moi...

LE CHEVALIER.

Doucement, s'il vous plaît, Monsieur Bernard, votre folie me paraît dangereuse, vous demeurerez tout seul ; mais je vous ferai garder à vue, en attendant qu'on vous enferme, ou que votre bon sens vous revienne.

MONSIEUR BERNARD.

Quoi! Angélique...

ANGÉLIQUE.

Adieu, Monsieur, je suis bien fâchée de votre accident ; nous nous reverrons quand vous serez plus sage.

MONSIEUR BERNARD.

Ma pauvre Lisette ! empêche que...

LISETTE.

Jusqu'au revoir. Monsieur, quand sa folie le prendra, recommandez qu'on ne le batte point : il vient d'en avoir assez, je vous assure.

MONSIEUR BERNARD.

Quoi ! tout le monde m'abandonne ?

DORANTE.

Vous êtes persuadé de mon zèle et de ma fidélité, Monsieur? Je vais suivre votre maîtresse ; et je vous promets de l'entretenir, toute ma vie, dans les bons sentiments qu'elle a pour vous.

MONSIEUR BERNARD.

Hum ! je crève !

L'OLIVE.

Je laisse votre jardin en bon état. Souvenez-vous quelquefois de moi, je vous prie. Ne donnez jamais de coups de bâton à vos jardiniers, ces marauds-là savent les rendre.

MONSIEUR BERNARD.

Ah ! mon pauvre Lucas, je perds Angélique, que deviendrai-je ?

LUCAS.

Bon ! palsangué, que voulez-vous faire ? Ils ont biau dire, je ne sommes pas fous, je sommes les sots ; et si j'avions épousé ces deux carognes-là, je l'aurions été bian davantage.

Fin du Tuteur.

LA MAISON DE CAMPAGNE

COMÉDIE EN UN ACTE

REPRÉSENTÉE, POUR LA PREMIÈRE FOIS, LE 27 JANVIER 1688.

PERSONNAGES :

M. BERNARD.
Madame BERNARD.
MARIANNE, fille de M. Bernard.
ÉRASTE, amant de Marianne.
LA FLÈCHE, valet d'Éraste.
DORANTE, frère de Marianne.
LISETTE, suivante de Marianne.
LE MARQUIS, gascon.
LE BARON, ami du Marquis.
THIBAUT, portier de M. Bernard.
M. GRIFFARD, ami de M. Bernard.
NICOLE, cuisinière de M. Bernard.
Trois Hobereaux.
Un Soldat.
Un Cousin de M. Bernard.
Une Cousine de M. Bernard.

SCÈNE PREMIÈRE

ÉRASTE, LA FLÈCHE, LISETTE.

LISETTE.

Encore une fois, Monsieur, si vous avez quelque considération pour elle, retournez à Paris, et qu'on ne vous voie point ici.

ÉRASTE.

Ma pauvre Lisette, que je lui parle un moment, que je la voie seulement, je t'en conjure !

LISETTE.

Mais vous êtes le maître : vous voilà dans le logis, il ne tient qu'à vous d'y demeurer. Je crois même que si Marianne vous y savait, elle aurait peut-être autant d'empressement de vous voir et de vous parler, que vous en témoignez vous-même.

ÉRASTE.

Et pourquoi donc ne veux-tu pas nous donner cette satisfaction à l'un et à l'autre?

LISETTE

C'est que j'en sais les conséquences. Dès que vous serez ensemble, vous ne pourrez vous résoudre à vous quitter. Quelqu'un vous surprendra, et où en serons-nous, s'il vous plaît?

LA FLÈCHE.

Eh bien! quand on nous surprendra, nous jettera-t-on par les fenêtres?

LISETTE.

Non; mais on me mettra à la porte, et on enverra Marianne dans un couvent.

ÉRASTE.

Et n'y serait-elle pas moins gênée que dans la maison de son père?

LISETTE.

Oh! vraiment non, elle n'y serait pas moins gênée. Vous ne savez pas ce que c'est qu'un couvent pour une grande fille qui a coutume d'être dans le monde?

ÉRASTE

Mais ne suis-je pas bien malheureux! Ce logis est ouvert à tout le monde, et je suis peut-être le seul à qui il n'est pas permis d'y venir librement.

LISETTE.

C'est que vous êtes un épouseux, vous, et que Monsieur Bernard ne veut point de gens qui épousent.

LA FLÈCHE.

Et que veut-il donc, de par tous les diables?

LISETTE.

Ce qu'il veut? C'est un ladre, qui veut garder sa fille et son argent pour lui.

SCÈNE I.

LA FLÈCHE.

Oh! il veut... il veut, nous ne voulons pas, nous. Pour l'argent, passe; mais pour la fille, si elle voulait prendre de mes almanachs, je défierais bien un régiment de pères de la garder.

LISETTE.

Elle n'en prendra pas, je t'en réponds.

LA FLÈCHE.

Tant pis! nous ne venons pourtant ici que pour cela, mon maître et moi; et si vous faisiez bien l'une et l'autre, sans tant faire de façons, il enlèverait ta maîtresse, je t'enlèverais, moi : ce serait justement partie carrée, et nous vous ferions voir du pays, je t'en réponds.

LISETTE.

Quoi! mort de ma vie! vous seriez assez hardis de vous jouer à la justice, et d'enlever la fille d'un gentilhomme de robe? Et toi, maroufle, tu as l'effronterie de me proposer...

LA FLÈCHE.

Oh! oh! tu vas faire la dragonne de vertu, comme à ton ordinaire! Fais-nous parler à ta maîtresse, elle sera peut-être plus raisonnable.

ÉRASTE.

Mais, est-il possible, Lisette, que son frère ne soit point ici? Il est de mes intimes, et malgré l'entêtement de son père...

LISETTE.

Je vous ai déjà dit qu'il y a trois jours qu'il est à la chasse avec de ses amis; il ne fait guères d'ordures au logis, vraiment, et ce n'est pas sa fille seule que notre vieil avaricieux fait enrager. Il n'y a personne qui ne se sente de sa mauvaise humeur. Sa femme même a bien de la peine à le mettre à la raison. Il ne veut voir personne chez lui. Ce serait lui arracher l'âme que de tuer un lapin dans sa garenne; et il se désespère autant de fois qu'il voit à sa table quelque personne d'extraordinaire.

ÉRASTE.

Vous vous ennuyez donc furieusement ici?

LISETTE.

Pas trop ; mais le vieux pénard se désespère souvent ; car il a beau faire et beau dire, Madame sa femme va toujours son train. Le petit homme crève de dépit, et Marianne et moi pâtissons de ses chagrins. Mais, tout est perdu ; j'entends quelqu'un ; c'est lui, peut-être.

ÉRASTE.

Ne pouvons-nous nous cacher quelque part ?

LA FLÈCHE.

Maugrebleu du sot homme, qui ne veut pas qu'on épouse sa fille !

LISETTE.

Fourrez-vous tous deux sous ce degré, et allez-vous-en, dès qu'il n'y aura plus personne ici.

SCÈNE II

LISETTE, MARIANNE.

LISETTE.

Ah ! ah ! c'est vous ?

MARIANNE.

Il y a une heure que je te cherche, Lisette. Ne sais-tu qui sont ces personnes qui se promènent dans le jardin, et que ma belle-mère est allée joindre ?

LISETTE.

Non ; mais, je voudrais bien que Monsieur votre père fût allé les joindre aussi.

MARIANNE.

Je crois qu'il ne sera guère content de cette visite.

LISETTE.

Eh ! tenez ! tenez ! En voici une dont il sera bien moins satisfait en cas qu'il la sache.

SCÈNE III

MARIANNE, ÉRASTE, LISETTE, LA FLÈCHE.

MARIANNE.

Ah! ciel!

LISETTE.

Dites-vous vitement deux ou trois paroles, et je vais, moi, faire le guet, de peur d'accident.

MARIANNE.

A quoi m'exposez-vous, Éraste? et que venez-vous faire ici?

ÉRASTE.

J'y viens mourir, Madame, puisque vous me recevez avec tant de surprise, et que ma présence vous fait si peu de plaisir.

MARIANNE.

Ah! Éraste, elle m'en fait assez pour vous pardonner tous les chagrins qui m'arriveront, si mon père sait que je vous ai seulement parlé!

ÉRASTE.

Que voulez-vous que je devienne, Madame?

MARIANNE.

Que vous attendiez comme moi quelque changement favorable. J'ai une belle-mère, dont je ménage l'amitié par ma complaisance; elle me témoigne mille bontés, que je n'en devais pas attendre, et je crois même qu'elle serait peut-être dans nos intérêts, si j'avais la force de lui avouer que je vous aime.

ÉRASTE.

Eh bien! Madame, nous n'avons donc rien à craindre de sa part, et votre frère est de mes amis. Sur cette confiance, ne pouvons-nous point hasarder que je demeure ici quelques jours? Je me cacherai où l'on voudra.

LA FLÈCHE.

Oui; mais aura-t-on soin de nous apporter à manger?

ÉRASTE.

Eh! tais-toi. Je vous jure, belle Marianne, qu'on ne le saura point. Dans les greniers, dans la cave, il n'importe, pourvu que je sois dans la même maison où vous êtes.

LA FLÈCHE.

Cette pendarde de Lisette nous fera faire diète, je vous en avertis.

ÉRASTE.

Je ne sortirai point de l'endroit où l'on m'aura mis, pourvu que je vous voie un seul moment par jour. Adorable Marianne, ne me refusez point cette grâce, je vous en conjure.

MARIANNE.

Cela ne se peut, Éraste, et vous ne devriez point m'en faire la proposition.

ÉRASTE.

Quoi! vous voulez que je retourne à Paris?

LISETTE.

Oui, s'il vous plaît, et tout au plus vite. Et vous, tirez de ce côté, voilà votre père qui vient droit ici.

ÉRASTE.

Que voulez-vous que je fasse?

LISETTE.

Que vous partiez.

MARIANNE.

Demeurez dans le village; et qu'on ne sache point que vous y êtes.

LISETTE.

Détalez donc!

ÉRASTE.

Pourrais-je vous voir quelquefois?

LISETTE.

Non.

MARIANNE.

Je ne saurais vous en répondre.

LISETTE.

Dépêchez-vous donc!

ÉRASTE.

M'écrirez-vous ?

LISETTE.

Peut-être.

MARIANNE.

Si je le puis.

LISETTE.

Ils n'auront jamais fait.

ÉRASTE.

Si je suis seulement deux heures, sans apprendre de vos nouvelles...

LISETTE.

Vous ne vous en irez pas ?

MARIANNE.

Ne faites point d'extravagance.

LISETTE.

Eh ! mort de ma vie ! voilà votre père sur nos talons.

SCÈNE IV

MONSIEUR BERNARD, THIBAUT.

MONSIEUR BERNARD.

Ah ! bourreau, qu'as-tu fait ? Et tu as l'effronterie de me le venir dire toi-même ? Coquin, ne t'avais-je pas donné ordre...

THIBAUT.

Eh bien ! d'accord, vous m'avez baillé ordre que je ne laississe entrer parsonne dans la maison, et votre femme m'a baillé ordre que je laississe entrer tout le monde : comment diable voulez-vous que je fasse ?

MONSIEUR BERNARD.

Que tu m'obéisses, traître !

THIBAUT.

Eh morguoi ! de quoi vous boutez-vous en peine ? Ce n'est pas vous qu'ils demandent : c'est elle.

MONSIEUR BERNARD.

Eh ! c'est par cette raison-là, maroufle...

THIBAUT.

Tenez, Monsieur, j'aime mieux vous chagriner que votre femme ; et quoique vous soyais bien diable, alle est, morgué, sans comparaison, plus diable que vous, quand elle s'y met.

MONSIEUR BERNARD.

Il faut pourtant que je mette ordre à tout ceci. Viens-çà : parle-moi un peu. Écoute...

THIBAUT.

Mais ne nous boutons donc point en colère, vous êtes toujours de mauvaise himeur !

MONSIEUR BERNARD.

Qui sont ces gens qui viennent d'arriver ?

THIBAUT.

Oh ! ventregué ! après ceux-là, il faut tirer l'échelle, et ce sont les plus belles philosomies de parsonnes, que j'aie jamais vues.

MONSIEUR BERNARD.

Combien sont-ils ?

THIBAUT.

Quatre : deux gros Monsieux, qui m'ont la mène d'aimer bien la joie, avec deux belles dames, qui ne la haïssont pas, je crois.

MONSIEUR BERNARD.

Tu ne sais comme on les appelle ?

THIBAUT.

Non ; mais ils sont venus dans un biau carrosse tout doré, avec six gros chevaux, et je ne sais combien de laquais derrière.

MONSIEUR BERNARD.

Et tout cet équipage est chez moi ?

THIBAUT.

Non ; le cocher est allé bouter le carrosse sous queuque hangar, dans le village, car tous les vôtres sont pleins de jarbes ; mais il ramènera les chevaux, et j'ai dit que vous aviez une belle étable, où il en tiendrait plus de vingt-quatre.

MONSIEUR BERNARD.

Ah! le pendard.

THIBAUT.

Vous serez, morgué, ravi d'envisager ces chevaux-là; je n'en ai jamais vu de si gros en ma vie. Ils m'ont tout l'air d'être bien nourris...

MONSIEUR BERNARD.

Il n'y a pas moyen d'y résister; et depuis que ma pendarde de femme m'a fait acheter cette maudite maison de campagne, j'y ai dépensé, en moins d'un été, mon revenu de quatre années.

THIBAUT.

Morguoi! vous vous divartissez bien aussi : toujours grand'chère et biau feu; la maison ne désemplit point, et n'an vous viant voir de partout; jarnigué! c'est qu'an vous aime.

MONSIEUR BERNARD.

Eh! oui, oui, l'on m'aime; mais je voudrais bien qu'on ne m'aimât point tant.

THIBAUT.

Il faut que ce soit un sort, voyez-vous ; et c'ti qui vous a vendu la maison, était parguenne aussi embarrassé que vous. On l'aimait tout de même, et il ne voulait pas n'an plus qu'on l'aimît.

MONSIEUR BERNARD.

Si j'avais bien su cela...

SCÈNE V

MONSIEUR BERNARD, THIBAUT, LISETTE.

LISETTE.

Monsieur, Madame est dans le jardin avec des dames et des messieurs qui vous demandent.

MONSIEUR BERNARD.

Que le diable les emporte, j'ai bien affaire de leur visite! Eh! qui sont-ils encore ?

LISETTE.

Il y a ce gros abbé, qui est si longtemps à table, et qui boit tant sans s'enivrer, avec un autre Monsieur...

MONSIEUR BERNARD.

Fort bien.

THIBAUT.

Je vous le disais bian, qu'il avait l'air d'un bon vivant!

LISETTE.

Et puis cette jeune marquise, qui gagna l'autre jour l'argent de Madame.

MONSIEUR BERNARD.

Ah! juste ciel!

LISETTE.

Elle est avec cette autre dame, qui est de si bonne humeur.

MONSIEUR BERNARD.

Qui?

LISETTE.

Et là, celle qui, en riant, vous cassa l'autre jour toutes ces porcelaines de Hollande, parce qu'elle disait qu'il n'en faut avoir que de fines.

THIBAUT.

Cela était bouffon!

MONSIEUR BERNARD.

Ne me voilà pas mal. Et comment Madame a-t-elle reçu ces gens-là?

LISETTE.

Oh! elle paraît bien fâchée contre eux.

MONSIEUR BERNARD.

Oui?

LISETTE.

Oui, car ils lui ont dit qu'ils ne seraient ici que huit jours.

MONSIEUR BERNARD.

Comment, huit jours? Oh! ventrebleu! je leur ferai si mauvaise mine, qu'ils n'y seront pas si longtemps. Ne dis-tu pas qu'ils sont dans le jardin?

LISETTE.

Oui, Monsieur, dans la grande allée. Je vais leur dire que vous allez venir.

MONSIEUR BERNARD.

Huit jours, morbleu! huit jours! Quatre personnes, six chevaux, et un tas de valets! Mais, ventrebleu! faudra-t-il que j'aie des pensionnaires comme ceux-là? Qu'est-ce que c'est que ce gros coquin-ci encore?

SCÈNE VI

MONSIEUR BERNARD, THIBAUT, UN SOLDAT.

LE SOLDAT.

C'est de la part de Monsieur votre neveu, Monsieur.

MONSIEUR BERNARD.

Eh bien! va, je lui donne le bonjour, mon enfant.

LE SOLDAT.

Il viendra demain dîner avec vous, Monsieur.

MONSIEUR BERNARD.

Je ne dîne point demain, j'ai des affaires.

LE SOLDAT.

Voilà un faisan et quelques perdreaux qu'il vous envoie.

MONSIEUR BERNARD.

Ah! ah! mon neveu sait mieux vivre que les autres, encore. Prends ce gibier, toi, et qu'on le mette fraîchement.

LE SOLDAT.

Il amènera deux ou trois de nos capitaines avec lui.

MONSIEUR BERNARD.

Comment! diable! deux ou trois capitaines? Écoute, écoute, je t'avais bien dit d'abord que j'aurais demain des affaires : tiens, reprends ton gibier, mon ami; et dis à mon neveu...

LE SOLDAT.

Oh! ça ne fait rien, ils ne laisseront pas de venir. Ils s'ennuyent comme tout à ce camp, et votre maison leur vient bien à point. Allez, ils vous tiendront bonne compagnie.

MONSIEUR BERNARD.

Ah! j'enrage! Comment, morbleu, il m'envoie un faisan et quatre perdreaux, et il m'amène cinq ou six bouches à nourrir!

SCÈNE VII

MONSIEUR BERNARD, MONSIEUR GRIFFARD.

MONSIEUR GRIFFARD.

Monsieur, je ne sais pas ce que cela veut dire; mais si vous n'y mettez ordre, on viendra au premier jour tuer vos poules, jusques dans votre basse-cour.

MONSIEUR BERNARD.

Comment donc! que veux-tu dire?

MONSIEUR GRIFFARD.

On a chassé toute la journée dans votre petit bois, et ils sont venus tirer jusques dans votre clos. Est-ce que vous n'avez pas entendu?

MONSIEUR BERNARD.

Non, vraiment; et d'où vient qu'on ne leur a point ôté leur fusil? Pourquoi ne leur pas mettre du plomb dans la cervelle?

MONSIEUR GRIFFARD.

Bon! bon! Ils sont trois ou quatre grands escogriffes de ce camp, et Monsieur votre neveu est avec eux.

MONSIEUR BERNARD.

Mon neveu, dis-tu?

MONSIEUR GRIFFARD.

Oui, Monsieur.

MONSIEUR BERNARD.

Ah! le traître. Il m'envoie du gibier qui ne lui coûte guère.

SCÈNE VII.

MONSIEUR GRIFFARD.

Vraiment, il a bon moyen de vous en envoyer ; et leurs valets en sont si chargés, qu'ils ne sauraient marcher.

MONSIEUR BERNARD.

Mais, ne suis-je pas bien misérable de me voir ainsi piller de tous les côtés, et d'avoir une carogne de femme qui veut encore que je fasse bonne mine, malgré que j'en aie ! Mon pauvre Monsieur Griffard...

MONSIEUR GRIFFARD.

Monsieur?

MONSIEUR BERNARD.

Il faut que tu m'aides à remédier à tout ceci, mon enfant.

MONSIEUR GRIFFARD.

Volontiers, Monsieur, et le cœur me saigne de voir manger votre bien par mille gens, qui croient encore vous faire trop d'honneur.

MONSIEUR BERNARD.

Cela est horrible ! mais n'y a-t-il point quelque bon moyen, pour faire finir tout cela ?

MONSIEUR GRIFFARD.

Je ne viendrais jamais ici, si j'étais en votre place.

MONSIEUR BERNARD.

Oui ; mais ma femme y serait toute seule, et ce serait bien pis encore, elle mettrait tout par écuelles.

MONSIEUR GRIFFARD.

C'est bien dit. Que ne vous défaites-vous de cette chienne de maison, aussi?

MONSIEUR BERNARD.

Je ne trouve point à la vendre, elle est trop décriée, et j'ai fait une grande sottise de l'acheter.

MONSIEUR GRIFFARD.

D'accord. Attendez. Faites-moi ôter tous les meubles, et n'en laissez dans le logis que ce qu'il faut pour vous nécessairement.

MONSIEUR BERNARD.

Eh! ne l'ai-je pas déjà voulu faire? mais cela n'a servi de rien.

MONSIEUR GRIFFARD.

On ne resterait point à coucher chez vous, et les gens qui viendraient vous voir, n'y viendraient qu'en passant du moins.

MONSIEUR BERNARD.

Point du tout. Ma coquine les fait rester, et tout le monde couche dans ma grange comme par divertissement. J'en suis pour ma paille et mon blé; et quand je m'en fâche, elle me dit que je suis un brutal, et que je ne sais pas vivre.

MONSIEUR GRIFFARD.

Oh bien! Monsieur, je n'y sais donc qu'un remède.

MONSIEUR BERNARD.

Et quel est-il? Parle.

MONSIEUR GRIFFARD.

Je mettrais le feu à la maison; je crois que vous gagneriez encore. Mais, qui est ce Monsieur-là?

MONSIEUR BERNARD.

Je ne le connais point.

SCÈNE VIII

MONSIEUR BERNARD, LE MARQUIS, MONSIEUR GRIFFARD.

LE MARQUIS, *parlant gascon*.

Mon cher Monsieur, votre très humble serviteur.

MONSIEUR BERNARD.

Monsieur, je vous donne le bonjour.

LE MARQUIS.

Vous me méconnaissez, à ce que je puis voir?

MONSIEUR BERNARD.

Oui, Monsieur, à ce qu'il me semble.

SCENE VIII

LE MARQUIS.

Il y a pourtant longtemps que j'ai dessein de boire avec vous.

MONSIEUR BERNARD.

Ce n'est pas une conséquence, et...

LE MARQUIS.

J'ai laissé les dames avec ce gros coquin d'abbé; elles vont jouer au lansquenet, en attendant le repas. Pour moi, qui ne suis point joueur, je me range auprès du maître du logis; et je vous jure que, sans l'envie que j'avais de le connaître, je n'aurais pas fait ce petit voyage.

MONSIEUR BERNARD, *à part*.

Eh! qui diable t'a prié de le faire?

LE MARQUIS.

Savez-vous que c'est un bijou que votre petite maison? hem!

MONSIEUR BERNARD.

C'est un bijou dont je voudrais bien retirer mon argent!

LE MARQUIS.

Plaît-il? hem! n'est-ce pas un charme dans la vie qu'un petit endroit comme celui-ci, pour recevoir ses amis? Vous ne manquez point de bonne compagnie, sans doute?

MONSIEUR BERNARD.

Oui, Monsieur; mais j'aime fort mon petit particulier, pour moi.

LE MARQUIS.

Il faut de bon vin, surtout : et sans le bon vin et la bonne chère, par ma foi, je dis fi de la campagne!

MONSIEUR BERNARD.

Oh bien! mon vin ne vaut rien du tout, et la chère que l'on fait ici ne devrait point attirer tant de gens.

LE MARQUIS.

Eh! allons, allons, vous êtes un compère qui avez l'air de vous traiter, et nous savons que votre épouse est d'un goût délicat sur tout.

SCÈNE IX

THIBAUT, MONSIEUR BERNARD, LE MARQUIS, MONSIEUR GRIFFARD.

THIBAUT.

Monsieur ?

MONSIEUR BERNARD.

Qu'est-ce ?

THIBAUT.

C'est Monsieur le baron de Messy, qui a perdu son oisel avec des grelots. Il dit qu'il est parché sur un des arbres du jardin ; ne voulez-vous pas qu'on li rende ?

LE MARQUIS.

Le baron de Messy ?

SCÈNE X

MONSIEUR BERNARD, LE MARQUIS, LE BARON, THIBAUT, MONSIEUR GRIFFARD.

LE BARON.

Je vous demande pardon, Monsieur, et j'ai à me reprocher que ce soit une occasion comme celle-ci, qui me fait vous rendre mes premiers devoirs.

MONSIEUR BERNARD.

Vous vous moquez de moi, Monsieur ; et pour être voisins, il n'est pas dit qu'on doive être toujours les uns chez les autres.

THIBAUT.

Je m'en vas avec vos garçons ravaindre votre oisel, ne vous boutez pas en peine.

LE BARON.

Comment vous trouvez-vous du séjour de la campagne ?

SCÈNE X.

MONSIEUR BERNARD.

Fort mal, je vous jure, et j'en suis déjà si las...

LE MARQUIS.

Eh! vraiment, justement, c'est le baron, c'est lui-même!

LE BARON.

Eh! c'est vous, mon pauvre marquis? Nous ne nous sommes point vus depuis l'Académie, je crois?

LE MARQUIS.

Sandis, mon cher, voilà une des plus heureuses rencontres que j'aie eues de ma vie!

MONSIEUR GRIFFARD, *bas à Monsieur Bernard.*

Ces deux Messieurs sont fort bons amis?

MONSIEUR BERNARD, *à Monsieur Griffard.*

Oui, je vois fort bien qu'ils se connaissent; mais je n'en connais pas un, moi.

LE MARQUIS.

Monsieur, je vous le livre : un des plus honnêtes hommes de la province. Je te félicite, baron, d'avoir un voisin comme Monsieur.

LE BARON.

C'est pour moi un avantage dont je prétends bien profiter.

MONSIEUR BERNARD.

Monsieur?

LE MARQUIS.

Cadedis! vous serez amis, et je veux former les nœuds de cette amitié, moi.

LE BARON.

C'est une grâce que je te demande.

LE MARQUIS.

Mordi! je te l'accorde, et sans remise. Nous sommes ici bonne compagnie : renvoie ton équipage, et passe quelques jours avec nous.

MONSIEUR BERNARD, *bas à Monsieur Griffard.*

Eh bien! ne voilà-t-il pas comme ils font les honneurs de chez moi?

LE MARQUIS.

Hem! Je ne barguine point, comme vous voyez, et je suis sûr que vous me saurez gré de me saisir ainsi de l'occasion; la dame du logis ne me querellera pas non plus, je crois. Baron, te faudra-t-il beaucoup prier pour te faire demeurer à la cour de cette princesse?

MONSIEUR BERNARD.

Si cet homme-là connaît toute la noblesse du pays, il me fera des amis, malgré que j'en aie, de tout le monde.

LE MARQUIS.

Madame, voilà un gentilhomme que je vous présente.

SCÈNE XI

MONSIEUR ET MADAME BERNARD, LE MARQUIS, LE BARON, MONSIEUR GRIFFARD.

LE BARON.

Je suis bien heureux, Madame, d'être voisin d'une si belle personne; et le peu de bien que j'ai dans ce pays-ci me sera désormais plus précieux que les plus belles terres du monde.

MADAME BERNARD.

Monsieur, je suis votre très humble servante.

LE MARQUIS.

Ce baron n'est point fat, au moins. Je le débauche, Madame, et je le fais rester ici.

MADAME BERNARD.

Vous ne sauriez faire plus de plaisir à Monsieur et à moi.

MONSIEUR BERNARD, *bas à Madame Bernard.*

Vous en avez menti, carogne, et vous savez bien le contraire!

LE BARON.

J'ai bien du regret, Madame, de ne pouvoir pas profiter de l'honneur que vous me faites; mais j'ai chez moi quelques dames de mes parentes, que je ne puis pas quitter honnêtement.

LE MARQUIS.

Bon ! tu te moques. Il a chez lui des dames, et nous avons des dames ici. Joignons toutes nos dames ensemble. Çà, baron, sans façon, envoyons chercher les tiennes. Plus on est de fous, plus on rit.

MONSIEUR BERNARD, *bas.*

Voilà un expédient admirable. J'enrage !

LE BARON.

Il faut donc que je les aille prendre moi-même.

MONSIEUR BERNARD.

Fort bien.

LE BARON.

Vous le voulez absolument, au moins ?

MONSIEUR BERNARD.

Point du tout ; et si cela vous gêne, je vous assure que, de mon côté...

SCÈNE XII

MONSIEUR ET MADAME BERNARD, LE MARQUIS, LE BARON, THIBAUT, MONSIEUR GRIFFARD.

THIBAUT.

Monsieur, votre oisel est retrouvé, nan lui a rebouté sa calotte.

LE BARON.

Je ne vous dis point adieu, et nous ne vous ferons point attendre.

LE MARQUIS.

Dépêche, au moins, je ne puis me passer de toi.

SCÈNE XIII

MONSIEUR ET MADAME BERNARD, LE MARQUIS.

MONSIEUR BERNARD, *bas à Madame Bernard.*

Morbleu ! Madame, vous êtes cause que je ne suis pas le maître chez moi.

MADAME BERNARD.

Ne deviendrez-vous jamais raisonnable ?

LE MARQUIS.

Il est bon homme, le baron. Un peu trop façonnier d'abord, cela n'est point du goût du siècle. Vivent, vivent morbleu les gens de chez nous, pour être francs et généreux ! Depuis que je suis à Paris, j'ai réformé moi seul la moitié de la cour.

MADAME BERNARD.

Vous êtes de l'humeur du monde la plus agréable.

LE MARQUIS.

Toujours un pied en l'air... Et donc, ces belles ; qu'en avez-vous fait ?

MADAME BERNARD.

Elles sont encore au jeu, et Marianne joue pour moi.

LE MARQUIS.

Vous avez quelques affaires ensemble, Madame : au moins, point de dépense superflue, nous avons plus d'un jour à vivre ensemble.

MADAME BERNARD.

Que vous êtes badin !

MONSIEUR BERNARD.

Le pauvre enfant !

LE MARQUIS.

Non, sans façon. La pièce de boucherie, cela suffit. Vous avez la basse-cour, le gibier ne vous manque pas ; il ne vous faut point d'autre extraordinaire. Adieu.

MONSIEUR BERNARD.

Si j'étais bien le maître, tu n'aurais pas seulement du pain des valets !

SCÈNE XIV

MONSIEUR ET MADAME BERNARD.

MADAME BERNARD.

Vous serez toujours de la même humeur, et désormais, il n'y aura plus moyen de vivre avec vous.

SCÈNE XIV.

MONSIEUR BERNARD.

Non, morbleu ! il n'y aura plus moyen de vivre avec moi, car je n'aurai bientôt plus de quoi vivre. Je voudrais déjà que cela fût, pour ne plus voir tout ceci.

MADAME BERNARD.

Mais vous prêchez toujours misère.

MONSIEUR BERNARD.

C'est que vous m'y plongez, dans la misère.

MADAME BERNARD.

En vérité, Monsieur, cela est horrible ! et il semble que je ne sois devenue votre femme que pour être déshonorée dans le monde par vos manières.

MONSIEUR BERNARD.

Eh ! ventrebleu, Madame ! je suis ruiné par les vôtres, moi.

MADAME BERNARD.

Si vous saviez toutes les impertinences que vous faites dire de vous !

MONSIEUR BERNARD.

Si vous vous corrigiez de toutes celles que vous faites !

MADAME BERNARD.

Il n'y a pas jusqu'à vos paysans qui se plaignent que vous ne voulez pas qu'ils raccommodent les chemins du village, pour rendre votre maison plus difficile à aborder.

MONSIEUR BERNARD.

Oui, morbleu ! et je voudrais que les trous et les ornières fissent casser le cou à tous ceux qui viennent ici.

MADAME BERNARD.

Voilà de beaux souhaits, vraiment : Mais, finissons. Ne venez-vous pas joindre la compagnie ?

MONSIEUR BERNARD.

Non, Madame, et la compagnie ne me plait pas.

SCÈNE XV

MONSIEUR ET MADAME BERNARD, LISETTE.

LISETTE.

Voilà Madame la comtesse de Préfanné, qui s'en allait en Bourgogne ; elle vient de verser à cent pas d'ici.

MADAME BERNARD.

La pauvre femme ! N'est-elle point blessée ?

LISETTE.

Non, Madame, mais son carrosse est bien rompu.

MONSIEUR BERNARD.

Eh bien ! Qu'on le raccommode.

LISETTE.

On dit qu'il faudra deux ou trois jours pour le mettre en état de marcher.

MADAME BERNARD.

Je suis à demi consolée de cet accident, puisqu'il est arrivé près d'ici. Nous profiterons de sa mauvaise aventure.

MONSIEUR BERNARD.

Quoi ! vous allez...

MADAME BERNARD.

Peut-on se dispenser d'offrir sa maison à une femme de qualité ?

MONSIEUR BERNARD.

Si l'on peut s'en dispenser !

MADAME BERNARD.

Voilà ce que font vos trous et vos ornières.

MONSIEUR BERNARD.

Vous êtes bien aise d'avoir cela à me dire, morbleu !

SCÈNE XVI

MONSIEUR ET MADAME BERNARD, LE COUSIN, LA COUSINE.

LE COUSIN.

Bonjour, ma cousine.

MADAME BERNARD.

Ah! ah! bonjour, Chonchon, bonjour. Tenez, voilà votre cousin que vous allez faire bien aise. *(Elle rentre.)*

LE COUSIN.

Oh! je m'en doute bien. Bonjour mon cousin.

MONSIEUR BERNARD.

Bonjour... courage !

LE COUSIN.

Voilà ma sœur que j'ai amenée dans une carriole.

LA COUSINE.

Bonjour, mon cousin.

LE COUSIN.

Nous avons pensé mourir tous deux, et nous venons achever d'être malades chez vous.

MONSIEUR BERNARD.

Comment donc ?

LE COUSIN.

Nous venons un peu prendre l'air, pendant quinze jours ou trois semaines, pour nous remettre un peu.

MONSIEUR BERNARD.

L'air de ce pays-là ne vaut rien.

LA COUSINE.

Mon père dit qu'il est admirable.

LE COUSIN.

Je vous aurais bien amené mon autre sœur, avec mon petit frère, mais la carriole était trop petite, et ils ne viendront qu'après demain avec ma mère.

MONSIEUR BERNARD.

Oui? *(bas.)* Mangrebleu de la chienne de parenté!

LE COUSIN.

Allons, ma sœur, allons faire mettre nos hardes dans une chambre, et puis nous irons voir ma petite cousine.

LA COUSINE.

Mais, mon frère, il faudrait prier mon cousin qu'on nous fît faire un petit potage...

LE COUSIN.

Ah oui! A propos, mon cousin, ma mère vous prie bien fort que nous ayons tous les jours de petits potages.

MONSIEUR BERNARD.

Morbleu! ceci passe la raillerie.

LA COUSINE.

Et, quelquefois, de petits poulets rôtis, mon frère, le médecin l'a dit.

LE COUSIN.

Non pas s'il vous plaît, ma sœur, de petites perdrix, de petites perdrix; et le médecin dit que cela nous rétablira beaucoup mieux: n'est-ce pas, mon cousin?

SCÈNE XVII

MONSIEUR BERNARD, *seul*.

Ouais? Je ne sais pas ce que cela signifie, mais il semble qu'on ait le dessein de me faire pièce: de petits potages, de petits poulets, de petites perdrix! Ce grand Nicodème de cousin m'a plus mis en colère que tout le reste, et, cependant, je n'ai jamais eu la force de le lui dire; mais c'en est trop. Allons! morbleu! une bonne résolution. Je m'en vais être homme, à la barbe de ma femme. Il faut que je commence par faire quelque incartade aux gens qui sont déjà ici, il en arrivera ce qu'il pourra.

SCÈNE XVIII

MONSIEUR BERNARD, THIBAUT.

THIBAUT.

Oh! palsanguoi, Monsieur, vous ne querellez plus tant. Il viant de vous venir, morgué, une bonne aubaine, v'la ce que c'est de ne pas toujours tenir la porte farmée.

MONSIEUR BERNARD.

Qu'y a-t-il?

THIBAUT.

Je veux dire que si vous avez ici bien du monde, vous avez morguenne aussi de quoi les nourrir.

MONSIEUR BERNARD.

Comment donc?

THIBAUT.

Un cerf qui est, morguoi, gros comme un âne, viant d'arriver dans votre cour tout essoufflé; quoique vous m'aviez défendu de laisser entrer parsonne, je n'ai pargué pas été si sot que de li farmer la porte au nez! Je l'ai bravement laissé passer, je li ai bravement ôté mon chapiau, et j'ai dit à part moi : Bon! v'la de la provision pour cheux nous, et notre maître ne sera plus si enragé.

MONSIEUR BERNARD.

Eh bien?

THIBAUT.

Eh bian! eh bian! le drôle s'est allé fourrer tout au fond de l'étable, darrière un tas de foin. Il croyait être bian caché là; mais, morgué, il n'avait pas affaire à un gniais. Je ne sis ni fou ni étourdi, voyez-vous : et crainte qu'il ne s'en retournît comme il était venu, avec un bon fusil, que j'ai été chercher dans la cuisine, je lui ai sanglé un bon chinfregniau par la face, et depis, il n'a pas grouillé. Eh bian! morgué, jurerez-vous contre moi d'avoir laissé entrer c'li-là?

MONSIEUR BERNARD.

Non vraiment, tu as bien fait, au contraire; et tu es un garçon de bon sens, pour le coup.

THIBAUT.

Ne vous boutez pas en peine. Il n'est pas tout seul : il y a je ne sais combien de chiens qui jappont dans le village après d'autres, je gage ; je m'en vas au bout de la petite ruelle, et tout autant qu'il en viendra, je les détornerai envars ici, et ils seront pris comme des sots. Jarnigué, que de pâtés j'allons avoir !

MONSIEUR BERNARD.

Le ciel n'est pas tout à fait injuste, et cela ne pouvait arriver plus à propos.

SCÈNE XIX

MONSIEUR BERNARD, NICOLE.

NICOLE.

Et qu'est-ce donc, Monsieur ? que voulez-vous faire de tous ces chiens-là ? Est-ce vous qui avez dit qu'on les amenât dans votre jardin ?

MONSIEUR BERNARD.

Moi ?

NICOLE.

Ils sont, je crois, plus de quarante qui accommodent bian votre parterre et vos choux. Comme ils labouront ! il ne leur faut point de pioche.

MONSIEUR BERNARD.

Ah ciel ! il ne me fallait plus que cela pour m'achever de peindre !

NICOLE.

Il en est entré trois ou quatre dans la cuisine, qui ont emporté la moitié de votre souper que j'allais mettre à la broche.

MONSIEUR BERNARD.

Comment donc, morbleu, jusqu'aux chiens, tout sera à bauche chez moi ?

NICOLE.

Voirement, ce ne sont pas les chiens qui font le plus de désordre. Ils sont trois ou quatre grands escogriffes, et autant de valets, qui ne demandent qu'où est-ce? Ce ne sont pas des hommes, ce sont des diables.

MONSIEUR BERNARD.

Ah! que la vie de la campagne est une abominable vie!

SCÈNE XX

MONSIEUR BERNARD, THIBAUT, NICOLE.

THIBAUT.

Oh palsanguoi! en voilà bian d'une autre; ils voulont ravoir leur cerf, à toute force : mais ils ne l'auront morgué pas!

MONSIEUR BERNARD.

Ah! double chien, tu m'as fait de belles affaires, avec ton cerf!

THIBAUT.

Ils ne l'auront morgué pas, vous dis-je! ils me turiont plutôt.

SCÈNE XXI

MONSIEUR BERNARD, THIBAUT, NICOLE, MONSIEUR GRIFFARD.

MONSIEUR GRIFFARD.

Monsieur, ces Messieurs vous demandent.

MONSIEUR BERNARD.

Quels Messieurs? Y a-t-il encore quelque chose de nouveau?

MONSIEUR GRIFFARD.

Non, Monsieur, ce sont ces chasseurs. Les voilà qui montent à la chambre de Madame.

MONSIEUR BERNARD.

Ils ne sont donc plus dans la cuisine?

MONSIEUR GRIFFARD.

Il n'y a plus que leurs gens.

MONSIEUR BERNARD.

Ma pauvre Nicole, va prendre garde à ces fripons-là.

THIBAUT.

Oh, ventregué! ne vous boutez pas en peine, je leur tiandrai bian tête moi tout seul.

MONSIEUR BERNARD.

Mon pauvre Monsieur Griffard, je ne sais plus où j'en suis.

MONSIEUR GRIFFARD.

Il faut mettre le feu à la maison.

MONSIEUR BERNARD.

Écoutez, il ne me faudrait point trop presser là-dessus.

MONSIEUR GRIFFARD.

Il faut le faire, vous dis-je.

MONSIEUR BERNARD.

M'ont-ils bien fait du dégât?

MONSIEUR GRIFFARD.

Bon! bon! vous ne savez pas tout. Chiens, chevaux, maîtres et valets, tout restera ici jusqu'à demain matin, pour être au bois de meilleure heure. Je leur ai ouï faire le complot.

MONSIEUR BERNARD.

Ah! ah! je suis mort, et voilà de quoi abimer tout le village. Quoi! ventrebleu, des gens que je ne connais point...

MONSIEUR GRIFFARD.

Ils vous connaissent bien, eux.

MONSIEUR BERNARD.

Ils me connaissent; comment le sais-tu?

MONSIEUR GRIFFARD.

Cela vous fâchera, si je vous le dis.

MONSIEUR BERNARD.

Et quelque chose me peut-il fâcher plus que je le suis?

MONSIEUR GRIFFARD.

Ils disent que c'est pain béni de venir ronger un homme de robe à la campagne, et qu'à Paris, c'est vous qui rongez les autres.

SCÈNE XXII.

MONSIEUR BERNARD.

Les scélérats !

MONSIEUR GRIFFARD.

Et je suis le plus trompé du monde, s'ils n'ont dessein de vous faire quelque pièce. J'ai entendu, par ci par là, de certaines choses...

MONSIEUR BERNARD.

Oui? Oh! parbleu c'est moi qui leur en vais faire une! Viens-t-en avec moi seulement.

MONSIEUR GRIFFARD.

Comment?

MONSIEUR BERNARD.

Cela part de là, vois-tu.

MONSIEUR GRIFFARD.

Qu'est-ce que c'est?

MONSIEUR BERNARD.

Viens-t-en avec moi, te dis-je. Pour cela, l'esprit est une belle chose! Ah! si je m'en étais avisé plus tôt, je me serais épargné bien des chagrins.

SCÈNE XXII

MONSIEUR BERNARD, LISETTE, MONSIEUR GRIFFARD.

LISETTE.

Monsieur, Madame vous prie bien fort de venir, et elle ne peut pas fournir toute seule à la conversation de tant de monde.

MONSIEUR BERNARD.

La double masque ! il lui sied bien, de me vouloir plaisanter encore ; mais, ventrebleu, rira bien qui rira le dernier !

LISETTE.

Allez-vous venir, Monsieur ?

MONSIEUR BERNARD.

Je m'en vais... Je m'en vais lui servir un plat de ma façon. Tu n'as qu'à lui dire.

LISETTE, *seule*.

Par ma foi, il n'a pas trop tort d'être fâché, et je lui trouve assez belle patience.

SCÈNE XXIII

MARIANNE, LISETTE.

LISETTE.

Quoi ! vous quittez ainsi votre belle-mère !

MARIANNE.

La tête me fend, Lisette, je ne puis plus résister à tant de fracas. En vérité, mon père a bien raison de n'aimer point la campagne ; et outre la dépense qu'il est obligé d'y faire, on n'y vit point assez tranquille.

LISETTE.

C'est à quoi je rêvais tout à l'heure. Mais, songez-vous à écrire un mot à Eraste ?

MARIANNE.

Tu sais bien que je n'ai pu le faire depuis qu'il est sorti d'ici.

LISETTE.

Songez donc à le faire à présent. C'est un petit étourdi, qui fera quelque coup de sa tête, s'il n'a point de vos nouvelles ; vous savez qu'il vous l'a promis, il est homme à vous tenir parole, et dans le chagrin où est votre père, il ne ferait pas bon l'irriter encore par cet endroit-là.

MARIANNE.

Et comment fera-t-on pour lui rendre ma lettre ?

LISETTE.

Voyez ! le village est-il si grand, et aurai-je tant de peine à le trouver ?

MARIANNE.

Tu la lui porteras donc toi-même ?

LISETTE.

Oui, je la lui porterai.

MARIANNE.

Je vais l'écrire.

SCÈNE XXIV

MARIANNE, LE COUSIN, LISETTE.

LE COUSIN.

Et où allez-vous comme ça, ma cousine ? Venez-ça, venez-ça, j'ai quelque chose à vous dire, qui vous fera bien rire.

LISETTE.

Laissez-la aller, elle n'a pas le temps.

LE COUSIN.

Oh ! si fait ! si fait !

MARIANNE.

Dépêchez-vous donc, mon cousin.

LE COUSIN.

J'ai trouvé, en arrivant ici, un petit jeune Monsieu, que j'ai vu quelquefois avec vous.

MARIANNE.

Paix ! mon cousin.

LISETTE.

Mort de ma vie, ne parlez pas de cela !

LE COUSIN.

Oh ! je me doute bien qu'il n'en faut rien dire devant le monde ; et je vous ai fait signe, je ne sais combien de fois là-haut, que j'avais à vous parler en cachette.

MARIANNE.

Je ne m'en étais point aperçue.

LE COUSIN.

Je suis secret, voyez-vous. Demandez, demandez à mes sœurs, j'ai toujours su leurs petites affaires, et si je n'en ai jamais rien dit, ni à mon père, ni à ma mère...

MARIANNE.

Oh ! mon cousin Chonchon est un bon enfant.

LISETTE.

Eh bien ! vous a-t-il reconnu, ce Monsieur ?

LE COUSIN.

S'il m'a reconnu ! il m'a tant fait de caresses, il m'a tant embrassé... Allez ! ce garçon-là m'aime bien, ma cousine.

MARIANNE.

Oh ! je le crois, mon cousin. Mais ne vous a-t-il rien dit ?

LE COUSIN.

Il m'a demandé où j'allais. Je lui ai dit que je venais ici. Il m'a dit que j'étais un petit fripon, qui me divertissais bien, et que j'avais toute la mine de ne vouloir pas que mon cousin me vît seulement. Il prenait ma sœur pour quelque maîtresse, que je menais promener en *catimini*.

MARIANNE.

Eh bien, mon cousin ?

LE COUSIN.

Eh bien ! ma cousine, il a voulu parier dix pistoles, que je n'y venais pas, et j'ai parié que j'y venais, moi. L'honneur de ma sœur y était engagé, voyez-vous.

LISETTE.

Assurément.

LE COUSIN.

Je lui ai dit qu'il n'avait qu'à me faire suivre, mais il n'a pas voulu ; et, pour plus de sûreté, il m'a dit qu'il allait m'attendre à cette petite porte du jardin, qui donne dans les champs, et que si je ressortais par là, il verrait bien que je serais entré dans la maison.

MARIANNE.

Eh bien, mon cousin ?

LE COUSIN.

Eh bien ! j'ai été ouvrir la porte. il est entré, et il m'a payé les dix pistoles.

LISETTE.

Cela est bien honnête.

LE COUSIN.

Oui, mais il a voulu avoir sa revanche.

LISETTE.

Et comment, sa revanche ?

LE COUSIN.

Il a gagé que je ne vous viendrais pas dire qu'il est là; j'ai gagné, comme vous voyez, et il faut que vous veniez lui dire, ma cousine, s'il vous plaît.

MARIANNE.

Moi! que j'aille parler à un homme?

LISETTE.

Et que diantre! personne ne vous verra là; et puis, voulez-vous faire perdre dix pistoles à votre cousin Chonchon?

MARIANNE.

Allons-y donc, Lisette; au moins, ce n'est que pour faire gagner la revanche de la gageure.

LE COUSIN.

S'il veut gager encore quelque chose, je lui donnerai son tout. Allez! Ne me ferez-vous pas gagner, ma cousine?

SCÈNE XXV

THIBAUT, LISETTE.

THIBAUT.

Oh! par ma foi, le tour est drôle! ils ne s'attendent morguenne pas à ça!

LISETTE.

Quel autre incident est-ce encore, ici?

THIBAUT.

Jarni, qu'il est bon là!

LISETTE.

A qui en as-tu?

THIBAUT.

Je ne sommes pu cheux nous, mon enfant, je sommes au cabaret.

LISETTE.

Au cabaret! que veux-tu dire?

THIBAUT.

Oui, morgué, au cabaret. Tiens, notre maître et Monsieur Griffard venont de plaquer une vieille épée toute rouillée au-dessus de la porte, avec un bouchon de lierre, et ils ont griffonné au-dessous, avec un gros charbon : *A l'Epée royale*.

LISETTE.

En voici bien d'une autre.

THIBAUT.

Dame, c'est ici l'Epée royale : bon logis, à pied et à cheval. La maison est morgué bien achalandée, toujours.

LISETTE.

Courons avertir Marianne de l'extravagance de son père.

THIBAUT.

Vous varrez qu'il n'y viandra pu tant de monde.

SCÈNE XXVI

MONSIEUR BERNARD, THIBAUT, MONSIEUR GRIFFARD.

MONSIEUR GRIFFARD.

Cette invention est admirable !

MONSIEUR BERNARD.

Nous allons voir des gens bien penauds.

THIBAUT.

Le diable m'emporte, si vous n'avez pas plus d'esprit que ly !

MONSIEUR BERNARD.

Tu peux, à présent, laisser entrer tout le monde.

THIBAUT.

Moi ! j'appellerai les passants, si vous voulez, et je gage que vous allez couper la gorge à tous les autres cabaretiers. Ils ne gagneront pas de l'eau. V'la Monsieur votre fils, qui ne se doute pas de la manigance.

SCÈNE XXVII

MONSIEUR BERNARD, DORANTE, THIBAUT, MONSIEUR GRIFFARD.

MONSIEUR BERNARD.
Qu'est-ce, Dorante, vous voilà bien seul aujourd'hui ? Vous avez pourtant coutume de ne pas revenir sans compagnie.

DORANTE.
J'ai pris un peu les devants, mon père, pour vous prier instamment de faire un accueil favorable à celle que je vous amène aujourd'hui.

MONSIEUR BERNARD.
Pourquoi non, vous êtes le maître, on vous fait honneur, et à moi aussi. Vous êtes-vous bien diverti ? D'où venez-vous ?

DORANTE.
Le mieux du monde, et j'ai trouvé une occasion tout à fait avantageuse pour nous procurer des amis dans la province.

MONSIEUR BERNARD.
J'en suis ravi, je vous assure : il est bon de connaître d'honnêtes gens.

DORANTE.
C'est un accommodement qu'on veut faire entre deux gentilshommes, qui, depuis vingt-cinq ou trente ans, sont à couteaux tirés pour une dispute qu'eurent autrefois leurs grands-pères.

MONSIEUR BERNARD.
Voilà une querelle bien ancienne, et cela est glorieux à accommoder.

DORANTE.
Ces affaires-là font toujours honneur aux personnes chez qui elles se terminent.

MONSIEUR BERNARD.
Assurément.

DORANTE.

J'appréhendais, mon père, que cela ne vous fît point autant de plaisir que cela me paraît vous en faire.

MONSIEUR BERNARD.

Pourquoi cela ?

DORANTE.

Je sais que vous n'aimez point la dépense.

MONSIEUR BERNARD.

Oh ! je suis bien changé, depuis que vous ne m'avez vu ? Sont-ils beaucoup ?

DORANTE.

Huit ou dix de chaque côté.

MONSIEUR BERNARD.

Ce n'est guère.

DORANTE.

Les uns vont arriver, et les autres seront ici demain matin.

MONSIEUR BERNARD.

Oh ! ça ! ça ! je vais me préparer pour les recevoir.

DORANTE.

Ah ! mon père, que je vous ai d'obligation.

MONSIEUR BERNARD.

Ce sont gens de bonne chère et de plaisir, n'est-ce pas ?

DORANTE.

Oui, mon père, les plus honnêtes gens du monde.

MONSIEUR BERNARD.

Tant mieux ! Je suis à vous dans un moment, ne vous ennuyez pas.

SCÈNE XXVIII

DORANTE, THIBAUT.

THIBAUT, à part.

Il leur va jouer quelque tour de maître Gonin. Tudieu ! v'la un fûté manœuvre. Il ne faut faire semblant de rien.

SCENE XXIX.

DORANTE.

Cela est admirable ! Comme mon père est changé d'humeur depuis trois jours ! Thibaut, ne trouves-tu pas cela tout extraordinaire ?

THIBAUT.

Oui, morgué, cela est tout à fait bouffon !

DORANTE.

Ne sais-tu point d'où vient un si prompt changement ?

THIBAUT, *en riant.*

C'est que...

DORANTE.

A qui en a donc ce maroufle ?

THIBAUT, *riant.*

Monsieur, c'est que... morgué, c'est un drôle de corps que votre père !

DORANTE.

Écoute, si tu me fais prendre un bâton...

THIBAUT.

Ne vous fâchez donc point, v'la vos hobereaux qui arrivont.

SCÈNE XXIX

DORANTE, TROIS HOBEREAUX, THIBAUT.

DORANTE.

Soyez les bienvenus, Messieurs. Qu'on mette les chevaux de ces Messieurs à l'écurie.

PREMIER HOBEREAU.

Savez-vous que vous êtes bien logé ?

DORANTE.

La maison est assez agréable.

DEUXIÈME HOBEREAU.

Et le fief est bien noble, qui plus est.

DORANTE.

Oui, la terre est fort belle.

DEUXIÈME HOBEREAU.

Eh! à qui le dites-vous? Cette maison-ci devrait être à moi ; et c'est feu mon grand-père qui l'avait vendue au père de celui qui l'a vendue à Monsieur votre père.

DORANTE.

Je crois bien. Ça, Messieurs, ne parlons point aujourd'hui d'affaires, et ne songeons ce soir qu'à nous divertir. Où sont donc ces autres Messieurs?

TROISIÈME HOBEREAU.

Ils n'arriveront d'une bonne heure ; et comme leurs juments sont pleines, ils n'ont jamais voulu les galoper.

DORANTE.

Ne voulez-vous point vous débotter ?

PREMIER HOBEREAU.

Non, s'il vous plaît, ma botte me tient la jambe fraîche.

DORANTE.

Est-ce que vous êtes botté à cru ?

PREMIER HOBEREAU.

Savez-vous bien qu'en été il n'y a rien de meilleur ?

DEUXIÈME HOBEREAU.

Moi, je trouve qu'il n'y a rien de si commode que de ne se botter qu'avec des guêtres.

DORANTE.

Vous avez raison. Mais mon père, quel équipage est-ce là ?

SCÈNE XXX

MONSIEUR BERNARD, DORANTE, LES TROIS HOBEREAUX, MONSIEUR GRIFFARD.

MONSIEUR BERNARD.

C'est un déshabillé pour la cuisine.

DORANTE.

Comment, mon père...

SCÈNE XXX.

MONSIEUR BERNARD.

Sont-ce là ces Messieurs ?

DORANTE.

Oui, mon père.

MONSIEUR BERNARD.

Ça, vitement, dépêchons-nous, une chambre pour ces Messieurs. Voulez-vous descendre dans la cuisine, pour voir ce que vous mangerez?

PREMIER HOBEREAU.

Vous vous moquez de nous, Monsieur, et votre ordinaire nous suffit.

MONSIEUR BERNARD.

A table d'hôte? je vous entends, tant par tête. Combien êtes-vous, s'il vous plaît?

DORANTE.

Mon père, que dites-vous là? que faites-vous? quel est votre dessein?

MONSIEUR BERNARD.

Paix ! mon fils! vous êtes une bête.

DEUXIÈME HOBEREAU.

Dans quelle chienne de maison nous a-t-on amenés ?

MONSIEUR BERNARD.

C'est l'Épée royale, à votre service.

DORANTE.

Mon père !

MONSIEUR BERNARD.

Il y a de bon vin, mais je le fais bien payer.

TROISIÈME HOBEREAU.

C'est une pièce qu'on nous fait.

DORANTE.

Ah! je crève.

MONSIEUR BERNARD.

Vous pouvez voir ailleurs, Messieurs, on vous accommodera peut-être mieux ; mais pour moi, je suis cher, je vous l'avoue.

DORANTE.

Je suis dans le dernier désespoir.

DEUXIÈME HOBEREAU.

La raillerie est un peu forte.

DORANTE.

Messieurs, ne prenez point, je vous en conjure, pour...

DEUXIÈME HOBEREAU.

Mon petit gentilhomme cabaretier, je ne vous dis pas adieu.

DORANTE.

Mon cher Monsieur de la Garannière.

DEUXIÈME HOBEREAU.

Qu'on bride mon cheval!

MONSIEUR GRIFFARD.

En voilà déjà un de parti.

DORANTE.

Monsieur de Trofignac, empêchez, de grâce...

TROISIÈME HOBEREAU.

Touchez-là!

DORANTE.

Mon cher ami!

TROISIÈME HOBEREAU.

Je vous assommerai avant qu'il soit peu.

DORANTE.

Ils sont en droit de me dire cent fois pis encore.

PREMIER HOBEREAU.

Monsieur de l'Épée royale, vous aurez, au premier jour, les étrivières de ma façon.

DORANTE.

Ah! je n'ai plus de mesures à garder, me voilà déshonoré pour toute ma vie, et je ne dois songer qu'à mourir.

MONSIEUR BERNARD.

Monsieur mon fils, cela vous apprendra à vivre.

DORANTE.

Moi, votre fils! A vos manières, je ne reconnais point mon père, et je vais publier moi-même l'indignité d'un tel procédé.

MONSIEUR BERNARD.

Les voilà pourtant partis, et l'Épée royale fait ces merveilles.

SCÈNE XXXI

MONSIEUR BERNARD, MONSIEUR GRIFFARD.

MONSIEUR GRIFFARD.

Il n'y avait point d'autre remède, pour vous défaire de tous ces gens-là.

MONSIEUR BERNARD.

Je voudrais bien savoir ce que dira Madame ma femme de tout ceci.

MONSIEUR GRIFFARD.

Oh ! vous le saurez, elle vous le dira à vous-même ; elle ne se contraint pas avec vous.

MONSIEUR BERNARD.

Oui, mais je serais ravi d'entendre ce qu'ils disent entre eux de l'invention que j'ai trouvée.

MONSIEUR GRIFFARD.

Cela n'est pas bien difficile. Mais voici quelqu'un.

SCÈNE XXXII

LISETTE, LA FLÈCHE, MONSIEUR BERNARD, MONSIEUR GRIFFARD.

LISETTE.

Quoi ! ce grand Monsieur qui nous a trouvées dans le jardin ?

LA FLÈCHE.

Oui, te dis-je, c'est l'oncle de mon maître, qui est capitaine des chasses de tout ce pays-ci. Il aime son neveu à la folie.

MONSIEUR BERNARD.

Comment diable, voilà le valet d'Éraste ! est-ce qu'Éraste serait chez moi ?

LA FLÈCHE.

Oh ! par ma foi, voilà Monsieur Bernard !

MONSIEUR BERNARD.

Que fais-tu ici, coquin ?

LA FLÈCHE.

Rien, Monsieur : je demandais une chambre à cette fille, pour mon maître.

MONSIEUR BERNARD.

Une chambre pour ton maître ?

LISETTE.

Oui, Monsieur Éraste est là-haut avec Madame et Mademoiselle votre fille.

MONSIEUR BERNARD.

Éraste est avec ma fille !

LA FLÈCHE.

Oui, Monsieur ; mais, je voudrais bien savoir où il couchera, pour y mettre nos hardes.

MONSIEUR BERNARD.

Comment, coquin !

LA FLÈCHE.

Savez-vous bien que vous tenez le plus beau cabaret de toute la route ?

MONSIEUR BERNARD.

Attends ! attends ! je m'en vais t'apprendre.

LA FLÈCHE.

Faites-moi toujours tirer chopine, je vous prie.

SCÈNE XXXIII

MONSIEUR ET MADAME BERNARD, LA FLÈCHE.

MADAME BERNARD.

Eh ! bon Dieu, Monsieur ! qu'est-ce que tout ceci ? Ne rougissez-vous point de vouloir faire un cabaret de votre logis, et trouvez-vous que l'équipage où vous êtes, convienne fort à un homme de votre caractère ?

MONSIEUR BERNARD.

Pourquoi non, Madame ? ne vaut-il pas autant vendre mon vin à la campagne, que de le faire vendre à pot dans Paris, comme la plupart de mes confrères ?

MADAME BERNARD.

Eh fi, Monsieur !

MONSIEUR BERNARD.

Je me moque de cela, et je ne veux point être ruiné.

MADAME BERNARD.

Oh bien ! Monsieur, vous êtes plus prêt de l'être que vous ne vous l'imaginez. Je n'entends point du tout les affaires ; mais, il y a là-haut des gens en disposition de vous en faire une très mauvaise.

MONSIEUR BERNARD.

Comment donc, Madame, une mauvaise affaire ?

SCÈNE XXXIV

MONSIEUR ET MADAME BERNARD, ÉRASTE, LA FLÈCHE, MONSIEUR GRIFFARD.

ÉRASTE.

Non, Monsieur, n'appréhendez rien.

MONSIEUR BERNARD.

Ah ! ah ! Monsieur, que venez-vous faire chez moi ? Ne vous ai-je pas fait dire...

ÉRASTE.

Écoutez-moi, s'il vous plaît, et vous ne vous plaindrez pas que je sois chez vous, assurément. La sottise qu'a faite un de vos valets, de tuer un cerf qui s'était sauvé chez vous, et qu'on a trouvé caché dans votre écurie, suffirait pour renverser une fortune encore mieux établie que la vôtre ; et je ne sais même si mon oncle ne risquera pas la sienne en ne poussant pas la chose. Cependant, Monsieur, si vous voulez bien que j'aie l'honneur d'être votre gendre, il n'en sera jamais parlé.

MONSIEUR BERNARD.

Non, Monsieur, et je ne donnerai ma fille qu'à un homme qui achètera ma maison ; car je m'en veux défaire.

ÉRASTE.

Qu'à cela ne tienne, Monsieur, je vous rendrai tout ce qu'elle vous a coûté, et vous y serez toujours le maître.

MONSIEUR BERNARD.

Non, s'il vous plaît, et vous commencerez, dès aujourd'hui même, à en faire les honneurs et la dépense.

ÉRASTE.

De tout mon cœur.

MONSIEUR BERNARD.

Eh bien ! je vous donne donc ma fille pour être défait de ma maison.

ÉRASTE.

Allons rejoindre la compagnie, je voudrais bien qu'elle fût plus nombreuse.

MADAME BERNARD.

Mais, le pauvre Dorante a sur les bras une fort mauvaise affaire.

ÉRASTE.

Nous accommoderons tout, Madame, et ces Messieurs qu'il avait amenés ne refuseront pas d'être des noces.

LA FLÈCHE.

Mon maître n'est pas mal dans ses affaires, avec une jolie femme et une maison de bouteille, il aura plus d'amis qu'il ne voudra.

Fin de la Maison de Campagne.

LES
TROIS COUSINES

COMÉDIE EN TROIS ACTES
AVEC PROLOGUE

REPRÉSENTÉE, POUR LA PREMIÈRE FOIS, LE 18 OCTOBRE 1700

PERSONNAGES DU PROLOGUE:

BELINDE.
MENONE.
LE BARON.
LE CHEVALIER.
L'OUVREUSE DE LOGES.
LE PETIT TERRÉ.
M. TOUVENELLE, musicien.

PERSONNAGES DE LA COMÉDIE:

LE BAILLI.
LA MEUNIÈRE.
LOUISON,
MAROTTE, } filles de la Meunière.
DE LORME, père de Colette et beau-frère de la Meunière.
COLETTE, nièce de la Meunière.
M. DE LÉPINE,
M. GIFLOT, } amants de Louison et de Marotte.
BLAISE, amoureux de Colette.
MATHURINE, paysanne.

Plusieurs Meuniers et Meunières, Bohémiens et Bohémiennes, Pèlerins et Pèlerines.

La scène est à Créteil.

LES TROIS COUSINES

COMÉDIE EN TROIS ACTES
AVEC PROLOGUE

REPRÉSENTÉE, POUR LA PREMIÈRE FOIS, LE 18 OCTOBRE 1700

PERSONNAGES DU PROLOGUE :

BÉLINDE.
MÉNONE.
LE BARON.
LE CHEVALIER.
L'OUVREUSE DE LOGES.
LE PETIT TERRE.
M. TOUVENELLE, musicien.

PERSONNAGES DE LA COMÉDIE :

LE BAILLI.
LA MEUNIÈRE.
LOUISON, } filles de la Meunière.
MAROTTE, }
DE LORME, père de Colette et beau-frère de la Meunière.
COLETTE, nièce de la Meunière.
M. DE LÉPINE, } amants de Louison et de Marotte.
M. GIFLOT, }
BLAISE, amoureux de Colette.
MATHURINE, paysanne.

Plusieurs Meuniers et Meunières, Bohémiens et Bohémiennes,
Pèlerins et Pèlerines.

La scène est à Créteil.

PROLOGUE

SCÈNE PREMIÈRE

BELINDE, MENONE.

BELINDE.

Eh bien ! commencera-t-elle bientôt, cette ennuyeuse, cette plate comédie ? La détestable chose !... Aurons-nous des places ?

MENONE.

La concierge des loges s'est engagée de nous en garder, ma favorite.

BELINDE.

Oui, ma toute bonne ; mais cette concierge des loges est une impertinente quelquefois, une ridicule, qui place le monde sans symétrie, et qui vous met inconsidérément dans le même balcon, de certaines personnes, d'un certain rang, d'un certain mérite, avec d'autres certaines personnes d'un certain dérangement, d'un certain caractère...

MENONE.

Oui, très certainement ; il est très constant que cela est très désagréable, après ce qui m'arriva l'autre jour...

BELINDE.

Ce n'est rien, en comparaison de mon aventure ; je vais vous la dire.

MENONE.

Écoute la mienne.

BELINDE.

Non, ma toute bonne, je t'en prie.

MENONE.

Laisse-moi te conter, ma favorite.

BELINDE.

Tu sais en quels termes j'en suis avec ce benêt de baron de Fonsecq, qui a une rage de m'épouser aussi violente qu'est celle de ses parents pour empêcher ce mariage.

MENONE.

Eh bien, ma chère?

BELINDE.

Eh bien! ma mignonne, il était sur le théâtre; je me mis vis-à-vis de lui dans une loge; j'y croyais demeurer seule avec une vieille présidente de petite ville, qui est la vertu même : point du tout, cette impertinente concierge de loges nous amena, devine qui?

MENONE.

Quelque femme du monde ? quelque coquette ?

BELINDE.

Une des plus coquettes qu'il y ait au monde : Madame de Saint-Blaise.

MENONE.

Madame de Saint-Blaise! Ne la connais-tu pas ? Je la croyais si fort de tes amies...

BELINDE.

Oui, je la connais en particulier, elle est de mes amies dans la chambre; mais, en public, je lui baise les mains; et je ne prétends point afficher ces amitiés-là dans les loges de la comédie. Comment! le baron de Fonsecq en a boudé plus de trois semaines, et j'ai eu toutes les peines du monde à le ramener! il m'est très important de ménager cet imbécile-là, c'est un homme qui me fait beaucoup de bien.

MENONE.

Tu as raison ; mais qui est cette Madame de Saint-Blaise? Je ne croyais pas sa réputation si fort...

BELINDE.

C'est une fort bonne femme ; la fille d'un grainetier ; on l'appelle Madame la marquise ; elle fait la jeune, et elle passe pour veuve d'un capitaine de vaisseau, qui fut tué au bombardement de

Gênes. La vérité est que son mari est encore au monde ; il a une petite commission du côté du Canada, et comme c'est l'autre monde que ce pays-là, en attendant qu'il en revienne, elle a épousé en secondes noces un vieux garçon de robe, avec qui elle n'est pourtant pas tout à fait mariée ; mais elle le trompe comme un vrai mari, et c'est ce qui la décrie un peu dans le monde.

MENONE.

Ce décri-là n'est pas sans fondement ; et la jeune personne avec qui l'on me plaça dernièrement, est d'un caractère à peu près semblable.

BELINDE.

Tu la connais donc ?

MENONE.

Une Mademoiselle de Guettemine, jolie fille, bien faite, aimable, d'un air modeste, et qui n'a contre elle qu'un entêtement ridicule, dont sa tante et sa mère lui ont gâté l'imagination.

BELINDE.

Et qu'est-ce que c'est que cet entêtement ?

MENONE.

D'épouser des étrangers. Qui est-elle...

BELINDE.

Comment, d'épouser des étrangers ? Voilà une plaisante folie !

MENONE.

Avec cela, elle est d'une régularité, d'une conduite merveilleuse ; elle n'écoute personne que sur le pied de mariage.

BELINDE.

Mais, vraiment, ma favorite, il n'y a point de dérèglement là-dedans.

MENONE.

Oui, mais elle en épouse autant qu'il en vient ; à mesure qu'ils s'en vont, elle compte qu'ils meurent. Elle se croit presque aussi souvent veuve qu'il retourne d'étrangers dans leurs pays ; ils lui font tous de fort gros présents, et elle pense, de bonne foi, que c'est le moyen de s'enrichir à force de douaires ; mais au bout du compte, cette bonne foi-là lui fait un peu de tort dans le monde.

SCÈNE III.

BELINDE.

Oui, vraiment, et il est important pour des femmes raisonnables comme nous, ma favorite, de ne pas figurer, en public, avec ces sortes d'extravagantes-là.

MENONE.

Pour éviter cet inconvénient, plaçons-nous de bonne heure, et choisissons notre monde.

BELINDE.

Oui, tu as raison ; aussi bien je m'ennuie si fort dans ces foyers. On n'y voit point de jeunesse polie, point de petit seigneur qui ait la conversation enjouée ni les manières galantes. Oh! pour moi, une de mes grandes passions, c'est d'aller un de ces jours au parterre.

MENONE.

Ouvreuse de loges ! Holà ! oh ! ma bonne !

SCÈNE II

BELINDE, MENONE, L'OUVREUSE DE LOGES.

L'OUVREUSE DE LOGES.

Madame ?

BELINDE.

Ouvre-nous une loge, mon enfant, place-nous bien. Avec qui nous mettras-tu ? Prends bien garde.

L'OUVREUSE DE LOGES.

Oh ! ça, ça, venez, ne vous mettez pas en peine.

SCÈNE III

BELINDE, MENONE, L'OUVREUSE DE LOGES, LE PETIT TERRÉ.

LE PETIT TERRÉ.

Madame Babiche ?

L'OUVREUSE DE LOGES.

Qu'est-ce qu'il y a?

LE PETIT TERRÉ.

Mademoiselle Guettemine et Madame de Saint-Blaise sont ensemble, voilà une pièce de trente sols qu'elles vous envoient, afin que vous ne mettiez point ces Madames-là avec elles.

L'OUVREUSE DE LOGES.

Vraiment, camon? v'la bien des façons : c'est bien à elles de faire comme ça les difficiles.

LE PETIT TERRÉ.

Elles disent qu'elles sortiront plutôt; que cela ferait dire des sottises d'elles.

BELINDE.

Allons donc! ma bonne, à quoi t'amuses-tu; dépêche.

L'OUVREUSE DE LOGES.

Dépêche! dépêche! dépêchez vous-même! il y a une heure que je vous attends. Je vous gardais deux places, et ce petit garçon dit qu'on vient de les prendre. Je n'en ai point d'autres !

MENONE.

Tu n'en as point d'autres ?

L'OUVREUSE DE LOGES.

Non, à moins que vous ne vouliez être avec cette Madame de Saint-Blaise, que vous connaissez, là.

BELINDE.

Avec cette créature-là, moi ?

L'OUVREUSE DE LOGES.

Oui, elle est avec une certaine Mademoiselle Guettemine.

MENONE.

Voilà un bel assemblage ! Elles se sont donné le mot. Non ! Oh ! nous ne nous mettrons point avec ces dames-là.

L'OUVREUSE DE LOGES.

Ce n'est pas ce qu'il vous faut, vous avez raison; si vous voulez pourtant...

LE PETIT TERRÉ.

Eh non! Madame Babiche, vous n'entendez pas : c'est pour que vous ne mettiez point ces dames-ci avec elles, que ces autres Madames que vous dites, vous envoient la pièce de trente sols que je vous ai donnée.

BELINDE.

Comment? quoi? que dit-il?

L'OUVREUSE DE LOGES.

Rien, rien, c'est un petit étourdi, qui n'a pas le sens commun. Laissez-moi faire : je trouverai quelqu'endroit à vous mettre, où vous serez bien et avec honneur.

MENONE.

J'aime mieux cette ouvreuse de loges-là qu'une autre ; elle est prudente, et connaît son monde.

SCÈNE IV

LE BARON, BELINDE, MENONE.

LE BARON.

Oh! ça! ça! nous allons avoir beau jeu. J'arrive assez tôt, Dieu merci, la pièce n'est pas encore commencée.

BELINDE.

Comment, c'est vous, Monsieur le baron de Fonsecq? l'heureuse rencontre !

LE BARON.

Ah! ah! Mesdames, quelle rage vous tient de revenir voir encore cette mauvaise pièce ?

MENONE.

On ne sait où aller; ils ont la malice de ne la jouer que les jours où il n'y a point opéra ; mais vous avez la même rage, à ce qu'il me semble ?

LE BARON.

Je n'ai pas celle de la voir, c'est celle de la décrier qui me possède, et l'on n'a jamais été si fâché que je le suis, de voir une mauvaise rapsodie de bagatelles, toutes plus plates les unes que les autres, usurper le nom de comédie, et mettre tout Paris en mouvement.

MENONE.

Il a raison, tout le monde en parle mal, et tout le monde y vient.

BELINDE.

Cela est honteux, cela crie vengeance, il faut être bien désœuvré pour venir ici. Je rougis qu'on m'y retrouve, et j'ai quasi envie de m'en retourner.

MENONE.

Nous n'avons point de place, c'est une bonne raison pour n'y pas demeurer.

BELINDE.

Allons-nous-en, ma favorite, allons.

LE BARON.

Comment, vous vous en allez, parce que je suis ici? Vous attendiez quelque autre personne avec qui vous ne voulez pas que je vous voie apparemment, et ma présence vous embarrasse?

BELINDE.

Pour vous ôter cette pensée, nous demeurerons, Monsieur, vous n'avez qu'à dire.

LE BARON.

Oui, je vous en prie, vous me ferez plaisir, et je serai bien aise que vous voyez de quelle manière je me vais roidir contre le mauvais goût du public. Je le tirerai d'erreur, sur ma parole, et l'auteur aujourd'hui n'aura pas beau jeu.

MENONE.

Il est à plaindre que vous vous déchaîniez ainsi contre lui.

LE BARON.

Je ne me déchaîne point; mais je suis un homme de lettres, connu pour tel, je veux me distinguer, et éviter, autant qu'il m'est possible, de décider comme fait tout le peuple, et de donner dans des sentiments qui me paraissent généralement reçus.

SCÈNE IV.

BELINDE.

Il a raison. Il y a de certaines choses, dont tout le monde rit, qui me révoltent, moi. Demandez-moi pourquoi? je n'en sais rien ; mais, au bout du compte, elles font rire tout le monde, cela est trop commun, cela me déplaît.

LE BARON.

Mais il y a ici des choses outrées, et qui font souffrir ma pudeur, à moi : une femme qui paraît double, par exemple. Vous qui avez du monde et de l'esprit, dites-moi un peu, Madame, qu'est-ce que c'est qu'une femme double, je vous prie ?

MENONE.

C'est un homme ivre, qui croit la voir telle.

LE BARON.

Et qui ne se trompe pas peut-être ; quelle idée !

BELINDE.

Ah ! pour l'idée, elle est naturelle, et je vous l'ai ouï dire à vous-même...

LE BARON.

Oui, d'accord, elle est naturelle, et vous m'avez ouï dire que mon père et ma mère avaient souvent des querelles comme cela ; mais ce sont des affaires de famille, des choses qui se passent dans un ménage, et qu'il ne faut point mettre sur un théâtre.

MENONE.

Je suis de son avis, cela n'est point plaisant pour des enfants, dont les père et mère ont souvent querellé pour de pareilles aventures.

LE BARON.

Cela attaque mille gens, qui n'oseraient se déclarer, voyez-vous ; il n'y a que moi assez entreprenant pour prendre part, je suis un honnête homme, un homme franc : je me déclare.

BELINDE, *à part.*

Voilà un sot homme ; mais j'en ai besoin.

SCÈNE V

LE BARON, LE CHEVALIER, BELINDE, MENONE, L'OUVREUSE DE LOGES

L'OUVREUSE DE LOGES.

Allons, Mesdames, voulez-vous venir ? j'ai ménagé deux places dans un second balcon ; mais dépêchez-vous.

LE CHEVALIER, *ivre*.

Non, ne vous dépêchez point, Mesdames ; je viens de les prendre moi, ces deux places qu'elle a ménagées.

MENONE.

Comment, Monsieur le Chevalier ?

LE CHEVALIER.

Ah ! votre valet, Madame. Bonjour, Monsieur de Fonsecq, comment vous en va ?

LE BARON.

Tu as pris les places que l'on gardait pour ces dames ?

LE CHEVALIER.

Oui, mon ami : j'en suis fâché ; je leur demande pardon ; je sais que ce sont des dames d'une qualité, d'une vertu, d'une distinction, d'une régularité... Oh ! mais, au bout du compte, entre dames et dames, je ne vois pas, moi, d'autre différence, si ce n'est que les Dames de ma connaissance doivent avoir la préférence, oh !

BELINDE.

Mais, Monsieur le Chevalier...

LE CHEVALIER.

Cela sera comme cela, Madame, avec votre permission. Croyez-moi, demeurons ici dans le foyer, nos petits discours vaudront mordi mieux que toute la Comédie !

LE BARON.

Il n'a pas tort ; le Chevalier n'est pas ennuyeux, Mesdames...

SCÈNE V.

MENONE.

Il est ivre, au moins, Monsieur le Baron? il sent le vin.

LE CHEVALIER.

Cela est vrai, j'en ai bu; quel nez de femme!

LE BARON.

Et où t'es-tu accommodé comme cela?

LE CHEVALIER.

Où? chez l'auteur de cette mauvaise pièce. C'est un bon vivant qui aime la joie, la bonne chère, le bon vin de Champagne; il nous a régalés... mais, tout compté, tout rabattu, sa comédie ne vaut pas le diable.

LE BARON.

N'est-il pas vrai?

LE CHEVALIER.

Cela est pitoyable, abominable; mais je n'en dis point de mal, parce qu'il est de mes amis; j'ai beaucoup d'égard pour les gens qui me font bonne chère, moi, c'est ma grande folie.

BELINDE.

Vous le voyez souvent, Monsieur le Chevalier?

LE CHEVALIER.

Si je le vois, Madame? je travaille avec lui! quand il a quelque ivrogne à mettre, c'est ordinairement moi qui sers de modèle. Oh! ce garçon-là copie bien d'après nature. Il a besoin, dans une pièce qu'il fait, d'un caractère de nigaud, de fat, d'imbécile; je veux lui donner ta connaissance, baron, cela lui fera plaisir sur ma parole! il a peine à trouver de nouveaux caractères.

MENONE.

Eh! le moyen qu'il n'en ait pas? c'est un homme qui ne lit jamais, à ce qu'on dit.

LE CHEVALIER.

Oh! pour cela ce n'est pas sa faute: il n'a pas le temps; nous sommes toujours à table, et puis, pour les bagatelles qu'il fait, dit-il, il n'a besoin que du livre du monde: il y sait lire, il le connaît, il pille là-dedans comme tous les diables.

LE BARON.

Qu'il fasse donc voir quelque chose de nouveau, et qu'il ne tourne pas autour de lui-même, comme sur un pivot : toujours des procureurs, des bourgeoises ridicules, des nigauds, des paysans, des meuniers, des meunières. Cet homme-là est né pour le moulin, il ne le peut quitter.

LE CHEVALIER.

Oh! parbleu! Monsieur de Fonsecq, je vous y prends; vous êtes un rude joueur : c'est vous qui avez fait le quatrain qui court contre lui.

LE BARON.

Moi? point du tout.

LE CHEVALIER.

Oh! si fait, si fait, vous êtes modeste, ne vous en défendez pas. Ce quatrain-là n'est pas trop mauvais; il ferait déshonneur à tout autre; mais il est joli pour vous, je vous en réponds.

MENONE.

Eh! dites-nous ce quatrain, Monsieur le Chevalier.

LE CHEVALIER.

Le voici, Madame : je l'ai dans ma poche, car, dans ma mémoire, je ferais scrupule de l'y mettre :

> Le public est fou, Dieu me damne,
> De trouver à l'auteur un esprit drôle et fin...

Un esprit drôle et fin! Cela est bien écrit, au moins, Mesdames?

BELINDE.

Très délicatement ; il n'y a rien de plus joli.

LE CHEVALIER.

N'est-il pas vrai? Écoutez la suite :

> Le public est fou, Dieu me damne,
> De trouver à l'auteur un esprit drôle et fin ;
> Ce n'est qu'un ignorant : je le garantis âne,
> Puisqu'il est toujours au moulin.

Que dites-vous de la chute, elle est piquante, n'est-ce pas?

BELINDE.

Ah! toute charmante, toute amoureuse! *Je le garantis âne!* la jolie tournure de phrase! ma favorite, la jolie tournure de phrase!

SCÈNE V.

MENONE.

Elle est vive, je vous l'avoue. Et que dit le pauvre auteur de ce quatrain-là ? Il est bien fâché ?

LE CHEVALIER.

Lui ? Point du tout, il s'en moque, il s'en divertit...

BELINDE.

Il s'en divertit ?

LE CHEVALIER.

Eh ! parbleu ! oui, tout le monde rit des sottises qu'il fait, il rit aussi des sottises que font les autres. C'est un garçon fort judicieux, oh !

LE BARON.

Ce quatrain n'est pas de moi ; mais je le trouve bon, du dernier bien, et aussi excellemment bon que la comédie est parfaitement mauvaise.

LE CHEVALIER.

Elle ne vaut pas le diable, te dis-je ! je pense comme toi ; mais je suis jaloux de mes sentiments, et comme l'auteur est de mes amis, si tu continues à penser comme moi, tu auras affaire à moi, je t'en avertis.

LE BARON.

Oh dame !

MENONE.

Vous êtes un ardent ami, Monsieur le Chevalier.

LE CHEVALIER.

Oui, j'aime chaudement, Madame : c'est ma manière ; et quand je suis chaud de vin surtout. L'auteur m'a fait boire aujourd'hui de la Tocane... c'est un bon vivant... grâce pour sa pièce ; mais je ne connais point le musicien, je vous abandonne la musique.

LE BARON.

C'est ce que j'y trouve de plus supportable, moi.

LE CHEVALIER.

C'est ce qu'il y a de plus mauvais ; vous êtes un ignorant. Je me connais en musique, moi, comme en vin de Champagne. Je veux vous chanter un petit air qu'on m'apprit hier au soir, Mesdames, vous verrez ce que c'est que de la bonne musique.

BELINDE.

Volontiers. Je m'y connais un peu, sans vanité, et j'ai sur moi un air italien, que je vous chanterais aussi, si je n'étais pas si fort enrhumée.

MENONE.

Il faut prier le musicien de la comédie de vous le chanter. Le voici le plus à propos du monde : approchez, Monsieur Touvenelle. C'est un fort habile homme, au moins, et qui chante presque tout à livre ouvert : il a été mon maître.

SCÈNE VI

LE BARON, LE CHEVALIER, BELINDE, MENONE, MONSIEUR TOUVENELLE.

MONSIEUR TOUVENELLE.

Cela est vrai, Madame, et vous me redevez encore cinq louis d'or ; j'ai été je ne sais combien de fois chez vous...

MENONE.

Écoutons la chanson de Monsieur le Chevalier, Monsieur Touvenelle ; vous nous en direz votre sentiment.

LE CHEVALIER *chante*.

Plusieurs regardent le bon vin
Comme un remède souverain
Pour guérir la mélancolie ;
Pour moi, je cours au plus certain,
Et je trouve que l'eau-de-vie
Étourdit bien mieux mon chagrin.

Eh bien ! comment la trouvez-vous ?

MENONE.

Fort agréable, et fort bien traitée.

LE CHEVALIER.

Je l'ai un peu chantée à la rencontre ; mais il n'importe, on se prête à cela. Voyons un peu votre italien ? j'aime les airs italiens, c'est ma folie !

SCÈNE VI.

BELINDE.

Le voilà, Monsieur le Musicien, chantez-le avec attention, je vous prie ; nous allons vous écouter de même.

LE CHEVALIER.

Oui, tendrement, là, beaucoup de chromatique.

MONSIEUR TOUVENELLE *chante*.

Vendetta ! Cupido ! vendetta sû, sû !
Deh ! scocca strali
Ai colpi mortali,
Punisci,
Ferisci,
Quel impio traditor
Amante infido : si si no tardar piû ;
Ma guarda, ô Dio.
Di non tocar gl' il cor,
Che quello è mio.
Vendetta ! etc.

LE CHEVALIER.

Voilà de belle et bonne musique, et le musicien qui a fait cela n'est pas un sot.

LE BARON.

Nenni ! vraiment, cela fredonne bien.

LE CHEVALIER.

Écoutez-moi, après cela, votre musique de la comédie ? Quelle différence !

MONSIEUR TOUVENELLE.

Elle est du même auteur, Monsieur.

BELINDE.

Comment ! du même...

MONSIEUR TOUVENELLE.

Oui, Madame, l'air qu'a chanté Monsieur le Chevalier, et votre air italien sont de Monsieur Gilliers, qui a fait les airs de la comédie...

LE CHEVALIER.

Oh ! en ce cas-là, la musique est bonne ; je ne l'abandonne plus. Allons, morbleu ! Monsieur de Fonsecq, la musique adoucit les bêtes les plus féroces, laissez-vous adoucir, et allons tous quatre nous mettre dans quelque fond de loge, où vous écouterez la comédie, et où je dormirai, moi, sur ma parole !

Fin du Prologue.

ACTE PREMIER

SCÈNE PREMIÈRE

LA MEUNIÈRE, LE BAILLI.

LA MEUNIÈRE.

Oh çà! Monsieur le Bailli, vous êtes bon homme, honnête homme, vous avez bon esprit, bonne conscience, tout bailli que vous êtes. Feu mon mari, pendant son vivant, était de vos amis, vous buviez quelquefois ensemble; il vous souvient de ce qu'il vous recommandit en mourant, le pauvre défunt? vous lui promites tant que vous auriais soin de sa famille...

LE BAILLI.

Je lui tiendrai parole, et vous me trouverez toujours prêt, Madame la Meunière, à vous rendre tous les services qu'on peut attendre d'un véritable ami.

LA MEUNIÈRE.

Je vous sis bian obligée, Monsieur le Bailli, je n'ai besoin que d'un bon conseil, comme je vous ai déjà dit.

LE BAILLI.

C'est ce qu'on donne le plus libéralement.

LA MEUNIÈRE.

Vous avez raison : ça ne coûte rian! Allons, dites-donc, que feriais-vous si vous étiez en ma place?

LE BAILLI.

Mais, qu'avez-vous envie de faire?

LA MEUNIÈRE.

Tout ce que vous me direz.

LE BAILLI.

Je n'aimerais pas à vous conseiller contre votre volonté.

LA MEUNIÈRE.

Mais, voirement, vous moquez-vous? je n'ai point de volonté. Je sis une pauvre veuve qui charche à vivre tout doucement, et qui ne veut rian faire sans la participation des honnêtes parsonnes qui avont la bonté d'entrer un peu dans les petites raisons qu'on peut avoir... Il y a deux ans que je sis veuve, Monsieur le Bailli...

LE BAILLI.

Comment, deux ans? y a-t-il tant que cela!

LA MEUNIÈRE.

Oui, tout autant ; vela le treizième mois, et pour ce qui est d'en cas de ces choses-là, drès que la deuxième année est une fois commencée, on la compte finie. Oh! j'ai bian eu du regret au pauvre défunt!

LE BAILLI.

Oui, je le vois bien, le temps vous dure.

LA MEUNIÈRE.

Eh! le moyen qu'il ne durit pas! j'ai bian de la charge au moins : deux filles qui devenont grandes, une nièce qui l'est iton, un moulin bian achalandé, biancoup de tracas, il est bian mal aisé de prendre garde à ça toute seule.

LE BAILLI.

Vos filles ni votre nièce n'ont pas besoin qu'on veille sur leur conduite ; elles sont bien sages, bien élevées, et c'est ce qui me faisait le plus estimer le défunt, que le soin qu'il a pris de leur éducation.

LA MEUNIÈRE.

Le pauvre homme, Monsieu le Bailli! quand j'y songe, s'il n'était pas mort, voyez-vous, je ne serais pas dans l'embarras où je sis.

LE BAILLI.

Non, sans doute; mais il est facile de vous en tirer. Votre nièce et vos filles sont grandes, vous êtes riche, il faut leur trouver à chacune un bon parti, qui vous en défasse.

LA MEUNIÈRE.

A chacune un, ce serait trois ; et vela bian des nôces. Ne trouveriais-vous pas plus à propos de n'en faire qu'une ?

LE BAILLI.

Oui-dà, on peut les marier le même jour ; cela vous épargnera de la dépense.

LA MEUNIÈRE.

Je ne nous entendons pas, Monsieur le Bailli ; vous me donnez des conseils pour elles, et c'est pour moi que je vous en demande.

LE BAILLI.

Comment ?

LA MEUNIÈRE.

C'est moi qui sis d'avis de me marier ; je crois que ça vaudra mieux.

LE BAILLI.

Oui ; mais pour vous soulager des soins que vous donnent ces filles et cette nièce...

LA MEUNIÈRE.

Eh ! fi donc ; les maris que je leur baillerais n'auriont soin que d'elles ; et c'ti que je prendrai aura soin d'elles et de moi : ce sera faire d'une piarre deux coups, ça est bian plus commode !

LE BAILLI.

D'accord ; mais, Madame la Meunière...

LA MEUNIÈRE.

Tenez, Monsieu le Bailli, ma résolution est prise ; je n'en démordrai point ; je veux me remarier, vous avez biau dire.

LE BAILLI.

Vous avez raison ; je vous conseille de le faire.

LA MEUNIÈRE.

Et si, je ne veux pas que mes filles ni ma nièce en murmuriont la moindre chose.

LE BAILLI.

Vous ferez fort bien de les en empêcher.

LA MEUNIÈRE.

Je prétends qu'elles demeuriont filles tant qu'il me plaira.

LE BAILLI.

C'est fort bien prétendre.

LA MEUNIÈRE.

Et si elles s'avisiont tant seulement d'envisager un homme, je les dévisagerais, moi. Oh! je sis une femme d'honneur, Monsieu le Bailli, je n'entends point de raillerie.

LE BAILLI.

Cela est fort louable. Et quel est le mari que vous prenez, Madame la Meunière?

LA MEUNIÈRE.

Je ne sais pas bian encore; ils sont trois ou quatre : conseillez-moi itou un peu là-dessus, Monsieu le Bailli?

LE BAILLI.

Très volontiers, vous n'avez qu'à dire. Voyons?

LA MEUNIÈRE.

Il y a déjà le concierge du châtiau, premièrement.

LE BAILLI.

C'est un fort honnête homme.

LA MEUNIÈRE.

Et puis Monsieur Giflot, le neveu de notre curé, qu'on dit qui a de l'esprit; vous savez ce qui en est.

LE BAILLI.

Oui, vraiment, celui-là serait un fort bon parti.

LA MEUNIÈRE.

Il y a encore le valet de chambre de Monsieu le président, qui est un bon gros réjoui.

LE BAILLI.

Celui-là ne vous déplaît pas, je gage?

LA MEUNIÈRE.

Et puis Blaise, le garde-moulin, qui est un franc nigaud. Je n'ai qu'à choisir : lequel prendriais-vous, Monsieur le Bailli?

LE BAILLI.

Mais, écoutez, ce valet de chambre...

LA MEUNIÈRE.

Oh! c'ti-là a trop bonne protection, Monsieu le Bailli; il me ferait enrager, et je ne serais pas la maîtresse.

LE BAILLI.

C'est une bonne raison. Vous préféreriez Monsieur Giflot?

LA MEUNIÈRE.

Le ciel m'en préserve! Il a trop d'esprit. On n'a que faire d'esprit dans un moulin, le mian suffit pour ça, je n'en veux point d'autre.

LE BAILLI.

Je vois bien que le concierge...

LA MEUNIÈRE.

Fi! c'est un grand flandrin, un grand sec, maigre; il est quasi tout comme le défunt; il me serait avis que ce serait la même chose, et il vaudrait presqu'autant n'avoir pas été veuve, que de ne pas s'apercevoir du changement.

LE BAILLI.

Oui, cela est vrai; et ce sera le garde-moulin, selon toutes les apparences?

LA MEUNIÈRE.

Dame! acoutez, c'est un bon gros nigaud qui me reviant assez. Voilà ce qu'il faut en ménage; ça va droit en besogne; ça est déjà stylé à ma magnière, et je ferai tout ce que je voudrai de ce benais-là.

LE BAILLI.

Oui, mais épouser votre garde-moulin...

LA MEUNIÈRE.

Oh! je me sis butée à ça, Monsieu le Bailli, je n'en aurai point d'autre. Baillez-moi votre avis là-dessus, je vous en prie?

LE BAILLI.

Mon avis est que vous l'épousiez, et tout au plus vite. Vous ne sauriez jamais mieux faire.

LA MEUNIÈRE.

N'est-il pas vrai ? Que je sis bian aise que vous agréais ma résolution ; car, au bout du compte, j'ai de la confiance en vous, du respect, de la croyance ; et si vous m'aviais contredit, je n'en aurais toujours rian fait qu'à ma tête, et ça eut été desagriable. En vous remarciant, Monsieu le Bailli, je vous prie de la noce. Je sis votre servante.

LE BAILLI.

Jusqu'au revoir, Madame la Meunière.

SCÈNE II

LE BAILLI, *seul*.

Voici une commère qui va faire un mauvais marché avec son garde-moulin ; et quelque bon esprit qu'elle paraisse avoir, ce n'est assurément pas l'esprit qui la détermine Elle n'a nullement dessein de pourvoir ses filles, et les pauvres enfants sont en âge, et peut-être dans l'impatience d'être pourvues. Il faut avertir leur oncle de la sottise que médite sa belle-sœur. Le voici le plus à propos du monde.

SCÈNE III

DE LORME, LE BAILLI.

DE LORME.

Votre valet, Monsieu le Bailli ; comment vous en va ? je m'en allais cheux vous.

LE BAILLI.

Je suis bien aise que vous m'ayez rencontré. Me voulez-vous quelque chose ?

DE LORME.

Eh ! parguenne ! si je ne vous voulais rian, je ne vous charcherais pas.

LE BAILLI.

Eh bien ! qu'est-ce ? De quoi s'agit-il ?

DE LORME.

Il s'agit que défunt mon frère, le meunier d'ici, est trépassé, comme vous savez ; et que Madame sa femme est diablement vivante, à ce qu'il me paraît : cela ne vous paraît-il pas itou comme ça, Monsieu le Bailli ?

LE BAILLI.

Oui, vraiment : je voulais aussi vous parler de cela. C'est une bonne femme, fort entendue, mais...

DE LORME.

Ce n'est, morgué ! pas de sa bonté, ni de son entendement que je vous parle.

LE BAILLI.

Et de quoi donc, s'il vous plaît, Monsieur de Lorme ?

DE LORME.

Oh ! palsanguenne ! c'est de son allure ! et au train qu'alle va, j'ai peur qu'alle ne bronche ; je ne vas pas de fois au moulin que je ne trouve la nappe mise et du monde autour, de grandes cruchées de vin par ici, des jambons par ila, un gigot d'un côté, un cochon de lait de l'autre, des ménétriers dans un batiau, la musette et le hautbois sous l'orme ; il est avis que ce sont des noces parpétuelles, et si, parmi tout ça je ne vois ni curé ni tabellion ! Morgué ! cela me baille martel en tête ; car, voyez-vous, j'ai de l'honneur, et je sis pour l'âme du défunt presque aussi jaloux de ma belle-sœur, que je l'aye jamais été de ma femme Margot, pendant qu'alle était au monde ; et je ne l'étais pas mal, comme vous savez ?

LE BAILLI.

Vous ne l'étiez que trop, et vous aviez quelquefois des emportements...

DE LORME.

Oh ! pargué ! je ne l'ai rossée qu'une fois ; mais je la rossis bian, et dans le fond j'avais tort ; au moins, n'allez pas croire que j'avais raison !

ACTE I, SCENE III.

LE BAILLI.

Non! non! je ne suis point porté à croire le mal.

DE LORME.

Je ne sais, morgué! comment ça se fit. Je devais aller ce jour-là à tras lieues d'ici, pour une coupe de bois que j'y avais à vendre; je rencontris le marchand en sortant du village, il me ramenit au Grand-Cerf; j'y tombîmes d'accord; je bûmes le vin du marché, copieusement, pour ça; je ne nous quittîmes qu'à minuit. Je retournis chez moi, an ne m'y attendait pas; je trouvis ma femme dans le lit, et... voyez un peu queu peste de vision, Monsieu le Bailli, la carogne me paraissit double!

LE BAILLI.

Voilà une vilaine vision, Monsieur de Lorme.

DE LORME.

Je vous laisse à penser queu vacarme; j'étais pis qu'un enragé; mais, le lendemain, je me rapaisis, et je compris facilement que c'est que j'étais ivre, et que c'était ma faute. Enfin, bref, tantia, Margot me pardonnit ma barlue, an nous raccommodit. Et voyez, Monsieu le Bailli, queu bénédiction! Avant ça, je ne pouviesmes avoir d'enfants, et de ce raccommodement-là, il est venu cette petite fille, qui est votre fillole, et qui a, morgué! plus d'esprit qu'alle n'est grosse. Oh! je ne sais pas de qui alle tiant, je vous l'avoue.

LE BAILLI.

Vous aimez bien cet enfant-là, Monsieur de Lorme?

DE LORME.

Si je l'aime! c'est une petite mièvreté agriable; alle a de petites magnières sémillantes, une maleigneté drôle, alle fait pièce à qui alle peut, alle ne pense bian de personne, alle dit du mal de tout le monde, et si, tout le monde l'aime. Oh! c'est une jolie créature. La voici, je pense; je lui ai donné charge d'observer sa tante la meunière, alle viant m'en dire queuque nouvelle.

LE BAILLI.

Je vous en apprendrai de plus sûres que personne.

DE LORME.

Bon ! tant mieux ! Mais acoutons un tantinet ce que Colette aura à me dire.

SCÈNE IV

DE LORME, LE BAILLI, COLETTE.

DE LORME.

Eh bian ! mon enfant, tu vians du moulin : qu'est-ce qu'il y a de nouviau ? que fait ta tante ?

COLETTE.

La voilà qui vient d'arriver, et tout en arrivant, elle est d'abord allée trouver Blaise, le garde moulin, et elle s'est mise à babiller avec lui. Oh ! c'est une grande causeuse que cette femme-là. Bonjour, mon parrain...

LE BAILLI.

Bonjour ! Colette, bonjour !

DE LORME.

N'as-tu point écouté ce qu'alle disait ?

COLETTE.

Oh ! que si fait, vraiment ! mais comme elle est défiante, on ne la saurait écouter que de loin : on n'entend qu'une partie de ce qu'elle dit, il faut deviner le reste.

DE LORME.

Oh ! parguenne oui, t'es une plaisante devineuse, Monsieur le Bailli ?

LE BAILLI.

Je ne la crois pas fort habile, franchement.

COLETTE.

Hom ! je la suis assez pour deviner tout ce que vous disiez hier à notre voisine la belle cabaretière, qui était avec vous sur sa porte.

LE BAILLI.

Comment ! petite fille...

Colette contrefait par ses gestes ceux du Bailli et ceux de la voisine.

COLETTE.

Vous faisiez comme ça, mon parrain ; vous la regardiez avec de certains yeux ; vous lui preniez la main, et dans ce temps-là, c'est que vous lui disiez que vous étiez amoureux d'elle, et elle vous repoussait ; elle secouait comme ça la tête, c'est qu'elle répondait qu'elle n'en croyait rien. Et vous, tout aussitôt, de faire comme ça : vous lui juriez que ça était vrai, et j'entendis un peu le dernier mot : il y avait, je crois, qu'elle était adorable.

DE LORME.

Oh ! oh ! Monsieur le Bailli.

LE BAILLI.

Ah ! ah !

COLETTE.

Cela est bien vrai, je vous en réponds ; et la voisine faisait comme ça, et je suis sûre qu'elle disait : Paix ! taisez-vous, ne parlez pas si haut, mon mari est là-dedans.

LE BAILLI.

Voilà une rusée petite filliole, compère de Lorme ; si elle devine aussi juste en toutes choses, elle est plus habile que vous, sur ma parole !

DE LORME.

Tatigué ! queul esprit ! ça est marveilleux, n'est-ce pas ? Eh ! qu'est-ce que c'est que t'as deviné de ta tante ? Dis.

COLETTE.

Qu'elle aime Blaise de tout son cœur, et que Blaise ne se soucie guère d'elle.

LE BAILLI.

Le premier article est vrai, je le sais par elle-même : pour le second, il faut l'éclaircir. Qu'est-ce qui vous le fait soupçonner, voyons ?

COLETTE.

C'est ma tante qui le va toujours chercher, et puis, quand ils sont ensemble, il n'y a quasi qu'elle qui parle. Elle gesticule, elle devient rouge, et Blaise est comme ça. Il fait une espèce de moue, et quand il lâche deux ou trois paroles, c'est en levant le nez, ou en secouant les oreilles. Oh ! s'il est amoureux, lui, ce n'est pas de ma tante, je vous en réponds !

LE BAILLI.

Cela pourrait être, et j'ai à vous avertir que la grande folie de votre belle-sœur est de se remarier.

DE LORME.

La dévargondée.

LE BAILLI.

La filliole a fort bien deviné. C'est Blaise à qui elle en veut, et si, il y en a trois autres qui la recherchent.

DE LORME.

Comment trois, Monsieur le Bailli ? Est-il possible qu'il y ait tant de fous que ça dans le village ! Et qui sont ces nigauds-là, avec votre parmission ?

LE BAILLI.

Ce ne sont point des nigauds : la Meunière est riche. Le concierge du château, le valet de chambre de Monsieur le président, et le neveu du curé ont des vues pour elle.

COLETTE.

Oh ! que nenni, mon parrain ! je devine mieux que vous : ce n'est point pour ma tante qu'ils vont au moulin, c'est pour mes cousines.

LE BAILLI.

Pour vos cousines ? Qui vous a dit cela ?

COLETTE.

Bon ! qui me l'a dit ! Est-ce qu'on me dit quelque chose ? Ils se défient tous de moi, ils ne me disent rien ; mais je sais tout. Il n'y a pas jusqu'à Blaise, qui est amoureux de moi, et qui n'oserait me le dire, de peur que je ne me moque de lui.

DE LORME.

Il est amoureux de toi ! Comment sais-tu cela ?

COLETTE.

Voyez que cela est difficile à deviner ! Je ne l'aime pas, moi, au moins ; mais je ne laisse pas de lui faire bonne mine pour l'empêcher d'épouser ma tante. Oh! s'il faisait cette sottise-là, j'en serais bien fâchée, je vous l'avoue.

LE BAILLI.

Le garde moulin serait amoureux de vous? Allez! vous êtes folle.

COLETTE.

Vous ne voulez pas le croire? Il faut vous en donner le plaisir. Le voilà qui vient; cachez-vous tous deux derrière ce buisson : vous entendrez ce qu'il me dira; je vais lui donner belle; et tout nigaud qu'il est, je le ferai parler, je vous en réponds!

DE LORME.

La jolie enfant, Monsieur le Bailli! Est-ce moi qui ai fait ça?

LE BAILLI.

Voyons! voyons! si elle ne se trompe point, cela ne sera pas inutile à de certains desseins que j'ai dans la tête.

COLETTE.

Cachez-vous donc vite, qu'il ne vous voie point; car c'est un benêt qui serait honteux.

SCÈNE V

COLETTE, BLAISE.

COLETTE.

C'est à moi qu'il en veut, assurément, et le nigaud n'approchera point que je ne l'appelle. Holà! Blaise! holà!

BLAISE.

Bonjour, Madame Colette, est-ce que vous voudriais me parler, que vous m'appellez?

COLETTE.

Mais toi, mon garçon, n'as-tu rien à me dire?

BLAISE.

Morgué nenni! vous êtes trop moqueuse, queuque sot qui s'y fie, je crèverais plutôt que d'en ouvrir la bouche ; à moins que ça ne vienne de vous, je n'oserais vous le dire.

COLETTE.

Eh ! quoi dire ?

BLAISE.

Ce qui m'amoine envars ici. Vous croyez peut-être que c'est par hasard que j'y vians ? ça n'est pargué pas. C'est tout exprès ; et si je n'en fais pas semblant, comme vous voyez ?

COLETTE.

Tu es un garçon bien dissimulé !

BLAISE.

Parguenne ! il faut être comme ça. Je ne veux point qu'on se gobarge de moi ; voyez le biau plaisir : on ira dire son secret à une fille, et pis la masque s'en gaussera ! Nannin ! morgué, nannin ! il n'en sera rian, j'ai plus de cœur que ça.

COLETTE.

Tu aurais quelque secret à m'apprendre, à moi ?

BLAISE.

Hé ! oui, morguenne, j'en ai un ! Quand vous n'y êtes point, je sis tout prêt à vous le dire, et drès que je vous vois, vous avez une çartaine meine malicieuse qui me renfonce la parole. C'est que je sis timide, voyez-vous, et si pourtant avec les filles, il m'est avis qu'il faut de la hardiesse.

COLETTE.

Assurément ; rassure-toi, va, va, parle.

BLAISE.

Oui, mais si ce secret-là vous est désagriable ? Il y a des secrets qui déplaisaient queuquefois ! Votre tante m'a dit le sian, par exemple, il m'a fâché ; si le mian va vous faire de même ?

COLETTE.

Et qu'est-ce que c'est que son secret à ma tante ?

BLAISE.

Qu'alle est amoureuse de moi.

COLETTE.

Et le tien, à toi ?

BLAISE.

Que je sis amoureux de vous; mais vous n'en saurez rian que vous ne le deviniais. Je sens bien ça, je n'aurai jamais l'impertinence de vous le dire.

COLETTE.

Ah! tu feras fort bien de ne m'en point parler.

BLAISE.

Oh! fatigué, que je n'ai garde, vous en feriais de biaux contes!

COLETTE.

Oh! oui, je t'en réponds.

BLAISE.

Stanpendant, je crois que ça me fera tourner la çarvelle.

COLETTE.

Cela serait fâcheux.

BLAISE.

Oui, voirement, et si vous aviais l'esprit de deviner ça, et la bonté d'en être bian aise, je ne deviendrais peut-être pas fou, voyez-vous. Hé, allons, allons, marguenne, empêchez-moi de l'être !

COLETTE.

Eh bien! va, nous verrons, laisse faire.

BLAISE.

Commencez-vous à deviner un tantinet?

COLETTE.

Oui, oui, j'entrevois quelque chose

BLAISE.

Entrevoyez-vous que je crève d'amour, et que c'est vous qui en êtes la cause?

COLETTE.

Cela me paraît un peu comme tu le dis.

BLAISE.

Oh! morgué, je dis vrai, je joue le franc jeu; et tenez, je ne bois point de vin queuque part où je me treuve, que je ne m'enivre tout bas à votre santé, Madame Colette.

COLETTE.

Cela est bien tendre.

BLAISE.

Il ne me viant point de pensée d'amour, que ce ne soit pour vous.

COLETTE.

Fort bien.

BLAISE.

Et quand il m'en viant de mariage, c'est itou pour vous, Madame Colette.

COLETTE.

Mais, tu me parles de ton amour bien familièrement, à ce qu'il me semble ?

BLAISE.

Parguenne ! c'est que vous m'enhardissez ; et quand je sis une fois enhardi, dame ! acoutez, je ne sis plus honteux : il n'y a qu'à me mettre en train et à me laisser faire.

SCÈNE VI

LE BAILLI, DE LORME, COLETTE, BLAISE

LE BAILLI.

Doucement, Monsieur Blaise, doucement.

BLAISE.

Eh bian ! tatigué, ne vela-t-il pas ; je n'étions pas seuls, on nous écoutait ? vous m'avez fait jaser pour me faire pièce.

DE LORME.

Comme vous vous échauffez, Monsieur le garde moulin, prenez garde !

BLAISE.

Oh, dame ! excusez, Monsieur de Lorme, la hardiesse que j'ai la libarté de prendre ; mais comme Madame la Meunière a en fantaisie que vous deveniais mon biau-frère, je me sis fourré dans la mienne qu'il vaudrait mieux que ce fût mon biau-père que vous devenissiais ; ça dépendra de vous, voyez? il n'y a pas plus de difficulté à l'un qu'à l'autre !

DE LORME.

Oh! palsangué, je vous baise les mains; il y a de la difficulté des deux côtés, Monsieur Blaise.

BLAISE.

Hé, oui, ça est vrai. Je ne veux pas l'un, vous ne voulez peut-être pas l'autre, vous?... et c'est ce qui fait que je ne sommes pas d'accord; mais, Madame Colette accommodera tout ça, alle n'a qu'à vouloir.

DE LORME.

Alle n'a qu'à vouloir?

BLAISE.

Hé, parguenne, oui. N'est-il pas vrai, Monsieu le Bailli? Il y a comme ça queuquefois des parents bourrus, des brutaux, qui ne voulont pas bailler leurs filles en mariage, et les filles parfois s'y baillont d'alles-mêmes. Comme on n'y entend point de mal, on va le grand chemin, et de queuque part qu'alles viennent, on ne laisse pas de les prendre, et le biau-père est biau-père maugré ly, mais ne laisse pas de l'être; vous comprenez bien, Madame Colette?

DE LORME.

Comment, biau-père malgré ly! Oh! parguenne, j'y bouterons queuque empêchement, Monsieur le Bailli!

LE BAILLI.

Sans emportement, Monsieur de Lorme. Monsieur Blaise est un bon garçon, un honnête garçon, et pourvu qu'il nous promette de ne point épouser la meunière...

BLAISE

Hé, parguenne, il y a bon moyen de m'en empêcher : qu'on me baille la nièce, il est bian sûr que je n'épouserai point la tante.

LE BAILLI.

Il n'y a rien qui ne se puisse faire; mais, en attendant, promettez-nous...

BLAISE.

Si je vous le promettrai! Je sommes déjà trois qui nous sommes baillé parole de ne vouloir point d'alle, et stanpendant je faisons la meine d'en vouloir biaucoup : et voyez comme je joue de malheur, Monsieur le Bailli, je sis justement c'ti dont alle veut le plus !

LE BAILLI.

Je le sais bien.

BLAISE.

Alle voulait que je fissions aujourd'hui des accordailles, et comme je ne veux point d'épousailles, moi, il m'est avis que ces accordailles-là seriaient suparflues.

DE LORME.

Hé oui, voirement.

BLAISE.

Je l'amusons tous trois du mieux que je pouvons avec des Ménétriers par fois, de petites chansonnettes par ici, de petits régalements par ilà : quand je la trouvons trop bonne, je l'y faisons querelle ; je devenons bons, quand alle fait la meine, et drès qu'alle se radoucit, je li charchons noise. Alle nous r'aime comme ça tour à tour, et tour à tour, je faisons semblant de la r'aimer ; mais je ne voulons jamais rian conclure.

LE BAILLI.

Mais à quoi bon ces semblants-là ?

BLAISE.

A quoi bon, Monsieu le Bailli ? morgué, les semblants ne sont que pour alle ; mais il y a du tout de bon pour les filles.

DE LORME.

Comment, du tout de bon ?

BLAISE.

Oui, Monsieu Gillot en aime l'une, Monsieu de Lepeine est amoureux de l'autre, et c'est moi qui envars alle manigance tout ça pour eux, sans que leur mère s'en doute, à condition qu'à la pareille ils maniganceront pour moi envars Colette, sans que Monsieu de Lorme s'en aperçoive. Oh ! j'avons morgué bian pris nos mesures !

DE LORME.

Oh ! oh ! parguenne, vela qui est admirable, Monsieu le Bailli !

BLAISE.

Vous serez, morgué, les dupes de ça, car j'y avons regardé.

DE LORME.

C'est ce qu'il faudra voir.

BLAISE.

Je sis le boudeux aujourd'hui, moi, à cause qu'alle voulait des accordailles. Monsieu de Lepeine est le régaleux, et Monsieu Giflot fera le jaloux. Dame! voyez-vous, je nous divartissons comme des petits rois. Les jeunes filles qui avont le mot, et qui savont que ça se fait pour l'amour d'elles, prenont leur part du divartissement. La meunière qui ne sait rian de rian, se divartit itou comme les autres, et par ainsi, je sommes tretous en joie.

DE LORME.

Je vous le disais bian, Monsieu le Bailli, ce sont morgué, des noces perpétuelles!

BLAISE.

(On entend une symphonie.)

Oui, justement... entendez-vous? vela Monsieu de Lepeine qui va leur bailler un plat de son métier.

LE BAILLI.

Nous parlerons à loisir de tout cela, Monsieur de Lorme : il faut se conduire prudemment dans cette affaire-ci.

BLAISE.

Ils s'en allont envers là-bas, je pense. Eh! morguenne, que ne venont-ils envars ici? la place est plus belle, et vous trouveriais peut-être ça drôle?

LE BAILLI.

Oui-da, oui-da, j'aime à voir qu'on se réjouisse.

BLAISE.

C'est un tas de filles et de garçons habillés tretous comme des meuniers et des meunières, et Monsieu de Lepeine à leur tête, et tout ça, pour faire voir au monde qu'il ne méprise point le moulinage. Oh! ça est bian galant, voyez-vous?

LE BAILLI.

Assurément. Allez, ma filliole, allez vous joindre à ces jeunes filles, et tâchez de les amener ici.

COLETTE.

Elles ne demanderont pas mieux, mon parrain, et ma tante aussi, j'en suis sûre.

BLAISE.

Oh! palsanguenne, j'en réponds itou, et j'allons vous amener toute la bande joyeuse.

SCÈNE VII

DE LORME, LE BAILLI

DE LORME.

Eh bian! Monsieu le Bailli, ne vela-t-il pas ce que je vous disais? Dame, voyez-vous, je devine itou aussi bian que Colette; oh! pour ce qui est de ça, je tenons l'un de l'autre.

LE BAILLI.

Oui, vous avez bon sens, bon esprit.

DE LORME

La meunière bronchera, prenons-y garde, et si alle bronche une fois, ses filles et la mienne broncheront itou, peut-être. Car les filles et les femmes, c'est comme des moutons, voyez-vous; drès que l'une a sauté le fossé, crac! vela les autres après; et la meunière est une sauteuse, je vous en avartis.

LE BAILLI.

Il faut examiner la chose avec attention, pour pouvoir prendre des mesures justes.

DE LORME.

C'est bian dit.

LE BAILLI.

Observer la mère et les filles.

DE LORME.

Et la mienne itou, Monsieu le Bailli, c'est une dessalée.

LE BAILLI.

Laissez-moi faire, et ne dites rien à votre belle-sœur, surtout.

DE LORME.

Que je ne li dise rian? j'aurais pourtant bian envie de li laver la tête!

LE BAILLI.

Gardez-vous-en bien ; il ne faut pas lui donner soupçon qu'on ait dessein de la contrecarrer.

DE LORME.

Vous avez raison, je ne sonnerai mot.

LE BAILLI.

Voici Colette qui les amène : prenons notre part de leur joie ; feignons tous deux d'être fort contents de toutes ces parties de plaisir.

DE LORME.

Oh, taligué ! ne vous boutez pas en peine. Que je vas faire semblant de me divartir !

PREMIER INTERMÈDE

Plusieurs habitants du village vêtus en meuniers et en meunières, et conduits par Monsieur Lépine, viennent, en dansant, prendre sur le théâtre les places qu'ils doivent occuper pendant le divertissement que l'on donne à la Meunière.

MONSIEUR TOUVENELLE, vêtu en meunier.

Pour adoucir le long veuvage
De la meunière de ces lieux,
Tout rit sans cesse en ce village,
Et chacun y fait de son mieux,
Pour adoucir le long veuvage
De la meunière de ces lieux.

ENTRÉE.

MADEMOISELLE HORTENSE, meunière.

Les plaisirs naissent sous les pas
D'une veuve à joli visage,
Et le veuvage a ses appas,
Quand on en fait un bon usage.

ENTRÉE.

MONSIEUR TOUVENELLE, meunier.

En voyageant avec l'amour,
Telle aura fait cent fois naufrage

Qui s'y rembarque au premier jour,
Tant agréable est ce voyage.

Celui d'hymen est moins charmant,
Et la veuve prudente et sage
Ne s'expose que rarement
Aux périls d'un second orage.

ENTRÉE.
Branle.

MONSIEUR TOUVENELLE, meunier.

Ici l'amour et sa mère
Vont, d'un air badin,
De la beauté la plus fière
Enflammer le sein.
Le joli, belle meunière,
Le joli moulin !

MADEMOISELLE HORTENSE, meunière.

Le dieu de la bonne chère
Fait à tous festin ;
Chacun s'ivre à sa manière,
D'amour ou de vin.
Le joli, etc.

MONSIEUR TOUVENELLE, meunier.

Tout le long de la rivière,
Chacun par la main
Mène en chantant sa bergère,
Exempt de chagrin.
Le joli, etc.

MADEMOISELLE MIMY, meunière.

Là, d'une danse légère,
En blanc escarpin,
Thibaut avec sa commère,
Foule le sainfoin.
Le joli, etc.

MONSIEUR TOUVENELLE.

Richesse et grandeur pour plaire
Sont un sûr moyen ;
Mais mon cœur charmé préfère
A tout autre bien,
Ton joli, etc.

Je vivrai dans ma chaumière,
Content du destin,
Si j'en puis, pour grâce entière,
Obtenir enfin,
Ton joli, etc.

Tous les acteurs et les actrices du divertissement sortent du théâtre en dansant, comme ils y sont entrés.

ACTE DEUXIÈME

SCÈNE PREMIÈRE

LE BAILLI, DE LORME, LA MEUNIÈRE.

DE LORME.

Parguenne ! la belle-sœur n'a pas tort, Monsieur le Bailli ; vela une bonne petite vie : toujours, toujours chanter, danser, boire et manger. Gagne-t-on biaucoup, à ce métier-là ?

LA MEUNIÈRE.

On y gagne du bon temps, biau-frère ; n'est-ce pas le meilleur proufit de la vie ?

DE LORME.

Hom ! masque !

LE BAILLI.

Monsieur de Lorme !

DE LORME.

Oh ! rian ! rian ! je sis prudent ; vous me l'avez enchargé, et je m'en vais m'en aller, de peur de faire queuque sottise. Sans adieu, Monsieur le Bailli. Nous nous revarrons, Madame la Meunière.

SCÈNE II

LE BAILLI, LA MEUNIÈRE.

LA MEUNIÈRE.

A qui en a cet animal-là, Monsieu le Bailli, et que veut-il donc dire ?

LE BAILLI.

C'est un brutal, qui n'aime pas qu'on se réjouisse.

LA MEUNIÈRE.

L'impartinent ! De quoi se mêle-t-il ? Sont-ce là ses affaires ? Je veux me réjouir, moi, je veux passer le temps, je n'ai rian de mieux à faire.

LE BAILLI.

Vous le passez fort agréablement ; votre manière de veuvage a son mérite, et si j'étais à votre place, je ne me presserais point de me remarier.

LA MEUNIÈRE.

Oh ! voirement, Monsieu le Bailli, ça est bian aisié à dire ; mais tous ces plaisirs-là, ce n'est que du vent, voyez-vous ; et un mari, c'est du solide.

LE BAILLI.

Il est vrai ; vous avez bien raison, et puisque vous avez pris votre parti, que votre choix est fait...

LA MEUNIÈRE.

Hom ! ça n'est pas si détarminé que tantôt, Monsieu le Bailli.

LE BAILLI.

Comment donc ?

LA MEUNIÈRE.

Il m'est avis, à l'heure qu'il est, que M. de Lepeine vaudra mieux que Blaise.

LE BAILLI.

Et peut-être, demain, Monsieur Giflot vous plaira-t-il mieux que Monsieur Lépine ?

LA MEUNIÈRE.

Dame, acoutez, ça se pourrait bian. C'est mon himeur, voyez-vous, je sis un peu changeuse.

LE BAILLI.

Oui, cela est vrai, et du vivant du défunt, vous étiez de même.

LA MEUNIÈRE.

Ce sont des inquiétudes qu'on a dans l'esprit, des inçartitudes ; on ne saurait se résoudre.

LE BAILLI.

Dans ces incertitudes-là, mes avis vous seraient inutiles : quand vous aurez pris votre résolution, je ne manquerai pas de vous conseiller de la suivre. Je vous donne le bonjour, Madame la Meunière.

LA MEUNIÈRE.

Je vous baise bian les mains, Monsieu le Bailli.

SCÈNE III

LA MEUNIÈRE, *seule*.

Je gouvarne cet homme-là comme je veux, et queuque mari que je prenne, il le tiandra en bride. Allons, vela qui est fini, ce sera Monsieu de Lepeine : il s'est habillé en meunier pour me faire plaisir, c'ti-là : il m'est avis qu'il m'aime mieux qu'un autre. Le vela qui revient, c'est moi qu'il charche : ce garçon-là ne saurait vivre sans moi.

SCÈNE IV

LA MEUNIÈRE, LÉPINE.

LÉPINE, *à part*.

La désagréable situation que celle où je me trouve !

LA MEUNIÈRE.

Il se plaint de moi. Ces amoureux-là se plaignont toujours.

LÉPINE, *à part*.

Quel chagrin d'être réduit à tant de contrainte, et de ressentir tant d'amour !

LA MEUNIÈRE.

Mais, voirement, il ne sait ce qu'il dit, an ne le contraint point.

LÉPINE, *à part*.

Il faut pourtant savoir à quoi m'en tenir, faire expliquer cette charmante personne, et m'en assurer la possession.

LA MEUNIÈRE.

Je ly fais pardre l'esprit. Allez! allez! Monsieu de Lépeine, ne vous chagraignez point, vous me posséderez.

LÉPINE, *à part*.

La fâcheuse rencontre !

LA MEUNIÈRE.

Je vous le promets, je ne m'en dédirai point : Giflot est un sot, Blaise un nigaud, c'est vous qui aurez la préférence.

LÉPINE.

C'est un bonheur que rien ne pourrait égaler, s'il n'était point troublé par de certaines réflexions.

LA MEUNIÈRE.

Queux réflexions, Monsieu de Lépeine ; qu'est-ce que ça, des réflexions?

LÉPINE.

C'est ce qui empoisonne tous les plaisirs de la vie.

LA MEUNIÈRE.

Vela une vilaine drogue, ne vous sarvez point de ça.

LÉPINE.

On n'en est pas le maître. En vous épousant, par exemple, je me trouverais le plus heureux de tous les hommes, si vous n'étiez pas la mère de deux jeunes filles.

LA MEUNIÈRE.

Comment ! qu'est-ce que ça fait, Monsieu de Lépeine ? Eh bian ! oui, je ne les renie pas, je sis leur mère; on ne vous trompe point, je me baille pour veuve, tredame.

LÉPINE.

Un beau-père se trouvera chargé du soin de leur conduite ; elles sont aimables, elles seront aimées : c'est une chose embarrassante.

LA MEUNIÈRE.

Ce sera mon affaire ; le biau-père n'aura que voir à ça ; ne vous boutez pas en peine.

LÉPINE.

Si vous songiez à les pourvoir avant...

LA MEUNIÈRE.

Ah! les pourvoir! Oh! dans huit ou dix ans, je parlerons de ça. J'ai du bian, je sis jeune, j'en prétends jouir, et je ne veux pas que des affamés de gendres me fassent rendre compte.

LÉPINE.

Quoi! si quelqu'un songeait à l'une d'elles...

LA MEUNIÈRE.

Je crois, Dieu me pardonne, que je noyerais celle qui acouterait ce queuqu'un-là, et le queuqu'un n'aurait pas biau jeu, je vous en réponds! Ne vous embarrassez point de ça, laissez-moi faire.

LÉPINE.

Votre famille m'est trop chère, je ne pourrais me dispenser de m'en embarrasser. Ce sont ces réflexions qui m'assassinent; j'ai fait les miennes, faites les vôtres, tout mon bonheur dépend de vous.

SCÈNE V

LA MEUNIÈRE, seule.

Oh bian! je ne le ferai pas, Monsieu de Lépeine! Je le disais bian tantôt à Monsieu le Bailli, c'est un obstiné qui a de la protection et qui me ferait enrager. Il marierait mes filles, en dépit que j'en eusse; je me moque de ça; vela qui est tarminé. Monsieu Giflot me conviendra mieux, je m'en vais le prendre.

SCÈNE VI

LA MEUNIÈRE, DE LORME.

DE LORME.

Oui, c'est bian fait; vela qui est commode, il n'y a qu'à choisir, vous êtes à même. Pargué! Madame la Meunière, vous êtes une grande bête avec votre esprit, de ne vous apercevoir pas qu'on se gobarge de vous!

LA MEUNIÈRE.

Comment, on se gobarge de moi! Que voulez-vous donc dire, Monsieur de Lorme?

DE LORME.

Tatigué! si Monsieu le Bailli ne m'avait pas défendu de parler; mais je voulons vous faire tomber dans le panniau ; car sans ça, morguenne...

LA MEUNIÈRE.

Eh bian ! sans ça ?

DE LORME.

Sans ça, je vous dirais franchement que vous êtes une folle.

LA MEUNIÈRE.

Monsieu de Lorme...

DE LORME.

Une sotte, une cruche, une impertinente...

LA MEUNIÈRE.

Mais, Monsieu de Lorme.....

DE LORME.

Une masque, avec votre mariage ; que c'est vos filles qu'il faut marier, ou bien qu'alles se marieront toutes seules, je vous en avartis.

LA MEUNIÈRE.

Elles se marieront toutes seules! Eh! à qui, s'il vous plaît?

DE LORME.

Parguenne, à qui! on manque bien de ça !

LA MEUNIÈRE.

Mais encore ?

DE LORME.

Oh! tatigué, j'ai promis de ne rian dire : vous en serez la dupe, ça sera bian à votre âge, de vous laisser attraper par des jeunes nigauds qui se moquont de vous.

LA MEUNIÈRE.

Qui se moquont de moi! Je voudrais bian savoir qui sont ces impartinents-là, Monsieu de Lorme ?

DE LORME.

Eh, oui, tatigué, c'est là le hic! Oh! pour ce qui est de ça, c'est un sot animal qu'une femme!

ACTE II, SCÈNE VI.

LA MEUNIÈRE.

Il me ferait pardre l'esprit ! A qui en avez-vous donc ? qu'est-ce que cela signifie ?

DE LORME.

Et rian, rian. Drès que ce qu'on leur dit leur fait plaisir, alles baillont là-dedans si fortement...

LA MEUNIÈRE.

Ouais ?

DE LORME.

Et de fins renards comme ceux-ci ne caressont la poule que pour attraper les poussins : c'est morgué bian fait, au bout du compte !

LA MEUNIÈRE.

Mais que veut dire tout ça ? qu'est-ce que c'est que la poule, les poussins, les fins renards ?

DE LORME.

Queul esprit bouché ! la poule c'est vous, les poussins... prenez que c'est vos filles, et Monsieu de Lepeine et Monsieu Giflot sont les renards qui amadoueront la poule ; mais c'est les poussins qu'ils voulont prendre.

LA MEUNIÈRE.

Allez ! vous ne savez ce que vous dites avec vos visions.

DE LORME.

Oui, c'est bian dit, ce sont des visions : comme ça ne vous plait pas, vous n'en croyez rian ; si ça vous plaisait, vous le croiriais.

LA MEUNIÈRE.

Mais qui vous a dit ça, biau-frère ?

DE LORME.

Votre garde moulin qui se gausse itou de vous. Il est amoureux de Colette ; mais, morguenne, je ne veux non plus de ly pour mon gendre, que vous voulais des autres pour les vôtres, et si pourtant, ils se sont tous trois baillé le mot pour les devenir maugré nous.

LA MEUNIÈRE.

Oh ! pour ce qui est de moi, je l'empêcherai bian ; et quoique je ne croye rian de ça, je ne lairai pas d'y mettre ordre.

DE LORME.

Ce sont vos affaires. Monsieur le Bailli et moi, voyez-vous, je ne serions pas fâchés que vos filles fussiant pourvues, et c'est justement ce qui fait que je ne vous avartissons de rian.

LA MEUNIÈRE.

Fort bian.

DE LORME.

Je sommes convenus de ça par ensemble ; si vous aviais queuque doute de la chose, vous feriais du bruit, du vacarme ; il vaut mieux que vous n'en sachiais rian, ça se passera plus doucement.

LA MEUNIÈRE.

Ça se passera en cas que ça soit ; sans adieu, biau-frère.

SCÈNE VII

DE LORME, *seul*.

La vela, morgué, toute ahurie ; alle ne sait où alle en est, et si je ne lui en ai lâché qu'un petit mot en passant : oh ! palsanguenne, sans Monsieu le Bailli, je lui en aurais bian dit davantage. Ah ! te vela, Colette ? acoute, mon enfant, j'ai queuque chose à te dire.

SCÈNE VIII

DE LORME, COLETTE.

COLETTE.

Quoi, mon père ?

DE LORME.

Tu es gentille, tu as bon esprit, tu devians grande, les filles empiront queuquefois en grandissant.

COLETTE.

Oh ! je n'empirerai point, moi, je vous en réponds.

DE LORME.

Ces divartissements du moulin, ces ménétriers, ces danses, ces petites chansonnettes, tout ce train-là, vois-tu, ne mène à rian de bon : on s'accoquine à ça. Ça divartit, ça amuse ; des jeunes garçons se mêlont là-dedans, ils vous coutont des fariboles, an les acoute, et ça accoquine encore plus que tout le reste. Enfin, bref, tantia, vela qui est fini, je ne veux plus que tu y ailles.

COLETTE.

Eh ! c'est vous qui m'y avez envoyée toutes les fois que j'y ai été, mon père.

DE LORME.

Oui, ça est vrai : j'ai eu tort, et je veux avoir raison. Quand je t'y envoyais, tu m'obéissais en y allant. Je te défends d'y aller, il faut m'obéir en n'y allant pas, et c'est la le moyen de ne pas empirer.

COLETTE.

Mais ma tante, mes cousines, que diront-elles ?

DE LORME.

Oh ! parguenne, alles diront ce qui leur plaira ; mais tu feras ce que je veux, ou... suffit, je m'entends bian.

COLETTE.

Vous m'allez faire passer pour une ridicule !

DE LORME.

Ouais ?

COLETTE.

Il est arrivé dans le village je ne sais combien de bohémiens et de bohémiennes ; Monsieur Giflot les doit amener tantôt au moulin ; ils diront la bonne aventure de tout le monde : vous serez cause que je ne saurai pas la mienne, je meurs d'envie de la savoir.

DE LORME.

Eh ! si, morguenne, est-ce qu'il faut s'affier à ce que disont ces gens-là ? Ce sont des ignorants. Tians, mon enfant, quand j'épousis ta mère, ils lui disirent qu'alle aurait des enfants, et ils me disirent, à moi, que je n'en aurais point, et si j'étions le mari et la femme, queule apparence ? Ce sont des fripons, qui ne faisont que mentir. Je ne veux point que tu ailles-là.

COLETTE.

Hé, je vous prie...

DE LORME.

Morgué, ça n'est pas bian, Colette ! t'es désobéissante quand je te défends une chose ?

COLETTE.

Ne me la défendez que demain, mon père, je vous le demande en grâce.

DE LORME.

Eh bian ! vela qui est fait ; mais à condition d'une chose, au moins.

COLETTE.

Quelle condition, mon père ?

DE LORME.

Que tu ne parleras point au garde moulin, et que tu l'envoyeras promener, en cas qu'il te parle.

COLETTE.

Lui, mon père ? Hélas ! le pauvre garçon ! qu'est-ce qu'il vous a fait ?

DE LORME.

Comment, ce qu'il m'a fait ? Il dit qu'il sera mon gendre, maugré moi : ça ne saurait arriver que par ton moyen ; et le moyen que ça n'arrive pas, c'est que vous n'ayez tant seulement pas de convarsation ensemble.

COLETTE.

Mais, mon père...

DE LORME.

Or, pour c'ti-là il n'y a point de demain, je te le défends, morgué, drès aujourd'hui, je saurai bian ce qui en sera. Je te mets la bride sur le cou, je ne te contrains en rian ; mais pour ce qui est d'en cas du garde moulin, il vaudrait autant que tu te fusses noyée que de ly parler. Je t'en avartis, baille-t-en de garde.

SCÈNE IX

COLETTE *seule*.

Ouais! qu'est-ce que cela veut dire? Pourquoi mon père me fait-il cette défense-là; et pourquoi cette défense-là me fâche-t-elle?

SCÈNE X

MAROTTE, COLETTE, LOUISON.

MAROTTE.
Ma chère cousine, ne savez-vous point à qui en a ma mère?

COLETTE.
Comment à qui elle en a?

LOUISON.
Elle est de la plus mauvaise humeur du monde.

COLETTE.
Eh! depuis quand donc?

MAROTTE.
Depuis tout à l'heure. Je ne l'ai jamais vue si grondeuse, et si, elle ne l'est quelquefois pas mal, comme tu sais.

COLETTE.
Vous a-t-elle querellées?

LOUISON.
Comment, querellées! Il n'a tenu qu'à nous d'être battues; elle était en bonne disposition pour cela.

COLETTE.
Et pas une de vous deux ne devine pourquoi?

MAROTTE.
Je m'en doute un peu, moi, cousine.

LOUISON.
Je soupçonne aussi quelque chose.

COLETTE.

Eh bien! que soupçonnez-vous? de quoi te doutes-tu?

MAROTTE.

C'est qu'en dansant tantôt ici, Monsieur Giflot n'a fait que me parler.

COLETTE.

Le grand malheur! Est-ce d'aujourd'hui qu'il te parle? Ce n'est pas cela, Marotte.

MAROTTE.

Oui, mais en s'en allant, il m'a baisé la main, et je l'ai laissé faire par mégarde, en songeant à autre chose, et ma mère l'aura vu, peut-être.

COLETTE.

C'est quelque chose que cela. Et que soupçonnes-tu, toi? dis, cousine?

LOUISON.

Eh! mais à peu près la même chose.

COLETTE.

Et tantôt aussi...

LOUISON.

Oui, je crois; Monsieur de Lépine n'a cessé de me faire des mines, et je lui en faisais aussi, moi, pour le contrefaire; on s'accoutume à cela, c'est une habitude.

COLETTE.

Il n'y a pas grand mal à faire des mines, et ma tante n'est pas femme à s'effaroucher de ces bagatelles.

LOUISON.

Oui, mais c'est que ma jarretière s'est défaite, il a voulu me la rattacher, et moi qui n'aime pas la dispute...

COLETTE.

Et pour éviter la peine de te baisser...

LOUISON.

Il faut que ma mère se soit aperçue de cela.

COLETTE.

Oui, cela se pourrait bien.

MAROTTE.

Enfin, cousine, que ce soit cela ou autre chose, elle nous défend à toutes deux, mais avec des menaces épouvantables, de parler jamais ni à l'un ni à l'autre.

COLETTE.

Ah! ah! voici qui est admirable! mon père vient de me défendre aussi de parler au garde-moulin, moi.

LOUISON.

Il te défend de parler à Blaise?

COLETTE.

Oui, vous dis-je, ils sont tous deux en train de défendre.

LOUISON.

Cela est chagrinant; comment ferons-nous donc?

MAROTTE.

J'obéirai; mais cela me fera de la peine.

LOUISON.

Et à moi aussi.

COLETTE.

Avant cela, je ne songeais pas seulement que Blaise fût au monde, et à présent, je pense toujours à lui malgré que j'en aie...

MAROTTE.

Et moi donc! je ne me souciais pas non plus de Monsieur Gillot, et de l'heure qu'il est, je m'aperçois que je m'en soucie.

LOUISON.

Cela est admirable; quand Monsieur de Lépine me parlait, je n'avais quelquefois pas le mot à lui répondre, et maintenant, je trouve que j'ai mille choses à lui dire.

COLETTE.

C'est la défense qui est cause de cela; et je vois bien que tu aimes Monsieur Gillot, toi, et toi, que tu ne hais pas Monsieur de Lépine.

MAROTTE.

Eh! qui te fait croire cela, dis, cousine?

LOUISON.

Sur quoi penses-tu des choses comme cela?

COLETTE.

Voyez que cela est difficile à comprendre! Nous sommes toutes trois l'une comme l'autre, nous pensons toutes trois la même chose. Je sens bien de mon côté que c'est que j'aime Blaise, et je vois bien que du vôtre vous aimez Monsieur de Lépine et Monsieur Giflot.

LOUISON.

Quoi! tu aimes Blaise, ma cousine?

COLETTE.

Oui; mais je ne le lui ai jamais dit, et je voudrais bien qu'il le sût.

MAROTTE.

Je lui dirai si tu veux, cousine, pourvu que tu dises pour moi la même chose à Monsieur Giflot : on ne t'a pas défendu de parler à celui-là?

COLETTE.

Ni à toi de parler à Blaise? Il n'y aura pas de mal à tout cela, dis, cousine?

LOUISON.

Non, vraiment, cela sera fort commode, au contraire, et voilà notre marché bientôt fait. Mais Monsieur de Lépine, qui est-ce qui lui parlera? j'ai aussi quelque chose à lui dire, et je veux, aussi bien que ma sœur, que ce soit sans désobéir à ma mère.

COLETTE.

Eh bien! je m'en charge, ne te mets pas en peine.

LOUISON.

Ah! que tu me feras de plaisir, cousine! Je n'aurais jamais eu la hardiesse de lui avouer moi-même une chose comme celle-là.

MAROTTE.

Monsieur Giflot n'en eût peut-être jamais rien su sans cette occasion-ci.

COLETTE.

Ni Blaise non plus. Voilà d'heureuses défenses!

LOUISON.

Mais, comment ferons-nous dans la suite? Car quand on s'aime, c'est pour s'épouser, et ma mère ne me laissera jamais épouser Monsieur de Lépine.

MAROTTE.

Ni à moi, Monsieur Giflot.

COLETTE.

Oh! dame! je ne les épouserai pas tous deux pour vous, cela ne se peut pas.

LOUISON.

Et nous n'épouserons pas aussi Blaise à nous deux, voyez?

COLETTE.

Vraiment non, il n'y a pas d'apparence.

MAROTTE.

Eh bien! donc, à quoi tout cela aboutira-t-il? Il vaudrait autant ne rien leur dire.

LOUISON.

Si fait, si fait, parlons toujours, on verra après ce qu'on aura à faire.

COLETTE.

Elle a raison : il y a des moyens pour tout. Nous sommes toutes trois d'intelligence, toutes trois filles, toutes trois amoureuses : nous ne manquerons pas d'expédients.

MAROTTE.

Oh! j'en trouverai quelqu'un, moi, j'en suis sûre.

LOUISON.

Si j'en manque, ce ne sera pas faute d'y rêver.

COLETTE.

Il m'en viendra sur-le-champ, à moi, j'en réponds. Voici vos deux amants ensemble.

MAROTTE.

Ils sont encore en habit de meunier.

COLETTE.

C'est bon signe pour les meunières. Allez-vous-en parler à Blaise, et ne négligez pas mon affaire; j'aurai soin des vôtres.

SCÈNE XI

GIFLOT, MAROTTE, LÉPINE, LOUISON, COLETTE.

GIFLOT.

Vous voyez, charmantes personnes, deux amants outrés de désespoir, s'ils ne sont enfin éclaircis de leurs destinées.

MAROTTE.

Laissez-moi, je vous prie, Monsieur Giflot, ma mère m'a défendu de vous écouter, et de vous répondre.

GIFLOT.

Quoi ! vous pouvez...

MAROTTE.

Oh ! ne me suivez pas, s'il vous plaît, et ne vous en allez pas sans parler à Colette.

LÉPINE.

Avez-vous pour moi le même ordre, et l'exécuterez-vous avec autant de régularité ?

LOUISON.

Oh ! pour cela oui, ma mère m'a aussi défendu de vous parler, je suis devenue muette.

LÉPINE.

Mais, de grâce, au moins...

LOUISON.

Ne me parlez point, ne me questionnez point ; mais demeurez ici, au moins, Colette a quelque chose à vous dire.

SCÈNE XII

LÉPINE, GIFLOT, COLETTE.

LÉPINE.

Monsieur Giflot ?

GIFLOT.

Monsieur de Lépine ?

COLETTE.

Voilà deux filles bien obéissantes !

LÉPINE.

Aimable Colette, ne les trouvez-vous pas les plus injustes personnes du monde?

COLETTE.

Oui, il y a quelque chose à dire à cela : expliquez-moi un peu vos petites affaires.

GIFLOT.

Nous n'aimons qu'elles, nous les adorons, nous ne vivons que pour elles seules, nous ne sommes occupés que de notre amour.

COLETTE.

Cela est bien tendre.

LÉPINE.

C'est pour nous approcher d'elles, et, vous ne l'ignorez pas, pour avoir occasion de les voir et de leur parler, que nous nous imposons l'ennuyeuse contrainte de paraître tous deux amoureux de votre tante.

COLETTE.

Cela est tout à fait gênant.

GIFLOT.

Et depuis un mois que dure cette contrainte, nous ne pouvons obtenir d'elles qu'elles soient sensibles à tant d'amour.

COLETTE.

Cela est bien cruel! Vous avez raison.

LÉPINE.

Elles se plaisent à nous désespérer.

COLETTE.

Les méchantes cousines que j'ai-là! Quoi! aucune d'elles n'a jamais flatté votre amour d'une parole favorable?

GIFLOT.

Non.

COLETTE.

Et pas un de vous ne peut deviner si vos soins plaisent ou déplaisent?

LÉPINE.

Non.

COLETTE.

Oh! pour cela, voilà des filles bien dissimulées, et des amoureux bien peu pénétrants.

GIFLOT.

Comment?

LÉPINE.

Que dites-vous?

COLETTE.

On leur a défendu de vous parler; et comme je suis bonne, moi, je parle pour elles.

GIFLOT.

Eh! que nous dites-vous encore?

LÉPINE.

Expliquez, charmante Colette.

COLETTE.

Oh! Monsieur de Lépine, expliquez vous-même; si vous avez tous deux l'esprit si bouché, vous n'êtes pas si amoureux que vous le dites.

GIFLOT.

Vous nous permettriez de croire que vos deux cousines nous aiment?

COLETTE.

Non vraiment, je ne vous dis pas cela. Comme vous saisissez les choses! Fi, donc! Oh! non! non! elles ne vous aiment pas; mais elles vous estiment infiniment, et elles m'ont toutes deux permis de vous le dire.

LÉPINE.

Adorable Colette!

GIFLOT.

Il faut que ma reconnaissance...

COLETTE.

Oh! doucement, doucement, point de ces compliments-là : ce sont mes cousines qui vous estiment, ce n'est pas moi qu'il en faut remercier.

LÉPINE.

Eh! ne savez-vous point sur quoi votre tante leur a défendu...

COLETTE.

Il faut qu'elle se doute de quelque chose; mais pour empêcher qu'elle continue de s'en douter, faites semblant tous deux de l'aimer encore plus que de coutume; ne parlez point à mes cousines, ou que ce soit bien finement; ne leur faites point de mines, et me laissez faire, j'ai dans l'esprit que tout ira bien, et que nous en aurons bonne issue.

SCÈNE XIII

GIFLOT, LÉPINE.

GIFLOT.

Voilà une adroite petite cousine, Monsieur de Lépine?

LÉPINE.

Je n'ai pas mauvaise opinion de nos affaires, puisqu'elle est dans nos intérêts.

GIFLOT.

Paix! taisons-nous, voici le père de Colette.

SCÈNE XIV

DE LORME, GIFLOT, LÉPINE.

DE LORME.

Ah! palsangué, bon! Voici de nos gaillards, je vas les faire jaser; je veux savoir un peu ce qu'ils avont dans l'âme. Sarviteur, Monsieu Giflot, votre valet, Monsieu de Lepeine.

GIFLOT.

Je vous donne le bonjour, Monsieur de Lorme.

LÉPINE.

Je vous baise les mains de tout mon cœur.

DE LORME.

Et moi, à vous. Eh bian! qu'est-ce, Messieus? comment gouvarnez-vous la joie? Cette petite drôlerie de tantôt était assez drôle, oui, ça était bian troussé.

LÉPINE.

Vous y êtes-vous un peu diverti?

DE LORME.

Comment divarti! il n'y a, pargué, rian de plus divartissant que tout ça! Allez, morguenne, c'est à faire à vous! Que vous entendez bian ça! Comme vous endormez la meunière!

GIFLOT.

Comment, comment donc, Monsieur de Lorme?

DE LORME.

Oh! ce que j'en dis, n'est pas que j'en parle; et Monsieu le Bailli et moi, je serons ravis que vous l'attrapiais.

LÉPINE.

Que nous l'attrapions?

DE LORME.

Alle le mérite bian, voyez-vous; et si, c'est une masque, une folle de vouloir que n'an la cajole, et de ne voir pas que n'an cajole ses filles.

GIFLOT.

On les cajole? Et qui, Monsieur de Lorme?

DE LORME.

Hé pargué! vous-même; et vous faites bian, da; il n'y a pas de mal à ça : les filles valont toujours mieux à cajoler que non pas les mères.

LÉPINE.

Il est vrai, mais...

DE LORME.

Ça est naturel; et je serais itou un fou, moi, si je prétendais que n'an m'en coutit plutôt qu'à Colette.

GILLOT.

Monsieur de Lorme est homme de bon sens.

DE LORME.

Et vous itou, Monsieu Giflot, et Monsieu de Lepeine itou, et mes nièces itou ne sont pas des sottes; il n'y a que la meunière qui est une bête.

LÉPINE.

Vous êtes étrangement prévenu contre elle?

ACTE II, SCÈNE XIV.

DE LORME.

C'est que je n'aime morgué pas que des veuves songiaint à se remarier, quand alles avont des filles à pourvoir; ça est impartinant, voyez-vous.

GIFLOT.

Vous avez raison; mais parlez-vous de bonne foi, Monsieur de Lorme?

DE LORME.

Si je parle de bonne foi! Je sis toute bonne foi, moi. Hé, pargué! demandez ly à alle-même, je vians de ly faire la honte, et ly ai, morgué, dit tout franchement que vous la feriais bailler dans le panniau, que vous vous moquiais d'elle, et que c'était ses filles à qui vous en vouliais; mais tout ça, sans l'avertir de rian, voyez-vous, car Monsieu le Bailli dit qu'il ne faut pas qu'alle le sache.

LÉPINE.

Hé! voilà justement, Monsieur Giflot, pourquoi elle leur a défendu de nous parler.

DE LORME.

Alle ne veut pas que ses filles vous parliant?

GIFLOT.

Non.

DE LORME.

Oh! bian, bian! je sis leur oncle, et je veux qu'alles vous parliont, moi. Vous êtes de braves gens, d'honnêtes gens, qui vous gobargez de ma belle-sœur, et qui êtes amoureux de mes niéces; ces bonnes magnières-là m'avont gagné l'âme; ne vous boutez pas en peine.

LÉPINE.

Nous promettez-vous de seconder nos desseins?

DE LORME.

Oh! morgué, je vous le promets, et Monsieu le Bailli veut bian pis faire.

GIFLOT.

Monsieur le Bailli?

DE LORME.

Il prétend, morgué, que vous les épousiais tout à fait, et il tournera ça d'une certaine magnière...

Enfin, je vians de le quitter... c'est un bian honnête homme...

LÉPINE.

Mais, ne savez-vous point à peu près quelles mesures...

DE LORME.

Paix! Chut! Il ne faut pas ébruiter ça. Je voulons vous surprendre en convarsation avec ces jeunes filles queuque part, là, aux environs, quand vous ne songerais à rien; et pis, Monsieu le Bailli qui fait la justice, dit qu'il faudra que vous les épousiais, ou que vous sovais pendus; et vela pourquoi il est bon qu'alles vous parliant, voyez-vous.

GIFLOT.

La Justice ne se mêlera point de cette affaire, et il ne faudra point de violence pour nous déterminer à ces mariages.

DE LORME.

Non?

LÉPINE.

Non, je vous assure.

DE LORME.

Tâtigné, que j'ai d'esprit! Je l'ai dit comme ça à Monsieu le Bailli, et il dit comme ça que, pour ce qui est d'en cas de ça, il fera le tant mieux; que moyennant ça, il ne faudra, m'est avis, dit-il, qu'un avis de parents et d'amis; et comme d'amis je n'en croyons point, on prendra l'avis des amoureux: l'un vaut bian l'autre; et pour les parents, alles n'avont d'autres parenté que moi, je sis toute la famille : ça sera bientôt bâti, comme vous voyez. Oh! ce Monsieu le Bailli est un habile homme!

GIFLOT.

Tout flatte nos souhaits, Monsieur de Lépine.

LÉPINE.

Nous n'aurions jamais pris le canal du Bailli pour parvenir à ce bonheur.

DE LORME.

Motus, au moins. Le vela, je pense; ne lui témoignez rian, il m'a, morgué, bian recommandé de ne vous en rian dire.

SCÈNE XV

LE BAILLI, DE LORME, GIFLOT, LÉPINE.

LE BAILLI.

Ah ! Ah! Messieurs, tous deux ensemble? Voilà des rivaux en bonne intelligence! Et le prétendu beau-frère, pour qui se déclare-t-il? Il faut faire la cour au beau-frère.

DE LORME.

Tâtigué, queu malin, comme il les cajole !

LÉPINE.

Nous aurons aussi besoin de votre protection, Monsieu, et nous savons que Madame la Meunière défère beaucoup à vos sentiments.

LE BAILLI.

Si elle prenait de mes conseils, tout le monde serait content, et elle aussi, peut-être ; mais c'est le choix qui l'embarrasse, et vous la régalez si bien tour à tour... Comment! Je viens de rencontrer une troupe de bohémiens et de bohémiennes, qui, par les ordres de Monsieur Giflot, à ce qu'on m'a dit, doivent ici venir dire la bonne aventure à tout le village, et donner à leur manière une petite fête qui ne promet pas moins que celle de tantôt! Cela est galant, Messieurs, et l'objet de ces galanteries ne vous doit pas payer d'ingratitude.

GIFLOT.

Ce sont des choses, Monsieur...

LE BAILLI.

Voici Madame la Meunière qui me cherche, car elle m'a fait dire qu'elle me voulait parler. Allez, Messieurs, faites avancer votre petite mascarade, je ne ferai rien contre les intérêts de l'un ni de l'autre.

LÉPINE.

Nous sommes persuadés de vos bontés, Monsieur, et nous y mettons toute notre espérance.

DE LORME.

Morgué, je m'en vais itou avec eux, Monsieu le Bailli ; vous allez peut-être dire là queuque chose que vous me dirais encore de ne pas dire, et cela me fait de la peine.

LE BAILLI.

Oui, vous avez raison, Monsieur de Lorme, allez et avertissez votre fille et vos nièces de venir ici : la partie ne serait pas bonne sans elles.

SCÈNE XVI

LE BAILLI, LA MEUNIÈRE.

LE BAILLI.

Je prends soin d'écarter tout le monde, comme vous voyez, afin que nous puissions parler en liberté. Ça, que me voulez-vous dire ?

LA MEUNIÈRE.

Ah ! Monsieu le Bailli, je sis dans de grandes parplexités : mon animal de biau-frère m'a dit des choses qui me mettont bian de mauvaise himeur.

LE BAILLI.

Le sot ! Hé, que vous a-t-il dit, encore ?

LA MEUNIÈRE.

Que vous êtes un fripon, Monsieu le Bailli, qu'on se moque de moi, que vous le savez bian, que vous en êtes bian aise, et que ce n'est pas à moi, que c'est à mes filles que ces amoureux faisont l'amour : ça serait bian déplaisant, au moins.

LE BAILLI.

C'est un maroufle, qui ne sait ce qu'il dit, je vous suis caution du contraire.

LA MEUNIÈRE.

Si ça était vrai, voyez-vous, je crois que j'étranglerais ces deux masques-là, et les amoureux itou, et ce serait bian fait ; n'est-ce pas Monsieu le Bailli ?

LE BAILLI.

Cela serait un peu violent; mais il ne sera pas nécessaire d'en venir à ces extrémités, et je vous donnerai des expédients pour découvrir la vérité de toutes choses.

LA MEUNIÈRE.

Et pour leur faire pièce à tous tant qu'ils sont, en cas que cette vérité-là me soit désagréable, car j'ai de tarribles soupçons dans la çarvelle.

LE BAILLI.

Nous ne tarderons pas à en avoir l'éclaircissement, et à y mettre ordre. Voici ces bohémiens que Monsieur Giflot vous amène; ne marquez aucune défiance, entendez-vous? Nous nous tirerons ensemble à l'écart, et nous parlerons à fond de cette affaire.

LA MEUNIÈRE.

Oui, c'est bian dit; mais, auparavant, je veux me faire dire la bonne aventure : ça ouvre bian l'asprit; et suivant ce qu'ils me diront, j'aviserons ensemble à ce que j'aurai à faire.

DEUXIÈME INTERMÈDE

Monsieur Giflot amène une troupe de bohémiens et bohémiennes, qui se joignent à plusieurs paysans et paysannes du village, avec qui ils forment une espèce de fête, dont ils régalent la meunière.

MONSIEUR TOUVENELLE, bohémien.

Nous passons entre nous la vie
    Tant doucement,
Que qui la goûte un seul moment,
Ne peut après sans qu'il s'ennuie,
    Vivre autrement.

ENTRÉE.

MONSIEUR TOUVENELLE continue.

Nous cherchons la bonne fortune
    En la disant;
C'est notre soin le plus pressant
D'en faire avoir ici quelqu'une
    A chaque amant.

ENTRÉE.

MONSIEUR TOUVENELLE.

MADEMOISLLE HORTENSE, bohémienne.

Nous rappelons au souvenir
Tout ce qui peut faire bien aise,
Et ne disons rien qui ne plaise
   Pour l'avenir.

ENTRÉE.

Nous promettons amant chéri
A jeune fille en mariage;
A veuve lasse du veuvage,
   Nouveau mari.

ENTRÉE.

Branle.

MONSIEUR TOUVENELLE.

Jeunes filles qui portés
Blonde chevelure,
L'amour vient de tous côtés
Rendre hommage à vos beautés.
La bonne aventure, ô gai,
La bonne aventure.

MADEMOISELLE HORTENSE.

Longue souffrance en aimant,
Est chose bien dure;
Mais lorsqu'un heureux amant
Plaît au premier compliment,
La bonne aventure, ô gai,
La bonne aventure.

MADEMOISELLE MIMY.

Voir sans obstacle un ami,
Batagelle pure:
Mais, pour un amant chéri,
Tromper tuteur ou mari,
La bonne aventure, ô gai,
La bonne aventure.

MONSIEUR DE LAVOY, meunier.

Si l'amour d'un trait malin
Vous y fait blessure,
Prenez-moi pour médecin
Quelque bon garde-moulin,
La bonne aventure, ô gai,
La bonne aventure.

Si l'amour d'un trait charmant
Vous a fait blessure,
Prenez pour soulagement
Un gaillard fait comme Armand,
La bonne aventure, ô gai,
La bonne aventure.

MADEMOISELLE HORTENSE.
Suivons un penchant flatteur
Sans peur de murmure ;
Est-il plus grande douceur
Que celle que donne au cœur
La bonne aventure, ô gai,
La bonne aventure.

ACTE TROISIÈME

SCÈNE PREMIÈRE

DE LORME, *seul*.

Oh ! vela, palsangué, des maximes qui ne valont rian pour de jeunes filles, et ces bohémiens-là sont des dénicheux de marles, sur ma parole. Vela ce que c'est, Madame la Meunière : vous aimez la joie, le divartissement, vos filles s'élevont parmi tout ça, alles n'entendont, par ci par là, que des morales d'amour, et vous ne voulez pas qu'alles songiaint au mariage ? Ça est, morgué, impartinent, ça est ridicule. Mais il m'est avis que la vela là-bas qui jase bian d'action avec Monsieu le Bailli, notre belle-sœur, la meunière ? C'est un rusé manœuvre que ce Bailli ; et sans que la Meunière est une obstinée criature, il lui ferait faire tout ce qu'il voudrait.

SCÈNE II

DE LORME, BLAISE.

BLAISE.

Pargué ! vous êtes bian malin, Monsieu de Lorme !

DE LORME.

Eh ! en quoi donc malin, Monsieur Blaise ?

BLAISE.

Morgué, vous défendez à Colette de me parler ; alle ne me regarde pas tant seulement ; et hors deux coups de pied et queuques soufflets qu'alle m'a fait l'amitié de me bailler, je n'en ai pas reçu la moindre honnêteté du dépis tantôt, voyez-vous.

DE LORME.

Eh ! qui vous a dit que je l'y aie fait cette défense-là, Monsieur Blaise ?

BLAISE.

Eh pargué ! c'est alle-même, Monsieu de Lorme.

DE LORME.

Ah ! ah ! alle vous a donc parlé à ce compte-là ?

BLAISE.

Eh ! voirement oui ! alle m'a parlé pour me dire qu'alle ne me parlerait plus : vela une belle avance ! Eh ! morgué ! reparmettez-ly qu'alle me parle, Monsieur de Lorme ?

DE LORME.

Oh ! fatigué ! que je m'en garderai bian !

BLAISE.

Je ne dirons point de mal de vous, je vous le promets.

DE LORME.

Pargué ! je le crois bian.

BLAISE.

Et je nous contraindrons tous deux là-dessus, je vous en réponds.

DE LORME.

Vous vous contraindrais ? qu'est-ce à dire ? Oh ! bian ! bian ! il vaut mieux que vous vous contraigniais en ne disant mot, que non pas en parlant !

BLAISE.

Monsieur de Lorme ?

DE LORME.

Monsieur Blaise ?

BLAISE.

Si vous ne voulez pas que je nous parlions, je nous ferons des meines, et les meines, parfois, disont bian des choses.

DE LORME.

Les meines disont queuque chose? Je ly défendrai itou ce parler-là.

BLAISE.

Mais, Monsieur de Lorme...

DE LORME.

Mais, Monsieur Blaise, il n'en sera, morgué, rian.

BLAISE.

Eh bian! soit! je la varrai tout au moins, alle me varra, vous n'empêcherais pas que je nous regardions, peut-être?

DE LORME.

Je ne l'empêcherai pas?

BLAISE.

Non, voirement, et comme je nous lisons dans l'œil entre nous autres...

DE LORME.

Si fait! morgué! je l'empêcherai, et j'enfermerai plutôt Colette que non pas de souffrir que n'an l'y lise dans l'œil. Oh! je varrons un peu comment vous vous y prendrais pour être mon gendre, maugré que j'en aie. Je vous baise bian les mains, Monsieu Blaise. Ah! ah! ah!

SCÈNE III

BLAISE, LOUISON, MAROTTE.

BLAISE, *seul*.

Pargué, bon! le vela justement de l'himeur qu'il faut pour bailler un bon acheminement à ce que j'ai envie qui arrive. Il quérellera Colette, il la tormentera, la parsécutera, et ça la hâtera mieux de m'aimer, c'est ce que demande. J'ai queuque doutance qu'alle ne me hait pas, et je voudrais bian par queuque moyen que cette doutance-là devenit une çartitude.

LOUISON.

Bonjour, Monsieur Blaise.

BLAISE.

Je vous baise bian les mains, Mademoiselle Louison.

MAROTTE.

Votre servante, Monsieur Blaise.

BLAISE.

Votre valet, Mademoiselle Marotte.

LOUISON.

Je croyais que ma cousine Colette était avec toi?

BLAISE.

Bon! avec moi? son père ly a défendu qu'alle me parlit.

MAROTTE.

On lui a défendu de te parler?

BLAISE.

Oui, voirement.

LOUISON.

Je vous le disais bien, ma sœur, qu'elle avait quelque chose.

MAROTTE.

Oui, justement, c'est de ça qu'elle est si chagrine.

BLAISE.

Alle est chagrine de ça? vous le croyez?

MAROTTE.

Si je le crois! Oh! je suis assez dans sa confidence...

LOUISON.

Oh ça, ma sœur, vous tairez-vous? voilà comme vous êtes. Ne pouvez-vous vous empêcher de dire tout ce que vous savez? je n'ai jamais vu de fille si babillarde!

BLAISE.

Hé! laissez-la babiller, Mademoiselle Louison; dites, dites, Mademoiselle Marotte, je vous en prie?

MAROTTE.

Non, non, ma sœur a raison, Colette ne veut pas que tu le saches.

ACTE III, SCÈNE III.

BLAISE.

Je ferai comme si je n'en savais rian, parlez.

LOUISON.

Si tu veux faire semblant de n'en rien savoir, il est inutile qu'on te le dise.

BLAISE.

Eh bian! je ferai queu semblant on voudra : morgué, dites promptement, je sis sur des épeines.

MAROTTE.

Ce pauvre garçon! Il faut le tirer d'inquiétude, ma sœur.

LOUISON.

Mais de quoi cela servira-t-il? Il est amoureux de Colette, Colette est amoureuse de lui...

BLAISE.

Colette est amoureuse de moi?

MAROTTE.

Oui; elle nous l'a avoué, à nous; mais elle ne t'aurait jamais fait cette confidence-là, à toi.

BLAISE.

Colette est amoureuse de moi? N'est-ce point pour vous gobarger de moi, que vous me dites ça?

LOUISON.

Non, nous te disons vrai; mais où cet amour-là vous mènera-t-il?

BLAISE.

Comment, où il me mènera? Tatigué, qu'il nous mènera loin! alle n'a qu'à vouloir tant seulement.

MAROTTE.

Mon oncle ne consentira jamais que tu l'épouses.

BLAISE.

Oh! palsangué, je l'épouserai bian sans ly; je ne sis morgué, pas si nigaud que je le parais; et partant que vous me disiais vrai, et que Colette, avec queuque douzaine de filles du village, et autant de jeunes garçons qui avont fait parti pour aller à un certain pèlerinage...

LOUISON.

Comment? quel pèlerinage?

BLAISE.

Ils appelont ça le pèlerinage d'amour; c'est, disont-ils, queuque part du côté de Paris. Les filles y allont pour se marier avec les garçons, les garçons, pour se marier avec les filles : oh! c'est une belle imagination! Il y a tant de pèlerins, tant de pèlerines!

MAROTTE.

Mais, vraiment, Blaise, ce sont des enlèvements que ces pèlerinages-là!

BLAISE.

Fi donc! des enlèvements? ce ne sont que des voyages, et des voyages que faisont, morgué, bian des personnes. Avant qu'on parte, les parents faisont toujours queuques difficultés; drès qu'on est de retour, ils convenont de tout à belles baise-mains pour éviter noise, et comme ça, le pèlerinage ne manque point son effet; c'est une petite marveille.

LOUISON.

Si ce pèlerinage-là pouvait faire changer d'humeur à ma mère, qui dit qu'elle ne veut pas nous marier!

BLAISE.

Acoutez : il ne serait pas mal de la convartir un peu sur ce chapitre.

MAROTTE.

Je ne haïrais pas à voyager, moi; et si Colette se faisait pèlerine...

BLAISE.

Pargué, pourquoi non? La voici, je vais lui proposer, s'il est vrai qu'alle m'aime...

LOUISON.

Non, non, ne lui parlez pas, à cause de mon oncle.

MAROTTE.

Nous la persuaderons mieux que vous.

LOUISON.

Oui, je vous en réponds; laissez-nous faire.

BLAISE.

Oh bian! faites donc; je m'en vais m'aboucher avec queuques pèlerins, et préparer tous les affutiaux et les brimborions du pèlerinage.

SCÈNE IV

COLETTE, MAROTTE, LOUISON.

COLETTE.

Comment donc, Blaise s'en va dès qu'il me voit? Ce n'est pas qu'il boude, dites, cousine?

MAROTTE.

Lui, bouder? Au contraire, il est de la meilleure humeur du monde, et c'est nous qui lui avons dit de ne te pas parler, à cause de ton père qui te l'a défendu.

LOUISON.

Ce n'est pas la peine de lui désobéir dans des bagatelles comme cela, dont on n'a que faire.

COLETTE.

Vous avez raison.

MAROTTE.

Il vaut mieux garder cela pour quelque bonne occasion, qui mène à quelque chose.

COLETTE.

Oui, cela est vrai. A-t-il été bien aise, cousines, de ce que vous lui avez dit?

LOUISON.

Il en est tout transporté. Monsieur de Lépine était-il de même, quand il a su?...

COLETTE.

Je n'ai jamais vu personne si ravi.

MAROTTE.

Quoi! Monsieur Giflot ne l'était pas encore davantage?

COLETTE.

Davantage? Non, cela ne se peut pas; mais c'était tout de même. Allez! je vous réponds d'eux, répondez-moi de Blaise?

LOUISON.

Tout cela est le plus beau du monde; mais que nous servira-t-il de les aimer, et d'en être aimées?

COLETTE.

Dame! je ne sais.

MAROTTE.

Tu disais tantôt que nous ne manquerions pas d'expédients?

COLETTE.

Oui, mais j'ai l'esprit bouché, je ne sais pas pourquoi.

LOUISON.

J'ai beau rêver, le mien l'est aussi.

MAROTTE.

Ma mère et mon oncle ne consentiront jamais à ces mariages.

COLETTE.

Oh! je ne crois pas; il faudrait de fortes raisons pour les y résoudre.

LOUISON.

Si le pèlerinage de Blaise pouvait produire ces fortes raisons-là, ma sœur?

MAROTTE.

Oui, les pèlerinages sont bons à bien des choses.

COLETTE.

Qu'est-ce que c'est que ce pèlerinage de Blaise?

LOUISON.

Un petit voyage, qu'il va faire avec je ne sais combien de filles et de garçons du village.

COLETTE.

Comment! Blaise s'en va? Il me quitte, ma cousine?

MAROTTE.

Non, il ne te quitte point; au contraire, il dit que le pèlerinage en vaudrait beaucoup mieux, si vous vouliez le faire ensemble.

COLETTE.

Moi? m'en aller avec un homme!

ACTE III, SCÈNE IV.

LOUISON.

Nous lui avons promis de te le persuader.

COLETTE.

Vous ne me le persuaderez point. Voyez le beau conseil!

MAROTTE.

Comment, le beau conseil? Je lui ai répondu que tu le suivrais, moi.

COLETTE.

Mais cela est fort impertinent, fort ridicule, et vous me feriez passer...

LOUISON.

Ne te fâche point, cousine, il n'y a qu'à n'en rien faire.

COLETTE.

Le bel esprit! donner comme ça des paroles, m'engager, malgré moi, dans des démarches... Quand est-ce qu'ils partent?

MAROTTE.

Dès aujourd'hui, peut-être.

COLETTE.

Dès aujourd'hui?... Vous ne demanderiez pas mieux que de me faire faire un pas comme celui-là pour vous en moquer?... Je suis dans une colère... Oh! je vous le revaudrai, vous me le paierez, et je me vengerai.

LOUISON.

Eh bien! là, venge-toi, et ne fais point tant de bruit; tu n'as qu'à en dire autant à Monsieur de Lépine, cela est bien difficile!

MAROTTE.

A Monsieur de Lépine... et à Monsieur Giflot aussi.

COLETTE.

Fort bien, vous tiendriez toutes deux les paroles que je donnerais? je le vois bien.

MAROTTE.

Oh! pour cela oui: j'ai plus de cœur que toi; et si l'on se mêlait pour moi de quelque affaire, on n'en aurait pas le démenti, je t'en réponds.

LOUISON.

On ne fait rien que pour lui faire plaisir, et on en a le désagrément, voyez?

COLETTE.

Mais, vraiment, vous n'y songez pas. Aller en pèlerinage comme cela, c'est se faire enlever!

MAROTTE.

Non, point du tout : je le croyais d'abord, mais Blaise nous dit que ce n'est qu'un voyage.

COLETTE.

Oui, un voyage avec des garçons.

LOUISON.

Eh, non! les filles vont par un côté et les garçons par un autre.

COLETTE.

Mais tout revient au même, on se retrouve?

MAROTTE.

Eh! vraiment oui, il faut bien qu'on arrive!

COLETTE.

Tenez, mes cousines, voilà un sot voyage, vous avez beau dire.

MAROTTE.

Un sot voyage? presque tout le village le fait : est-ce que tout le village voudrait faire une sottise?

LOUISON.

C'est en tout bien et en tout honneur, à bonne intention ce qu'on en fait; et ne serons-nous pas bien aises, au retour, qu'il n'y ait plus de difficultés à nos mariages?

COLETTE.

Oui, ça serait bien, si ça était comme ça; mais...

LOUISON.

Blaise dit que ça n'a jamais manqué; laisse-nous faire?

MAROTTE.

Paix! taisons-nous, voici mon oncle.

COLETTE.

Allez-vous-en, et me laissez ici, je veux lui parler avant que de me résoudre.

ACTE III, SCÈNE V.

LOUISON.

Ne va pas lui rien dire du pèlerinage, au moins?

COLETTE.

Non, non, ne craignez rien, et allez m'attendre au bord de l'eau, sous la grande saussaie.

SCÈNE V

DE LORME, COLETTE.

DE LORME.

Ah! ah! les cousines s'enfuyont; je crois, Dieu me pardonne, qu'alles avont peur de moi; c'est que je sais de leurs petites fredaines, voyez-vous; mais, stanpandant, je ne leur veux point de mal, et la belle-sœur est une bonne femme, qui mérite bian ce qui lui arrivera.

COLETTE.

Comment, mon père?

DE LORME.

Et rian! rian! c'est une obstinée qui ne veut point les marier.

COLETTE.

Je crois pourtant qu'elles seraient bien aises d'être mariées.

DE LORME.

Elles avont raison; mais leur mère est une goulue qui veut tout pour elle.

COLETTE.

Oh! elle a beau vouloir, elle n'aura personne.

DE LORME.

C'est une bourrue, une capricieuse, qui ne veut tant seulement pas que ces pauvres filles jasiant un tantinet avec leurs amoureux.

COLETTE.

Cela est bien dur, n'est-ce pas?

DE LORME.

Eh! fi! morgué! c'est une moquerie.

COLETTE.

Au moins, mon père, je n'ai pas parlé à Blaise depuis que vous m'avez dit que vous ne le vouliez pas.

DE LORME.

Tu as fort bian fait. Ce n'est pas de même ; j'ai raison, moi, vois-tu, et ce que j'en fais, n'est pas que je veuille épouser Blaise ; mais ta tante alle est amoureuse des amoureux qu'avont ses filles, et c'est pour ça qu'alle les gourmande.

COLETTE.

Oh ! vraiment ? vraiment ? ces gourmanderies-là vont être cause de quelque chose de beau !

DE LORME.

Comment ?

COLETTE.

Elles s'en vont faire un pèlerinage, pour tâcher de rendre ma tante raisonnable.

DE LORME.

Un pèlerinage ? Alles faisont fort bian.

COLETTE.

Oui ? mais vous ne savez pas qu'elles ne sont pas toutes seules, et qu'il y a des pèlerins qui vont avec elles ?

DE LORME.

Bon ! tant mieux ! c'est bian avisé de prendre compagnie ; alles ne s'ennuyront pas dans les chemins.

COLETTE.

Oh ! vraiment non ! c'est Monsieur Giflot et Monsieur de Lépine qui font aussi ce pèlerinage-là.

DE LORME.

Tatigué ! que ça va bian ! vela ce que je demandons.

COLETTE.

Vous trouvez qu'elles font bien ?

DE LORME.

Comment, bian ! alles faisont à marveille, et je n'en voudrais pas tenir cent bons écus.

COLETTE.

Voyez un peu comme on se trompe! Je leur voulais conseiller, moi, de n'en rien faire.

DE LORME.

Garde-t-en bian! voirement, il faut les encourager à ça au contraire.

COLETTE.

Oh! ce n'est pas le courage qui leur manque; et elles disent que quand elles reviendront, il n'y aura plus de difficultés à leurs mariages.

DE LORME.

Oh! pour ce qui est de ça, non! Monsieu le Bailli et moi, je les ferons faire : ces mariages-là se faisont d'eux-mêmes, il y a des règles pour ça; ça va tout seul.

COLETTE.

Vous leur conseillez donc de partir, mon père?

DE LORME.

Oui, palsangué! je leur conseille.

COLETTE.

Que ces bons conseils-là leur feront plaisir!

DE LORME.

Et de chagrin à ta tante! c'est ce qui m'en plaît le plus. Alle m'en veut itou; mais, morgué! je m'en gausse.

COLETTE.

Elle vous en veut aussi? Je vais porter vos conseils à mes cousines, *(bas)* et demander pour moi ceux de ma tante.

SCÈNE VI

DE LORME, *seul*.

Avec tout ça, voyez ce que c'est que de bailler aux filles bon exemple, comme j'en baille à Colette, moi. Je ne sis point libartin, je la tiens de court, je vous la sarmonne; aussi, ça est-il d'une douceur, d'une simplicité; ça ne me fera point de frasque. Mais la Meunière... Oh! palsangué! Monsieu le Bailli, j'avons le bon bout de notre côté, ne vous boutez pas en peine!

SCÈNE VII

LE BAILLI, DE LORME.

LE BAILLI.

Quoi? qu'est-ce? qu'est-il arrivé depuis peu?

DE LORME.

Les mariages que je souhaitons sont morgué faits, presqu'autant vaut...

LE BAILLI.

De quelle manière?

DE LORME.

Oh! palsanguenne! parsonne ne pourra dire non, pas même la Meunière...

LE BAILLI.

Ce ne sera peut-être pas la plus rétive... eh bien?

DE LORME.

Monsieu de Lépeine et Monsieu Giflot s'entournont d'eux-mêmes.

LE BAILLI.

Comment?

DE LORME.

Ils emmèneront les nièces en pèlerinage.

LE BAILLI.

En pèlerinage! qui vous a dit cela?

DE LORME.

Pargué! Colette alle-même, à qui j'ai recommandé qu'alle les faisit partir tout au plus vite. C'est bian fait, n'est-ce pas?

LE BAILLI.

Il n'y a pas grand danger qu'elles partent; mais il ne faut pas qu'elles aillent loin.

DE LORME.

Oh! je les rattraperons facilement, et puis, autant de marié ou de pendu, n'est-ce pas? Vela, morgué, bian pourvoir des filles.

ACTE III, SCÈNE IX.

LE BAILLI.

Je me suis avisé, fort à propos, de répandre quelques espions dans le village, qui me rendront compte de tout ce qui se passera.

DE LORME.

Oh! palsangué! je m'en fierai mieux à moi qu'à parsonne, et je m'en vais les espionner moi-même ; oh! je vous en vianrai biantôt dire des nouvelles.

SCÈNE VIII

LE BAILLI, *seul.*

Qu'il y a d'union dans de certaines familles ! Voilà un beau-frère qui n'a rien tant à cœur que de faire du chagrin à la Meunière, et l'autre est bien femme à lui rendre.

SCÈNE IX

LA MEUNIÈRE, LE BAILLI.

LA MEUNIÈRE.

Vela qui est tarminé, Monsieu le Bailli : j'ai pris mon parti ; je ne compte plus sur Blaise, c'est un parfide ; et au cas que Monsieu de Lépine et Monsieu Gillot me manquiont itou...

LE BAILLI.

Je ne vous conseille pas de faire de grands fonds sur eux.

LA MEUNIÈRE.

Que le monde est malin ! Ce vilain Blaise, que je croyais si nigaud, Monsieu le Bailli...

LE BAILLI.

Eh bien ?

LA MEUNIÈRE.

Il a eu l'esprit d'enrôler Colette ; les voilà qui s'en allont ensemble en pèlerinage.

LE BAILLI.

Ils s'en vont ensemble? En êtes-vous bien sûre?

LA MEUNIÈRE.

Si j'en sis sûre! C'est Colette elle-même qui me l'a dit. Elle m'est venue demander mon avis là-dessus; et vous jugez bian que je ly ai conseillé qu'alle s'en allit, et tout ça; pour faire plaisir au biau-frère, car je nous aimons tant...

SCÈNE X

DE LORME, LE BAILLI, LA MEUNIÈRE.

DE LORME.

Eh! fatigué, Madame la Meunière, à quoi vous amusez-vous donc? N'allez-vous pas dire adieu à vos filles?

LA MEUNIÈRE.

Adieu à mes filles? Allez, Monsieu de Lorme, allez-vous-en prendre congé de la vôtre, et ne vous mettez pas en peine des miennes!

DE LORME.

Je ne sais, morguenne, pas à queu pèlerinage alles s'en vont; mais alles sont drôlement équipées pour le voyage!

LA MEUNIÈRE.

Allez! vous êtes fou, Monsieu de Lorme.

DE LORME.

Oui, je sis fou, et votre garde-moulin est bian honnête. C'est ly qui les conduit par le chemin; mais alles trouveront queuques autres pèlerins sur la route.

LA MEUNIÈRE.

Hom! l'esprit bouché! Allez! mon bon ami, ce ne sont pas mes filles que Blaise conduit, c'est la vôtre, il n'en emmène qu'une.

DE LORME.

La mienne? il est morgué bon là! Oh! je sais bian ce que j'en dis, j'en ai vu deux.

LA MEUNIÈRE.

Ce n'est pas d'aujourd'hui que le mal vous tient, vous êtes accoutumé à voir double.

DE LORME.

Madame la Meunière ?

SCÈNE XI

MATHURINE, LE BAILLI, LA MEUNIÈRE, DE LORME.

MATHURINE.

Ah! voirement, Monsieu, voici bien du tintamarre.

LE BAILLI.

Comment! Mathurine, qu'est-ce qu'il y a?

MATHURINE.

Toutes les filles et les garçons se sont baillé le mot pour désarter le village. Ils se sont habillés comme des mascarades, et ils disont comme ça qu'ils s'en allont en pèlerinage, pour cette fin d'être mariés ensemble.

LE BAILLI.

Mais vraiment, c'est une gageure, je pense?

MATHURINE.

Monsieu le curé est survenu, qui dit qu'il les mariera bian tretous, qu'il ne faut point de pèlerinage pour ça, et qu'il ne prétend point qu'ils se mariont autre part; mais eux, ils voulont toujours partir. Venez-vous-en tâcher d'y bouter ordre.

DE LORME.

Morgué! Monsieu le Bailli, c'est une rage que ça!

MATHURINE.

Eh! voirement oui, ç'en est une. Il n'y a pas jusqu'à votre petite Colette qui emmène deux garçons pour elle toute seule, Monsieu Giflot et Monsieu de Lépeine.

DE LORME.

Monsieu Giflot et Monsieu de Lépeine? queu conte!

MATHURINE.

Il n'y a point de conte à ça; et vela, je crois, toute la bande qui viant vars ici; les plus pressés allont devant les autres. Eh bian ! est-ce un conte? Tenez ! voyez vous-même ?

DE LORME.

Eh ! pargué non, c'est elle-même.

LE BAILLI.

Et les deux pèlerins qui la suivent de près.

LA MEUNIÈRE.

Qu'est-ce que tout ça veut dire ?

SCÈNE XII

LE BAILLI, LA MEUNIÈRE, DE LORME, COLETTE, GIFLOT, LÉPINE.

DE LORME.

Eh ! parle donc? Eh ! fille, comme te vela faite ! Est-ce que t'es itou une voyageuse ?

COLETTE.

Mon père...

DE LORME.

Eh bian ! mon père? Tenez, Monsieu le Bailli, alle me demande des conseils pour ses cousines, et la masque les prend pour elle. Queule trahison !

COLETTE.

Il n'y a point de trahison là-dedans. Mes cousines ont profité de vos conseils, et moi, j'ai suivi ceux de ma tante.

DE LORME.

Eh ! pourquoi donc ces deux Messieus que tu dis qui sont amoureux d'elles ?

COLETTE.

Eh ! oui, justement, c'est pour elles que je les emmène, et elles emmènent Blaise pour moi; nous nous sommes partagés comme cela pour éviter la médisance.

ACTE III, SCÈNE XII.

DE LORME.

Eh! oui : mais... Tatigué! que d'esprit, Monsieu le Bailli! Vela une jolie petite criature!

LE BAILLI.

Oui, vraiment. Que dites-vous à ça, Madame la Meunière?

LA MEUNIÈRE.

Que voulez-vous que je vous dise? Je sis toute ébaubie!

LE BAILLI.

Vous voyez bien que c'est à vos filles qu'on en voulait?

LA MEUNIÈRE.

Eh! voirement oui, je le vois bian, je ne le vois que trop!

LE BAILLI.

Après un éclat comme celui-ci, le meilleur parti que vous ayez à prendre, c'est en cas que ces Messieurs veuillent les épouser sans dot, de consentir à ces mariages tout au plus vite.

LÉPINE.

Oh! de tout mon cœur, je ne demande pas mieux.

GIFLOT.

Ni moi non plus, c'est tout ce que je souhaite.

LA MEUNIÈRE.

A ces conditions-là, je le veux bian itou, j'en serai défaite.

COLETTE.

Si mon père voulait aussi, Monsieur le Bailli, Blaise me prendrait de même.

DE LORME.

Je ne déboursérai rian pour ça? Eh bian! vela qui est fait. Je veux tout ce qu'alle veut; alle est trop gentille. Vous resterais donc veuve a votre corps défendant, Madame la Meunière?

LA MEUNIÈRE.

Moi? rester veuve!

LE BAILLI.

Il faudra prendre le concierge, c'est le portrait du défunt.

LA MEUNIÈRE.

Prendre c'ty là? je crèverais plutôt, il y a trop de ressemblance.

LE BAILLI.

Eh bien! je ne lui ressemble point, moi. Vous, vous êtes riche et sans famille. Voulez-vous me prendre?

LA MEUNIÈRE.

Vous prendre? Vous? Vous feriais-vous meunier, Monsieur le Bailli?

LE BAILLI.

Pour me faire meunier, non; mais je vous ferai baillive.

LA MEUNIÈRE.

Eh bian! baillive, soit! vous n'avez qu'à faire.

DE LORME.

Morgué! que ça me plaît. Vela tout le monde pourvu. N'y a-t-il point queuque fille ici, biau et bian tourné comme je sis, qui me voulît faire itou queuque chose?

LE BAILLI.

Oui, j'ai votre fait, Monsieur de Lorme.

DE LORME.

Bon! tant mieux! Allons! que les pèlerins et pèlerines viennent se réjouir de nos mariages. Il faut qu'ils soyant tretous de nos noces, et, morgué! vivent les pèlerinages! Sans c'ty-ci, je ne serions pas si bian d'accord que je le sommes.

TROISIÈME INTERMÈDE

Les garçons et les filles du village, en pèlerins et en pèlerines, se disposent à faire voyage au Temple de l'amour.

MONSIEUR TOUVENELLE, pèlerin.

Au temple du fils de Vénus
Chacun fait son pèlerinage;
La cour, la ville et le village
Y sont également reçus.
Ceux qui viennent dans le bel âge
Y sont toujours les mieux venus.

INTERMÈDE.

ENTRÉE.

MONSIEUR TOUVENELLE.

L'Amour, ce petit dieu malin,
Met tout en usage pour plaire;
Il a régalé la meunière
Pour s'asservir tout le moulin.

ENTRÉE.

MONSIEUR TOUVENELLE.

Quand j'ai quelque amoureux dessein
Je fonde d'abord la cuisine;
Et pour attraper ma voisine,
Je fais grand'chère à mon voisin.

ENTRÉE.

MADEMOISELLE HORTENSE, pèlerine.

Venez dans l'île de Cythère
En pèlerinage avec nous;
Jeune fille n'en revient guère
Ou sans amant, ou sans époux;
Et l'on y fait sa grande affaire
Des amusements les plus doux.

MONSIEUR TOUVENELLE.

Pour s'engager dans ce voyage
Il ne faut point tant de façon;
Je ne veux pour tout équipage
Que mon amour et mon bourdon;
Et pour avoir soin du ménage,
Marotte, Colette ou Louison.

MADEMOISELLE HORTENSE.

Nous irions ensemble à la Chine,
Sans avoir écu ni denier;
Jeune et gentille pèlerine
Porte toujours de quoi payer :
L'Amour prend soin de la cuisine,
Et Bacchus est le sommelier.

ENTRÉE.

Branle.

MONSIEUR TOUVENELLE.

Nos pèlerins ont bonne mine :
Que de gentilles pèlerines !
Mais, à ce que dit Mathurine,
La mine trompe quelquefois.
Que de gentilles pèlerines
L'Amour assemble sous ses lois !

MADEMOISELLE MIMY, pèlerine.

Mais, à ce que dit Mathurine,
Que de gentilles pèlerines !
La chose vaut qu'on l'examine,
Et je veux en juger par moi.
Que de gentilles pèlerines
Qu'Amour assemble sous ses lois !

MADEMOISELLE HORTENSE.

La chose vaut qu'on l'examine,
Que de gentilles pèlerines !
Il ne faut esprit ni doctrine
Pour apprendre à faire un bon choix :
Que de gentilles pèlerines
L'Amour assemble sous ses lois !

MONSIEUR TOUVENELLE.

Il ne faut esprit ni doctrine,
Que de gentilles pèlerines !
Et souvent telle est la plus fine,
Qui s'y trompe le plus de fois.
Que de gentilles pèlerines
L'Amour assemble sous ses lois !

MADEMOISELLE MIMY.

Et souvent telle est la plus fine :
Que de gentilles pèlerines !
Si mon premier choix me chagrine,
Quitte à troquer au bout d'un mois...
Que de gentilles pèlerines
L'Amour assemble sous ses lois !

MADEMOISELLE HORTENSE.

Si mon premier choix me chagrine,
Que de gentilles pèlerines !
J'imiterai notre voisine,
Elle en prend bon nombre à la fois.
Que de gentilles pèlerines
L'Amour assemble sous ses lois !

Fin des Trois Cousines.

LE MARI RETROUVÉ

LE BAILLI

Je les ferai arrêter sur votre déposition
et je vais tout de ce pas, faire chercher le
greffier pour la venir recevoir.

Scène XI.

LE MARI RETROUVÉ

COMÉDIE EN UN ACTE

REPRÉSENTÉE, POUR LA PREMIÈRE FOIS, LE 25 OCTOBRE 1698

PERSONNAGES :

JULIEN, meunier.
JULIENNE, sa femme.
COLETTE, leur nièce.
CLITANDRE, amant de Colette.
LÉPINE, son valet.
Madame AGATHE, amoureuse de Charlot.
CHARLOT, amoureux de Colette.
LE BAILLI.
MATHURIN, garçon du Moulin.

La scène est au Moulin.

SCÈNE PREMIÈRE

LÉPINE, CLITANDRE.

LÉPINE.

Ma foi, Monsieur, c'est une sotte chose que l'amour? convenez-en de bonne foi. Tant que vous n'avez été que libertin, vous avez vécu le plus heureux du monde : pourquoi diantre changer des manières dont vous vous êtes si bien trouvé?

CLITANDRE.

Que veux-tu que je fasse, mon pauvre Lépine? Il ne dépend pas de moi de résister aux charmes de l'aimable Colette, et son mérite et sa beauté me paraissent dignes d'une fortune bien plus considérable que celle que je puis lui faire.

LE MARI RETROUVÉ

LE MARI RETROUVÉ

COMÉDIE EN UN ACTE

REPRÉSENTÉE, POUR LA PREMIÈRE FOIS, LE 25 OCTOBRE 1698

PERSONNAGES :

JULIEN, meunier.
JULIENNE, sa femme.
COLETTE, leur nièce.
CLITANDRE, amant de Colette.
LÉPINE, son valet.
MADAME AGATHE, amoureuse de Charlot.
CHARLOT, amoureux de Colette.
LE BAILLI.
MATHURIN, garçon du Moulin.

La scène est au Moulin.

SCÈNE PREMIÈRE

LÉPINE, CLITANDRE.

LÉPINE.

Ma foi, Monsieur, c'est une sotte chose que l'amour? convenez-en de bonne foi. Tant que vous n'avez été que libertin, vous avez vécu le plus heureux du monde : pourquoi diantre changer des manières dont vous vous êtes si bien trouvé?

CLITANDRE.

Que veux-tu que je fasse, mon pauvre Lépine? Il ne dépend pas de moi de résister aux charmes de l'aimable Colette, et son mérite et sa beauté me paraissent dignes d'une fortune bien plus considérable que celle que je puis lui faire.

LÉPINE.

Comment diable? voilà une passion bien sérieuse, au moins... et pour la petite nièce d'une meunière encore! Cette aventure-là fera du bruit, Monsieur, et ce sera un des beaux chapitres du roman de votre vie.

CLITANDRE.

C'en sera la conclusion, mon enfant, et je borne tous mes désirs, toute ma félicité, au seul plaisir de me faire aimer d'une si charmante personne.

LÉPINE.

Eh! fi donc, Monsieur, c'est bien à moi qu'il faut dire cela.

CLITANDRE

Je te dis vrai.

LÉPINE.

Quoi! vous qui avez passé de si doux moments dans les agréables compagnies de la province, vous qui êtes la coqueluche de tout le Gâtinais et les délices de toutes les coquettes de Montargis, vous allez vous borner ici, et vous amuser à filer le parfait amour dans un moulin? Vous vous moquez, je pense!

CLITANDRE.

Je ne me moque point, je m'abandonne à ma destinée. Je n'ai jamais rien vu de plus aimable que Colette, et jamais je n'aimerai qu'elle.

LÉPINE.

C'est-à-dire que vous voilà déterminé à ne vous point marier? car, apparemment, vous ne voulez pas faire de la petite meunière autre chose qu'une maîtresse?

CLITANDRE.

Pourquoi non? Est-ce la naissance qui doit déterminer au choix d'une femme? C'est le mérite et la vertu qui font les mariages, et je trouve dans la personne de Colette tout ce qu'il me faut pour me rendre heureux.

LÉPINE.

Puisque vous êtes absolument de ce goût-là, Monsieur, j'en suis ravi, je vous assure; je vous en félicite, et je pourrai bien avoir l'honneur de devenir votre oncle.

SCÈNE I.

CLITANDRE.

Comment, mon oncle?

LÉPINE.

Oui, Monsieur, Madame Julienne la Meunière est, comme vous savez, la tante de votre charmante Colette...

CLITANDRE.

Eh bien?

LÉPINE.

Eh bien! Monsieur, je trouve dans la personne de la tante tout ce que vous trouvez dans celle de la nièce ; et comme je ne m'oppose point à votre satisfaction, vous ne voudrez pas mettre obstacle à ma petite fortune, peut-être?

CLITANDRE.

Quelles visions tu te mets dans la tête! Toi, épouser Madame Julienne! il faut auparavant qu'elle devienne veuve.

LÉPINE.

Oh! elle l'est, Monsieur, le meunier est défunt, sur ma parole.

CLITANDRE.

Tu ne sais ce que tu dis, cela n'est point.

LÉPINE.

Que diantre serait-il donc devenu? On l'a assommé quelque part, sur ma parole ; tout le monde le croit, du moins ; et il faut que Madame Julienne en soit bien sûre, elle; car, depuis quelques jours, elle est d'un contentement, d'une gaieté...

CLITANDRE.

Je lui pardonnerais de ne le pas regretter : un fou, un imbécile, qui, sans la résistance de sa femme, aurait rendu sa pauvre petite nièce malheureuse.

LÉPINE.

Il prétendait la marier à Monsieur le Bailli, et ce Monsieur le Bailli n'a pas encore renoncé tout à fait à ses prétentions.

CLITANDRE.

Il peut se flatter tant qu'il lui plaira, mais la tante est dans mes intérêts.

LÉPINE.

Vos affaires sont en bonnes mains; c'est une maîtresse femme. La voici, Monsieur.

SCÈNE II

JULIENNE, CLITANDRE, LÉPINE.

JULIENNE.

Votre sarvante, Monsieu Clitandre. Eh bien! qu'est-ce? êtes-vous toujours bian amoureux de ma nièce? terminerons-je celle affaire-là? Il ne faut point tant barguigner, je ferons le contrat quand vous voudrez. A quand la noce? que j'y danserai de bon cœur! je ne me suis jamais sentie si fort en joie.

LÉPINE.

Oh! le bonhomme Julien est trépassé, il n'y a point de milieu.

CLITANDRE.

Que je suis ravi, ma chère Madame Julienne, de vous trouver dans ces sentiments! si ceux de votre charmante nièce m'étaient aussi favorables...

JULIENNE.

Seriais-vous encore à vous en apercevoir? Et depuis un mois que son bourru d'oncle a quitté le moulin, n'avez-vous pas eu tout le temps et toute la commodité de lui conter vos raisons, et de savoir ce qu'elle a dans l'âme?

CLITANDRE.

Je crois lire dans ses yeux et dans ses manières qu'elle n'est pas insensible à ma tendresse; mais j'ai beau la presser à consentir à l'union que vous voulez faire, l'éloignement de votre mari, le dessein qu'il avait de lui faire épouser ce malheureux bailli, la crainte où elle est qu'à son retour il ne fasse éclater son ressentiment contre vous...

JULIENNE.

De quoi se mêle-t-elle? sont-ce là ses affaires? Je veux le fâcher, moi, je veux qu'il me querelle, en cas qu'il me revienne, dà, car...

SCÈNE II.

LÉPINE.

Oh! Madame Julienne sait bien ce qu'elle fait, Monsieur.

JULIENNE.

Oh! pour cela, oui, j'ai toujours voulu être la maîtresse. Quand Julian me faisait l'amour, il m'a tant dit qu'il était mon sarviteur, que je n'en ai jamais voulu démordre. Du depuis que je sommes mariés, il a voulu faire le maître; oh! dame, je nous sommes trouvés deux, je nous sommes querellés, je nous sommes battus; aussi ça fait que je ne nous aimons guères. A la parfin, je ly ai fait désarter la maison; et de cette magnière-là, je suis demeurée la maîtresse, moi, comme vous voyez.

LÉPINE.

Si la nièce suit l'exemple et les leçons de la tante, vous allez faire un beau mariage, Monsieu !

CLITANDRE.

Paix ! tais-toi.

JULIENNE.

M'en croirez-vous, Monsieu Clitandre ? Sarvez-vous de l'occasion : vous aimez Colette, alle est gentille, alle a de bon bian, j'ons vingt mille francs à elle, ça est bon à prendre; je vous la veux bailler, parce que Julian la voulait bailler à un autre. Si, par aventure, je n'avais plus personne qui m'obstinit, je changerais d'avis, peut-être, et vous en enrageriais, je gage ?

CLITANDRE.

Oui, je serais au désespoir, si vous deveniez contraire à mon amour. J'adore votre aimable nièce, je fais tout mon bonheur de la posséder; disposez-la seulement à ce mariage, nous en ferons, quand il vous plaira, la cérémonie.

JULIENNE.

Dame ! acoutez, je prétends que ça fasse fracas dans le pays, et que tout le monde sache que vous serez mon neveu.

CLITANDRE.

Je m'en fais trop de plaisir pour ne m'en pas faire honneur, je vous assure.

JULIENNE.

Bon ! tant mieux ! le Bailli en crèvera de dépit, et je m'en vais faire prier de la noce toutes les meunières des environs, pour qu'alles aient la rage au cœur de voir Colette devenir grosse madame.

LÉPINE.

La bonne personne que Madame Julienne !

JULIENNE.

Il faut faire les fiançailles drès aujourd'hui, Monsieu Clitandre : je bâillerai le festin, moi, ayez-nous des ménétriers tant seulement.

LÉPINE.

C'est mon affaire à moi, je m'en charge.

CLITANDRE.

Et moi, je vais avertir ma famille de la résolution que j'ai prise, les inviter à venir prendre part à mon bonheur, et je me rends ensuite auprès de votre charmante nièce, pour ne la quitter de ma vie.

JULIENNE.

L'aimable petit homme ! Adieu, mon neveu.

SCÈNE III

JULIENNE, LÉPINE.

JULIENNE.

Cette parenté-là ne fera point de déshonneur à la profession, Monsieur de Lépine.

LÉPINE.

Non, vraiment, et voilà votre moulin illustré, Madame Julienne.

JULIENNE.

Vous ne sauriais croire le plaisir que ça me fait, et si, pourtant, je ne sis pas glorieuse.

LÉPINE.

Un peu d'ambition n'est pas blâmable.

SCÈNE III.

JULIENNE.

Ça ne me tourmente point, et je voudrais que mon pauvre mari fût mort, an verrait bian que ce n'est pas la vanité qui me gouvarne.

LÉPINE.

Vous ne seriez pas fâchée d'être veuve, Madame Julienne?

JULIENNE.

Il m'est avis que non, Monsieu de Lépine, je crois que ça est drôle; je ne l'ai jamais été, ça serait nouviau, et les femmes ne haïssont pas la nouveauté, comme vous savez.

LÉPINE.

Non, vraiment!

JULIENNE.

S'il était vrai, comme chacun dit, que Julian fût défunt... je ne lui souhaite point du mal, le ciel m'en préserve!

LÉPINE.

Vous avez le cœur trop bon pour cela, assurément; mais si le mal était arrivé par aventure?

JULIENNE.

Oh! dame, en cas de ça. Dieu veuille avoir son âme! cet homme-là m'a bian tourmentée!

LÉPINE.

Vous ne vous remarierai pas, je gage?

JULIENNE.

Vous croyez cela, Monsieu de Lepeine?

LÉPINE.

Oui, vous vous êtes si mal trouvée de ce mari-là...

JULIENNE.

Eh! voirement, ce serait pour être mieux, que je voudrais en prendre un autre.

LÉPINE.

Cela est de fort bon sens.

JULIENNE.

N'est-il pas vrai?

LÉPINE.

Il faudrait bien prendre garde au choix que vous feriez.

31.

JULIENNE.

Il est déjà tout fait, Monsieu de Lepeine.

LÉPINE.

Il est déjà fait? quelle précaution de femme!

JULIENNE.

Oh! dame, je ne sis pas une barguigneuse, moi!

LÉPINE, *à part.*

Parbleu! c'est à moi qu'elle en veut, je l'avais bien prévu, je serai l'oncle de mon maître.

JULIENNE.

Drès que je sis menacée de queuque accident, je songe d'abord au remède, voyez-vous.

LÉPINE.

C'est fort prudemment fait. Et quel heureux mortel, Madame Julienne, serait l'antidote de votre veuvage?

JULIENNE.

Un bon garçon, de qui je ferai la fortcune, Monsieu de Lepeine.

LÉPINE, *à part.*

C'est moi.

JULIENNE.

Jeune et de bonne himeur.

LÉPINE, *à part.*

Justement, c'est moi.

JULIENNE.

Beau, bien fait.

LÉPINE, *à part.*

Oh! c'est moi, sans contredit.

JULIENNE.

Et de qui je sis sûre que je ferai ce que je voudrai.

LÉPINE.

Oui, Madame Julienne, je vous en réponds, et vous me verrez toujours l'homme du monde le plus amoureux et le plus reconnaissant.

JULIENNE.

Je vous varrai amoureux! de qui? et reconnaissant! de quoi?

LÉPINE.

De toutes les bontés que vous avez pour moi.

JULIENNE.

Eh! voirement, je n'en ai point, ce n'est pas vous que ça regarde.

LÉPINE.

Ce n'est pas moi...

JULIENNE.

Eh! fi donc, vous vous gaussez, je pense! Oh! vous n'êtes pas d'une corpulence à devenir meunier, le moulin dépérirait entre vos mains. Je sis bian votre sarvante, je ne veux pas quitter la profession. Allez nous chercher des ménétriers. Jusqu'au revoir, Monsieu de Lepeine.

SCÈNE IV

LÉPINE, seul.

Mangrebleu de la masque, avec son moulin! Ce sera quelque jeune meunier du voisinage qui lui aura donné dans la vue. A la peinture qu'elle a faite pourtant, je me suis reconnu trait pour trait, beau... bien fait... Il est vrai qu'elle n'a point parlé de l'esprit et du mérite ; c'est quelque manant dont elle est coiffée, et voilà l'erreur de la plupart des femmes : ce n'est ni le mérite, ni l'esprit, c'est la taille et la figure qui font aujourd'hui la fortune des hommes.

SCÈNE V

MADAME AGATHE, LÉPINE.

MADAME AGATHE.

Bonjour, Monsieur de Lepeine, comment vous en va?

LÉPINE.

Votre valet, Madame Agathe : fort à votre service.

MADAME AGATHE.

N'auriez-vous point vu la commère Julienne, par aventure?

LÉPINE.

La voilà qui s'en va de ce côté.

MADAME AGATHE.

Je m'en vais courir après elle, j'ai une plaisante nouvelle à lui apprendre.

LÉPINE.

Et quelle?

MADAME AGATHE.

Son mari n'est pas mort, Monsieur de Lépine!

LÉPINE.

Cette nouvelle-là ne lui plaira point, Madame Agathe, ne vous pressez point de la lui donner.

MADAME AGATHE.

Eh! le plaisant n'est pas qu'il soit en vie, c'est qu'il va se marier.

LÉPINE.

Du vivant de sa femme?

MADAME AGATHE.

Oui, vraiment, il ne s'embarrasse pas de ça, et il faut y mettre empêchement, n'est-ce pas?

LÉPINE.

Oh! point du tout, il n'y a qu'à le laisser faire; elle lui rendra bien le change, sur ma parole.

MADAME AGATHE.

Je sais bien qu'ils ne s'aiment guère ; mais ça ne fait rien : une femme a beau ne se pas soucier de son mari, elle aime toujours bien mieux qu'il soit mort, que non pas qu'il en épouse d'autres.

LÉPINE.

Mais, êtes-vous bien sûre de cette nouvelle-là, Madame Agathe?

MADAME AGATHE.

Si j'en suis sûre! c'est le cousin Vincent qui me l'a dit. Il revient de Nemours, comme vous savez?

LÉPINE.

Eh bien?

SCENE VI.

MADAME AGATHE.

Eh bien ! il a trouvé là le meunier qui s'est fait rat de cave. Ils ont joué bouteille à la boule ensemble ; et en buvant, le meunier lui a tout conté : qu'il est amoureux de la fille d'un cabaretier ; qu'il y a trois ans que cet amour-là lui trotte dans la cervelle ; et que, comme il n'aime point Madame Julienne, et que Madame Julienne ne l'aime point, il a trouvé à propos de devenir veuf, sans qu'il mourût personne, et de se remarier en survivance.

LÉPINE.

Cela est fort commode ; mais le meunier est fort indiscret.

MADAME AGATHE.

Oh ! il a bien recommandé le secret au cousin. Aussi le cousin ne l'a dit qu'à moi, je ne l'ai dit qu'à vous, je ne le dirai plus qu'à la commère Julienne.

LÉPINE.

Et je n'en ferai confidence qu'à trois ou quatre de mes amis, moi.

MADAME AGATHE.

Priez-les bien de n'en point parler, Monsieur de Lépine. Je meurs d'impatience de le conter à la commère ; il est bon qu'elle prenne un peu l'avis de sa famille là-dessus : je crois qu'elle ne ferait pas mal de faire avertir celle de son mari, qu'en dites-vous ?

LÉPINE.

Oui ! oui ! vous avez raison, un secret est bien entre vos mains, Madame Agathe.

MADAME AGATHE.

Oh ! je ne manque ni de discrétion, ni de jugement, ni de conduite. Je vous dis adieu, Monsieur de Lépine.

SCÈNE VI

LÉPINE, *seul.*

Voilà un incident qui change la situation de nos affaires ; il faut en faire part à mon maître. Je n'ai que faire de me presser de retenir les ménétriers jusqu'à nouvel ordre ; les fiançailles et le festin pourront bien être retardés, et Madame Julienne ne dansera pas de si bon cœur qu'elle croyait, sur ma parole.

SCÈNE VII

JULIEN, LÉPINE.

JULIEN, *à part*.

Palsanguenne ! il faut jouer de notre reste : allons ! bonne mine et mauvais jeu.

LÉPINE.

Eh ! parbleu, voilà le meunier qui revient de Nemours ; il lui a pris quelque remords de conscience, apparemment.

JULIEN.

Je vians de prendre congé de mon ancien ménage ; et je tâcherai d'emporter de c'ty-ci de quoi commencer à tenir le nouviau. Quand on n'est pas bian d'un côté, il n'y a pas de mal à se torner de l'autre.

LÉPINE.

Serviteur à Monsieur Julien.

JULIEN.

Ah ! votre valet, Monsieur de Lepeine.

LÉPINE.

Eh ! d'où diantre venez-vous donc ?

JULIEN.

Je vians de voyager ; le monde est bian grand, Monsieur de Lepeine !

LÉPINE.

Oui, vraiment, et vous aimez fort à voyager, vous, Monsieur Julien ?

JULIEN.

Drès que Julianne et moi j'avons queuque grabuge, je me divartis à ça, c'est ma coutoume. Taligué ! que de villes et villages ! et si parmi tout ça, charchez-moi une bonne femme, vous n'en trouverez, morgué, pas tant seulement la queue d'une !

LÉPINE.

Vous êtes prévenu contre le sexe, Monsieur Julien : j'ai pourtant ouï dire qu'à Nemours il y avait d'assez bonne pâte de filles, et qui promettaient...

JULIEN, *à part*.

A Nemours ? ce drôle-là est sorcier, ou bian la mêche est découvarte. Faisons bonne contenance.

LÉPINE.

Vous y avez passé, à Nemours ?

JULIEN.

Oui ; mais je n'y ai passé... qu'en passant... Comment se porte Julianne, Monsieur de Lepeine ? j'aime toujours cette masque-là, queuque chagrin qu'alle me baille. J'avons à tout bout de champ maille à partir ensemble, et vela déjà la troisième fois qu'alle me fait désarter la maison.

LÉPINE.

Et vous désertez toujours du côté de Nemours, Monsieur Julien ?

JULIEN, *à part*.

Il a morgué queuques soupçons de l'affaire.

LÉPINE.

Vous avez un grand faible pour cette ville-là, Monsieur Julien ?

JULIEN.

Et vous itou, Monsieur de Lepeine ? vous en parlez souvent : y auriais-vous queuque connaissance ?

LÉPINE.

Si j'y en ai ! J'y ai été rat de cave.

JULIEN, *à part*.

Rat de cave ? Il se gausse pargué de moi !

LÉPINE.

Il y avait dans ce temps-là une jolie fille dans une certaine hôtellerie, là ; comment appelez-vous ?... aidez-moi à dire ?...

JULIEN.

La fille de l'Écu ?

LÉPINE.

Oui, justement, la fille de l'Écu.

JULIEN, *à part.*

Ce drôle-là veut me faire parler : défions-nous de ly.

LÉPINE.

Elle s'appelle, je pense, Mademoiselle... j'aurais oublié son nom... Mademoiselle... Mademoiselle...

JULIEN.

Mademoiselle Margot ?

LÉPINE.

La voilà. Mademoiselle Margot, de l'Écu, c'est elle-même.

JULIEN, *à part.*

Il me tire, morgué, les vars du nez ; baillons-nous de garde.

LÉPINE.

C'était une aimable personne dans le temps que je l'ai vue.

JULIEN.

Oh! parguenne, alle l'est plus que jamais : si vous la voyiais, c'est un petit charme.

LÉPINE.

Ah! que j'ai été vivement amoureux d'elle, Monsieur Julien !

JULIEN.

Pas tant que moi, je gage ; j'en pards l'esprit, pis qu'il faut vous le dire.

LÉPINE.

Oui, vraiment? Je vous en félicite. Voilà donc la cause de vos fréquentes promenades, Monsieur Julien?

JULIEN.

Morgué ! je jase trop ; mais je ne saurais m'en tenir.

LÉPINE.

Et si Madame Julienne vient à savoir...

JULIEN.

Oh! palsangué, ne ly en parlez pas ; ne me jouez pas ce tour-là, Monsieur de Lepcine.

LÉPINE.

Promettez-moi donc de ne vous plus opposer au mariage de mon maître avec votre nièce, et je vous promets, moi, de vous garder le secret.

JULIEN.

Pargué ! de tout mon cœur ! Touchez-là, voilà qui est fait : je baille ma parole, mais, *motus*, au moins.

LÉPINE.

Je vous réponds de moi. Mais si d'ailleurs on venait à découvrir...

JULIEN.

On ne saurait, je sis trop dissimulé. Il y a morgué trois ans que ça dure, et parsonne ne se doute de rian ; vous n'en savez pas le plus principal vous-même. Oh ! pour ce qui est de ça, je sis un rusé manœuvre.

SCÈNE VIII

JULIEN, JULIENNE, LÉPINE, MADAME AGATHE.

JULIENNE.

Ah ! ah ! le voilà, je pense ? et de quoi t'avises-tu de revenir ici, bon vaurien ?

JULIEN.

Madame Julianne ?

LÉPINE.

Voilà un mari bien reçu chez lui !

MADAME AGATHE.

On disait que vous étiez mort, Monsieur Julien, cela n'est donc pas ?

JULIEN.

Non, vraiment, je ne le sis pas.

JULIENNE.

Eh ! pourquoi ne l'es-tu pas, dis ? Je ne sais qui me tient que je ne te dévisage !

LÉPINE.

Eh ! là ! là ! sans emportement.

JULIEN.

Vela toujours de vos magnières, Madame Julianne ?

JULIENNE, *pleurant*.

Il vaudrait bien mieux pour moi que tu le fusses, que non pas de mener la vie que tu mènes.

MADAME AGATHE.

Oh ! pour cela, Monsieur Julien, vous êtes un méchant homme d'abandonner comme ça, tous les ans, une pauvre femme qui vous adorerait, si vous étiez raisonnable.

JULIENNE, *pleurant*.

Vous savez mieux que parsonne, ma commère, toutes les pièces que ce libartin-là m'a faites, et si pourtant l'autre jour, quand on nous vint dire qu'il était defunt, queule inquiétude est-ce que ça me donnit ? je vous en fais juge.

MADAME AGATHE.

Et moi, ma commère ? Il fallait nous voir : nous étions toutes deux dans des impatiences de savoir ce qui en était. L'incertitude de ces choses-là fait bien souffrir une pauvre femme, Monsieur de Lépine !

LÉPINE.

Cela est vrai ; tout le monde était d'une affliction... Vous êtes furieusement aimé, Monsieur Julien ! et quand vous êtes arrivé, je m'en allais chercher les ménétriers, pour nous aider ce soir à consoler tout le village.

JULIENNE.

Ne suis-je pas bien malheureuse ?

JULIEN.

Entrons dans la maison, Madame Julianne, et nous parlerons...

JULIENNE.

Dans la maison ? Oh ! ne t'avises pas d'y mettre le pied ! je ne veux pas que tu en approches. Si tu regardes la porte seulement...

JULIEN.

Comment ? comment donc ? Qu'est-ce que cela signifie ?

SCÈNE VIII.

LÉPINE.

Le meunier ne sera pas le maître dans le moulin, sur mon honneur!

JULIENNE.

J'y mettrais plutôt le feu, que non pas qu'il le fût.

JULIEN.

Quelle enragée! Mais, acoutez donc, Madame ma femme, vous le prenez-là sur un ton...

JULIENNE.

Ta femme, moi? moi, ta femme? Ah! le bon traître! Il croit parler à sa cabaretière de Nemours, ma commère!

LÉPINE.

A la cabaretière de Nemours!

JULIEN.

La meine est inventée; mais, chut!

MADAME AGATHE.

Êtes-vous bien content de votre nouveau ménage, Monsieur Julien?

JULIEN.

Qu'est-ce que vous voulez dire avec votre nouviau ménage? Morgué! vous avez une langue de vipère, Madame Agathe! Vous croyez les contes qu'on vous fait, Madame Julianne?

JULIENNE.

Des contes, mon pendard? Oh! la gueule du juge en pètera, tu seras pendu, je t'en réponds!

JULIEN.

Je serai pendu, moi?

MADAME AGATHE.

Oui, par votre cou, mon compère Julien.

JULIEN.

Madame Julianne?

JULIENNE.

Tu m'as fait trop de fredaines, je veux devenir veuve.

JULIEN.

Madame Agathe?

MADAME AGATHE.

Un débauché qui prend deux femmes ! au diable ! au diable ! point de miséricorde !

JULIEN.

Par ma foi, vela deux méchantes carognes !

JULIENNE.

Mais, voyez ce fripon, cet insolent, qui nous injurie !

MADAME AGATHE.

Ce débauché, ce misérable ! Il perd le respect qu'il nous doit, ma commère !

JULIEN.

Comment du respect ! Je me donne au diable, si vous me faites prendre un tricot, je le pardrai, morgué, bian davantage, prenez-y garde !

JULIENNE.

Un tricot ! au secours ! à la force ! on me roue de coups, on m'assassine ! à la justice ! à la justice !

MADAME AGATHE.

Un tricot ? bon, ferme, courage, ma commère ! à la justice ! à la justice !

SCÈNE IX

JULIEN, LÉPINE.

JULIEN.

Alles avont le diable au corps, Monsieur de Lepeine ?

LÉPINE.

Oui, vraiment, et je vous trouve fort à plaindre d'avoir affaire à ces deux masques-là.

JULIEN.

Moi ? palsangué ! je ne les crains point, je les mets à pis faire.

LÉPINE.

S'il était vrai que vous eussiez épousé cette Mademoiselle Margot, de l'Ecu, l'affaire serait fâcheuse.

SCÈNE IX.

JULIEN.

Oh! ça n'est, morgué, pas fait à demeurer, il n'y a encore que le contrat de dressé, voyez-vous.

LÉPINE.

Que le contrat de dressé! Oh! ce n'est qu'une bagatelle ; on ne saurait vous faire un crime que de l'intention, et je vois bien que cela n'ira qu'aux galères.

JULIEN.

Aux galères, Monsieur de Lepeine ?

LÉPINE.

Oui, à moins que votre femme n'eût pour ami quelque juge, qui eût l'adresse de donner un tour à l'affaire, et de vous faire pendre à sa considération.

JULIEN.

Alle est morguenne assez malicieuse pour ça ! Mais vela une extravagante créature ! Alle voudrait être défaite de moi, je voudrais être débarrassé d'elle ; qu'alle me passe veuf, je la passerai veuve ! Il m'est avis qu'il ne faudrait pour ça qu'un petit mot d'accommodement sous seing privé ; et quand je serions d'accord une fois, ce ne serait l'affaire de parsonne : Qu'est-ce qui s'aviserait de nous plaider ?

LÉPINE.

Vous avez raison ; mais Madame Julienne est une femme régulière, qui veut être veuve dans toutes les formes : c'est là sa folie.

JULIEN.

Ce serait bian la mienne itou ; mais comment s'y prendre ?

LÉPINE.

Elle va faire sa plainte, et l'on informera contre vous. Je ne vous crois pas ici trop en sûreté, Monsieur Julien, si vous m'en croyez...

JULIEN.

Parguenne, à bon chat, bon rat ; pis qu'alle le prend comme ça, je m'en vas l'y jouer d'un tour à quoi elle ne s'attend pas : le Bailli est plus de mes amis que des sians, alle n'a qu'à se bian tenir.

LÉPINE.

Comment? Quel est votre dessein?

JULIEN.

Fatigué! je n'en dirai mot de c'ty-là; en arrivera ce qui pourra; je varrons lequel ce sera de nous deux qui aura plutôt l'esprit de faire pendre l'autre. Votre valet, Monsieu de Lepeine, jusqu'au revoir.

LÉPINE.

Je vous baise les mains, Monsieur Julien.

SCÈNE X

LÉPINE, CHARLOT.

LÉPINE, à part.

Voilà une agréable société! Il y a d'heureux mariages dans le monde.

CHARLOT, à part.

L'amour et la jalousie me feront devenir fou, moi qui sis si sage et si raisonnable.

LÉPINE, à part.

Voilà le garçon du moulin de Madame Julienne. Ah! ventrebleu! ne serait-ce point lui qui lui aurait donné dans la vue, et qu'elle coucherait en joue en cas de veuvage?

CHARLOT, à part.

N'est-ce pas le valet de ce houberiau, qui fait l'amoureux de ma chère Colette?

LÉPINE, à part.

Que parle-t-il de Colette?

CHARLOT, à part.

Je ne ly ôterai, morgué, pas mon chapiau le premier, je ly en veux trop!

LÉPINE.

Qu'est-ce que c'est donc, Monsieur Charlot? vous me paraissez bien fier aujourd'hui?

SCÈNE X.

CHARLOT.

Parguenne! comme de couteume, et si ça ne vous convient pas, je m'en gausse; je ne vous charchons pas, laissez-nous en repos.

LÉPINE.

Vous avez quelque chose dans la tête, à ce qu'il me semble?

CHARLOT.

Ça est vrai; il vous semble bian; j'y ai la volonté de vous paumer la gueule, Monsieur de Lepeine!

LÉPINE.

A moi?

CHARLOT.

Oui, palsanguenne, à vous! vous êtes un débaucheux de filles. Je sis garde-moulin, le meunier n'y est pas, vous en voulez à la nièce, mais si vous me faites prendre un gourdin.

LÉPINE.

Qu'est-ce à dire un gourdin?

CHARLOT.

Je ne parle pas pour à c'te heure: c'est une magnière d'avertissement, pour en cas que vous y reveniais.

LÉPINE.

J'y reviendrai quand il me plaira, Monsieur Charlot.

CHARLOT.

Quand il vous plaira, Monsieur de Lepeine?

LÉPINE.

Assurément, quand il me plaira.

CHARLOT.

Eh bian! revenez-y: ce sont vos affaires, vous êtes le maître.

LÉPINE.

Et si vous vous avisez de faire le raisonneur, savez-vous bien que vous vous attirerez mille coups de bâton, mon petit ami?

CHARLOT.

Mille coups de bâton! c'est biaucoup Monsieur de Lepeine!

LÉPINE.

Vous les aurez, si vous raisonnez.

CHARLOT.

Eh bian ! je ne raisonnerai point, vela qui est fini.

LÉPINE.

Vous ferez sagement ; et pour vous faire voir qu'on ne vous craint guère, c'est que je veux bien vous avertir que mon maître épouse aujourd'hui Colette. Entendez-vous ?

CHARLOT.

Il épouse aujourd'hui Colette, Monsieur de Lepeine ?

LÉPINE.

Oui, vous dis-je.

CHARLOT.

Et il l'épouse en vrai mariage ?

LÉPINE

En vrai mariage. Le festin est commandé, les parents et les amis priés ; je m'en vais chercher les violons, moi.

CHARLOT.

Eh ! mais, morgué, que votre maître ne fasse pas cette sottise-là, il s'en repentirait ! Colette est amoureuse de moi, Monsieur de Lepeine.

LÉPINE.

Colette est amoureuse de vous ?

CHARLOT.

Drès le berciau, vous dit-on : je l'ai élevée à la brochette, et tenez... la vela qui viant, je m'en vais vous le faire dire.

LÉPINE.

Parbleu ! je le voudrais de tout mon cœur, mon maître n'aurait que ce qu'il mérite !

SCÈNE XI

COLETTE, LÉPINE, CHARLOT.

COLETTE.

Bonjour, Charlot.

CHARLOT.

Comme alle me dit bonjour de bonne amitié ! Voyez-vous ?

LÉPINE.

Cela est fort tendre.

COLETTE.

Votre servante, Monsieur de Lépine.

LÉPINE.

Je vous baise bian les mains, Mademoiselle Colette.

COLETTE.

Qu'est-ce donc, mon garçon ? tu me parais tout triste ?

CHARLOT.

Eh ! tatigué, comment ne le serais-je pas ? n'an veut bailler du croc-en-jambe à l'amour que j'avons l'un pour l'autre.

COLETTE.

Nous avons de l'amour l'un pour l'autre ? Qui t'a dit cela, Charlot ?

CHARLOT.

Eh ! pargué ! je sens bian le mien, parsonne n'a que faire de me le dire ; et pour ce qui est du vôtre, il m'est avis que du depis quatre ans vous m'en avez baillé tant de signifiance...

LÉPINE.

Haïe ! haïe ! haïe !

COLETTE.

Je t'ai donné des signifiances d'amour, moi ? Eh ! qu'est-ce que c'est que l'amour, Charlot ? je ne le connais pas encore.

CHARLOT.

Oh! taligné, non? qualle ignorante! alle en fait, morgué, bian plus qu'alle ne dit, Monsieu de Lepeine.

COLETTE.

Mais, vraiment, Charlot, tu perds l'esprit! et tu ferais croire des choses...

CHARLOT.

Pargué! je le fais exprès ; je sis bian aise qu'on sache ce qui en est; et je ne veux pas que vous en attrapiais parsonne : oh! j'ai de la conscience, moi.

LÉPINE.

Voilà un honnête garçon.

COLETTE.

J'en ai aussi, je t'assure ; et pour te tirer de ton erreur, je te dirai, en bonne conscience, que je ne t'aime point, que je ne t'ai jamais aimé, et que je ne t'aimerai de ma vie.

LÉPINE.

Cela est fort clair, Monsieur Charlot, et voilà une déclaration dans les formes.

CHARLOT.

Oh! palsanguenne! alle ne pense point ça ; c'est pour vous le faire accroire. Morgué! c'est un animal bien trompeux que la femelle d'un homme !

LÉPINE.

Il ne faut pas toujours se fier aux apparences, Monsieur Charlot.

CHARLOT.

Me traiter de la magnière! allez! cela n'est ni bian, ni honnête, après tout ce qui s'est passé depis que je nous connaissons !

COLETTE.

Eh! que s'est-il passé, dis maroutte, qui te fasse penser que j'ai de l'amour pour toi?

CHARLOT.

Quoi! je n'ons pas joué ensemble à la Madame, à Colin-Maillard, à la Queue-leu-leu, à Pétangueule?

COLETTE.

Eh bien ?

CHARLOT.

Ce n'est rien que ça, n'est-ce pas? et quand je jouions à la Cleumisette... acoutez, ne me faites pas parler!

COLETTE.

Parle! parle! je ne te crains point : quand nous jouions à la Cleumisette? que veux-tu dire?

CHARLOT.

On nous trouvait tous deux dans la même cache. Sont-ce des preuves que ça, Monsieu de Lepeine?

LÉPINE.

Non, vraiment!

COLETTE.

Voyez le grand malheur! Eh! pourquoi m'y venais-tu trouver, dis?

CHARLOT.

Parce que je vous aime ; mais pourquoi ne me chassiais-vous pas, vous?

COLETTE.

Parce que je ne savais pas que tu m'aimasses, et que je ne t'aimais pas, moi.

CHARLOT.

Alle ne m'aimait pas! qu'alle est trigaude! Quand je dansions aux chansons, elle était toujours la première à me prendre, et si alle aurait voulu pouvoir me tenir par les deux mains, tant alle était assottée de ma parsonne!

COLETTE.

Tu t'es figuré cela, mon pauvre Charlot.

CHARLOT.

Oh! pargué non! je sais bian ce que je dis. Tenez! Monsieu de Lepeine, alle faisait cent fois plus de caresses aux francs moigneaux que je ly dénichais, qu'à tous les marles que lui bailluient les autres. Morgué! n'est-ce pas là de l'amour? je vous en fais juge.

LÉPINE.

Il y a quelque chose à dire à cela, vous avez raison ; mais il n'y a pas de quoi rebuter mon maitre, et ces bagatelles-là ne l'empêcheront pas de conclure le mariage.

CHARLOT.

Ça ne l'en empêchera pas?

LÉPINE.

Non, vraiment.

CHARLOT.

Tatigué! que je sis fâché de ce qu'il n'y en a pas davantage!

COLETTE.

J'en sis fort contente, moi : tu l'aurais dit de même.

CHARLOT.

Oh! pour c'ty-là, oui, je vous en réponds!

COLETTE.

Où est votre maître, Monsieur de Lépine?

LÉPINE.

Vous ne tarderez pas à le voir; je vais vous l'amener dans le moment même.

COLETTE.

Et moi, je vais l'attendre avec impatience.

CHARLOT.

Hom! la masque!

SCÈNE XII

COLETTE, CHARLOT.

COLETTE.

Adieu, Charlot, ne te chagrine point; je t'aime toujours un peu. Va! tiens! baise ma main.

CHARLOT.

Non, morgué! je n'en ferai rian; je cracherais plutôt dessus. Fi! pouah! la perfide, la vilaine!

COLETTE.

Tu fais le mauvais? tant pis pour toi, je ne m'en soucie guère.

SCÈNE XIII

CHARLOT, *seul*.

Ces carognes de filles ! être déjà traîtresses à cet âge-là ! Ça ne s'apprend point, ça leur viant tout seul. Tians ! baise ma main : le biau régal ! C'est Madame Julianne qui fait ce mariage pour me faire pièce ; car alle est fâchée que j'aime Colette. Marguenne ! alle me le paiera ; le Bailli l'aime itou, cette Colette, c'est un matois qui en sait bien long ; je m'en vais le trouver, je leur baillerons du fil à retordre.

SCÈNE XIV

MADAME AGATHE, CHARLOT.

MADAME AGATHE.

Eh ! où vas-tu si vite, Charlot ? attends ! attends ! j'ai quelque chose à te dire.

CHARLOT.

Dépêchez-vous donc ; car j'ai queuque chose à faire, moi.

MADAME AGATHE.

Colette va être mariée avec un Monsieur, sais-tu bien cela ?

CHARLOT.

Oh ! morguenne, ça n'est pas bian sûr ! j'y bouterons queuque empêchement, ou je ne pourrons.

MADAME AGATHE.

Eh ! pourquoi ça ? qu'est-ce que ça te fait ?

CHARLOT.

Comment, morgué ! qu'est-ce que ça me fait ? Ne serait-ce point vous qui auriais baillé conseil à notre maîtresse de me jouer ce tour-là ?

MADAME AGATHE.

Moi ! par quelle raison ?

CHARLOT.

Morgué, que sais-je ? Pour m'avoir, peut-être, car vous êtes folle de moi, Madame Agathe.

MADAME AGATHE.

Je suis folle de toi ? tu ne le mérites guère.

CHARLOT.

Si fait, parguenne ; il n'y a que Colette que j'aime mieux que vous, la peste m'étouffe !

MADAME AGATHE.

Eh ! pourquoi l'aimes-tu mieux que moi, dis ?

CHARLOT.

Pargué ! parce qu'elle me plaît davantage ! Que voulez-vous que je vous dise ?

MADAME AGATHE.

Elle te plaît davantage ? une petite coquette...

CHARLOT.

Ça est vrai.

MADAME AGATHE.

Qui te préfère un autre amoureux !

CHARLOT.

Vous avez raison.

MADAME AGATHE.

Et cela ne te corrige point de la passion que tu as pour elle ?

CHARLOT.

Pargué non ! Eh ! je vous préfère bian Colette, moi... ça vous corrige-t-il ?

MADAME AGATHE.

Cela le devrait bien faire.

CHARLOT.

Oui, mais ça ne le fait pas, et pourquoi velez-vous que je ne sois pas aussi malaisé à corriger que vous, Madame Agathe ?

MADAME AGATHE.

Mais, promets-moi donc que tu m'épouseras, si tu ne peux empêcher le mariage de Colette ?

SCÈNE XIV.

CHARLOT.

Oh! pour ce qui est d'en cas de ça, je le veux bian. Si Colette m'echappe, je me baille à vous par désespoir ; vela qui est fini.

MADAME AGATHE.

Par désespoir! Je ne te devrais qu'à ton désespoir?

CHARLOT.

Taligué, qu'importe à qui? Vous ne velez que m'avoir, une fois ? vous m'aurais, et je vous baillerai la préférence sur Madame Julianne, qui me marchande itou.

MADAME AGATHE.

La commère Julienne est amoureuse de toi?

CHARLOT.

Oui, alle me mitonne, pour en cas qu'alle soit veuve ; mais queuque sot, je ne m'y frotte pas. Drès que je serions mariés, alle en mitonnerait peut-être quenqu'autre, pour être veuve de moi. Je n'aime, morgué, point ces prévoyeuses-là, Madame Agathe!

MADAME AGATHE.

Et tu as bien raison.

CHARLOT.

Taligué! je ly en veux plus qu'à une autre, à c'telle-là, c'est elle qui fait le mariage de Colette.

MADAME AGATHE.

Toujours Colette. Cela te tient bien au cœur, petit vilain?

CHARLOT.

J'en serais plus d'à-demi consolé, si alle épousait queuque autre que cet houberiau, et que je trouvisse la magnière de me venger de Madame Julianne. Morguenne! aidez-moi à ça, Madame Agathe?

MADAME AGATHE.

Très volontiers ; mais, comment s'y prendre?

CHARLOT.

Comment? morguenne, allons demander conseil à Monsieur le Bailli : c'est bian le meilleur homme, le plus honnête, le plus habile homme, pour faire du mal à queuqu'un dà. Il sait, morgué, sur le bout du doigt toutes les rubriques de la justice.

MADAME AGATHE.

Ça n'est pas mal imaginé. Allons, viens !

CHARLOT.

Non, ne bougeons : le vela ly-même tout à point, comme si je l'avions mandé. Sarviteur, Monsieur le Bailli.

SCÈNE XV

MADAME AGATHE, LE BAILLI, CHARLOT.

LE BAILLI.

Bonjour, Monsieur Charlot, bonjour.

MADAME AGATHE.

Monsieur le Bailli, je suis bien votre servante.

LE BAILLI.

Votre valet, Madame Agathe. Eh bien ! qu'est-ce, mes enfants ? voilà d'étranges nouvelles ! Cette scélérate de Julienne...

CHARLOT.

Morgué, bon ! il enfourne bian ; j'aurons bonne issue. Vous savez déjà ça, Monsieu le Bailli ?

LE BAILLI.

Il y a plus de quinze jours que je le soupçonne ; mais je n'ai point voulu faire d'éclat que je n'en eusse quelque certitude.

CHARLOT.

Oh ! parguenne, n'y a point à en douter, à présent, c'est une affaire sûre.

MADAME AGATHE.

On ne parle d'autre chose dans tout le village.

LE BAILLI.

En savez-vous quelque particularité, et ne pourriez-vous point servir de témoins dans tout ceci, vous autres ?

SCÈNE XV.

CHARLOT.

Pargué ! vous en sarvirez vous-même ; ils allont faire la noce, et vela les ménétriers qui allont venir.

LE BAILLI.

Comment, les ménétriers ? la noce de qui ?

MADAME AGATHE.

La noce de Colette, que Madame Julienne fait épouser à Monsieur Clitandre.

LE BAILLI.

Vraiment ? vraiment ? Elle prend bien son temps pour faire une noce ! Oh ! je troublerai la fête, sur ma parole.

CHARLOT.

Et vous ferez fort bian, Monsieu le Bailli.

LE BAILLI.

La malheureuse !

CHARLOT.

Acoutez ! c'est une méchante femme. Est-ce que vous sauriais queuqu'une de ses petites fredaines ?

LE BAILLI.

Oui... de ses petites fredaines... une bagatelle... elle a fait noyer son mari seulement.

CHARLOT.

Alle a fait noyer Monsieur Julian ! Vela pourquoi elle me mitonnait, voyez-vous ?

MADAME AGATHE.

Ça ne se peut pas, Monsieur le Bailli, je viens de le voir !

LE BAILLI.

Vous avez rêvé cela, Madame Agathe ; il y a plus d'un mois qu'il est défunt ; je le sais de bonne part.

MADAME AGATHE.

Il n'y a qu'un quart d'heure que j'ai quitté Monsieur Julien, vous dis-je.

LE BAILLI.

Oui, un faux Monsieur Julien, qu'elle aura attiré, pour faire prendre le change.

MADAME AGATHE.

Oh! point du tout, c'est le véritable ; elle l'a reçu comme un vrai mari : je l'ai aidée à le battre, moi, Monsieur le Bailli, puisqu'il faut vous le dire.

LE BAILLI.

Bagatelle! je ne donne pas là-dedans ; et nous avons, le procureur fiscal et moi, commencé une procédure, que nous soutiendrons vigoureusement.

CHARLOT.

Je vous le disais bian, Madame Agathe : c'est un bian honnête homme, un bian habile homme que notre Monsieu le Bailli !

MADAME AGATHE.

Mais le compère Julien n'est point défunt, ce sont des contes.

CHARLOT.

Je crois, pargué, bian que si, moi, et s'il ne l'était pas, il faudrait qu'il le devenit, puisque Monsieur le Bailli le dit. Est-ce que la justice est une menteuse, Madame Agathe!

LE BAILLI.

Monsieur Charlot prend fort bien la chose, et il n'est pas qu'il n'ait quelque connaissance du fait.

CHARLOT.

Moi, Monsieur le Bailli ?

LE BAILLI.

Oui, vous ! votre témoignage sera d'un grand poids dans cette affaire-ci.

CHARLOT.

Mon témoignage sera de poids ?

LE BAILLI.

Sans doute.

CHARLOT.

Pargué! bon! tant mieux! vela de quoi me venger de Madame Julianne. Ça, voyons, qu'est-ce qu'il faut que je témoigne, Monsieur le Bailli ?

LE BAILLI.

Ce que vous savez, on ne vous demande pas autre chose.

SCÈNE XV.

CHARLOT.

Morgué, je ne sais rian ! mais tout coup vaille. Si vous velez que je nous aimions, il faut dire comme moi, Madame Agathe.

MADAME AGATHE.

Je dirai la vérité.

CHARLOT.

Et moi itou ; mais aidez-nous à la dire, Monsieu le Bailli, car ce que je savons, nous, vous qui savez tout, vous le savez peut-être mieux que nous, par aventure.

LE BAILLI.

Mais le meunier et la meunière vivaient en très mauvaise intelligence, premièrement.

CHARLOT.

Oh ! pour c'ty-là, oui : tous les jours ils se battiont ou ils se querelliont très régulièrement à une certaine heure : je sis témoin de ça.

MADAME AGATHE.

Et moi aussi, Monsieu le Bailli.

LE BAILLI.

Bon ! le reste est une suite de cela, mes enfants. Le pauvre Julien s'enivrait quelquefois.

CHARLOT.

Queuquefois ! pargué, très souvent ; il était coutumier de ça, quasiment autant que vous, Monsieu le Bailli.

LE BAILLI.

Voilà le fait. La femme aura pris le temps de l'ivresse du mari, pour exécuter son mauvais dessein...

CHARLOT.

Justement ; il avait trop bu de vin, alle ly aura voulu faire boire de l'iau : il n'y a rien de plus naturel, ça parle tout seul.

MADAME AGATHE.

Si ça est, ça est comme ça, Monsieu le Bailli.

LE BAILLI.

Oui, on l'a jeté dans la rivière, et il ne se trouve point : voilà ce qui est d'embarrassant.

CHARLOT.

On ly a mis une piarre au cou. Est-ce une chose si rare qu'une piarre ? En vela un gros tas tout proche du moulin, où il m'est avis qu'il en manque queuqu'une.

LE BAILLI.

Oui, il en manque quelqu'une ? voilà un bon indice ; mais elle n'aura pas fait cela toute seule ?

CHARLOT.

Non, voirement ; il faut ly bailler des camarades. Eh ! pargué, cet amoureux de Colette et son valet Monsieur de Lepeine. Le defunt ne voulait pas qu'il éponsit sa nièce. C'est eux qui avont fait le coup, Monsieur le Bailli.

LE BAILLI.

Vous croyez ça, Monsieur Charlot ?

CHARLOT.

Si je le crois ! je ly en veux, morgué, trop pour ne le pas croire ; et vous le croyez itou, vous, je gage ? c'est notre rival, Monsieu le Bailli : j'en jurerais, moi, en cas de besoin ; ça suffira-t-il pour le faire pendre ?

LE BAILLI.

Voilà une cruelle affaire pour ces gens-là.

CHARLOT.

J'allons, pargué ! leur tailler de la besogne.

LE BAILLI.

Je les ferai arrêter sur votre déposition, et je vais, tout de ce pas, faire chercher le greffier pour la venir recevoir.

CHARLOT.

Qu'il écrive ce qu'il voudra, je sommes témoins de tout, ne vous boutez pas en peine. Pargué ! je nous en allons bian rire.

SCÈNE XVI

MADAME AGATHE, CHARLOT.

MADAME AGATHE.

Mais, sais-tu bien que tu fais-là une fort méchante action, mon pauvre Charlot ?

CHARLOT.

Bon, queu conte ! ce n'est pas par méchanceté ; ce n'est que pour troubler la noce, et faire enrager Madame Julianne.

MADAME AGATHE.

Ce ne sont pas là des bagatelles : il y a de quoi la ruiner, tout au moins, et cela pourrait aller plus loin même.

CHARLOT.

Oh ! que point ! point, Madame Agathe ! je nous dédirons quand on sera prêt de la pendre. La voici : si vous m'aimez, laissez-moi faire, ou sans ça, la paille est rompue.

SCÈNE XVII

JULIENNE, MADAME AGATHE, CHARLOT.

JULIENNE.

Allons ! gai ! gai ! mes enfants, allégresse ! Ma commère, Julian est redécampé, je ly avons fait peur, et vela nos parents et nos amis qui s'en allont venir aux fiançailles ; je ferons notre noce tout à gogo, sans rabat joie.

CHARLOT.

Oh ! pargué, je gage que non ! il faudrait pour ça, qu'il n'y eut point de Charlot, ni de Bailli, Madame Julianne. Mais, Dieu marci, je ne sis pas noyé, moi ; tatigué, que je l'ai échappé belle !

JULIENNE.

Tu n'es pas noyé ? vraiment, je le vois bian.

CHARLOT.

Non, tatigué ! je ne le sis pas, ni le Bailli nan plus, je vous en avartis.

JULIENNE.

Quand il le serait, il n'y aurait pas grand dommage ; mais voyez ce qu'il veut dire avec son noyé ! est-ce qu'il a perdu l'esprit, ma commère ?

MADAME AGATHE.

Dame! acoutez, si c'ti-là est fou, Monsieur le Bailli n'est pas trop sage ; ils disont comme ça tous deux que vous avez fait noyer votre mari.

JULIENNE.

Je l'ai fait noyer, moi! Vous venez de le voir, ma commère?

MADAME AGATHE.

Ça est vrai, je l'ai vu, mais le Bailli dit que non, et Charlot dit de même, et comme ils sont deux contre un, je ne sais qu'en croire.

JULIENNE.

Tu oses dire ça, toi?

CHARLOT.

Parguenne, oui, je l'ose dire, et je sis sûr que ça est, j'en bouterais, morgué, la main au feu.

JULIENNE.

Ah! le malheureux!

SCÈNE XVIII

JULIENNE, MADAME AGATHE, COLETTE, CHARLOT.

COLETTE.

Ah! ma chère tante, sauvez-vous, vous êtes perdue.

JULIENNE.

Comment? qu'est-ce qu'il y a?

COLETTE.

Enfuyez-vous-en vitement, vous dis-je, voilà le Bailli qui amasse du monde pour venir vous prendre prisonnière.

JULIENNE.

Prisonnière! moi?

CHARLOT.

Pargué, bon! ça commence bian.

COLETTE.

Tout le village dit que mon oncle est noyé, et que c'est vous et Charlot qui avez fait cette belle affaire pour vous marier ensemble.

CHARLOT.

Moi ?

MADAME AGATHE.

Charlot ?

COLETTE.

Oui, toi-même ! et si cela est, tu feras bien de t'enfuir.

CHARLOT.

Morgué ! ça n'est point ; c'est votre Monsieur Clitandre que vous velez dire ?

COLETTE.

Clitandre ?

CHARLOT.

Oui, le Bailli est convenu que je le dirions comme ça. Oh, dame ! si l'on fait un quiproquo, je tire mon épingle du jeu ; Monsieu Julian n'est point noyé, je m'en dédis.

SCÈNE XIX

JULIENNE, MADAME AGATHE, CLITANDRE, COLETTE, CHARLOT.

CLITANDRE.

Rien ne retarde mon bonheur, j'ai donné les ordres nécessaires... Mais, que vois-je ? quelle consternation ! qu'avez-vous ?

JULIENNE.

Ah ! mon pauvre Monsieu Clitandre, voici de tarribles affaires !

CLITANDRE.

Comment ?

JULIENNE.

Ce Baillli de malheur qui m'accuse d'avoir fait noyer mon mari !

CLITANDRE.

Ah ! quelle noirceur !

SCÈNE XX

JULIENNE, MADAME AGATHE, CLITANDRE, COLETTE, LÉPINE, CHARLOT.

LÉPINE.

Voilà des violons que je vous amenais, Monsieur ; mais il faudra les renvoyer, je pense, et Monsieur le Bailli nous prépare d'autres occupations, à ce je viens d'apprendre.

CLITANDRE.

Sais-tu le fond de cette affaire ?

LÉPINE.

Non, Monsieur ; je sais seulement qu'il prétend que nous avons noyé le meunier ; et que sur la déposition de ce maroufle, on a décrété contre vous et moi.

CLITANDRE.

Décrété contre nous ?

CHARLOT.

Ah ! bon ! passe pour c'ti-là.

CLITANDRE *tire l'épée.*

Comment, maraud...

CHARLOT.

Eh ! miséricorde, Monsieu, ne me tuez pas !

MADAME AGATHE.

Eh ! pardonnez-lui, Monsieur Clitandre !

CHARLOT.

Ce n'est qu'une petite gaillardise que tout ça, la peste m'étouffe.

CLITANDRE.

Une gaillardise, misérable ?

CHARLOT.

Ah ! je sis mort.

LÉPINE.

Ne vous emportez point, Monsieur, ceci n'aura pas de suites. Laissez-moi faire seulement, j'y vais donner ordre.

SCÈNE XXI

JULIENNE, MADAME AGATHE, CLITANDRE, COLETTE, CHARLOT.

JULIENNE.

Les maris ne donnent jamais que du chagrin, de queuque façon que ce soit; je sis plus morte que vive!

CLITANDRE.

Ne craignez rien, cette affaire est plus désagréable que dangereuse, et le retour de votre mari...

JULIENNE.

Il est revenu, Monsieur Clitandre.

CLITANDRE.

Il est revenu? l'imposture ne sera pas difficile à confondre.

JULIENNE.

Le malheureux Bailli et ce coquin-là disent que ce n'est pas ly.

CLITANDRE.

Tu dis cela, pendard?

CHARLOT.

Moi! je ne dis plus rian, j'ai pardu la parole.

CLITANDRE.

Il n'a qu'à se montrer! Où est-il?

JULIENNE.

Il s'en est déjà retourné, je l'ai trop mal reçu. Où l'aller rechercher? Ah! s'il était ici! Que je sis malheureuse!

COLETTE.

Voilà ce vilain Bailli avec toute sa séquelle, ma tante.

SCÈNE XXII

JULIENNE, MADAME AGATHE, CLITANDRE, COLETTE, LE BAILLI, CHARLOT, suite du Bailli.

CLITANDRE.

Avancez, Monsieur le Bailli, avancez ; mais que vos recors se tiennent écartés, surtout, car je donnerai de l'épée dans le ventre au premier qui hasardera de s'approcher.

LE BAILLI.

Ah! Monsieur, point d'emportement, ce ne sont ici que de petites formalités, dont le devoir de ma charge ne me permet pas de me dispenser.

CLITANDRE.

Oui, vous êtes fort exact, je le vois bien.

LE BAILLI.

L'affaire est importante, Monsieur, il y a ici mort d'homme et supposition, voyez-vous.

CLITANDRE.

Il n'y a ni l'un ni l'autre ; mais il pourrait arriver, si vous vous mettez en devoir...

SCÈNE XXIII

JULIEN, JULIENNE, MADAME AGATHE, CLITANDRE, COLETTE, LE BAILLI, LÉPINE, CHARLOT.

LÉPINE.

Tirez ! tirez ! Monsieur le Bailli, et rengaînez vos procédures : le défunt n'est pas mort, le voilà que je vous amène.

JULIENNE, *embrassant son mari*.

Mon pauvre Julien ! mon cher mari !

SCÈNE XXIII.

JULIEN.

Comment ! tatigué, queu changement ! Julianne est devenue bonne femme ! En vous remarciant, Monsieur le Bailli, je n'avons plus que faire de vos écritures.

LE BAILLI.

Comment ! Eh ! qui êtes-vous donc, mon ami, vous qui raisonnez ?

JULIEN.

Qui je sis ? Eh ! pargué, je sis moi ! Avez-vous la barlue ?

LE BAILLI.

Eh ! qui, vous ? Je ne vous connais point !

JULIEN.

Morgué, tant pis pour vous ! Vous êtes plus malade que je ne vous croyais, pisque vous avez pardu connaissance.

JULIENNE.

Vous ne reconnaissez pas mon mari, Monsieur le Bailli ?

LE BAILLI.

Ce ne l'est point-là, Madame Julienne.

MADAME AGATHE.

Ce n'est point-là le compère Julien ?

LE BAILLI.

Non, il y a plus de trois semaines qu'il est noyé.

JULIEN.

Je sis noyé ? moi ? Palsangué ! vous en avez menti, Monsieu le Bailli !

LE BAILLI.

Il y a un bon procès-verbal qui certifie le fait.

JULIEN.

Oh ! tatigué ! je çartifie le contraire.

JULIENNE.

Et je nous gaussons du procès-verbal.

LE BAILLI.

C'est ce qu'il faudra voir.

CLITANDRE.

Écoutez, Monsieur le Bailli, vous vous engagez-là dans une affaire...

####### LE BAILLI.

Le meunier est noyé, cela aura des suites.

####### JULIEN.

Oh bian ! morgué, si je sis noyé, c'est vous qu'il faut pendre, car c'est de votre façon, puisqu'il faut tout dire.

####### CLITANDRE.

Comment de sa façon ?

####### JULIEN.

Oui, voirement, c'est ly qui m'a conseillé de laisser croire ça pour faire pendre Julianne.

####### JULIENNE.

Pour me faire pendre ? tu as eu ce cœur-là, cher petit mari ?

####### JULIEN.

Morgué ! je ne l'ai pas en longtemps ; comme tu vois, je sis sans rancune. Ne me fais plus enrager, je n'irai plus à Nemours ; vivons bian ensemble : la justice en aura un pied de nez, et si, alle ne le boutera morgué pas dans nos affaires !

SCÈNE XXIV

JULIEN, JULIENNE, CLITANDRE, COLETTE, LÉPINE, MADAME AGATHE, LE BAILLI, CHARLOT, MATHURIN.

####### MATHURIN.

Madame Julianne, vela ces parsounes que vous avez fait prier des fiançailles de Colette, qui n'osont approcher, parce qu'ils voyont ici des gens de justice.

####### JULIEN.

Ils avont morgué raison, c'est une vilaine vision. Mais parle donc, hé ! femme, est-ce que tu maries comme ça notre nièce sans que j'en sache rian ?

####### JULIENNE.

Oui, Julian ; et si tu n'y bailles pas ton consentement, je recommencerons à quereller, mon enfant, tu n'as qu'à dire.

JULIEN.

Oh! palsangué, non, ne querellons point, j'aime mieux faire tout ce que tu voudras.

CLITANDRE.

Vous n'aurez pas lieu de vous reprocher cette complaisance.

JULIEN.

Je le veux bian, vela qui est fini, Monsieu Clitandre.

MADAME AGATHE.

Tu sais bien ce que tu m'as promis, Charlot?

CHARLOT.

Eh bian! touchez-là, je sis garçon de parole.

JULIEN.

A la franquette, Monsieu le Bailli, je serai moi maugré vous, vous avez biau faire! Eh! morgué, laissez-nous en paix, je vous baillerons de bonne amiquié ce que vous pourriais gagner à nous parsécuter. N'est-ce pas être raisonnables?

CHARLOT.

Allons! Monsieu le Bailli, Julian n'a pas tort; c'est vous et moi qui l'avions tantôt jeté à l'iau. Morgué, repêchons-le, qu'est-ce que ça nous coûtera?

LE BAILLI.

Je suis trop humain pour un Bailli! qu'il n'en soit plus parlé; mais au moins...

JULIEN.

Je ferons bian les choses: ne vous boutez pas en peine. Touche-là, Julianne. Avec les fiançailles de Colette, j'allons faire notre remariage. Allons! palsangué, que tout le monde vianne, et que tous les ménétriers jouyont queuque drôlerie qui fasse un peu trémousser ces jeunes filles!

DIVERTISSEMENT DU MARI RETROUVÉ

MONSIEUR TOUVENELLE.

Pour célébrer les noces de Colette,
Folâtrons, chantons et dansons;
Qu'on fasse retentir les sons
Du hautbois et de la musette,
Et que partout l'écho répète
Nos agréables chansons.

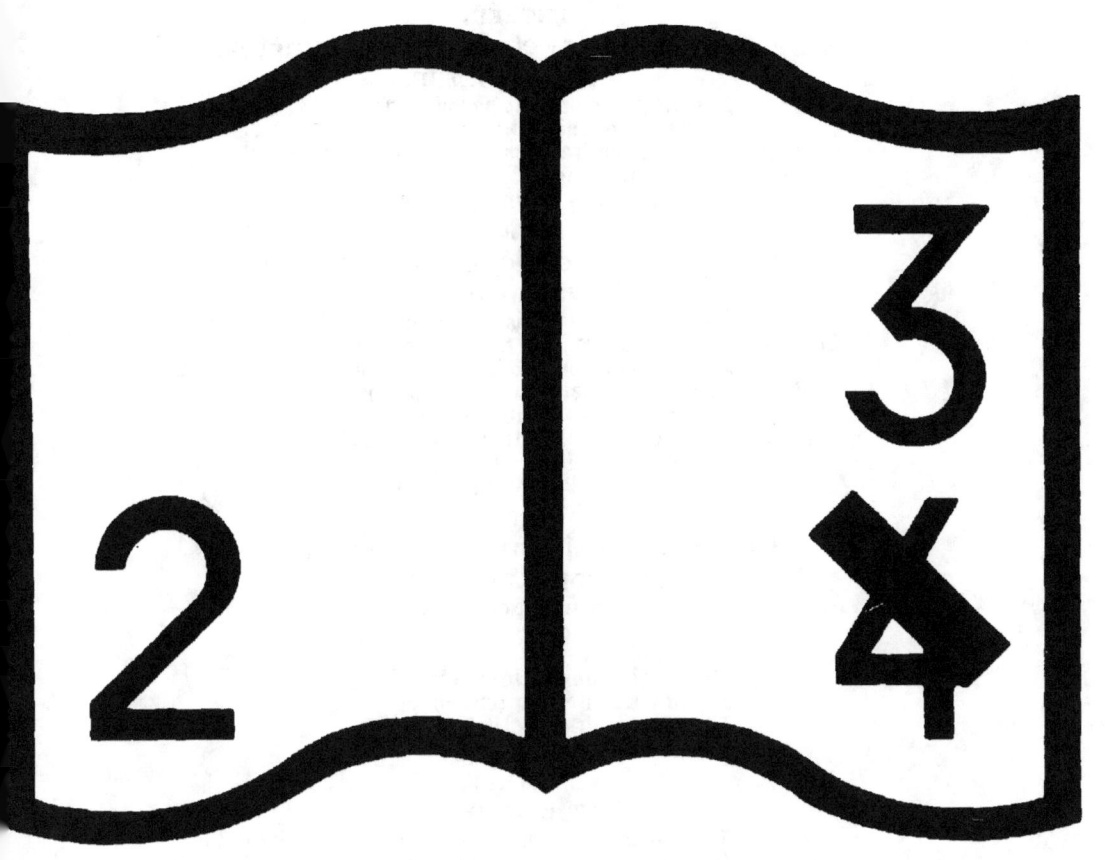

Pagination incorrecte — date incorrecte

NF Z 43-120-12

ENTRÉE.
De deux Meuniers et de deux Meunières.

MADAME AGATHE.

Les maris qu'on voit parmi nous
Sont marchandise bien mêlée ;
Pour bien faire, il faudrait les noyer presque tous :
Et la France, faute d'époux,
N'en serait pas moins peuplée.

ENTRÉE.
D'un Meunier et de Madame Agathe.

CHARLOT.

Palsangué, si j'avais fait bian,
Lorsque vous caressiez ma petite meunière,
J'aurais sur vous lâché mon chian.
Quoi ! me ravir Colette, à moi, de la magnière !
Ça me déplait, ça ne vaut rian.
C'est, morguenne, empêcher le cours de la rivière !
Pargué, c'est être bian malin,
De détourner l'eau d'un moulin !

ENTRÉE.
De plusieurs Meuniers et Meunières.

MADEMOISELLE LOLOTTE.

Je ne suis qu'une meunière,
Mais si l'Amour
Voulait un jour
Me ranger sous sa loi sévère,
Je me rirais de son dessein ;
Et pour punir ce petit téméraire,
J'en ferais mon garde-moulin.

ENTRÉE.

MONSIEUR TOUVENELLE.

Tu croyais, en aimant Colette,
Que tu n'aurais point de rival ;
Mais le moulin d'une coquette
Est toujours un moulin banal.

ENTRÉE.

MONSIEUR TOUVENELLE.

Monsieur Clitandre a bon génie,
En faisant même un mauvais pas,
Il prend meunière bien jolie ;
Son moulin ne chômera pas.

MADEMOISELLE LOLOTTE.

Avoir deux amants en nature,
Cela se peut selon ses lois :
C'est tirer d'un sac deux moutures,
Qu'avoir deux époux à la fois.

MONSIEUR TOUVENELLE.

Vous qu'Amour à l'hymen destine,
Écoutez bien cette leçon :
Tel croit en avoir la farine
Qui, souvent, n'en a que le son.

Fin du Mari Retrouvé.

TABLE

	Pages.
Les Fonds perdus	1
La Désolation des joueuses	45
Le Chevalier à la mode	80
La Folle enchère	184
La Parisienne	231
Les Bourgeoises à la mode	271
Le Tuteur	369
La Maison de campagne	415
Les Trois cousines	459
Le Mari retrouvé	543

Angers, imp. Lachèse et Dolbeau, chaussée Saint-Pierre, 4.

www.ingramcontent.com/pod-product-compliance
Lightning Source LLC
Chambersburg PA
CBHW051323230426
43668CB00010B/1126